Dr. Henning von der Osten

Über die Welt und über Gott

Zeitgemäße Antworten auf 11 Grundfragen des Lebens

CONTEXT VERLAG

Inhalt

Ihr seid in der Welt,
aber nicht von der Welt.

- Jesus -

Du bist nicht auf der Erde,
um unglücklich zu werden.
Doch Glück ist allein
der innere Friede.
Lerne ihn finden,
du kannst es.
Überwinde dich selbst
und du wirst
die Welt überwinden.

- Buddha, 500 Jahre vorher -

Einleitung

Wer den Knoten nicht kennt,
kann ihn nicht lösen.
- Aristoteles

Und wenn du hundert Knoten
knüpfst - die Schnur bleibt eine.
- Rumi

Fragen sind Knoten in der Schnur dessen, was ist. Die Knoten lösen heißt die Richtschnur wieder finden.

Wir sind Fragewesen, neugierig, wißbegierig, und mit dieser Begabung haben wir den Zustand hergestellt, in dem unser Planet und wir uns heute befinden.

Und gleich drängen sich mehrere Fragen auf: „Wie kommt das eigentlich?"; „Was machen wir verkehrt?"; „Sind wir noch zu retten?"; „Was können wir tun?"

Ich behaupte, daß die Krise, in der wir gegenwärtig stecken, durch das Nichtstellen und Nichtbeantworten einer Frage entstanden ist. Der wichtigsten Frage aller Fragen: „Wer bin ich?"; „Wer sind wir eigentlich?"

Seit zweitausendfünfhundert Jahren und noch einmal seit zweitausend Jahren ist uns gesagt worden, daß wir zwar *in* der Welt leben, aber nicht *von* der Welt sind.

„Über die Welt und über Gott" ist aus Fragen entstanden, die im Verlauf von fünfzehn Jahren an mich in der Arbeit als Therapeut gestellt worden sind. Es sind auch meine Fragen gewesen.

Die Antworten sind - so meine ich - zeitgemäß. Und das heißt auch, daß sie nicht jedem Leser passen werden. Wir alle sind nicht Zeitgenossen. Wenn die Betrachtung der Welt zu Weltanschauungen führt, sehen wir nur noch statische Bilder. Bewegungslose, deshalb auch nicht mehr veränderbare Bilder aus unserer Perspektive oder einer, die uns beigebracht worden ist. Das Ermutigende am zeitgemäßen Betrachten unserer Zeit ist, daß es auf das Ende von allen Bildern hinzuweisen beginnt. Und damit auch auf das Ende des Fragens. Aus dem Fragewesen Mensch wird dann ein selbst(ver)antwortendes Wesen geworden sein.

Und bis dahin müssen wir fragen!

Abgeschlossene, festgefügte Weltbilder beruhigen zwar, sind aber gefährlich, weil Bilder uns eben nicht mehr wahrnehmen lassen, was sich verändert, weil die Zeit über sie weggegangen ist.

Und Veränderung ist die Essenz des Lebens! Nichts bleibt so, wie es ist. Wir leben in einer Zeit, in der Veränderungen sich sogar zu beschleunigen scheinen. Immer weniger alte Denkmuster und Bilder passen in die gegenwärtige Zeit. Bisherige ‚Vorbilder', grch. ‚Paradeigma' stimmen nicht mehr mit dem überein, was heute zu beobachten und zu folgern ist. Daher die Rede vom notwendigen Paradigmenwechsel. Und es sind nicht nur einige Bilder oder Muster, die sich verändern, sondern es sieht so aus, als ob wir zur Zeit alle Bilder aufgeben müssen, die wir uns bisher gemacht haben.

Das schöne Bild, daß wir uns auf der Erde im Mittelpunkt aller Welten befinden, mußte dem heliozentrischen Weltbild weichen. Einen personenhaften Gott im Himmel hat es nie gegeben; und ich behaupte nicht, daß dieses Bild nicht vielleicht seiner Zeit gemäß gewesen ist. Wer kann sich aber heute noch Nietzsches zeitgemäßer Warnung entziehen: „Riechen wir noch nichts von der göttlichen Verwesung? - auch Götter verwesen! Zwei Jahrtausende beinahe und nicht ein einziger neuer Gott!"

Warum muß es immer wieder neue, zeitgemäße Antworten auf ‚ewige' Fragen des Lebens geben? Weil sich nicht nur die Welt außen, sondern auch wir uns bewegen und entwickeln. Und während *die* Wahrheit immer nur *eine* ist, und es in Wirklichkeit keine Zeit gibt, verändern sich *unsere* Wahrheiten mit der Zeit.

Vielleicht stammt all unser Fragen aus einem tief in uns verborgenem Wissen. Plato hielt es für selbstverständlich, daß wir nur nach dem fragen, was wir schon einmal gewußt, dann aber vergessen haben. Es ist, als ob das Vergangene wie eine blasse Erinnerung in uns lebt, die uns fragen läßt.

Natürlich stellt sich auch die Frage, was denn eigentlich ‚zeitgemäß‘ ist, der Zeit, dem Entwicklungsstand von Zeitgenossen entspricht, ‚richtig‘ erscheint, in die richtige Richtung weist. Als erstes enthüllt sich dem Betrachter heute - wie wohl immer in der Geschichte der Menschheit - die ‚Gleichzeitigkeit des Ungleichzeitigen‘ (Hans Magnus Enzensberger).

Um zu verdeutlichen, wie das ‚Ungleichzeitige‘ in der Gleichzeitigkeit des Heute vorhanden ist, bietet sich das Gesetz an, das erstmals von dem Mathematiker Karl Friedrich Gauß (1777-1855) berechnet wurde. Dieses Verteilungsgesetz gilt ausnahmslos für alles organische Leben, also bei Pflanzen ebenso wie für Tiere und Menschen. Es besagt, daß jeweils die Norm am stärksten vertreten ist und die Abweichungen von der Norm beiderseits glockenförmig gestreut sind. Wenn man z.B. alle Blätter von einem Baum nach ihrer Länge messen würde, wären die meisten ähnlich lang und es gäbe relativ weniger kurze und überlange.

Wie gesagt, die Gaußsche Kurve gilt für alles organische Leben. Wie verhält sich aber Wachheit, Zeitgemäßheit zur Gesamtzahl heute lebender Menschen? Kann da das Gaußsche Gesetz gelten? Ganz sicher nicht! Einer ‚meiner‘ Professoren an der Universität München war Albert Huth[1], der diese Gaußsche Kurve in fünf gleiche Abschnitte geteilt hat, um sie verständlicher werden zu lassen. So kann nämlich der jeder Fläche zukommende Prozentsatz berechnet werden. Abgerundet sind das dann: Abschnitt A = 5%, Abschnitt B = 16%, Abschnitt C = 58%. Abschnitt D und E natürlich wieder 16 bzw. 5% (s. Abb.).

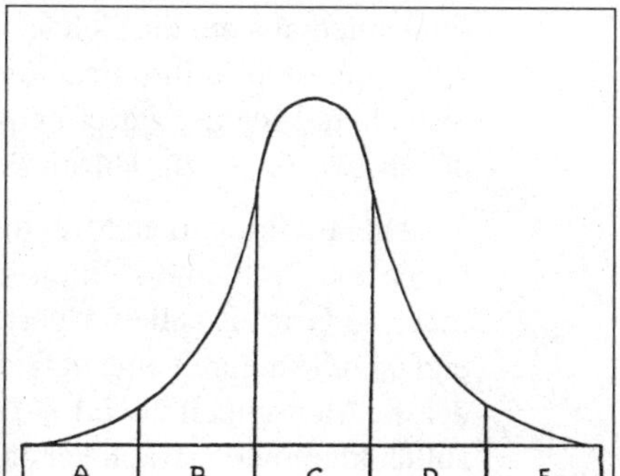

Es erscheint müßig festzulegen, wieviel Prozent aller gegenwärtig lebenden Menschen ‚zeitgemäß' leben, denken und handeln. Ich vermute, daß sie alle leicht in den Sektoren ‚D' und ‚E' Platz haben.

Ganz außen vor, dort wohin der Zeitpfeil deutet, erscheinen ab und zu Vorreiter, die in die Richtung des Weiterwachsens weisen. Das ist die Avantgarde, die ‚leading edge', die Wachstumskante. So wie auch Blätter an einem Baum immer am Rand weiter wachsen.

Vorreiter, die ihrer Zeit allzu weit voraus sind, werden erst ‚posthum geboren', wie Nietzsche das von sich wußte. Oder sie werden getötet. Wer zu früh kommt, den bestrafen die ‚Zeitgenossen'. Nicht nur in früheren Zeiten wurden Menschen, die ihrer Zeit voraus waren, gekreuzigt oder auf andere Weise beseitigt. Rudolf Steiner wurde vergiftet.[2] Es gibt Beweise, daß auch Bhagwan/Osho mit einer langsam wirkenden radioaktiven Substanz vergiftet wurde, während er in Amerika inhaftiert war.[3]

Wie lange dauert es, bis die Vorreiter die Milliarden schlafender Zeitgenossen ins Wachsein nachgezogen haben? Erscheint das nicht als vergeblich oder zumindest extrem unwahrscheinlich? Wenn in einem Saal einhundert Menschen sitzen, sollte niemand annehmen, daß alle im gleichen Augenblick leben. Ein paar sitzen vielleicht noch vor ihrem Feuer in der Steinzeit, andere träumen von einem zukünftigen Utopia. Die einen erwarten ihr Heil im Jenseits, die anderen in der Zukunft. Dazu kommen auch die, welche durch die Beschleunigung von Umbrüchen, eine Häufung von Schwierigkeiten, sowie vermehrte ‚Problemgeschwindigkeit' die Zeit anhalten wollen. Fundamentalisten, die sich an alte Worte wörtlich klammern. Menschen, die statt in ihre Erfahrung zu gehen, am Buchstabenglauben festhalten. Eine der zutreffendsten Definitionen des ‚Bösen' ist die, daß es das ‚Gute' zur Unzeit ist!

„Die traditionellen Strukturen, Regierungen und Institutionen haben die Probleme in ihrer gegenwärtigen Größenordnung nicht mehr im Griff. Zu allem Überfluß kommt zu archaischen und ungeeigneten Strukturen eine tiefe moralische Krise."[4] „Zu einer Zeit, in der die Menschheit über das tradierte Lernen hinausgewachsen sein sollte, klammert sie sich verstärkt an veraltete Konzepte und Praktiken."[5]

Aber selbst für ‚ewig Gestrige' scheint es eine Möglichkeit für eine

Weiterentwicklung, ja vielleicht für einen Evolutionssprung zu geben. Vielleicht ist es weder möglich noch nötig, daß der Großteil der Menschheit durch Eigenarbeit zeitgemäß bewußt werden muß - obwohl ich die Leser dieses Buches dazu auffordere. Vielleicht geht es ‚nur' um die Herstellung einer notwendigen ‚kritischen Masse', die genügend ‚morphische Resonanz' erzeugt, um damit auch die größere Masse ‚zeitgemäß', das heißt, wacher und bewußter werden zu lassen.

Wenn es möglich ist, daß Ratten in Australien bei Schwimmexperimenten schon das können, was Ratten in Amerika Jahre vorher mühsam gelernt hatten; wenn Affen auf entfernten Inseln ihre Kartoffeln, bevor sie sie fressen, im Ozean waschen, nachdem alle Affen auf einer anderen Insel das gelernt hatten - ist es nicht mehr allzu schwer, sich vorzustellen, daß wir Menschen untereinander das aufnehmen können, was eine ‚kritische Masse' von uns kann.

Wenn unser Planet - wovon ich überzeugt bin - eine ‚Pflanzstätte für Geister' ist, wie Friedrich Schiller ihn genannt hat, ein Übungsfeld der Evolution, eine Gelegenheit sich ‚auszuzeugen' (Goethe), ‚um Erfahrung zu liefern und auf diese Weise die Befreiung des Sehenden' (Pantanjali), eine ‚Trainingsschule' - dann erscheint es angemessen, in und mit der Zeit zu leben, in der wir hier anwesend sind.

Wenn unser Dasein eine ‚Schule' ist, dann sollten wir jeweils das lernen, was zeitgemäß ist. Dieses Buch soll zeitgemäßen Lernstoff liefern und den Anpassungsrückstand durch den ‚cultural lag', das Zurückbleiben tradierter Weltanschauungen, verkürzen helfen.

Goethes Meinung: „Wer nicht von dreitausend Jahren sich weiß Rechenschaft zu geben, bleibt im Dunkel unerfahren, mag von Tag zu Tage leben." - betrifft die Vergangenheit. Um zeitgemäßer Zeitgenosse zu sein, sollten wir erfahren, was sich heute und hier verändert und was wir jetzt und hier ändern müssen, um nicht noch weiter im Dunkeln zu bleiben.

Das setzt heute nicht nur einen zeitlichen Rückblick voraus, sondern auch einen räumlichen Überblick über das, was heute ist. Und da gilt für mich das Motto: Man muß sich das Beste auf der Welt dort suchen, wo es zu finden ist! Auf der Suche nach Wahrheit schließe ich keinen Menschen und keine Kultur aus. Die Qualität meines Lebens und meiner Arbeit ist mir aus der Anzahl der Lehrer gewachsen, die ich hatte. Ron Smothermon[6] beschreibt das ungeschriebene Tabu gegen die Tatsache, Lehrer im Leben zu haben. „Man hat gewiß einen Zahnarzt, einen Lebensmittelhändler, aber einen Lehrer besser nicht.“ Als Psychiater deckt er eine Verschwörung auf, deren Zweck darin besteht, die Qualität der Lebenserfahrung auf einem relativ niedrigen Niveau zu halten. Damit es immer noch etwas gibt, zu dem man noch aufsteigen kann. „Menschliche Wesen kennen die Wahrheit nicht, daß der eigene Horizont grenzenlos ist. Deshalb gibt es die Angst, das ‚Ende‘ des Erlebens zu erreichen ... Es gibt keine Grenze, bis zu der Sie die Qualität Ihres Erlebens des Lebens erhöhen können.“

Rudolf Steiner ist einer meiner Lehrer gewesen. Zu den Lehrern, die ich zu deren Lebzeiten gehabt habe, gehören unter anderen Jiddu Krishnamurti, Swami Muktananda, Bhagwan Shree Rajneesh, der sich später Osho nannte. Nach dem Studium der Publizistik, der Psychologie und der Betriebswirtschaftslehre, und nach siebzehnjähriger Zugehörigkeit beim Bayerischen Rundfunk/Fernsehen als leitender Redakteur und Leiter der Auslandsstudios habe ich mich mehrere Jahre lang in Kalifornien zum Psychotherapeuten ausbilden lassen.

Es ist zeitgemäß, daß uns allen heute die ganze Welt zur Verfügung steht. Wir sind inzwischen ja nicht nur äußerlich ‚vernetzt‘. Ich lege Freunden in Los Angeles oder Bombay per Fax innerhalb von Sekunden einen Brief auf den Schreibtisch. Telefoniere mit ihnen, sehe ihre Welt im Fernsehen, bin innerhalb von Stunden dort. Und sie tun das gleiche.

Sie kennen gewiß Rudyard Kiplings Behauptung: „East is East and West is West and never the twain shall meet.“ Mit Recht hat er gesehen, daß Ost und West nicht zusammen gehen können. Es geht aber auch gar nicht darum, daß diese Beiden eine Ehe eingehen sollten, sondern darum, daß sie eine Einheit werden! Auch in einer Ehe gibt es immer noch zwei. Das Einswerden von Ost und West kann aber in jedem einzelnen Menschen geschehen!

Die Trennung von Ost und West, die Grenze zwischen den beiden Hemisphären ist in unserer Vorstellung, in Menschenköpfen entstanden. Der untaugliche Versuch, Ost und West miteinander zu verheiraten, bedeutet nur wieder, Dualität weiter gelten zu lassen. Unser

Bewußtsein ist aber eines, ebenso wie unser Planet eine Einheit ist, was Astronauten bestätigen können. Die Menschheit ist eine. Nichts außer unserem Verstand teilt die Menschheit in Hemisphären, Nationen, etc..

Was Osten und Westen bisher getrennt hat, ist nur verlagertes Schwergewicht. Beide Seiten haben andere Teile des Ganzen betont. Der Osten ist introvertiert, der Westen extrovertiert. Beide haben die andere Hälfte ‚vergessen'. Und wer einsehen kann, daß das Ganze, das Wesentliche hüben wie drüben das Gleiche ist, kann verstehen, warum östliche Weisheit so starke Anziehung auf den Westen ausübt und Technologie auf den Osten.

‚Indien' ist ja nicht nur ein geographischer Ort! „Unser Morgenland war ja nicht nur ein Land und etwas Geographisches, sondern es war die Heimat und Jugend der Seele, es war das Überall und Nirgends, war das Einswerden aller Zeiten" (Hermann Hesse).

Warum werden Buddhismus und Zen im Westen attraktiver? Ein deutsches Meinungsforschungs-Institut hat für das Jahr 2000 vorausgesagt, daß fast 80 Prozent aller europäischen Erwachsenen irgendeine Art von Meditation praktizieren werden. Und warum wird Technologie im Osten wichtiger? Wenn man aus der Dunkelheit des dem Gott Shiva geweihten Höhlentempels von Elephanta wieder ans Tageslicht kommt, liegt vor einem im gleißenden Licht der Sonne in der Bucht von Bombay die gewaltige Kuppel eines Atomkraftwerkes.

Der Osten holt sich westliche Technologie und der Westen holt sich Meditation. Es geht nicht um eine Synthese! Denn das Bewußtsein ist immer schon eines. Nur die Gewichtung war im Westen und im Osten nicht im Gleichgewicht. Und was zeitgemäß vor sich geht, ist, daß der Westen die Bedürfnisse des Osten erfüllt und der Osten die Bedürfnisse des Westens. Ost und West sind lange genug getrennt gewesen. Wir nähern uns dem kritischen Moment, in dem die Erde ganz werden kann.

Was geschieht, wenn Teile zum Ganzen zusammenkommen? Etwas zunächst Unbegreifliches! Das Ganze ist dann mehr als die Summe seiner Teile! Diese rätselhafte Tatsache wird Synergie-Phänomen genannt. Durch das Wieder-zusammen-kommen von Teilen entsteht mit dem Ganzen eine neue Dimension, die in den Einzelteilen nicht existiert.

Ich erkläre das gerne so: Wenn Teile eines Ganzen, die zusammengehören, wieder zusammenkommen, entsteht Wirklichkeit, entsteht Wahrheit. Wirkliche Wirklichkeit, die unser Verstand nicht begreifen kann, weil er selbst dual ist. (Im Kapitel über die zwei Wirklichkeiten gehe ich darauf näher ein.) Und Wahrheit muß widersprüchlich sein, denn sie umschließt beide Pole der Dualität zugleich. Also sowohl den negativen als auch den positiven Pol *und* transzendiert beide! Wirklichkeit ist Leben *und* Tod *und* mehr! Das ‚Mehr' ist das Transzendieren von beiden Polen, beide und nicht beide.

Bevor Teile sich zu ihrem Ganzen zusammenfinden und damit den vorher herrschenden Zustand transzendieren, geschieht etwas sehr wichtiges: es kommt zu starken Turbulenzen! Das gehört zur Gesetzmäßigkeit von Synergieprozessen. Dieses Durcheinander und Hin- und Herschwanken kurz vor dem entscheidenden Sprung in eine andere Dimension ist nach Molzberger[7] „der typische zeitliche Verlauf von Synergieprozessen, wie wir ihn in der Physik, der Chemie oder Biologie finden und wie er auch typisch für Revolutionen zum Beispiel im politischen Bereich ist. Der Übergang in den Synergiezustand geschieht irgendwann sprunghaft: es gibt einen Gabelungspunkt, an dem sich das System ‚entschließt', ob es nach oben springen oder in einen niedrigeren Zustand zurückfallen will." Es scheint, als ob der Synergieprozeß auch ein Archetyp ist, also überall dort, wo er stattfindet, in ähnlicher Form abläuft.

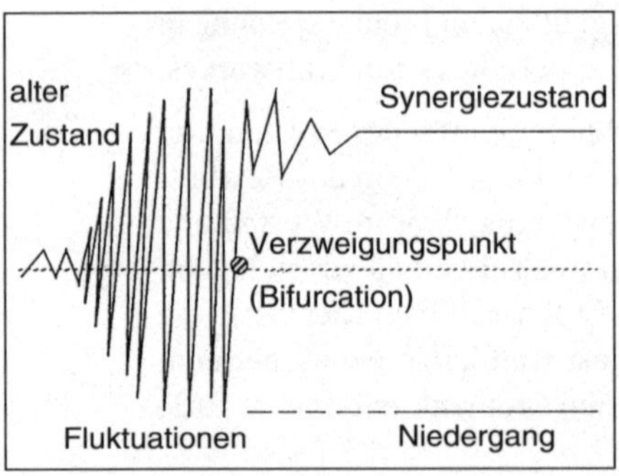

Typischer zeitlicher Verlauf von Synergieprozessen - nach Molzberger

Die sich vermehrende Unruhe auf unserem Planeten könnte der Hinweis darauf sein, daß wir uns einem Gabelungspunkt nähern, an dem das System entweder in eine Katastrophe oder in eine neue Ordnung springt. Die sich häufenden Naturkatastrophen in, auf und über der Erde, die chaotischen Zustände, die wir Menschen gegenwärtig und zum ersten Mal auf dem ganzen Planeten anrichten, können Beweise für einen anstehenden synergetischen Wandel sein.

„In ganz bestimmten Stadien der Geschichte werden uns glanzvolle Gelegenheiten geboten, sich der ‚wirklichen Welt' bewußt zu werden, das heißt einer Welt, die jeden Augenblick frisch und neu ist, kein zweiter Aufguß der halbvergessenen Träume von gestern. Leider geht mit diesen Gelegenheiten auch einiges an Tumult einher, manchmal Kriege, manchmal Naturkatastrophen, Hungersnöte und Krankheiten."[8]

Peter Molzberger: „Mein Lieblingsbild für das, was zur Zeit vor sich geht, ist ein Flugzeug, das vom Unterschallflug auf Überschallflug beschleunigt. Unterhalb der Schallgrenze fliegt es ziemlich stabil, auch wenn es eine Menge Wirbel produziert. Oberhalb der Schallgrenze ist sein Flugzustand wirbelfrei, elegant und stabil. Um aber dorthin zu gelangen, muß es zunächst die Schallmauer durchstoßen, eine Übergangsphase, in der es rüttelt und schüttelt und wo in der Frühzeit der Fliegerei die Gefahr bestand, daß das Flugzeug zerbrach."

Sicher wird sich auch die Anschauung der Welt, die ich hier anbiete, verändern. Sie erscheint mir aber jetzt am Ende des zweiten Jahrtausends nach der ‚Zeitwende' zeitgemäß.

Wegen des ‚cultural lag', des bewußtseinsmäßigen Nachhinkens vieler ‚Zeitgenossen' wird es wohl eine Zeitlang so bleiben, daß zeitgemäße Menschen, also die, welche zugleich religiös und materialistisch und mehr sind, von orthodoxen religiösen Menschen abgelehnt werden. Die gleiche Ablehnung wird auch von den Materialisten kommen, die gegen das Religiöse sind.

Ich weiß heute, was im Koran steht, ich kenne und schätze, was die Mystiker des Islam, die Sufis, allen voran Rumi, gesagt haben. Der Buddhismus ist mir nicht mehr fremd. Ich erlebe das gleiche, was mein Freund Douglas Harding, dessen Buch ‚Zen und die Wiederentdeckung des Offensichtlichen'[9] ich übersetzt habe, über den Zen zu sagen hat: „Zen-Buddhismus steht im Ruf, schwierig zu sein - und nahezu unmöglich für Abendländer, denen aus diesem Grund oft geraten wird, ihrer eigenen Religion treu zu bleiben, wenn sie können. Meine Erfahrung war genau umgekehrt. Endlich, nach mehr als zehn Jahren weitgehend fruchtloser Suche überall sonst, fand ich in den

Worten der Zen-Meister viele Echos der Zentralerfahrung meines Lebens: sie sprachen meine Sprache, sprachen zu meinen Voraussetzungen."

Der Psychoanalytiker und Schriftsteller Erich Fromm mußte diesen Tatbestand noch vorsichtiger so umschreiben: „Paradoxerweise erweist sich östliches Denken als passender zum westlichen rationalen Denken, als westliches religiöses Denken selber." Warum das so ist, läßt sich heute leicht beschreiben. Ich mache das im Kapitel über Religion deutlich.

In der Vergangenheit waren Menschen und Länder weitgehend ‚unter sich'. Und die Welt riesengroß. Die Überwindung von Entfernungen dauerte lange. Nachrichten brauchten Tage, Wochen, Monate. Die Möglichkeit, von anderen Ländern, Kontinenten, Weltanschauungen zu hören, bestand für den Großteil der Menschen lange nicht. Das ist heute im ‚globalen Dorf Erde' anders. Und das hat Konsequenzen.

Erst jetzt in der zweiten Hälfte unseres Jahrhunderts ist es möglich geworden, daß ein Wissenschaftler[10] einen Traum haben kann, in dem er sieht: „Es waren neue Verwandte da. Aber wer waren sie? Zehn Chinesen, zehn Russen, zehn Afrikaner, Neuseeländer, Kanadier und Amerikaner. Ich sagte ‚Willkommen'.„ Und nach dem Aufwachen beschloß er ein Buch über ‚Ansätze zur Heilung unseres Planeten' zu schreiben.

Heute kann jeder alles bislang ‚Fremde' kennen - wodurch es nicht mehr fremd bleibt. Und heute können wir uns wirklich das Beste in der Welt dort suchen, wo es zu finden ist!

Seit meiner Studienzeit, und das sind schon über vierzig Jahre, steht ein leeres Buch neben meinem Schreibtisch. Ein Buch mit 400 leeren, weißen Seiten in einem schwarzen Einband. Ein sogenannter Blindband, der demonstrieren soll, wie das später gedruckte Buch aussehen wird. Es ist immer noch mein Lieblingsbuch. Viele Jahre habe ich gebraucht, um herauszufinden, worin die Attraktion dieser unbedruckten Seiten bestand und besteht: das leere, weiße Papier ist wie das reine Bewußtsein. Das Gedruckte ist wie der Verstand.

Nun bin ich dem Drängen vieler Freunde und Teilnehmer meiner Kurse und Vorträge nachgekommen und habe Antworten auf elf

Grundfragen des Lebens zusammengestellt. Meinem Wahrheitssinn folgend bin ich auf die Suche nach zeitgemäßen Antworten gegangen. - Dabei zeigt es sich, daß einige ‚Zeitgenossen' um tausend und mehr Jahre ‚zu früh geboren' worden sind. - So ist das Buch eine Art Chrestomathie geworden, was (griechisch) eine Sammlung zum ‚Erlernen von Nützlichem' heißt. Früher nannte man so die Zusammenstellung von belehrenden Stücken aus Werken verschiedener Schriftsteller. Meistens wurden sie zum Erlernen einer Sprache genutzt. Hier nun dienen sie dem Erlernen der Sprache des Zeitgemäßen. Das sollen auch die zahlreichen Zitate ermöglichen, die ich zusammengestellt habe.

Weil ich mit den Aussagen wahrer Zeitgenossen viele Jahre auch in Vorträgen umgegangen bin, habe ich nicht immer, insbesondere bei Texten von Bhagwan/Osho, die genaue Quelle wiederentdecken können. Immerhin sind es mehr als dreihundert Bücher, in denen das, was er gesagt hat, zusammengefaßt worden ist. Da er aber zu diesem ‚Stehlen' ausdrücklich aufgefordert hat, meine ich berechtigt zu sein, Quellenangaben nicht immer machen zu müssen: „Mein Name ist ohne Bedeutung. Was von Bedeutung ist, ist die Wahrheit, und die Wahrheit ist niemandes Eigentum - weder meine, noch deine ... Die Wahrheit ist universal. Sie gehört nicht mir, sie gehört nicht dir; also stellt sich die Frage von stehlen gar nicht."[11]

„Wenn man sich eine große Zeit seines Lebens mit gewissen Gegenständen abgegeben hat, so wünscht man sich und anderen doch auch zuletzt Rechenschaft abzulegen, sich die Resultate klarzumachen und sie mitzuteilen" (Goethe in einem Brief vom 16.08.1799).

Die 11 zeitgemäßen Antworten auf Grundfragen des Lebens sind der Rechenschaftsbericht eines Zeitgenossen.

Weil ich hier und in Vorträgen manches Ungewohnte sage - wenigstens für einen Teil meiner Leser oder Zuhörer - beginne ich stets mit dem Hinweis auf eine Bauweise unseres Verstandes: wenn der etwas hört oder liest, was er schon kennt, sagt er: „Ja, das stimmt!". Wenn unser Verstand etwas hört, oder liest, was er nicht kennt, meint er ebenso automatisch: „Nein! Das gibt es nicht!" Das ist eine seiner perfiden Eigenschaften, die uns davon abhält, Neues zu lernen. Deshalb empfehle ich am Anfang immer eine dritte Haltung einzunehmen. Es ist die Haltung: Ich hör' mir das mal an! Ohne gleich ‚Ja' oder ‚Nein‘ zu sagen. Ein gescheiter Mann, Edward de Bono, hat dafür - er spricht Englisch - neben dem ‚Yes‘ und dem ‚No‘, das ‚Po‘ eingeführt (vom lateinischen ‚pote est‘, ‚es ist möglich‘). Eine innere Einstellung, die ich auch meinen Lesern und Leserinnen empfehle. Es ist genau diese Eigenschaft unseres Verstandes, die Zeitgemäßes auch kollektiv nicht rechtzeitig begreift, sondern zeitversetzt, asynchron, später. Und es ist die Eigenschaft, die uns nichts Neues lernen läßt.

Nach meiner Beobachtung nähern wir uns einem kritischen Punkt. Einer Wende, in der wir als Menschheit entweder in das Erleben der Gegenwart kommen oder den schon heute bemerkbaren Amoklauf mit Katastrophen beenden.

„Wir haben heute nur zwei Alternativen: Entweder wir machen weiter wie bisher und projizieren unseren Vernichtungswillen nach außen, dann vernichten wir uns und den Planeten tatsächlich - oder wir lassen in uns unser Ego sterben. Dann habe wir die Chance zu einer Wiedergeburt: in unserem Inneren und in der äußeren Welt“ (Stanislav Grof).

Für zeitgemäß halte ich es, heute zu wissen, daß wir nicht wirklich wach sind, wenn wir die Augen offen haben, reden, denken, lesen, Auto fahren. Alle Menschen, die ‚mitten am Tage ein zweites Mal aufgewacht sind‘, bezeugen, daß unser gewöhnlicher Wachzustand eine Art Traumzustand ist. „Ihr versteht Eure eigene Lage nicht. Ihr seid im Gefängnis. Alles, was ihr wünschen könnt, wenn Ihr vernünftige Menschen seid, ist, zu entkommen. Aber wie entkommen? Damit ein Mensch im Gefängnis überhaupt je eine Fluchtmöglichkeit haben kann, muß er zuallererst erkennen, daß er im Gefängnis ist! Solange er sich für frei hält, hat er überhaupt keine Möglichkeit.“[12] (Frage I: Was, wenn es zwei Wirklichkeiten gibt? Über das Dilemma unseres Verstandes.)

Das nächste Kapitel versucht die ‚wirkliche Wirklichkeit‘ verständlich zu machen und stellt die Frage, ob es ‚gut‘ und ‚böse‘ überhaupt gibt. Warum widersprechen sich diese Begriffe? Ergänzen sie sich komplementär oder stehen sie sich feindlich gegenüber? Woher stammt der Dualismus überhaupt? Wenn es einen Anfang gibt, gibt es dann ein Ende? Ist vielleicht der Höhepunkt des Dualismus schon überwunden? Muß es beim ‚Entweder/Oder‘ bleiben? Gibt es das ‚sowohl/als auch‘? Ist eine Synthese von gut und böse möglich? Was ist die ‚Coincidentia oppositorum'? Und was meint der bedeutendste schwäbische Mystiker, Heinrich Seuse, als er gesagt hat: „Gott und Teufel sind im Menschen?" Und der taoistische Weise Tschuang-tse, wenn er behauptet: „Solange die Heiligen nicht aussterben, hören die Räuber nicht auf!" Stimmt es, daß das Gute nur durch den Widerstand des Schlechten existiert? - und das Schlechte nur durch den Widerstand des Guten? Was hat Lao-tse gemeint, als er einem Heiligen, der über das Wasser geht, um einen Fluß zu überqueren, zuruft: „Du brauchst nicht rüberzugehen; weil dieses Ufer das andere Ufer ist." Hat Nietzsche recht, wenn er sagt: „Wer tiefer denkt, weiß, daß er immer unrecht hat, er mag handeln und urteilen, wie er will?" (Frage II: Woher wissen wir, was ‚gut' und was ‚böse' ist? Über den Dualismus.)

Was wissen wir von uns eigentlich nicht? Das Allermeiste! Und das heißt, es ist uns unbekannt, unbewußt. Das Erstaunlichste und im Grunde Erschreckendste: Wir wissen nicht, *wer* wir sind! Wir kennen unsere eigene Natur nicht! Das reicht ja schon, um uns das ‚unbekannte Wesen' zu nennen. Aber abgesehen von dem, der wir sind, steht uns auch nur ein Bruchteil von dem, was *in* uns vorhanden ist, *bewußt* zur Verfügung. Weniger als die Spitze eines Eisberges. Wir haben es fertig gebracht, uns in vier Spaltungen vom Ganzen abzusondern und jedesmal mehr Schatten in uns herzustellen. Das Kapitel versucht Licht in diesen Schatten zu bringen. (Frage III: Was wissen wir von uns nicht? Über unseren Schatten.)

Die Frage nach dem, was ständig in uns spricht, ist das Thema des nächsten Kapitels. Wer sich nach dem Lesen dieses Satzes innerlich fragt: „Was ist denn da gemeint?", weiß von da an, was hier gemeint ist. Bei genauerem Hinhören und Sehen sind das eine ganze Menge Stimmen oder ‚Ichs'. Neben diesem ‚Arbeitsgeräusch der Maschine Verstand' gibt es die ‚innere Stimme', von der ein Eskimo-Schamane, namens Najagneq weiß: „Es gibt ein höchstes Selbst, das ‚der Bewohner' oder ‚die Seele des Universums' ist. Wir wissen von ihm nichts weiter, als daß er eine sanfte Stimme hat wie eine Frau, eine Stimme so klar und sanft, daß nicht einmal Kinder vor ihr Furcht empfinden können. Und diese Stimme sagt: „Habe keine Angst vor dem Universum". (Frage IV: Was redet ständig in uns? Über die inneren Stimmen.)

Aufschluß über die verborgene Natur der Angst gibt das nächste Kapitel. Es zeigt uns den Weg aus der Angst. Ausgangspunkt ist, daß Angst ein natürlicher Vorgang im Leben ist. So wie Bäume grün sind, so haben Menschen Angst. „Wie der Tod nicht aufhört zu existieren, wenn wir nicht an ihn denken, so auch nicht die Angst" (Fritz Riemann). Bevor Angst chronisch wird, hat sie immer Signalcharakter. Wer das Signal versteht, wird sie los. Wer meint, Angst sei verkehrt, der kann seine Angst nicht anschauen und wird versuchen, sie zu vermeiden, sie nicht haben zu wollen, obwohl er sie hat. So verstärkt sich Angst. „Das Ich ist die eigentliche Angststätte" (Siegmund Freud). (Frage V: Was ist eigentlich Angst? Über ihr Wesen und den Umgang mit ihr.)

Dann geht es um die Zeit. Auf die Frage: „Quid est ergo tempus?" (was ist also die Zeit?) soll schon Augustinus geantwortet haben: „Wenn mich niemand fragt, weiß ich, was Zeit ist, wenn mich jemand fragt, dann weiß ich es nicht." In Wirklichkeit gibt es keine Zeit. Zeit wird nur von unserem Verstand hergestellt, der deshalb das Jetzt, die Wirklichkeit nicht wahrnehmen kann. Im Verstand leben wir nur in der Vergangenheit und in der Zukunft, asynchron zum Jetzt, wo alles schon ist, was wir suchen. (Frage VI: Was ist eigentlich Zeit? Über Illusion und Wirklichkeit.)

Das nächste Kapitel fragt nach dem Sinn des Lebens und findet heraus, daß das Leben keinen Sinn haben kann! Es versucht nachzuweisen, daß Sinn in der Vergangenheit gegeben wurde, vorgegeben, vorgeschrieben, vorgesprochen. Die Krise, in der wir heute stecken, ist nicht zuletzt eine Sinnkrise. Heute kann niemand einem anderen sagen, was dessen Lebenssinn ist - jetzt müssen wir den Sinn unseres Lebens selbst erschaffen. Wir müssen Sinn stiften! (Frage VII: Hat das Leben einen Sinn? Über unseren Verstand.)

Die nächste Frage ist: Was ist eigentlich Religion? Glaube und Erfahrung. „Seit der Mitte des zweiten Jahrhunderts hat die Kirche ihre Gläubigen unterrichtet, daß man diese und jene Lehre ‚glauben müsse', um ein Christ zu sein ... Diese Verschiebung vom personalen Verständnis des Glaubens auf das intellektuelle ist das wohl verhängnisvollste Geschehen innerhalb der gesamten Kirchengeschichte ... denn dieses kirchliche Grundübel ist die heimliche Ursache aller anderen" (Emil Brunner). Es gibt aber einen noch gravierenderen Fehler. Die orthodoxen Religionen sehen die Entwicklungsrichtung falsch. Der Wegweiser der Evolution ist um 180 Grad verkehrt worden! (Farge VIII: Was ist eigentlich Religion? Glaube und Erfahrung.)

Nietzsche läßt seinen ‚tollen Menschen' schreien: „Gott ist tot! - auch Götter verwesen!" Carl Gustav Jung berichtet einmal, was ein Geisteskranker zu ihm sagte: „Herr Doktor, heute Nacht habe ich den ganzen Himmel mit Sublimat desinfiziert und dabei keinen Gott entdeckt." Die erste Frau, die das Schwerefeld der Erde verließ, Valentina Tereschkowa, hat danach berichtet: „Keiner von uns hat Engel oder Erzengel im Weltraum festgestellt, und ich glaube, auch unsere Kollegen aus den Vereinigten Staaten haben dort keine gesehen." Das Kapitel versucht einen Weg aus der Haltung, die aus diesen Zitaten spricht, hin zu dem zu zeigen, was Angelus Silesius so ausdrückt: „Halt an, wo läufst du hin; der Himmel ist in dir: Suchst du Gott anderswo, du fehlst ihn für und für." Oder Jesus im Thomas-Evangelium: „Es kommt nicht im Ausschauen danach. Man wird nicht sagen: ‚Seht, hier' oder ‚Seht dort!' Das Königreich des Vaters ist vielmehr ausgebreitet über die Erde, und die Menschen sehen es nicht." Gott ist nicht transzendent, sondern immanent. Er und die Existenz sind eins! Gott außerhalb suchen, ist verkehrt, weil es kein ‚Außen' gibt. Er ist überall. Wir müssen ihn zuerst in uns finden, um ihn dann draußen finden zu können. (Frage IX: Welcher Gott ist tot? Über unsere Vorstellungen.)

Was bedeutet Jakob Böhmes Satz „Wer nicht stirbt, eh' er stirbt, der verdirbt, wenn er stirbt?" Haben wir Angst vor unserem Ende, weil wir nicht richtig gelebt haben? Haben wir Angst vor dem Leben, weil es uns den Tod bringt? Was geschieht, wenn wir Angst vor dem Leben haben? Das Kapitel versucht brauchbare, zeitgemäße Antworten auf diese Frage zu bieten - und André Malraux zu bestätigen, der gesagt hat: „Über den Tod zu reden, ist eine der vernünftigsten Arten, über das Leben zu sprechen." (Frage X: Sterben und Tod, was wissen wir? Über unsere Möglichkeiten.)

Das letzte Kapitel spricht noch einmal vom Tod. Wenn alle wesentlichen Fragen, die Menschen haben können, letztendlich aus der Tatsache stammen, daß wir sterblich sind, dann sollte uns interessieren, was der Tod ist; was Sterben heißt und ob das ‚Segnen des Zeitlichen' eine Fortsetzung im Nicht-Zeitlichen hat. Seit 60 Jahren hat sich ein Buch zu den wenigen Weisheitsbüchern der Welt gesellt, von dem kein geringerer als C.G. Jung gesagt hat: „Ich bin gewiß, daß jeder, der dieses Buch mit offenen Augen liest und es vorurteilslos auf sich wirken läßt, reichen Gewinn ziehen wird." Die Quintessenz des tibetischen Totenbuches wird mit den Ergebnissen der neuzeitlichen Psychologie und der neuesten Nahtodforschung verglichen. Dabei wird die Rolle unseres Egos im Sterbeprozeß deutlich. (Frage XI: Und was kommt dann? Über Totenbücher und Nahtodforschung.)

Einzelne Wiederholungen in den Kapiteln sind als Mittel zum Einprägen beabsichtigt.

Quellennachweise

1 Albert Huth; 10 Gesetze der Seele. Speyer (Pilger) 1952 S.58f.

2 Gerhard Wehr; Rudolf Steiner. Leben, Erkenntnis, Kulturimpuls. München (Kösel) 1987 S.356f.

3 Sue Appleton; Was Bhagwan Shree Rajneesh poisened by Ronald Reagan's America? Köln (Rebel) 1988

4 Bericht des Club of Rome 1991. Kapitel 4

5 A. Peccei et al.; Club of Rome. 1979

6 Ron Smothermon; Drehbuch für Meisterschaft im Leben. Bielefeld (Context) 1986 S.199f.

7 Peter Molzberger; Synergetische Zusammenarbeit. München o.J. S.12

8 Reshad Feild; Das atmende Leben. Düsseldorf/Köln (Diederichs) 1989 S.ii 80

9 in: Zen und die Wiederentdeckung des Offensichtlichen. Basel (Sphinx) 1986 S.43

10 Arnold Mindell; Das Jahr eins. Olten/Freiburg (Walter) 1991 S.8

11 in: The Last Testament. Colorado 1986

12 G.I. Gurdjieff zit. bei P.D. Ouspensky, in: Auf der Suche nach dem Wunderbaren. München 1978 S.41

FRAGE I

Was, wenn es zwei Wirklichkeiten gibt?

Über das Dilemma unseres Verstandes

Wenn bestimmte Zentren des Gehirns uns eine ebenso glaubhafte Welt vorgaukeln können wie unsere fünf Sinne - was ist dann ‚Wirklichkeit'?

- Hans Bünte

Der Verstand ist die Illusion der Wirklichkeit.

- Hazrat Inayat Khan

Es gibt zwei Wirklichkeiten. Aber nur eine ist wirklich wirklich. Die Wirklichkeit, in der wir uns gewöhnlich befinden, ist eine Illusion. Die Schwierigkeit, diese Sätze zu verstehen, liegt daran, daß die wirkliche Wirklichkeit grundsätzlich nicht verstanden werden kann. „Der Verstand ist die Illusion der Wirklichkeit", sagt Hazrat Inayat Khan. Die reale Realität kann nur direkt erlebt, gelebt werden, aber sie läßt sich nicht beschreiben, weil alles Denken, Reden und Beschreiben aus der Illusions-Wirklichkeit kommt.

Die eine Wirklichkeit entsteht in unserem Kopf, denn unser Verstand erzeugt sie. Die andere Wirklichkeit sind wir. Mit der ersten, illusorischen Wirklichkeit leben wir in der Zeit; die zweite, reale Wirklichkeit ist ewig. Wir sind in der Welt, aber nicht von der Welt.

Bei Schwierigkeiten und Hindernissen für den Verstand helfen Bilder weiter. Sie sagen nicht nur mehr als tausend Worte, sondern mehr als alle Worte. Rund 400 Jahre vor Beginn unserer Zeitrechnung hat Platon den gewöhnlichen Verstand mit einer Höhle verglichen. Wer nur in der Höhle bleibt, sieht auch nur die Schatten des Wirklichen. Wer die Höhle verläßt, steigt auf in die Welt des Erlebens. Jenes berühmte Höhlengleichnis findet sich in Platons ‚Politeia' (Der Staat). Dies ist also keine neue Nachricht, aber es scheint, daß wir erst heute langsam zu dieser Wahrheit aufwachen.

Seinem Bruder Glaukon schildert Platon einen unterirdischen, nach unten geneigten höhlenartigen Raum, in dem Menschen von Kindheit an so gefesselt sind, daß sie nur nach vorn, also auf die Rückwand der Höhle blicken können. Weit hinter und über ihnen leuchtet das Licht eines Feuers. Zwischen diesem Licht und den Gefesselten verläuft ein Weg mit einer mannshohen Wand.

Zwischen dem Feuer und der Wand werden „mannigfache Geräte vorbei(getragen), die über die Wand hinausragen, dazu auch Statuen aus Holz und Stein von Menschen und anderen Lebewesen, kurz alles mögliche, künstlich hergestellt, wobei die Vorbeitragenden teils sprechen, teils schweigen."

Platon: „Sie gleichen uns! Denn sie sehen zunächst von sich und den anderen nichts außer den Schatten, vom Feuer auf die gegenüberliegende Mauer geworfen. - Wenn sie sich miteinander unterhalten könnten, würden sie sicher glauben, die wahren Dinge zu benennen, wenn sie von den Schatten sprechen, welche sie sehen. Wenn nun weiterhin das Gefängnis von der Wand gegenüber ein Echo hätte (also vor ihnen), und einer der Vorübergehenden (hinter ihnen) etwas spräche, dann käme - so würden sie glauben - der Ton von nichts anderem als von dem vorübergehenden Schatten. Alles in allem: diese Leute würden nichts anderes für wahr halten als die Schatten jener Geräte."

Wenn einer der Gefangenen, der bis dahin nur die illusionären Schatten der wirklichen Welt kannte, befreit wird und ins Licht der Sonne tritt, wird er zunächst geblendet sein. Und dann kommt Platons Satz, der für jeden gilt, der Ahnungen oder erste Erfahrungen der wirklichen Wirklichkeit spürt: „*Gewöhnung* also, meine ich, wird er nötig haben, um die Oberwelt zu sehen."

Für einen Augenblick möchte der Befreite sogar wieder zurück in die vertraute Dunkelheit der Höhle. Aber dann erkennt er, daß das einzige authentische Leben für Menschen, also auch für ihn, darin besteht, die Dinge so zu sehen, wie sie sind. Er entschließt sich, die Schattenhöhle, die Welt der Illusionen zu verlassen. Und er weiß, daß er zurückgehen wird und die anderen befreien, die durch den Schleier der Illusion an eine unwirkliche Welt gefesselt sind.

Immer wenn einer auch nur einen einzigen Blick aus dem Gefängnis des Verstandes ins Licht getan hat, wird er anfangen, es den anderen mitzuteilen. Ich habe noch niemanden getroffen, der diese Erfahrung gemacht und sich ins stille Kämmerlein gesetzt hat - auch nicht in einen Elfenbeinturm.

Unser Verstand macht es uns nicht leicht. Er bildet sich ein - und weil wir mit ihm identifiziert sind, bilden wir uns ein - wach zu sein. Es ist ähnlich (nur umgekehrt) wie in manchen Träumen, in denen wir meinen, wach zu sein. Träumen kann man z.B., daß man gerade einen Traum aufgeschrieben hat, nur um am Morgen zu merken, daß man das alles geträumt hat. Wir träumen täglich 24 Stunden lang. Nachts ist die Außenwelt ausgeschlossen und wir träumen innen. Tags sind unsere Sinne zur Außenwelt offen, aber im Inneren träumen wir weiter. Und diese Träume projizieren wir auf die Außenwelt, auf die Realität. Wir sehen nie, was *ist*, sondern immer nur unsere Projektion. Unser Verstand, der immer träumt, erschafft sich per Breitwand und Circumvision eine unwirkliche Welt. Das ist der Schleier der Maya.

Hinter diesem Schleier ist die Wirklichkeit. Die Ansicht: ‚die Welt ist eine Illusion‘ bedeutet also nicht, daß es die Welt nicht gibt. Sie existiert. Aber unsere Sichtweise ist eine Illusion. Was wir ‚wahrnehmen‘, existiert nicht. Anders gesagt: wer ganz aufwacht, für den verschwindet nicht die reale Welt, sondern die Welt, die er bis dahin wahrgenommen hat.

An die Stelle der Traumwelt tritt die objektive Welt. Die Gestalten, Farben, Formen, welche wir hineinsehen, verschwinden. Unsere Interpretationen, unsere Be-deutungen, die wir mit dem Verstand hineingelegt haben, verschwinden. Unsere Vor-eingenommenheit, unsere Vor-urteile, unsere Vor-stellungen sind verschwunden.

Solange wir wachträumen, wechseln lediglich unsere Filme. Das läßt sich verbildlichen, wenn wir uns im Schlaftraum eine ebenso ‚wirkliche‘ Welt vorgaukeln, wie sie unsere fünf Sinne im sogenannten Wachzustand erzeugen.

Dem einschlägig vorbelasteten Leser wird hier der wahrscheinlich gelbe (weil chinesische) Schmetterling des Tschuang-tse einfallen, welcher mit der Frage nach der Wirklichkeit so eng verknüpft ist, daß er nach über 2000 Jahren noch heute sein Un-(?) Wesen treibt.

Doch zunächst ein eigenes Erlebnis mit einem Vogel - obwohl auch dieses kurze Ereignis sich gegen die Versprachlichung sträubt. An einem Vorfrühlingstage gehe ich in München, im Englischen Garten spazieren. Auf einem Baum ‚sehe ich‘ einen Vogel, schwarz, mit energischen, flinken Bewegungen, schlank wie eine Torpedo, ein schillernd-metallisch glänzendes Gefieder mit hellen Flecken. In Wirklichkeit sehe ich ihn nicht, sondern ich bin das, was ich sehe. Der Vogel, der Baum. Und dann - als würde sich ein leichter Grauschleier über das Bild ziehen - kommt mein Verstand zurück und sagt in mir: „Mensch, der erste Star, heute ist der 21. Februar, letztes Jahr waren die erst am 25. Februar da ...“ Ein kurzer Ausflug aus dem Gefängnis.

Und jetzt zum Schmetterling des Tschuang-tse. Er war übrigens ein Zeitgenosse Platons, geboren in Meng, einer Stadt in Ost-Honan, die damals Nan Hua - ‚Südliches Blütenland‘ - hieß. Das ist auch der Titel seines herrlichen Buches ‚Das wahre Buch vom Südlichen Blütenland‘, das jeder, der diese Zeilen liest, kennen oder lesen sollte.[1]

Tschuang-tse hat wie Platon die Grenzen der möglichen Erkenntnis erkannt und beschrieben. Wie Platon war er ein Dichter, der seine erkenntniskritischen Weisheiten in der Form von Rede und Gegenrede, in Dialogen hinterlassen hat. Hier ist sein Schmetterlingstraum:

Einst träumte Tschuang-tse, daß er ein Schmetterling sei, ein flatternder Schmetterling, welcher sich wohl und glücklich fühlte und nichts wußte von Tschuang-tse. Plötzlich wachte er auf: da war er wieder wirklich und wahrhaftig Tschuang-tse. Nun weiß ich nicht, ob Tschuang-tse geträumt hat, daß er ein Schmetterling sei, oder ob der Schmetterling geträumt hat, daß er Tschuang-tse sei, obwohl doch zwischen Tschuang-tse und dem Schmetterling gewiß ein Unterschied ist. So ist es mit der Wandlung der Dinge.

Was ist denn der Unterschied zwischen dem Träumer und dem Schmetterling? Tschuang-tse träumt, daß er ein Schmetterling sei, der sich wohl und glücklich fühlt und nichts von Tschuang-tse weiß. Als er am Morgen aufwacht, stellt er sich traurig. Und seine Schüler wundern sich: „Warum bist Du traurig?" Der Meister: „Wegen eines Traumes." Da lachen die Schüler und sagen: „Du bist wegen eines Traumes traurig, was hast du geträumt?" Der Meister: „Ich habe geträumt, und das verwirrte mich tief, daß ich ein Schmetterling bin." Die Schüler: „Na und?" Tschuang-tse: „Ihr begreift nicht! Wenn ich träumen kann, daß ich ein Schmetterling bin, warum nicht auch umgekehrt? Der Schmetterling könnte ja auch träumen, das er Tschuang-tse ist. Das kann doch so sein. Was ist denn jetzt wirklich und was unwirklich? Hat Tschuang-tse geträumt, daß er ein Schmetterling geworden ist, oder ist der Schmetterling eingeschlafen und träumt, er wäre Tschuang-tse? Das kann doch genau so gut sein."

Woher wissen Sie, die Sie das hier gerade lesen, ob Sie nicht träumen? Sie wissen doch, wie real Träume im Träumen sind. Im Zweifel haben Sie schon einmal geträumt, ein Buch zu lesen. Wenn der Traum wirklich zu sein scheint, warum kann das jetzt nicht ein Traum sein?

‚Was sagt uns' diese Geschichte vom Schmetterlingstraum? Daß Tschuang-tse sie nicht zu Ende erzählt hat! Und hier erzählt er sie zu Ende: „Jetzt hört mal gut zu! Ich habe etwas ausgelassen, was ist das?" Da dachten die Schüler lange nach und schüttelten ihre Köpfe. „Ich habe den Träumer ausgelassen. Nämlich denjenigen, der träumt, daß Tschuang-tse ein Schmetterling geworden ist, genau denjenigen, der denkt, es könnte auch umgekehrt sein. Wer ist denn das? Wer ist das, der das beobachtet? Wer hat geschlafen und ist jetzt wach? ‚Ich' kann für mich kein Traum sein; denn damit ein Traum überhaupt möglich ist, wird ein wirklicher Träumer benötigt. Sogar für einen unwirklichen Traum braucht es einen wirklichen Träumer. Sogar nur einen Traum kann es ohne wirklichen Träumer nicht geben. Die ganze Welt ist Illusion. Dich, mich gibt es nicht. Was allein übrigbleibt und wirklich wirklich ist, ist das reine Bewußtsein."

Der Philosoph Anton Neuhäusler (P.M. Magazin August 1990 S. 84f.) kommt in einer Betrachtung der Materie zu dem Schluß, daß es sie nicht gibt: „Der Stoff besteht, dieser eingefleischten Vorstellung entgegen, aus dem ‚Unstofflichen': Wir nennen es Energie." Und stellt dann die naheliegende Frage: „Am Ende ist die nun entmaterialisierte Materie dem, was wir Psyche nennen, gar nicht so fremd?"

Was unsere moderne Physik bei der Untersuchung subatomarer Teilchen herausgefunden hat, nämlich daß Materie aus Kraftfeldern von Energie besteht, galt den Weisen des Advaita-Vedanta nicht nur für die gesamte Erscheinungswelt, sondern ebenso für die Seele und Gott. Für sie besteht die Wirklichkeit aus Energie in Form von Bewußtsein. Nur können wir Menschen mit unseren grobstofflichen Sinnesorganen auch nur ein grobstoffliches Universum wahrnehmen. Dem Wirklichen stülpen wir die Vorstellung einer Erscheinungswelt (Maya) über, in der alles Namen und Form bekam.

„Woran soll man denn merken, daß man schläft, wenn alle anderen Menschen auch schlafen?"

Das ist eine gute Frage. Auch deshalb, weil sie mir Gelegenheit gibt, eine weitere Geschichte zu erzählen. Sie wird von Buddha berichtet. Nach seiner Erleuchtung, nachdem er aus seinem Verstand in die wirkliche Wirklichkeit gelangt war, soll er sieben Tage kein Wort gesprochen haben. Er wollte für immer schweigen. Da baten ihn die Götter, zu den Menschen zu sprechen. Er aber antwortete: „Es gibt Menschen, die so tief schlafen, daß es sinnlos ist, ihnen etwas zu sagen. Und die, die mich hören können, sind selbst schon aufgewacht. Deshalb ist es also nicht nötig, daß ich spreche." Da mahnten die Götter: „Es gibt aber noch eine andere, eine dritte Art von Menschen: diejenigen, die nicht mehr ganz fest schlafen, aber noch nicht so wach sind, daß sie die Wirklichkeit erkennen. Vielleicht verstehen sie nicht alles, was du sagst, vielleicht aber genügt sogar nur ein Wort von dir, sie ganz aus dem Schlaf zu reißen. Du mußt sprechen.“ Das überzeugte Buddha, und er sprach fortan über vierzig Jahre. Es gibt inzwischen eine ganze Menge Menschen, die merken, daß sie schlafen. Und wer merkt, daß er schläft, fängt an, aufzuwachen!

Um das Aufwachen einzuüben, läßt sich - zu Übungszwecken - das Gleichnis auch umgekehrt mit einer Sufi-Geschichte erzählen: Es war einmal ein Sufi-Mystiker namens Hijira, dem eines Nachts ein Engel im Traum erschien und sprach: „Hijira, wache auf, gehe zum Brunnen und hole dir soviel Wasser, wie du aufbewahren kannst; denn morgen früh wird alles Wasser dieser Welt vom Teufel vergiftet und alle, die davon trinken, werden wahnsinnig.“ Da stand Hijira auf und tat, wie ihm befohlen war.

Und wirklich - am nächsten Morgen waren alle Leute verrückt geworden. Aber niemand in der ganzen Stadt, ja nicht einmal irgendwo auf der Welt merkte das. Der einzige, der es merkte, war Hijira, weil er der einzige normale Mensch war. Und alle Leute dachten, daß er der einzige Verrückte wäre. So trank er weiter sein unvergiftetes Wasser und versuchte, ihnen zu erklären, was geschehen war. Niemand aber schenkte ihm Glauben. Und eines Tages kamen sie und wollten ihn festnehmen. Er sollte ins Gefängnis oder ins Irrenhaus gebracht werden. „So einen wie dich können wir nicht einfach frei rumlaufen lassen, du bist ja total verrückt geworden.“ Hijira versuchte, sie an die Vergangenheit zu erinnern, an alles, was vor dem verwünschten Morgen geschehen war - aber alle hatten sie das vergessen. Schließlich umstellten sie sein Haus und ergriffen ihn. Da sagte Hijira: „Gebt mir noch eine Chance, ich werde mich von meiner Krankheit kurieren.“ Ging zum Brunnen, trank und wurde ebenfalls verrückt. Nun freuten sich die Leute, daß auch er ein normaler Mensch geworden war, obwohl er tatsächlich verrückt geworden war. Wenn alle schlafen, merkt niemand, daß auch er oder sie eingeschlafen ist. Wenn jeder andere verrückt ist und man selber auch, wird einem das nie bewußt. Man ist ja normal. Wenigstens einer muß wach und nicht verrückt sein, um andere wecken und zu wirklicher Normalität führen zu können. Und seit Menschen existieren, hat es wache und erleuchtete gegeben. Die Bekanntesten sind Krischna, Thot-Hermes, Lao-tse, Pythagoras, Zarathustra, Buddha, Mahavir, Christus, Plotin, Rabia, Milarepa, Al Ghazali, Hildegard von Bingen, Franz von Assisi, Rumi, Mechthild von Magdeburg,

Meister Eckhart, Heinrich Seuse, Johannes Tauler, Jakob Böhme, Angelus Silesius, Ramakrishna, Ramana Maharshi und in neuerer Zeit Muktananda, Krischnamurti, Bhagwan Shree Rajneesh (Osho), welche ich (ja, was sagt man da?) ‚kennengelernt' habe.

Auf solche Menschen spielt Krischna in der Bhagavad Gita an, wenn er Ardjuna lehrt, daß von Zeit zu Zeit Weltenlehrer, Avatare, Künder des Göttlichen auf Erden auftreten, um den in Nicht-Erkenntnis verstrickten Menschen das, was zur Selbstbefreiung und Gott-Vereinigung nottut, ins Bewußtsein zu rufen. Es sind Menschen, zum Ewigen in sich erwacht, mit dem Göttlichen eins und damit fähig, den Menschen ihrer Zeit aus der Fülle der Gottesweisheit zu schenken[2].

„Wacht auf, das Königreich Gottes ist nah!" Dieser Satz meint für unseren heutigen Sprachgebrauch: „Wacht auf, das Sein - die Wirklichkeit - ist nah!"

Um wacher zu sein als der Großteil der Menschheit, braucht es jedoch keine Erleuchtung. Ronald D. Laing [3], der britische Psychiater und Vertreter der Antipsychiatrie: „Wir sind benebelte und tolle Kreaturen, Fremde für unser wahres Selbst, für einander, für die geistige und für die materielle Welt - Verrückte selbst von einem idealen Standpunkt aus, den wir lediglich erkennen, aber nicht einnehmen können. ... Der Zustand der Entfremdung, des Schlafens, des Nicht-bewußt-Seins, des Nicht-bei-Sinnen-Seins ist der Zustand des normalen Menschen. Die Gesellschaft schätzt ihren normalen Menschen. Sie erzieht Kinder dazu, sich selbst zu verlieren, absurd zu werden und so ‚normal' zu sein. Normale Menschen haben in den letzten fünfzig Jahren vielleicht hundert Millionen normale Menschen getötet."

Von Blaise Pascal (1623-1662), dem französischen Religionsphilosophen, Mathematiker und Physiker wird berichtet, er habe gesagt, der Mensch sei ein verrücktes Tier - das einzige Tier, das verrückt geworden ist, rasend, verwirrt. Pascal bezeichnet die Tatsache, daß der Mensch kein natürliches Tier mehr sei, als den eigentlichen Sündenfall. Ihm sei etwas Unnatürliches geschehen, etwas im Kern seines Wesens selber. Er sei sich selbst, seiner eigenen Quelle entfremdet.

Sätze wie: „Die Welt ist eine Illusion; die Welt ist nicht wirklich; alles ist Maya" werden häufig mißverstanden. Nicht die Welt ist

Maya, sondern nur das von unserem Verstand geschaffene Abbild der Welt.

Mit diesem Werkzeug ‚begabt', glauben wir zu sehen was ist - und können es nicht! Wir leben nicht in der Wirklichkeit, sondern in unseren Vor-Stellungen, also in dem, was wir ‚vor' die Wirklichkeit stellen. Wir leben in unseren Gedanken, Wünschen, Fantasien, in unseren Vor-Urteilen. „Die Sinne trügen nicht, das Urteil trügt" (Goethe, Maximen und Reflexionen).

Was wir in der Welt erleben, ist nur eine Konstruktion unseres Verstandes, nicht die wirkliche Wirklichkeit. Unser Verstand hört das nicht gerne. Unser Verstand, dieser Überlebens-Mechanismus, bekommt immer Angst, wenn er Informationen erhält, die nicht wichtig für das Überleben sind. Ich möchte den LeserInnen auf den Weg durch dieses Buch mitgeben: Informationen, die der Verstand für wichtig und interessant erklärt, sind immer Informationen, die in irgendeiner Weise dem Überleben dienen. Und die Informationen in diesem Buch sind fast alle für das Überleben nicht wichtig! Mit Sicherheit aber für das Leben!

Wir merken nicht, daß wir mit unserem Verstand die Wirklichkeit nicht erkennen können, so wie ein Blinder das Licht nicht sieht! Und weil wir alle unsere Verstandes-Wirklichkeit auf sehr ähnliche Weise konstruieren, weil wir die gleiche Art Maschine verwenden, stimmen unsere illusionären Bilder von der Wirklichkeit mit denen unserer Mitmenschen recht gut überein.

Alle Menschen, die ‚mitten am Tage ein zweites Mal aufgewacht' sind, bemerken deshalb, daß unser gewöhnlicher ‚Wach-Zustand' eine Art Schlaf-Zustand ist.

Das ist ja das Magische am Verstand, daß kaum jemand merkt, darin gefangen zu sein. Das zweite Aufwachen läßt sich besser verstehen, wenn wir es mit unseren Träumen vergleichen. Wir träumen jede Nacht. Im Traum glauben wir, das wäre die Wirklichkeit. Am Morgen, wenn wir aufwachen, verschwindet diese ‚Wirklichkeit' und trotzdem werden wir ungefähr 365mal im Jahr wieder getäuscht. Es wäre ja immerhin denkbar, daß wir z.B. fünfzig Nächte nach unserem 21. Geburtstag bemerken, daß wir träumen - aber das geschieht nicht. Jedesmal, wenn wir schlafen und träumen, erscheint wieder ‚die Wirklichkeit'.

Beim ‚zweiten Aufwachen mitten am Tage' wachen wir dann auch noch aus unserem sogenannten ‚Wach-Zustand' auf und stellen fest, daß auch der eine Art Schlafzustand gewesen ist. Wir schlafen, wenn wir wach sind! Wir sind uns nicht einmal bewußt, daß wir nicht bewußt sind!

Unser Verstand ist ein Simulator, eine Täuschungsmaschine. Auch sind wir nie aus dem siebenten Himmel heruntergekommen; was von uns ‚hier' ist, ist lediglich unsere Reflexion. Aber wir haben uns mit dieser Reflexion identifiziert und haben das deshalb vergessen. Vom Sein aber, von unserer Natur können wir nicht herunterkommen. Wir träumen das nur!

In der östlichen Weisheit wird das wirklich genannt, was zeitlos ist, was ewig ist, immer da gewesen ist, da sein wird. Für das es keine Zeit gibt, wo es nicht war. Das wird das Wirkliche genannt.

Das genaue Gegenteil davon ist das Nichtwirkliche, das Unwahre, das, was nie war und nie sein wird. „Nichts Wirkliches kann gefährdet werden. Nichts Unwirkliches existiert" ist das Motto des ‚Course in Miracles'.[4]

Und wo bleibt da die Maya? Genau zwischen den beiden! Deshalb ist Maya im Advaita-Vedanta, dem Gedankensystem des Nicht-Dualismus „weder als Seiendes noch als Nichtseiendes zu bezeichnen".

Maya ist der Begriff für etwas, was zu sein scheint und doch nicht ist. Maya ist der Schleier, der genau in der Mitte zwischen dem Wahren und dem Unwahren liegt. Maya ist eine Nichtwahrheit, die aber wie eine Wahrheit aussieht, wie im Schlaf für uns der Traum. Am Morgen nach dem Aufwachen hat diese Projektion aufgehört und wir merken, daß er unwirklich war. Er ist nicht wirklich, weil es eine Zeit gegeben hat, wo es ihn nicht gegeben hat - und jetzt wieder eine Zeit da ist, wo er nicht existiert. Müssen wir ihn deshalb unwirklich nennen? Es gab ihn doch zwischendrin. Es gab ihn nicht am Abend und wieder nicht am Morgen. Aber in der Nacht gab es ihn. Wie könnte man ihn dann unwirklich nennen? Für mich bleibt es immer noch erstaunlich, daß es schon viereinhalb Jahrhunderte vor unserer Zeitwende Menschen gab, die so wach waren, daß sie diesen Phänomenen Namen geben konnten. Ja mehr noch, weil sie in den vorhandenen Sprachen keine passenden Worte finden konnten, erschufen sie eine Sprache für die sprachliche Benennung der Wirklichkeiten, das ‚Sanskrit', eine Kunstsprache. ‚Samskrtam' ist altindisch und bedeutet ‚zurechtgemacht'.

Unser Verstand bildet eine absolut durchsichtige Trennscheibe. So transparent, daß wir sie höchstens als ganz feinen Grauschleier wahrnehmen können, wenn sie - nach kurzzeitigem Verschwinden - wieder zurückkommt.

Unser Verstand ist ein Reflexions-System, wie ein Spiegel. Wenn wir uns im Spiegel sehen, ist die Person im Spiegel nicht wirklich da. Sie ist eine Reflexion, ein Schatten von uns.

Der Verstand stellt die komplexeste Konstruktion dar, die uns bekannt ist. Es hat Jahrmillionen gebraucht, um dieses ungeheuer wertvolle Teil in uns zu entwickeln. Wir sollten uns nur nicht mit diesem Spiegel identifizieren, sondern ihn benutzen, statt uns von ihm benutzen zu lassen.

Wenn wir durch den Verstand auf die Wirklichkeit blicken, sehen wir etwas, was nicht da ist - Maya.

Alles, was wir sehen, ist Projektion, die wir erschaffen. Wie weit geht das? Wir sind der Regisseur im Drama, das wir unser Leben nennen, zugleich aber auch der, welcher die ganze Geschichte geschrieben hat. Und wir sind der Schauspieler. Und wir sind alles, was passiert. Und wir sind der Zuschauer. Es gibt niemanden anderen. Wir schauen unser Leben an. Wir erschaffen es. Doch sobald wir unsere Identifizierung mit dem Verstand lösen, sehen wir das, was ist.

Von Buddha wird erzählt, er wäre immer im siebenten Himmel geblieben. Das ist kein Ort, sondern ein Zustand der letzten, höchsten Verklärung. Er sei nie auf die Erde heruntergekommen - lediglich seine Reflexion sei hier gewesen. Den gleichen Zustand hat Jesus in seiner Verklärung erreicht. Beide tragen den Beinamen: Weltüberwinder. Dies trifft auch für jeden von uns zu. Wir sind auch nie wirklich heruntergekommen - sondern nur unsere Reflexion. Deshalb haben beide auch von uns gesagt: „Ihr seid in der Welt, aber nicht von der Welt."

‚Maya' bezeichnet das, was unwirklich ist, uns aber wirklich erscheint, weil wir unbewußt sind. Und der Erzeuger von Maya ist unser Verstand.

Wir können die Wahrheit nicht mit unserem Verstand finden. Weil der Verstand ein Spiegel ist, der reflektiert, muß die Suche nach der Wahrheit in entgegengesetzte Richtung gehen! Das kann und muß man zunächst mit dem Verstand akzeptieren.

Unser Verstand, unser Nachdenken, selbst unser *Machen* kann uns jedoch nicht zum Erkennen der Wahrheit, der Wirklichkeit oder von Gott führen. Wirklichkeit können wir nicht suchen! Wir brauchen nur zu sein: nichts zu tun, nicht zu träumen, nur still zu sein. Und in diesem Stillsein kommt die Wirklichkeit zu uns. Sie ist eigentlich immer da. Wir waren nur nicht still genug. Wir müssen das, was wir haben, für das weggeben, was erst dann möglich wird, wenn wir leer werden, wenn wir nichts mehr tun.

Und wer wir wirklich sind, ist Leere! Diese Wahrheit ängstigt unseren Verstand zutiefst! Die Mittel, die unser Verstand einsetzt, um uns nie ganz zur Ruhe kommen und diese innere Leere nicht spüren zu lassen, ist Beschäftigtsein und Wünschen.

Weil wir uns aber mit dem Verstand und unserem Körper identifizieren, die beide endlich und unzulänglich sind, *denken* und fühlen wir uns als endliche und unzulängliche Wesen. Um dieses Gefühl zu überwinden, bemühen wir uns ständig, wertvoller zu werden: eine geniale Falle! Wer wir wirklich sind, steckt in einem Gefängnis, wo wir meinen, wir wären unser ‚Ich', welches nichts anderes sagen kann als:„Was denn sonst?" Dabei ist dieses ‚Ich' in uns ein Scheinzentrum.

Unser wahres Zentrum liegt tief in uns - und ist leer! Bhagwan/ Osho[5] einer, der in der Leere lebte, drückte es so aus: „Die innere Leere ist die größte Erfahrung des Lebens - die Erleuchtung. Man weiß, daß niemand da ist, man weiß, daß da unendliche Stille herrscht, nicht einmal ein Wort, überhaupt nichts, keine Person, kein Ego, keine Identität. Das ist die größte Erfahrung, die höchste Freude. Wer diese Erfahrung scheut, bleibt nur beim Vermuten einer gewissen Hohlheit, einer gewissen Leere innen. Und weil dieser Verdacht bleibt, beschäftigt man sich ständig. Die Leute halten sich den ganzen Tag beschäftigt und schlafen dann ein und beschäftigen sich mit ihren Träumen - 24 Stunden am Tag: ständig beschäftigt."

Stellvertretend für Skeptiker, die bezweifeln, daß es in uns ein wirkliches ‚Innen' gibt, welches unser eigentliches Zentrum ist, lasse ich den englischen Philosophen, Geschichtsforscher und Hauptvertreter des Skeptizismus David Hume (1711-1776)[6] sprechen: „Ich für meinen Teil, wenn ich recht tief in das eingehe, was ich *mich selbst* nenne, stoße immer auf die eine oder die andere Wahrnehmung von Hitze oder Kälte, Licht oder Schatten, Liebe oder Haß, Schmerz oder Lust. Nie, so oft ich es auch versuche, kann ich *meiner selbst* ohne eine Vorstellung habhaft werden. Sind meine Vorstellungen für irgendwelche Zeit aufgehoben, wie im gesunden Schlaf, so kann ich ebenso lange nichts von *mir selbst* verspüren, und man könnte in Wahrheit sagen, daß ich gar nicht bestehe."

Hume, wie jeder, der nur in seine ‚Psychologie des Augenblicks' schaut, weiß nicht, daß unser Zentrum nicht nur tiefer als unser Kopf, sondern sogar tiefer als unser Herz liegt. Auch das Herz gehört noch zu unserer Außenseite. Unsere eigentliche Natur, tief in uns, ist leer, formlos und ewig. Aus dieser Einsicht hat Buddha sie ‚Anatta' genannt, was soviel wie Nicht-Selbst, Nicht-Wesenhaftigkeit bedeutet. Diese Bezeichnung sollte jede weitere Vorstellung verhindern, daß unsere Natur doch irgendwie unserer Ich-Vorstellung ähnelt.

Unsere Natur ist der ‚Schatz', den Jesus meint, wenn er im Thomas-Evangelium (Spruch 76) sagt: „Suchet auch ihr nach einem unvergänglichen, bleibenden Schatz, an den keine Motte herankommt, um zu fressen, und den kein Wurm vernichtet", oder mit seiner Forderung in der Bergpredigt: „Trachtet am ersten nach dem Reich Gottes."

Unser Verstand hört nicht gern, daß wir nicht wach sind, wenn wir morgens die Augen aufmachen. Und dabei ist es der Traum des Verstandes, der uns nicht bewußt wird! Ludwig Wittgenstein, einer der bedeutendsten Philosophen unseres Jahrhunderts wußte: „In den besseren Stunden aber wachen wir so weit auf, daß wir erkennen, daß wir träumen."

Wir sehen nicht, was ist, sondern immer nur unsere Träume, projiziert auf das, was ist.

Der Verstand wirft gleich einem Filmprojektor Bilder auf unsere innere Leinwand. Der Verstand folgt also nicht etwa uns, sondern wir folgen seinen Bildern.

Im gewöhnlichen Leben wechselt nur der Film. Erst wenn wir aufhören zu projizieren, sehen wir die Leinwand - also das, was ist! Wenn man nicht schon einmal den wirklichen Wachzustand erlebt hat, kann man sich das Ausmaß unseres Träumens im sogenannten Wachzustand überhaupt nicht vorstellen. Der Traum ist wörtlich umfassend!

Aber wir können uns eine leichte Ahnung davon verschaffen. Einer[7], der sich Träume genau angeschaut hat, sagte es so: „Wenn bestimmte Zentren des Gehirns uns eine ebenso glaubhafte Welt vorgaukeln können wie unsere fünf Sinne - was ist dann ‚Wirklichkeit'?"

Gibt es ein Bild, das den Unterschied zwischen unserem Verstand und unserem Wesen deutlich machen kann? Auf diese Frage biete ich gleich etwas an, das diese Unterscheidung möglich machen kann. Vorher aber noch ein Experiment, das jeder mit sich selbst machen kann:

Jeder Mensch vermag körperliche Schmerzen, wenn sie nicht so groß sind, daß man sich nicht mehr besinnen kann, verschwinden zu lassen. Selbstverständlich muß man Schmerzen beachten. Schmerz ist der ‚Wachhund der Gesundheit' genannt worden. Schmerzen sind Signale, auf die wir achten müssen. Nachdem wir aber wissen, was die Schmerzen ausgelöst hat, darauf reagiert und das Notwendige getan haben, lassen sich Schmerzen wegbringen. Wie? Wir müssen genau hinschauen. Sie genau nach Größe, Gewicht, Farbe, Temperatur, Oberflächenbeschaffenheit ansehen. Mit anderen Worten: unsere ganze Aufmerksamkeit zum Schmerz hinwenden. Ich mache dieses Experiment immer mit Menschen, mit denen ich arbeite. Und wenn jemand bereit ist, seinen Schmerz auch wieder gehen zu lassen (nicht jeder möchte das), geht er weg. Warum?

Weil wir und unser Körper zweierlei sind. Derjenige, der genau hinschaut, sind wir. Das genaue Hinschauen auf den Schmerz richtet sich auf den Körper, der wir nicht sind. Dieses genaue Hinschauen schafft einen Abstand, durch den die Identifikation zerbrochen wird. Beim Konzentrieren auf den Schmerz bewegen wir uns nach innen zu, weg vom Körper. Mit dem Abstand vergessen wir die Identifikation, wir vergessen das ‚ich spüre den Schmerz'.

So werden wir zum Beobachter, und der Schmerz ist nicht mehr da. Wir beobachten den Schmerz und fühlen ihn nicht mehr. Dieser Wandel vom Fühlen zum Beobachten erzeugt die Lücke zwischen dem, wer wir wirklich sind und unserem Körper.

Und nun das Vergleichsbild: Als der Astronom Nikolaus Kopernikus (1473-1543) beweisen konnte, daß nicht die Erde, sondern die Sonne im Mittelpunkt unseres Sternensystems steht, bedeutete das für die Menschen der damaligen Zeit einen gewaltigen Schock. Kopernikus war ein Dogmenbrecher. Das Weltbild wurde zerstört, eine ganze Weltanschauung erwies sich als falsch!

Zweihundert Jahre lang nach dem Bekanntwerden dieser Tatsache verübten Menschen wegen dieses Schocks Selbstmord. Sein Buch „Über Kreisbewegungen der Weltkörper" kam auf den Index des Vatikans und blieb dort 141 Jahre lang. Luther empörte sich: „Der Narr will mir die ganze Kunst Astronomia umkehren! Aber wie die Heilige Schrift zeigt, hieß Josua der Erde still stehen und nicht die Sonne." In Psalm 104 steht: „ER hat die Erde gegründet auf ihre Pfeiler, so daß sie in alle Ewigkeit nicht wankt."

Einer der Gegner des Kopernikus, der dänische Astronom Tycho Brahe, wetterte: „Wie kann der Kopernikus so töricht sein und eine zur Bewegung so unfähige Masse wie die Erde durch die Lüfte führen!" Und für eine bloße Beobachtung scheint er ja recht zu haben. Es ist ja unmöglich zu glauben, daß Häuser, ganze Städte, Gebirge und Meere „durch die Lüfte geführt werden". Außerdem: dreht sich nicht alles um uns? Tagsüber die Sonne von Osten nach Westen, die geht doch auf und wieder unter; nachts wandern die Sterne um uns.

Für die Konditionierung des damaligen Menschenverstandes konnte und durfte das alles nicht wahr sein. Denn es zerstörte das einfache und eingängige Weltbild von oben und unten, von gut und böse. Oben: Himmel, Engel und Gott. Unten: Hölle und Teufel. Wo war jetzt Gott? Und wo wir? Aus der Mitte des Universums, im All verloren!

Aber: in Wirklichkeit hatte sich überhaupt nichts verändert!

Nach meiner Beobachtung stehen wir wieder in einer Wende, einer zweiten ‚Kopernikanischen Wende'. Diesmal keiner astronomischen, sondern einer spirituellen Wende! Die Sache, an die wir felsenfest glauben, an der nicht gerüttelt werden darf, von der wir meinen, sie sei nicht zu hinterfragen: unser Verstand - wird ‚verrückt', ganz wörtlich ver-rückt. Von einem Ort, wo wir ihn nur ‚hingedacht' haben, dorthin, wo er immer war!

Was hat Kopernikus kurz vor seinem Tod geschrieben? „Denn wer möchte in diesem herrlichen Tempel diese Leuchte an einen anderen oder besseren Ort versetzen als dahin, von wo aus sie das Ganze zugleich zu erhellen vermag? So beherrscht in der Tat die Sonne, wie auf königlichem Stuhl thronend, das sie umkreisende Geschlecht der Sterne."

So wie das alte Weltbild falsch war - denn die Erde ‚schweifte' auch schon damals, als wir uns unser geozentrisches Weltbild zurechtgelegt hatten, auf ihrer kreisförmigen Bahn um die Sonne - so falsch ist unser nicht mehr zeitgemäßes Bild vom Verstand auf dem ‚königlichen Stuhl' in uns! Auf dem Chefsessel sitzt auch heute in uns unser Sein und der Verstand quasi auf dem Assistentenstuhl.

Diese Verwechslung ist uns passiert, als wir aus der Einheit, aus dem Paradies ‚vertrieben' wurden, weil wir vom ‚Baum der Gegensätze' gegessen hatten. Und das heißt, als wir uns fälschlicherweise mit unserem Verstand identifiziert haben.

Und warum wird sich die zweite Wende leichter vollziehen als die erste? Weil sie uns nicht von außen nahegebracht, sondern sich näher als nah in uns vollziehen wird.

Alles, was ich über den Verstand gesagt habe, ist nicht ‚gegen' ihn, auch wenn das so klingen mag. Ich zeige lediglich seine Grenzen auf, seine Beschränktheit, die unsere ist, solange wir uns mit ihm identifizieren.

Der Verstand kann die Wirklichkeit nicht begreifen und nicht die Wahrheit, weil das Eine unterschiedslos ist und weil der Verstand Unterscheidungen braucht. Sein Zweck ist: Dinge abzugrenzen. Der Verstand soll bestimmen, einordnen, spezifizieren, werten - dies ist eine Frau, das ist ein Mann, dieser ist ein Freund, jener ist ein Gegner, dies ist zum Essen, das kann man nicht essen, dies ist ein Stuhl, das ist die Tür und das ist die Wand. Die Funktion des Verstandes ist, Unterscheidungen zu treffen.

Der Verstand ist sehr zweckmäßig - und muß benutzt werden! Unser Unglück ist auch nicht unser Verstand, sondern unser Identifiziertsein mit ihm! Sobald der Zweifel am Verstand beginnt, fängt man an, dem eigenen Sein zu vertrauen. Solange man dem Verstand vertraut, bezweifelt man das Sein. Zu wissen, daß man mit dem Verstand identifiziert eine Maschine ist, ist die erste Information, die man nicht zum Überleben brauchen kann. Aus diesem Grund mag der Verstand sie nicht hören.

Wenn man dem Verstand als Ort des eigenen Seins mißtraut, fängt er an mitzuspielen. Er bekommt nach und nach seine ihm zustehende Größe, seinen ihm zukommenden Ort. Gegenwärtig tut er so, als ob er das ganze Leben wäre. Er ist ein Mechanismus - wertvoll als Helfer, gefährlich als Chef.

Quellennachweise

1 Dschuang Dsi; Das wahre Buch vom südlichen Blütenland. Düsseldorf/Köln (Diederichs Gelbe Reihe) 1982

2 K.O. Schmidt; Bhagavad Gita. Das Hohelied der Tat. Engelberg/ München (Drei-Eichen-Verlag) 1968, S.19

3 Ronald D. Laing; Phänomenologie der Erfahrung. Frankfurt 1979 S.9 u. 22

4 Anonymus; A Course in Miracles. New York (Foundation for innner Peace) 1975

5 Bhagwan Shree Rajneesh/Osho; The Fish in the Sea is not Thirsty. Poona 1980, p.459f.

6 zit. in: Rudolf Steiner; Die Rätsel der Philosophie. Stuttgart (Freies Geistesleben) 1955 S.617f.

7 Hans Bünte; Der Traum - eine wiederentdeckte Sprache. In: Karl Schnelting (Hrsg.), Hilfe, ich träume! Botschaften aus dem Reich der Seele. München (Goldmann) 1984 S.61

FRAGE II

Woher wissen wir, was ‚gut' und was ‚böse' ist?

Über den Dualismus

Und ich will reden von den beiden Geistern im Anbeginn des Lebens, von denen der Heilige also sprach zum Argen: Nicht werden unsere beiderseitigen Gedanken, noch Lehren, noch Erkenntnisse, noch Bekenntnisse, noch Worte, noch Werke, noch Gewissen, noch Seelen zusammenstimmen.

- *aus dem Awesta,*
der heiligen Schrift der Zoroastrier

Gutes und Böses sind eins.

- *Heraklit*

Sind das sogenannte ‚Böse‘ und das sogenannte ‚Gute‘ vielleicht nur Mißverständnisse? Sind unsere Tugenden vielleicht nur Täuschungen? Was meint der bedeutendste schwäbische Mystiker Heinrich Seuse, wenn er sagt: „Gott und Teufel sind *im* Menschen“?

Was meint Tschuang-tse, der chinesische Philosoph und Dichter im 4. Jahrhundert vor Christus mit: „Wenn die Heiligen erst einmal ausgestorben sind, so stehen keine grossen Räuber mehr auf, die Welt kommt in Frieden, und es gibt keine Geschichten mehr. Solange die Heiligen nicht aussterben, hören die großen Räuber nicht auf“?

Was meint Lao-tse, wenn er einem Heiligen, der über das Wasser geht, um einen Fluß zu überqueren, zuruft: „Du brauchst nicht rüberzugehen, weil dieses Ufer das andere Ufer ist“?

Hat Nietzsche recht, wenn er behauptet: „Wer tiefer denkt, weiß, daß er immer unrecht hat, er mag handeln und urteilen, wie er will“?

Die Wahrheit läßt sich nicht denken - aber *‚über‘* sie läßt sich sehr wohl denken und sprechen.

Ich spreche von der Wahrheit, über sie - von dem, was ist!

Grundsätzlich: Wahrheit als solche ist nicht brauchbar! Wahrheit erklärt nichts - Wahrheit *ist* bloß!

Wie muß man also über etwas sprechen, was man nicht beschreiben kann? Indem man sagt, was es *nicht* ist!

Warum dann eine Beschreibung von etwas, was sich gar nicht beschreiben läßt, so daß ich nur sagen kann, was es *nicht* ist?

Weil jeder Mensch die Wahrheit in sich trägt. Unser Verstand mit seinem ‚Ja‘ und seinem ‚Nein‘, mit seiner Dualität: das sind nicht wir! Wir sind nicht unser Verstand!

Jener Zustand, der sich nicht direkt beschreiben läßt, ist unsere wahre Natur und gar nicht weit weg!

Auch wenn die Wirklichkeit jenseits von Worten nur erlebt werden kann, können wir uns durch Worte darauf vorbereiten.

Vor 20 Jahren hat mich ein Satz sehr geärgert: „Wir schlafen, wenn wir wach sind.“ Inzwischen kenne ich den Zustand jenseits von Dualität, wenn auch nur für kurze Zeiträume. Und jeder, der das Erlebnis gehabt hat, aus ‚sich‘ herauszukommen, die Grenzen des bis dahin allein Möglichscheinenden überschritten hat, will das anderen mitteilen. Eben deshalb, weil auch alle anderen Menschen jenseits der Grenzen ihres Verstandes zu Hause sind - es aber nicht wissen, es nicht einmal ahnen.

Alles, was wir verstehen können, muß zwei Seiten haben. Unser Versteh-Mechanismus macht aus allem zwei Seiten. Und weil das mit der Wahrheit nicht geht, kann der Verstand sie nicht verstehen.

Wir wissen, was Freude ist, weil wir Leid kennen - und umgekehrt. Wir kennen Zu-Neigung und Ab-Neigung. Immer ist dieser Gegensatz nötig. Wir erkennen eine Gestalt nur, wenn wir sie gegen einen Hintergrund sehen. Wir nennen jemanden schön, weil es Häßlichkeit gibt. Wir teilen in Vormittag und Nachmittag, in Morgen und Abend, in Tag und Nacht usw. ad infinitum.

Immer ist ein Gegensatz notwendig, der definiert, was wir definieren wollen. Um verständlich zu machen, was mit einem bestimmten Begriff gemeint ist, verweisen Lexika deshalb immer auf den Gegensatz. In dieser Welt der Dualität leben wir.

Und jenseits dieser Dualität lebt die Welt der Wahrheit. Dort herrschen nur ungetrübte, untrübbare, gegensatzlose Ruhe und Glückseligkeit.

Beobachten Sie Ihre Gedanken, wenn Ihr Kopf hört, was ich gerade gesagt habe! Es gibt einen Zustand von Freude, von Glück, der kein Gegenteil hat. Aus dem wir deshalb auch nicht fallen können, es sei denn, wir würden wieder in den Kopf zurückkommen.

Jetzt wird Ihr Verstand zumindest zweifeln: „Na, das klingt aber allzu schön.“ „Das ist Quatsch!“ „Sowas gibt‘s gar nicht!“ „Da wird mir was vorgemacht!“

Aber Sie wissen nun schon, warum das so sein muß.

Hälften gehören notwendigerweise zum Ganzen zusammen, so auch das Brauchbare, was in diesen Hälften gedacht und entwickelt worden ist. Wir im Westen haben seit einigen hundert Jahren fast ausschließlich nach außen geblickt, auf Technik und Wissenschaft. Im Osten - unserer anderen Hälfte - haben Menschen Jahrtausende nach innen geschaut und dabei wertvollste Einsichten gewonnen, die uns allen dienen können.

„Entweder wird die heutige Menschheit sich dazu bequemen, ein selbständiges Geistesleben hinzunehmen, oder die gegenwärtige Zivilisation muß ihrem Untergang entgegengehen und aus den asiatischen Kulturen muß sich etwas Zukünftiges für die Menschheit entwickeln." Was Rudolf Steiner vor mehr als 70 Jahren beobachtet hat, ist inzwischen längst Wirklichkeit geworden.

„Paradoxerweise erweist sich östliches religiöses Denken als passender zum westlichen rationalen Denken als westliches religiöses Denken selber", fand kein Geringerer als Erich Fromm.

Warum ist das so? Weil östliche Religion nicht geglaubt, sondern erfahren werden muß. Sie erkundet das eigene Wesen ohne eine vorgesetzte Autorität.

Buddha hat eine Religion geschaffen, die dem Menschen Würde verleiht: „Auch Du kannst Buddha werden!" Selbsterlösung ist unser Geburtsrecht. „Werde Dein eigenes Licht!" Westliche Religionen lassen Selbsterlösung als unmöglich, als Frevel erscheinen.

Francesca Fremantle führt in ihrer Einleitung zum „Totenbuch der Tibeter" [1] noch einen Beweis für das Zeitgemäße in den östlichen Religionen auf: „Es ist auffällig, daß einige der Wörter, die am besten geeignet sind, die Lehren des Buddhismus auszudrücken, Bestandteile der Sprache der modernen Psychologie sind. Die Einstellungen mancher Schulen der westlichen Psychologie kommen dem Buddhismus oft näher als die der westlichen Philosophie und Religion."

Für den Zustand ‚untrübbarer Glückseligkeit' ist im Sanskrit der Ausdruck ‚Anand' geprägt worden. Damit gibt es in dieser Kunstsprache drei Ausdrücke: einen für Leid, einen für Freude und einen, der beide transzendiert: ‚Anand'. Ein Ausdruck, den kein Gegensatz berührt, der ‚eins-Sein' bezeichnet.

Und dieser Zustand des Anand ist unlogisch. So unlogisch wie ein Fluß, der nur ein Ufer hat. *Aber wirklich*!

Haben christliche Denker und Theologen die Dualität und die Einheit nicht bemerkt? Natürlich nicht!

Der bedeutendste Theologe und Philosoph des Mittelalters, Thomas von Aquin (1225-1274), hat eine ‚natürliche Einheit' in Gott für alles das angenommen, was ‚in uns selbst verschieden' ist.

Am deutlichsten wird das vielleicht bei Kardinal Nikolaus von Kues (1401-1464), der zu der Einsicht kommt, daß die im Endlichen der Welt unvereinbaren Gegensätze in der unendlichen Einheit Gottes eins sind. So kommt er zu seiner ‚unbegreiflichen' Aussage über Gott, von dem er sagt, er sei die ‚implicatio', die ‚Einfaltung' aller Dinge, die vom Menschen als einander entgegengesetzt erkannt werden. Unsere Welt ist bei ihm die ‚explicatio', die ‚Auseinanderfaltung' der in Gott ineinanderfallenden Entgegensetzungen und dadurch von Gott unterschieden, dessen Jenseitigkeit er betont. Gott ist aber nicht jenseitig (mehr darüber in VIII: ‚Was ist eigentlich Religion'), sondern, wie das Nikolaus von Kues selbst sagt, hinter einer „Wand, die Gott für den Menschen unsichtbar macht". Und diese Wand ist unser Verstand. Es ist wichtiger, den Verstand zu verstehen, als mit ihm zu spekulieren.

Den Verstand verstehen, seine Bauart und Eigenart zu kennen, macht Menschen schneller geistig gesund als das Suchen nach verschüttetem Material im Unbewußten - das ist meine Erfahrung aus der Arbeit mit Klienten seit über achtzehn Jahren.

Dabei geht es nicht um den Inhalt des Verstandes, sondern um die Mechanismen, die jeden Inhalt bestimmen und formen. Die Bauart des Verstandes beherrscht, *was* wir denken, glauben und fühlen können. Ich spreche hier vom ‚Verstand' als Sammelbegriff für die intellektuellen und emotionalen Fähigkeiten eines Menschen. Die Bauart unseres Verstandes definiert die Bauart unserer Welt. Die Eigenschaften des Verstandes bestimmen die Art und Weise, *wie* der Inhalt verwendet wird.

Ich behaupte nicht, daß die Arbeit mit den unbewußt gewordenen Erlebnissen, mit dem Verdrängten, dem Traumatischen, nicht auch nützlich ist. Aber in der Reihenfolge der Nützlichkeiten steht das Verstehen des Verstandes an erster, das Löschen des alten negativen Lebensprogramms an zweiter, die spirituellen Erfahrungen an dritter und die Arbeit mit dem Unbewußten erst an vierter Stelle. „Das therapeutische Potential von Erlebnissen spiritueller Qualität überschreitet bei weitem alles, was mit der Arbeit an biographischem Material zu erreichen ist."[2]

In diesem Zusammenhang will ich die Bauart unseres Verstandes dem Verständnis näher bringen. Wie ist die Wand, die Gott - und das ist die Wirklichkeit - für uns, die wir mit dem Verstand ‚begabt' sind, gebaut? Wenn Gott die „Einfaltung aller Dinge" ist, welche wir nur als einander entgegengesetzt erkennen können, dann machen wir zwei aus eins!

Ein Hilfsbild: Wir haben ein bestimmtes „Brett vor dem Kopf", genauer ein Prisma, das weißes Licht zerlegt. Aber nicht in sieben Farben, sondern in zwei Teile. (Es soll im alten Indien einen Weisen gegeben haben, der auf jede Frage sieben Antworten wußte. Unser: „es gibt immer zwei Möglichkeiten" schafft schon genügend Konfusion!)

Das Raffinierte daran ist, daß es so durchsichtig ist, daß wir es nicht bemerken! Im Vortrag halte ich an dieser Stelle ein kopfbreites großes Prisma aus Akrylglas vor meine Stirn und meine Augen und sage dazu: „Wirklichkeit, durch den Verstand angeschaut, wird: zwei! Diese Zweiheit, diese Dualität, diese Polarität wird durch den Verstand geschaffen. Immer! Deshalb kann der Verstand das Eine nicht begreifen." Der ‚Zwei-fler' in uns kann Zeilen wie die folgenden, die aus ‚Ein-sicht' entstanden sind, nicht verstehen. Er findet sie verrückt, ohne Sinn:

„Dein Tun sei Nicht-Tun,
deine Geschäftigkeit Nicht-Geschäftigkeit.
Wer Nicht-Tun praktiziert, für den gibt es nichts,
was er nicht regieren könnte.
Wer Lernen pflegt, nimmt täglich zu.
Wer das Tao pflegt, nimmt täglich ab.
Wer abnimmt und immer weiter abnimmt,
der gelangt zum Nicht-Tun.
Nichts tut er, und doch wird alles getan."

Lao-tse im ‚Tao-te King'

Solche Sätze können wir, d.h. unser Verstand, nicht begreifen. Aber wir können begreifen, daß und weshalb wir solche Sätze nicht begreifen können. Solche Sätze sind paradox, widersprüchlich, weil Widersprüchlichkeit die grundlegende Eigenschaft der Wahrheit ist. Jeder sollte tief in sich aufnehmen, daß die Wahrheit als solche immer paradox ist. Sie muß es sein, denn sie muß immer beide Pole einer

Polarität zugleich umschließen, den positiven und den negativen Pol.

Und damit nicht genug: Die Wahrheit transzendiert, übersteigt auch noch beide Pole. Also z.B. Leben und Tod *und* mehr! Dieses ‚mehr' bedeutet, daß die Wahrheit immer auch die Dualität transzendiert.

Zum Verstehen unseres Verstandes verhilft auch die Vorstellung, daß er ein *Spiegel* ist. Unser Kopf vermittelt uns immer nur ein Abbild von dem, was ist. Ich werde gleich klar machen, warum der Verstand auch „Mörder der Wirklichkeit" oder „Dieb der Wirklichkeit" genannt worden ist. Nicht unsere Augen ‚morden' oder ‚stehlen' die Wirklichkeit, sondern das, was *vor* unserem Sehen ist: unsere ‚*Vor*-Stellungen'.

Goethe war es klar: „Die Sinne trügen nicht, das Urteil trügt" schreibt er in seinen Maximen und Reflexionen (Nr. 1194). Unser Verstand erzeugt den „Schleier der Unwissenheit", die „Fessel der Begriffe", die Maya, die Illusion.

Wenn sich der Mond in einem stillen See spiegelt, ist der wirkliche Mond oben, dort wo man direkt hinschauen kann. Wer die Spiegelung anschaut, sieht nicht den wirklichen Mond.

Wenn wir in einen Spiegel schauen, sehen wir nicht unser Gesicht. Alles, was wir sehen, ist die Reflexion unseres Gesichtes. Es ist nicht *mein* Gesicht dort im Spiegel, sondern lediglich die Widerspiegelung meines Gesichts.

So ist der Verstand: er spiegelt die Wirklichkeit. Wenn wir glauben, dieser Widerschein wäre die Wirklichkeit, glauben wir die Unwahrheit.

Wer die Wirklichkeit kennenlernen will, muß den Verstand beiseite lassen können. Der Verstand ist nicht das geeignete Werkzeug im Erkennen der Wirklichkeit.

Noch etwas: unser Verstand ‚kennt' drei Zeitformen: Vergangenheit, Gegenwart, Zukunft. Alles, was unser Verstand ‚denken' kann, ist aber entweder vergangen oder kommt noch. Sind Sie bereit, ein kleines Experiment zu machen, damit Sie das nicht nur lesen, sondern auch erfahren können?

Lesen Sie - als Experiment - nur noch diesen Absatz und machen

Sie dann ungefähr eine halbe Minute die Augen zu. Und während Sie Ihre Augen geschlossen halten, schildern Sie sich gleichzeitig mit dem Erleben, was Sie da erleben. Also z.B. den Druck Ihres Körpers auf dem Gegenstand, auf dem Sie sitzen, Ihre Temperaturempfindung, Geräusche, die Sie hören, Gedanken, die Sie haben, z.B. den, was wohl im nächsten Absatz stehen wird usw., und machen Sie bitte jetzt die Augen zu - gehen Sie in Ihr Erleben und schildern sich das.

Wenn Sie genau achtgegeben haben, werden Sie merken, daß Sie nicht gleichzeitig etwas erleben und sich schildern können. Das geht nicht! Immer hinkt das Denken dem Erleben nach. Und das bedeutet, daß unsere Denkmaschine nie in der Gegenwart sein kann. Wir können nie das beschreiben, *was* wir erfahren, sondern nur das, was *war*! Ja, nicht einmal das; weil das, was war, als Erfahrung gar nicht mehr existiert. Das Erleben ist vorbei. Was wir beschreiben können, ist immer nur die *Erinnerung* einer Erfahrung. Unser Verstand läßt zwischen Vergangenheit und Zukunft nicht einmal ein ‚Loch'. Ein Loch könnte ihn ja darauf aufmerksam machen, daß da vielleicht etwas fehlt.

Stellen Sie sich zwei Kreise vor. Über dem linken steht: ‚Gegenwart'. Über dem rechten ‚Vergangenheit-Zukunft'. Im Kreis links steht: ‚Erleben', im rechten: ‚Versprachlichung' (s. Abb.).

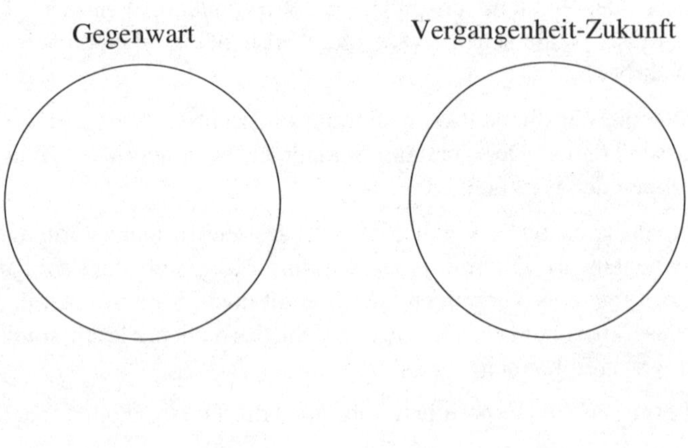

Ich habe die beiden Kreise so groß gemacht, damit Sie selber noch passende Begriffe dort eintragen können, zum Beispiel:

links	rechts
das Essen	die Speisekarte
erfahren	beschreiben
Jetzt	danach-dann
Wiesen, Sonne, Wasser	Landkarte
erleben	erinnern
Wirklichkeit	Vorstellung

Und nun machen Sie sich bitte klar, daß jeder Mensch, der diesen Unterschied nicht kennt, in seinem Leben Gefahr läuft, zu versuchen, von der Speisekarte satt zu werden. ‚Verstehen' ist immer nur der Trostpreis im Leben. Nicht Symbole, nicht das Sprechen und das Denken machen uns satt und ernähren uns, sondern das Erleben. Das passiert aber immer nur im Jetzt und Hier - genau dort, wo der Verstand nicht sein kann. Das, was wirklich existiert, z.B. unser Erleben, ist für den Verstand nicht existent. Und das, was nicht wirklich existiert, ist für den Verstand existent! Sehen Sie jetzt, wer die Wirklichkeit mordet oder stiehlt?

Und was ist für unseren Verstand in der Zukunft? Angst, Sorgen, Hoffnung, Wünsche, Erwartungen, Vor-stellungen! Und in der Vergangenheit: Schuld, Trauer, Erinnerungen, Gedächtnis. Da bleibt für das Leben des Lebens recht wenig, wenn überhaupt etwas übrig!

Jetzt können Sie auch den nächsten Satz verstehen: Der Verstand ist nicht hier, das Göttliche ist hier, deshalb treffen sie sich nicht, ein Sucher findet nie!

Weil mir daran liegt, daß der Unterschied zwischen dem Erleben im Jetzt und Hier und allem Denken, Nachdenken, allem Beschreiben, allen Begriffen, Symbolen, Bildern, allen Vor-stellungen ganz deutlich wird, will ich hier schildern, was bei einem Vortrag über dieses Thema passiert ist. Dieser Vortrag fand im großen Auditorium der Universität in Freiburg statt, das wie ein Amphitheater mit im

Halbkreis ansteigenden Sitzreihen gebaut ist. Alle Sitze waren besetzt, auch auf den Treppen nach oben saßen Zuhörer. Kein freier Platz war mehr zu sehen. Vor dem Tisch, auf dem ich saß, dehnte sich der leere, ungefähr acht Meter große Halbkreis, der Boden des Auditoriums. Mitten darin standen zwei Stühle, mit denen ich die Bauweise unseres Verstandes demonstriert hatte: Ich stand dabei zwischen den Stühlen, die Lehne vom Stuhl vor mir, der die Zukunft darstellte, an mich gelehnt. Und die Lehne des Stuhles, der die Vergangenheit symbolisierte, an meinem Rücken.

Ich hatte ungefähr ausgeführt: „Das hier ist die Zukunft (vor mir), und das hier (hinter mir) ist die Vergangenheit. Daß dazwischen noch was ist, in dem Fall ich selber, das merkt der Verstand nicht!" Dann ging ich zwei Schritte seitlich aus dem ‚Gefängnis' heraus und schob die beiden Lehnen der ‚Zukunft' und der ‚Vergangenheit' zusammen. Das vermittelte ein eindrucksvolles Bild vom Verstand. Ich ging zurück zu meinem Tisch, setzte mich darauf und hielt meinen Vortrag weiter; in der Mitte die beiden einsamen Stühle, Gartenstühle, der eine braun, der andere weiß. Und dann passierte etwas, was genialer nicht zu planen gewesen wäre: Etwa zehn Minuten vor Schluß ging die Tür links von mir langsam auf. Ein junger Mann stand überrascht und unschlüssig dort und sah, daß buchstäblich kein Platz zum Sitzen vorhanden war. Aber da standen, wie verlassen, diese zwei Stühle! Es wurde sehr still. Der junge Mann tat, was alle erhofften. Er ging direkt auf den ‚Verstand' zu, nahm sich die ihm näherstehende ‚Vergangenheit', zog sie an den Rand und setzte sich auf sie. Tosender Beifall brach aus, von dem der junge Mann keine Kenntnis nahm - möglicherweise erklärte er sich den Beifall damit, daß wohl ein Witz mit Langzeitzünder der Grund dafür gewesen war. Aber damit noch nicht genug: Wieder ging die Tür auf, eine junge Frau kam, schloß die Tür wieder, ging ohne Umschweife auf die verloren wirkende ‚Zukunft' zu, zog sie zur anderen Seite und setzte sich. Auch sie muß wohl das orkanartige Toben bei sich anders begründet haben, denn sie saß völlig unbeteiligt da und wartete, daß es weiterging.

Um es noch einmal anders nahezubringen: In einem schönen Roman von Waldemar Bonsels sitzen ein Mann und eine Frau in einer Mondnacht auf einer Bank. Beide spüren die tiefe Liebe, die sie verbindet. Sie erleben die Nacht, das Mondlicht und ihre Liebe. Bis, ja bis der Mann spricht: „Ich liebe Dich!" Nach einer Pause sagt die

Frau: „Ich wünschte, Du hättest nichts gesagt! Jetzt sind wir meilenweit auseinander!“

Das ist der Unterschied zwischen dem Essen und der Speisekarte.

Wie kommen wir aber zum ‚Gut‘ und zum ‚Böse‘?

Denker, die die Speisekarte raffiniert zusammenstellen können, also Philosophen, sind in ihrer Weltdeutung zu der Annahme gekommen, daß alles, was es gibt, auf zwei - und nur auf zwei - ursprüngliche Prinzipien gegründet ist, zum Beispiel: Gott und Welt - Sein und Werden - Geist und Materie - Leib und Seele - Gut und Böse. Und Denker nehmen an, daß diese beiden Prinzipien, Mächte, Substanzen voneinander unabhängig sind.

Der kundige Leser wird erkennen, daß dies die Wirkung des Prismas vor unseren Augen ist. Unser Verstand spaltet zuerst die Wirklichkeit, ‚entzweit‘ sie, und dann lehrt er ganz folgerichtig die Widersprüchlichkeit der Wahrheit.

Deshalb muß die ‚Zweiheitslehre‘, der Dualismus, die Wirklichkeit auf zwei Grundprinzipien zurückführen, die *nicht* zur Einheit zu bringen sind, also wie ‚gut‘ und ‚böse‘.

In den Religionen zeigt sich der Dualismus im Glauben an zwei metaphysische Mächte, die sich da aber schon wieder entzweien lassen, nämlich solche, die sich einander ergänzen, oder sich, noch weiter von der Einheit entfernt, feindlich gegenüberstehen.

Typisch für einen sich ergänzenden, komplementären Dualismus ist die altchinesische Anschauung des männlichen, aktiven und schöpferischen Yang und des weiblichen, passiven, empfangenden Yin; wie es im ‚großen Uranfang‘, dem Taiki, bildlich dargestellt wird, wo sich die Urkräfte einander ergänzen und bedingen.

Feindlich - antithetisch stehen sich die beiden Mächte z.B. in der Lehre Zarathustras gegenüber. Da gibt es ein Reich des Lichts, also des Guten, und ein Reich der Finsternis, des Bösen - und die gehören ‚natürlich‘ nicht zusammen!

Wenn die Wirklichkeit nur eine ist, wie ist es dann zum Dualismus gekommen? Wann hat er angefangen? Wie hat er sich entwickelt? Kann er wieder enden?

Angefangen hat der Dualismus, als wir vom ‚Baum der Gegensätze' gegessen haben, als wir mit dem Verstand ‚begabt' wurden. „Sie (das sind wir!) machten die Augen auf und erkannten, was ‚gut' und was ‚böse' ist." Es ließe sich auch so sagen: „Wir setzten das Prisma auf und spalteten die Wirklichkeit."

Wir Menschen scheinen einmal aus dem Traum des Unbewußten in einen „Traum der Bewußtheit" erwacht zu sein. Ein Traum, in dem wir noch stecken und dabei meinen, wach zu sein.

Was ich klar machen möchte, ist, daß sich der Dualismus im Laufe der Menschheitsentwicklung immer weiter verstärkt hat, um sich möglicherweise wieder aufzulösen. Es gibt heute Stimmen, die sagen: „Das Experiment Dualismus ist vorbei, wir haben genügend lange mit dem Dualismus experimentiert."

Als wir ‚die Augen aufgemacht haben', haben wir - selbst Teil des Ganzen - angefangen zu sehen, was ist. Wir als Subjekt haben begonnen, Objekte ‚da draußen' zu sehen. Auf diese Weise haben wir das Paradies, den Zustand der Einheit, scheinbar verlassen. So ist der Gedanke denkbar, daß wir das Auge Gottes sind, der in uns zum ersten Mal sieht, was ist. Dann wäre der Dualismus die Wegstrecke, die nötig war, wieder zur Einheit (die sich jetzt aber ihrer selbst bewußt geworden ist) zu kommen (Ken Wilber).

Der sogenannte Homo Erectus, der Frühmensch, der sich vor einer Million und sechshunderttausend Jahren die Gewalt über das Feuer erobert hat, hatte sicherlich eine andere Weltanschauung als wir heute.

Deutlich anders als das biblische Weltverständnis ist noch das antike griechische. Für die Vorstellung der alten Griechen waren Gott und die Welt noch *ein* umfassendes göttliches Ganzes. Das Göttliche war ‚hell-dunkel'. In der griechischen Religion sind die Eltern der olympischen Götter die aus der Erde gezeugten Titanen. Der Kosmos war noch wohl geordnet. Aber die alten Vorstellungen scheiterten an der wachsenden Dualität.

Die Trennung von Gott und Welt entstand dann durch das alttestamentarische Weltbild, das besonders auch durch den iranischen Dualismus geprägt worden ist. Jetzt wird Gott, der die Welt ist, zum Schöpfer der Welt - und damit ist die Welt nicht mehr göttlich, sondern säkularisiert, d.h. ‚verweltlichter' Lebensbereich der Menschen.

In den religiösen Texten der Parsen, im ,Awesta' heißt es: „Und ich will reden von den beiden Geistern im Anbeginn des Lebens, von denen der Heilige also sprach zum Argen: ,Nicht werden unsere beiderseitigen Gedanken, noch Lehren, noch Erkenntnisse, noch Bekenntnisse, noch Worte, noch Werke, noch Gewissen, noch Seelen zusammenstimmen.'" Inbrünstiger kann diese unwirkliche Entzweiung kaum zu Ende gedacht werden.

In den Weltaussagen bei Paulus und Johannes wird der Mensch „von Natur aus Welt". Nicht zuletzt die Theologie hat sich, besonders auch im Christentum, immer weiter in das ,Werkzeug' verrannt, das ,zum Umgang mit der Wirklichkeit nicht geeignet ist'. Deshalb auch die langandauernde Auseinandersetzung zwischen der Kirche und den Wissenschaften, die aus bloßem Spekulieren und Denken in die Erfahrung gegangen ist.

Der heilige Antonius, von Dämonen gepeinigt

Zutreffenderer Titel: Das Innere eines ‚Heiligen', ‚Innenansicht eines ‚Heiligen', oder Der ‚heilige' Antonius beim Verdrängen.

Heilige und Verbrecher sind wie die zwei Seiten ein und derselben Medaille. Das, was dem Heiligen bewußt ist, ist dem Verbrecher unbewußt. Und das, was dem Verbrecher bewußt ist, ist dem Heiligen unbewußt. Deshalb kann Tschuang-tse sagen: „Wenn die Heiligen erst einmal ausgestorben sind, so stehen keine großen Räuber mehr auf!"

Es ist also nicht sinnvoll, Heiliger zu werden; das ist nichts anders als ein Egotrip. Heilig oder unheilig, Sünder oder Heiliger werden geschieht im Verstand, in der Dualität, die nicht wirklich ist.

Wirklichkeit ist etwas anderes. Etwas, von dem die meisten Menschen nicht einmal träumen. Es liegt jenseits der Dualität: authentisch sein, ‚gelassen' sein, im Frieden sein, klar sein. Ohne Schmerz und ohne Freude - in ihrer gewöhnlich Bedeutung - sein. Weil Schmerz und Freude sich in Wirklichkeit nicht unterscheiden.

Wie kommt es, daß sich der Dualismus solange halten kann? Weil wir mit dem Verstand gar nicht anders denken können. Die Dualität ist mit dem Intellekt nicht zu überwinden.

Jedoch gibt es - Gott sei Dank - mehr als nur Denken und Intellekt, sonst führte kein Weg aus der Dualität.

Dem menschlichen Bewußtsein sind vier Dimensionen eigen: 1. der Tiefschlaf, 2. der Traum, 3. der sogenannte Wachzustand und 4. das Gewahrsein.

Im Tiefschlaf gibt es keine Gedanken. Wir leben unbewußt; es existiert keine Dualität, keine Trennung vom Ganzen, kein Ego. Insofern ähnelt der Tiefschlaf dem ‚Ganzwachsein', denn auch da ist wieder Einheit, traumlose Ungeteiltheit, kein Ego. Aber im Tiefschlaf ist die Einheit unbewußt! Unbewußte Glückseligkeit.

Das ist auch der Grund, warum er so erquickend ist. Danach fühlt man sich erfrischt, der Schlaf war ‚paradiesisch'. In dieser Dimension, in diesem Zustand ruhen Berge. Und deshalb empfinden wir sie als so still und schön. Sie stehen in unbewußter Glückseligkeit.

Mit dem Traum ist die Ruhe vorbei, die Einheit weg. Bilder beginnen zu schweben. Jetzt werden wir schon zwei: Träumer und

Geträumtes. Wir sind geteilt. Die Dualität ist eingetreten, noch unbewußt oder sehr wenig bewußt. Und mit der Dualität erwacht der andere Pol zum Glück: das Unglück. In dieser Dimension leben die Tiere. Sie sind stiller als wir, gesünder als wir. In der freien Natur gibt es kein fettes Tier, und sie brauchen - wenn sie uns nicht zu nahe sind - keine Psychiater.

Im Tiefschlaf gibt es nur Gegenwart, pure Gegenwart, aber unbewußte. Mit dem Traum kommt die Vergangenheit, denn die meisten Träume sind vergangenheitsorientiert: Fetzen und Reste aus der Vergangenheit. Jetzt gibt es also Gegenwart und Vergangenheit.

Im sogenannten Wachzustand wird es komplizierter. Im Tiefschlaf war die Einheit, im Traum die Dualität, im Wachzustand leben wir außerhalb von uns, gehen in die Welt hinaus. Das ist die ‚Ausstoßung von Adam und Eva aus dem Paradies'! Vor dem Essen der Frucht vom Baum der Gegensätze befanden wir uns im Tiefschlaf, ruhten in unbewußter Glückseligkeit. Nach dem Essen fingen Bilder an zu fließen, wir wurden Fremde, Außenseiter. Von hier an unterscheiden wir zwischen Beobachter und Beobachteten. Wir haben unsere Wurzeln verloren, die wir im Paradies noch hatten.

Im Wachzustand können wir nicht mehr zurück ins Paradies. Wir sind draußen und haben vergessen, daß es ein Innen gibt. Mit dem Wachsein tritt das Ego ein. Im Traumzustand hat es nur rudimentäre Teile davon gegeben. Jetzt, im ‚Licht des Verstandes', verfestigt sich das Ego und wird zum konkretesten, solidesten, alles bestimmenden Phänomen. Im Wachzustand tun wir alles, was wir tun, unseres Egos wegen.

Im Schlaf ist uns nicht bewußt, was um uns herum vor sich geht. Aber sind wir uns dessen denn im Wachzustand bewußt? Um diese Frage ist viel Forschung getrieben worden, und die Ergebnisse sind erstaunlich: 98% der Botschaften, die uns erreichen, sollen vom Verstand nicht ins Bewußtsein gelassen werden. 98%!

Nur 2% dürfen zu uns. Und sogar diese zwei Prozent werden noch vom Verstand zensiert und interpretiert. Zum sogenannten Biofeld des Menschen gehört ja mehr als nur das Räumliche, z.B. auch die Zeit. Unsere Wahrnehmung dieses Biofeldes wird auf das Strengste zensiert. Und die wichtigste Funktion unseres zentralen Nervensystems ist: Ablehnen! Rund 100.000 einzelne Informationsteile kommen jede Sekunde auf unser Gehirn zu. Wenn die alle offenen Einlaß fänden, würden wir sofort verrückt. „Eine Anzahl neuraler Mechanismen, besonders die reticulare Formation im Hirnstamm, sieben alle außer einem kleinen Bruchteil der Informationen aus - nämlich das, was für das körperliche Überleben notwendig ist und das, was von einer bestimmten Gesellschaft als relevant anerkannt wird."[3]

In diesem dritten Zustand, unserem Wachbewußtsein, ist also eigentlich nur wenig Bewußtsein vorhanden - vielleicht nur 2%. Der Schlafzustand ist absolut unbewußt. Der Traumzustand ist ein gestörtes Unbewußtsein. Der Wachzustand bringt den ersten Schimmer des Bewußtseins und dieser Schimmer erzeugt das Ego. Und mit ihm treten auch die Zeit und mit ihr die Zukunft ein.

Wie weit haben wir es doch kollektiv gebracht!

Und was ist das Ziel? Das Ziel ist wieder die Ein-fach-heit, das reine Bewußtsein. Wieder die Glückseligkeit wie in der Dimension des Tiefschlafes - nur mit dem Unterschied, daß jetzt alles bewußt ist. Wieder ist nur eine ‚Zeit' übrig - die Gegenwart. Die bewußte Gegenwart. Das Hier und Jetzt. *Hier* der einzige Raum, *jetzt* die einzige Zeit. Im Hier und Jetzt ist die Zeit als solche verschwunden und die Ewigkeit, die Zeitlosigkeit geboren.

Das Ego ist der Schatten, den die Unbewußtheit wirft. Im totalen Wachsein kann das Ego nicht weiterbestehen. Das meinte Jesus mit seiner Mahnung: „Wacht auf! Seid wachsam! Das sage ich allen: Wachet!", und ebenso mit seinem: „Wahrlich, wahrlich, ich sage dir: Wenn jemand nicht von neuem geboren wird, kann er das Reich Gottes nicht sehen" (Joh. 3).

In den ersten drei Dimensionen bleiben bedeutet in der ‚Welt' bleiben. In die Vierte kommen, heißt ins ‚Reich Gottes' zu kommen - und das ist unsere Natur.

Man sollte sich immer das Beste dort holen, wo es zu finden ist. Das soll heißen, daß uns allen das Kulturerbe der gesamten Menschheit zur Verfügung steht, im vorliegenden Fall: es gibt eine bildliche Darstellung der vier Dimensionen unseres Bewußtseins.

Goethes Satz, wir wären trübe Gäste auf dieser Erde, wenn wir uns nicht über 3000 Jahre Rechenschaft ablegen könnten, meint nicht nur den ganzen Zeitraum, sondern auch die ganze Erde. Als helle Gäste, als Zeitgenossen gehört uns auch das kulturelle Erbe der ganzen Menschheit. Wir sollten uns wirklich das Beste immer dort holen, wo es zu finden ist! Und das ist für unser Thema eine symbolische Darstellung der vier Dimensionen des Bewußtseins.

Sie ist das umfassendste Symbol der hinduistischen spirituellen Erkenntnis: das OM oder AUM, was auch im Buddhismus und im ganzen Osten verbreitet ist. Es steht für die Gegenwart des reinen Bewußtseins in der Illusion - oder für Gott in der Welt. Wenn es intoniert, gesungen oder gesummt wird, ähnelt es - so sagen zum vollen Bewußtsein erwachte Menschen - dem Ton, der zu hören ist, wenn das Denken aufhört. Es ist der Ton der Existenz selbst. Für Christen und Mohammedaner ist dieser Ton das AMEN.

Dies ist das Symbol:

Die größere, untere Kurve (1) symbolisiert das Wachbewußtsein. Die zweite, kleinere Kurve (2) steht für die Dimension des Traumes, die zwischen dem Wachen (1) und dem Tiefschlaf (3) steht, in dem wir zwar unbewußt, jedoch der Einheit des absoluten Bewußtseins (4) am nächsten sind. Dieses „Vierte" wird von Menschen erfahren, die über die Illusion, die Maya der drei vorangegangenen Dimensionen hinaus gelangt sind. Zur Befreiung aus der Welt der Erscheinungen zu unser aller Natur.

Das Ungeheuerliche an uns - am Menschen - ist: daß wir *sowohl* eine Außen- *als auch* Innen-Seite haben. Materie hat nur Außenseite. Das Ganze, die Existenz, Gott hat keine Außenseite. Wir haben beides: Außen- und Innenseite. Außerhalb des Ganzen, der Existenz, außerhalb Gottes ist nichts. Deshalb kann er keine äußere Grenze haben.

Materie hat kein Zentrum, das Ganze hat keinen Umkreis - *der Mensch hat beides*! Wir überbrücken Materie und Geist, Welt und Gott. Das ist unsere Besonderheit - unsere Herrlichkeit, in uns das höchstentwickelte Wesen - und auch unsere Not, weil wir zwischen Gott und der Welt hin- und hergerissen werden.

Auf der einen Seite zieht uns das Habenwollen, materieller Besitz, Ehrgeiz, Macht, Prestige - und auf der anderen Seite Wahrheit, Schönheit, Güte. Auch eine Dualität! Wir werden auseinandergerissen, aber wir fühlen uns erfüllt, *weil wir beides sind*! In uns treffen sich Gott und Welt. Wir sind eine „unmögliche Möglichkeit" (Bhagwan/Osho).

Gott ist einfach und Materie ist einfach. Gott ist reines Bewußtsein, die Materie reines Unbewußtsein. Und wir? In uns kommen die Gegensätze zusammen, wir sind zugleich bewußt und unbewußt. Wir sind polar.

> „Der Jadekaiser geruhte einen nachsichtigen Blick auf die Erde zu werfen. ‚Diese Geschöpfe da unten', sagte er, ‚sind aus der Essenz des Himmels und der Erde zusammengesetzt, und nichts, was da vor sich geht, sollte uns überraschen" (Wu Ch'eng-en).

Wir sind das einzige Wesen, das in sich widersprüchlich ist. Unser Wesen besteht aus Werden. Wir sind niemals im Zustand des Soseins wie alle anderen Wesen. Alle anderen Wesen leben in der Gegenwart - jeder Hund, jede Blume, jeder Stein. Wir leben nicht in der Gegenwart, sondern immer zwischen unserer Vergangenheit und unserer Zukunft. Wir sind wie eine Brücke zwischen Vergangenheit und Zukunft.

Alle anderen Wesen haben ihre Essenz, ihr Sosein von Anfang an und dann ihre Existenz, ihr Dasein. Bei uns ist es gerade umgekehrt: bei uns kommt die Existenz, unser Dasein zuerst, und dann fangen wir an, nach unserer Essenz, nach unserem Wesen, unserem Sosein zu suchen.

Wir haben unser Sein noch nicht. Wir sind dorthin unterwegs. „Der Mensch ist ein Übergangswesen", sagt Sri Aurobindo. Wer meint, er hätte seine Essenz, sein Sosein schon erreicht, ist wie jemand, der schwer krank ist und nichts unternimmt, um die Krankheit zu überwinden. „Der Mensch ist das einzige Wesen, das sich überwinden kann und soll“ (Nietzsche).

Auch am Aufbau unseres Energiesystems läßt sich verdeutlichen, wie wir innerhalb der Welt stehen. Im Energiesystem jedes Menschen gibt es sogenannte Kraftzentren. Im Wesentlichen sind es sieben Zentren, die wegen ihrer Form ‚Räder‘ genannt werden (im Sanskrit ‚Chakras‘). Medial begabte Menschen können diese Zentren wahrnehmen und beschreiben sie auch als Lotosblumen.

Die ersten sechs Chakras liegen innerhalb des Körpers, das siebente außerhalb, über dem Scheitelpunkt des Kopfes. Hier interessiert uns nur, ob sich auch dort unsere Dualität und unser Einssein nachweisen lassen.

Das Einssein wird für den Menschen im Siebenten Zentrum, der sogenannten ‚tausendblättrigen Lotosblume‘ erreicht und ist die ‚mystische Vereinigung‘ genannt worden, die Unio mystica, die Einung der Seele mit Gott. Es ist das volle Erwachen, die Erleuchtung, das ‚Ich und der Vater sind eins‘.

Der Weg dorthin geht nach innen, um die eigene innere Frau und den eigenen inneren Mann zu finden. Eine innere Hochzeit muß vollzogen werden.

Was hat das mit Dualität zu tun? Damit etwas überhaupt da sein kann, damit es manifest ist, muß es dual sein! Jede Manifestation muß in einer Polarität auftreten. Bei der Manifestation Frau zeigt sich die Dualität so, daß deren Basis-Chakra weiblich ist, das nächste männlich. Beim Mann ist es genau umgekehrt, das Basis-Chakra ist männlich und das nächste weiblich. Diese Umkehrung geschieht noch zweimal; und bis zum sechsten, dem Stirn-Chakra, bleibt diese Dualität bestehen.

Damit ist das Stirn-Chakra beim Mann weiblich und bei der Frau männlich. Weiblich und männlich heißt in diesem Zusammenhang, daß das weibliche Zentrum empfangend und das männliche aktiv ist. So kommt es im Menschen innen zu drei Vereinigungen, Hochzeiten.

Die Vereinigung des letzten Paares, des Kehl-Chakras und des Stirn-Chakras erzeugt aber keine weiteren Vereinigungen mehr. Es ist nur noch *ein* Chakra vorhanden - jetzt sind Adam und Eva eins geworden. Der Mann ist die Frau geworden, die Frau der Mann, alle Dualität ist verschwunden.

Das ist die unio mystica, von den Hindus ‚Satchidananda' genannt, wörtlich „Sein-Bewußtseins-Seligkeit", ein Sanskritwort als begriffliche Annäherung an das Unbeschreibliche, das Absolute. Jesus nannte es das „Königreich Gottes".

Das bedeutet: auch von unserer Bauweise her sind wir darauf angelegt, den Dualismus zu überwinden. Wir sind auf einer Leiter. Die erste Sprosse ist die Sexualität, die siebente die innere Einheit. Die erste Sprosse verbindet uns mit der Welt und der Dualität, die siebente verbindet uns mit Gott und Wahrheit.

So paradox das auch klingt, wie könnte es anders sein? Das Individuelle ist das Universelle. Bis zum Erreichen der inneren Einheit meinen wir, wir wären von der Existenz getrennt. Nach dem Erreichen der inneren Einheit kann man dies nicht mehr denken.

Einer, der angekommen ist, konnte so sagen:

> „Es gibt wirklich keinen Grund für Sie, elend und unglücklich zu sein. Sie selbst begrenzen das grenzenlose Sein, das Sie sind. Deshalb sage ich: erkennen Sie, daß Sie in Wahrheit grenzenloses Sein sind, absolutes Selbst. Stets sind Sie dieses Selbst und nichts als das Selbst. Daher kann es letztlich nicht sein, daß Sie um das Selbst nicht wissen.." (Ramana Maharshi).

In den Upanischaden (altindische religiöse Schriften) heißt es:

> „Das Selbst ist ewig und tatenlos. Das Selbst ist alles. Stoff ist vergänglich. Der Herr aber ... ist unvergänglich und unsterblich ... Wer eins wird mit ihm, verharrt nicht länger im Unwissen ... In Wahrheit bist du immer mit dem Herrn vereint."

Wenn der Verstand die Wirklichkeit aufspaltet, dann muß er auch die Polarität ‚gut-böse' erzeugen. Auf die eine Seite kommt dann das, was dem Leben und der Lebendigkeit dient; und auf die andere Seite, was das Leben und die Lebendigkeit hemmt.

Diese Einsicht ermöglicht auch brauchbare Definitionen des Bösen:

> „Das Böse ist die Weigerung, das Gute, Gott und das Leben zu sehen. Es ist immer eine Weigerung. Du tust Böses, wenn du meinst, machtlos zu sein" (Patricia Sun).

„Das Böse ist ein ursprünglich Gutes, das, anstatt fortzuschreiten, sich die Gestalt in einem späteren Zeitraum bewahrt hat“ (Rudolf Steiner).

„Es gibt nichts Böses außer dem, was der Mensch durch seinen Mangel an Verständnis schafft“ (aus der Theosophie).

„Böses ist alles, was, um getan zu werden, Unbewußtheit erfordert. Böse ist alles, was ohne Unbewußtheit nicht getan werden kann“ (Bhagwan/Osho).

„Teufel und Dämonen sind des Menschen Werk und niemand anders als der Mensch allein kann das Feuer löschen und die Teufelsbrut verjagen“[4] (Jesus im Wassermann-Evangelium S. 73).

„Krieg ist ein Produkt des Verstandes. Es sieht nur so aus, als ob er das Produkt von Generälen und Kanonen wäre. Krieg ist die perfekte Umgebung für den unerleuchteten Verstand, weil der Verstand durch Sich-selbst-ins-Recht-setzen, Andere-ins-Unrecht-setzen und Überleben gedeiht. Krieg ist ein gigantisches Ins-Unrecht-setzen auf gesellschaftlicher Ebene. Erleuchtung auf der Ebene der Welt wird Krieg beenden. Nichts anderes“[5] (Ron Smothermon).

Was sind nun die Konsequenzen der Dualität? Was machen wir, wenn es „immer zwei Möglichkeiten gibt“? Das Naheliegende: wir zwei-feln, habe Schwierigkeiten uns zu ent-scheiden. Und dann, wenn wir uns für einen Pol entschieden haben, wird der andere attraktiv! (Die Kirschen in Nachbars Garten). Es scheint in unseren Verstand eingebaut zu sein: immer scheint das ‚dort‘ interessanter als das ‚hier‘. Was nicht ist, ist immer wichtiger als das, was ist. Sobald wir keine Lust mehr an einer Sache haben, wird ihr Gegenteil interessant. Wir sind ein Spielball unseres Verstandes. Wir fasten eine Zeitlang, wenn wir zu viel gegessen haben, und dann fangen wir wieder an, zuviel zu essen - um nach einiger Zeit, wenn uns das die Waage nahelegt, wieder zu fasten.

Was können wir tun, um aus diesem Spiel herauszukommen? Zunächst muß man es erkennen. Und dann? - wenn es zwei Extreme sind, die uns nacheinander anlocken? Wir können in der Mitte bleiben!

Der ‚Mittlere Weg‘, der ‚Weg der Mitte‘ ist von einem, der aus dem Dualismus zu sich selbst aufgewacht ist, schon vor 2500 Jahren beschrieben worden. Wer wach werden will, muß die zwei Extreme

‚Sinnenlust‘ und ‚Selbstkasteiung‘ vermeiden. Buddha hat diese Extreme vermieden und den Mittelpfad gefunden. Durch rechte Erkenntnis, rechte Gesinnung, rechte Rede, rechte Tat, rechten Lebenserwerb, rechte Anstrengung, rechte Achtsamkeit und rechte Sammlung.

Wenn wir die Mitte zwischen ‚gut‘ und ‚böse‘ suchen, zwischen positiv und negativ, und genauer hinschauen, können wir eine erstaunliche Entdeckung machen: auch das sogenannte ‚Böse‘ ist zweigeteilt! Diese Einsicht ist wichtig, denn wer das ‚Böse‘ vermeiden will, kommt durch Zurückweichen nicht etwa zum Guten oder zur Mitte, sondern zum anderen ‚Bösen‘. Wir entdecken, daß jede Tugend zwei Gegenpole hat. Einer davon ist ‚heiß‘, der andere ‚kalt‘. Wer so weit wie möglich vom Geiz zurückweicht, kommt unterwegs gewiß zur Sparsamkeit. Wenn er aber meint, soweit wie möglich vom Geiz abzurücken, kommt er zur Verschwendung.

Hier noch einige Tugenden und deren doppelter Gegenpol:

Feigheit - Tapferkeit - Tollkühnheit

Minderwertigkeit - Selbstsicherheit - Überheblichkeit

Stumpfsinn - Eindrucksfähigkeit - Überempfindlichkeit

Bei noch genauerem Hinsehen erweist sich auch das sogenannte Gute, also die Mitte, als dual:

Geizig - sparsam	freigebig - verschwenderisch
feige - vorsichtig	mutig - tollkühn
unterwürfig - bescheiden	selbstsicher - überheblich

Was lernen wir aus diesem Einblick in die Bauweise unseres Verstandes? Der ‚Weg der Mitte‘ erweist sich nicht als starr vorgeschriebene Richtung, sondern als ein sehr lebendiges Pulsieren zwischen den beiden ‚guten‘ Polen des Verhaltens.

Und da dort wohl das ‚Wahre‘ versteckt ist, ist es nicht verwunderlich, daß wir keine Worte dafür zu haben scheinen. In seiner Untersuchung der Gesetze der Seele hat Albert Huth[6] entdeckt, daß jeder Wesenszug fünf Ausprägungen hat (A, B, C, D, E). „An den Durchschnitt (Form C) - (das ist die hier interessierende ‚Mitte‘) schließen sich zu beiden Seiten zwei gesunde, wertvolle, lebensfördernde, kulturschaffende Formen (B und D) an. Durch Übertreibung entarten diese Formen ins Ungesunde, Wertwidrige, Kulturhemmende.“

Das lebendige Leben in der Mitte ist nicht bewegungslos und starr, sondern dynamisch. Gleichgewicht kann man nicht herstellen, Gleichgewicht tritt ein, wenn man voll lebt. Es kommt von selbst.

Vielleicht ist es deshalb besser, vom ,Weg des Gleichgewichts' als vom Weg der Mitte zu sprechen.

Bhagwan/Osho hat das so ausgedrückt: „Eines Nachmittags sitzen im bekanntesten Kaffee im Himmel Buddha, Lao-tse und Konfuzius und unterhalten sich. Ein Kellner kommt und bringt auf einem Tablett drei Gläser mit dem Saft, der ,Leben' genannt wird. Buddha macht sofort die Augen zu und sagt: „Das Leben ist Leiden!" Konfuzius macht seine Augen halb zu - er ist derjenige, der die ,Goldene Mitte' gelehrt hat - und läßt sich ein Glas geben, um einen kleinen Schluck davon zu probieren. Schließlich kann man ohne zu probieren nicht wissen, ob das Leben ,Leiden' ist oder nicht. Und es sieht auch ganz richtig aus, wenn einer sagt: „Erst will ich einen kleinen Schluck probieren, dann kann ich was sagen." Er nimmt also einen kleinen Schluck und sagt: „Buddha hat recht - Leben ist Leiden!" Lao-tse nimmt alle drei Gläser und sagt: „Solange man nicht alles trinkt, kann man nichts sagen!" Trinkt alle drei Gläser aus und fängt an zu tanzen. Da fragen die beiden anderen: „Willst du nichts sagen?" Und Lao-tse ruft ihnen zu: „Mein Tanzen ist meine Antwort."

Weil wir die Einheit durch die Dualität zweigeteilt haben - also eine Grenze durch die Einheit gezogen haben - ist das ,entweder - oder' wie ein Weltgesetz für uns geworden.

Wir sind aber dabei, dieses ,Gesetz' zu überwinden. Nach der alleinigen Betonung des Rationalen, des Kausalen, Logischen - in unserem Kopf die linke Gehirnhälfte - beginnen wir immer mehr, auch die andere Hälfte gelten zu lassen. Die rechte Gehirnhälfte, mit der wir ohne Ursache und Wirkung agieren können, mehr intuitiv, künstlerisch, akausal. Aus dem ,entweder - oder' wird ,sowohl - als auch'!

Langsam beginnen wir zu begreifen, was die linke Hälfte allein nicht erfassen kann, daß nämlich der rationale Verstand ganz, also 100%ig notwendig ist, *und* der akausale Verstand ebenso 100%ig. Wir haben nämlich bisher Realität mit Rationalität gleichgesetzt; mit anderen Worten, wir haben bisher nur das für wirklich gehalten, was der Logik zugänglich ist.

Wirklichkeit setzt sich aber aus Kausalität und Akausalität zusammen. Aus der Rationalität und dem Nicht-Rationalen. Das Rationale ist ein *Werkzeug*, Wirklichkeit zu entdecken, ist aber selber nicht die ganze Wirklichkeit. Yang kann durch Erklären lehren. Yin wird durch *So-Sein* gelehrt.

Wenn man früher mit dem linearen, diskursiven (= ‚durchlaufenden') Denken soweit wie möglich nach Osten gehen wollte, mußte man anfangen zu gehen, um herauszubekommen, wie weit man nach Osten gehen konnte. Heute können wir soweit wie möglich nach Osten gehen, indem wir uns einfach umdrehen! Nicht nur die Erde ist rund. Das diskursive wird durch das intuitive Denken, das Lineare durch den Kreis abgelöst.

Der ‚pursuit of happiness', das ‚Streben nach Glück' ist nicht nur in der amerikanischen Unabhängigkeitserklärung (1776) festgeschrieben worden. Die meisten Menschen glauben immer noch, daß ihr Leben glücklich werden kann, wenn sie alle Gegensätze des Glücklichseins eliminieren - also Schmerzen, Enttäuschungen, Krankheiten, Armut, Leid und Tod.

Das Leben funktioniert aber wie eine Mischbatterie. Auf dem einen Hahn steht ‚Leid' und auf dem anderen ‚Freud', und natürlich würden wir am liebsten nur den Warmwasserhahn aufdrehen. Aber da spielt das Leben nicht mit! Sobald wir den Kaltwasserhahn absperren, schließt sich bei der Mischbatterie des Lebens auch der Warmwasserhahn. Warum? Weil die gemeinsame Wasserzufuhr ‚Leben' heißt und ‚Wachwerden'. Wir müssen entweder beide Hähne zu- oder offen lassen.

Das Problem ‚Dualität' entsteht durch unser Denken und Sprechen. Wir ziehen mit der Sprache Grenzen, die es in Wirklichkeit nicht gibt. Grenzen trennen in Wirklichkeit das Ungetrennte in ein Innen und ein Außen. Grenzen ziehen heißt also Gegensätze herstellen.

Während in der Wirklichkeit Freud und Leid nie getrennt voneinander sein können, ist es uns möglich, zu denken oder zu sprechen: „Ich will glücklich sein!" Dabei sehen wir nicht, daß das Gegen-Teil davon, nämlich ‚unglücklich sein', nur ein anderer Name für ein und denselben Prozeß ist, nämlich ‚glücklich-unglücklich'.

„Besteht ein Unterschied zwischen ja und nein? Gibt es einen Unterschied zwischen gut und böse? Muß ich fürchten, was andere fürchten? Was für ein Unsinn!" (Lao-tse im Vers 20 seines Tao-te King).

Himmel und Hölle, Gott und Welt, Materie und Geist - das Problem kommt daher, daß wir diese Namen erfunden haben. So ist in unserem Kopf die Versprachlichung des Wirklichen entstanden. Wir haben die Bezeichnungen aller Dinge im Kopf und messen diesen Bezeichnungen Wirklichkeit zu. Das heißt, die Speisekarte essen.

Mir liegt daran, Ihnen eine Ahnung davon nahezubringen, daß das Denken in Gegensätzen, also das Denken überhaupt, einmal begonnen, sich immer weiter verstärkt - und vielleicht seinen Höhepunkt heute bereits überschritten hat.

Auch das Denken und das Sprechen haben ja einmal begonnen. Es ist unwichtig festzulegen, wann. Die Anfänge der Sprache liegen nach ziemlicher Übereinstimmung der Anthropologen etwa 300.000 Jahre zurück.

Heutzutage weiß man aus anatomischen Forschungen über den Homo Erectus (den aufrechtgehenden Menschen) und den Neandertaler, daß diese Frühformen des Menschen noch nicht den Sprechapparat hatten, den wir heute besitzen. Deshalb mußten sie auch noch ‚mit Händen und Füßen' reden.

Ich halte es auch für einen Beweis der sich erst im Laufe der Geschichte verstärkenden Dualität, daß in alten Sprachen ein und dasselbe Wort sowohl den einen als auch den anderen Pol, also auch sein eigenes Gegenteil bedeutet hat.

Im Lateinischen gab es *ein* Wort für ‚hoch' und ‚tief' = altus. Wir dürfen vermuten, daß Gebärden und Gesten der Hand beim Sprechen klar gemacht haben, was gemeint war. Homer beschreibt das Meer als ‚purpurn', die alten Griechen konnten ‚blau' nicht sehen.

Der Einfluß des Fixierens von Sprache und von der Schrift hat mit Sicherheit auch die Dualität ‚festgeschrieben'. Und das ist gar nicht so lange her: ein erstes Alphabet gab es erst 1300 Jahre vor unserer Zeitrechnung. Gerade 500 Jahre sind vergangen, seit wir Bücher drucken können. Die perspektivische Malerei ist ebenso alt, im 15. Jahrhundert begannen Maler, waagerechte Linien im Bild zusammenlaufen zu lassen.

Was sollen diese Aussagen bewirken? Ich möchte Ihrem Verstand den Gedanken ermöglichen, daß Dualität überwunden werden kann.

Quellennachweise

1 Düsseldorf/Köln (Diederichs Verlag) 1975 S.14

2 Stanislav Grof; Geburt, Tod und Transzendenz. München (Kösel) 1985 S.352

3 Georg B. Leonard; The Transformation. Los Angeles (J.P. Tarcher) 1972 p.166

4 Levi; Das Wassermann Evangelium von Jesus dem Christus. München (Hugendubel) 1980 S.73

5 Ron Smothermon; Drehbuch für Meisterschaft im Leben. Bielefeld (Context) 1986 S.175

6. Albert Huth; 10 Gesetze der Seele. Speyer 1952 S.51

FRAGE III

Was wissen wir von uns nicht?

Über unseren Schatten

Jedermann ist gefolgt von einem „Schatten", und je weniger dieser im bewußten Leben des Individuums verkörpert ist, um so schwärzer und dichter ist er.

- Carl Gustav Jung

Aber dieses Dunkle - der Schatten - ist nicht einfach die Umkehr des bewußten Egos. Ebenso wie das Ich unvorteilhafte und zerstörerische Einstellungen enthält, hat auch der Schatten gute Eigenschaften - normale und schöpferische Impulse.

- Marie-Louise von Franz

Der Untertitel von dem, was ich im folgenden sagen werde, könnte lauten: Der Mensch, das unbekannte Wesen! Sich selber unbekannt und untereinander - denn auch Andere sind uns unbekannt.

Wissen wir von uns in der Tat das Allermeiste nicht? Wir wissen ja nicht einmal, *wer* wir sind! Niemand hier, keine Leserin, kein Leser weiß, wer sie oder er ist. Ganz wörtlich: wir wissen nicht, wer wir sind! Niemand *weiß* das. Wir können nämlich gar nicht *wissen*, wer wir sind. Wer wir sind, ist nicht definierbar, ist und bleibt immer unbekannt, ist und bleibt dem Verstand ein Geheimnis. Man muß wissen, daß man nicht wissen kann, wer man ist.

„Wirklichkeit ist kein Zustand des Verstandes, des Bewußtseins oder der Psyche ... Alle Gegensätze vereinen sich darin, aber sie ist nicht innerhalb des Spiels der Gegensätze ... Sie ist sie selber, nachdem das Bewußtsein als solches nicht mehr vorhanden ist." [1]

Der Mann, der das gesagt hat, war Sri Nisargadatta Maharaj (1897-1981) - einer, der seine Natur erreicht hatte, ein Erleuchteter, der als Beediehändler in Bombay lebte.

Ein Vorschlag: Lesen Sie als kleines Experiment die folgende kurze Passage aus seinem Buch ‚Ich Bin'. Lassen Sie die Worte so zu sich kommen, wie sie das tun. Am Ende dieses Kapitels werde ich sie nocheinmal wiederholen. Prüfen Sie, wieviel mehr Sie dann davon haben:

„Der wahre Suchende ist der, der auf der Suche nach sich selbst ist. Gib alle Fragen auf - außer der einen: ‚WER BIN ICH?' Schließlich bist du dir nur einer Tatsache gewiß: DU BIST! Das ‚ICH BIN' ist sicher, das ‚ICH BIN DIES (ODER) DAS' ist es nicht. Bemühe dich herauszufinden, wer du in Wirklichkeit bist.

Um zu wissen, wer du bist, mußt du zunächst untersuchen und kennen, was du nicht bist. Entdecke alles, was du nicht bist: Körper, Gefühle, Gedanken, Zeit, Raum, dies und das. Nichts, was du konkret oder abstrakt wahrnimmst, kannst du sein. Eben dieser Vorgang der Wahrnehmung zeigt, daß du nicht bist, was du wahrnimmst.

Je genauer du verstehst, daß du auf der Ebene des Verstandes nur in negativen Begriffen beschrieben werden kannst, umso rascher wirst du zum Ende deiner Suche kommen und erkennen, daß du das unbegrenzte Sein bist." [2]

Wir kennen also unsere eigene Natur nicht. Allein dies würde ja schon reichen, um uns das ‚unbekannte Wesen' zu nennen. Aber es wird, wenn möglich, noch grotesker: wir kennen nur einen Bruchteil von dem, was *in uns* vorhanden ist - ganz abgesehen davon, *wer* wir sind. „Unser normales Bewußtsein", sagt der bedeutende amerikanische Psychologe William James (1842-1910), ist „nur ein besonderer Typ von Bewußtsein, während überall jenseits seiner, von ihm durch den dünnsten Schleier getrennt, mögliche Bewußtseinsformen liegen, die ganz andersartig sind."

Was sind das für ‚andersartige Bewußtseinsformen'? Und wenn die nicht bewußt sind, wie merken wir dann, daß es sie gibt?

Vor einiger Zeit saßen sich während einer Augenkontakt-Übung in einer meiner Therapiegruppen ein älterer Mann und eine junge Frau gegenüber. Nach einer Weile begann der Mann zu schimpfen und schrie: „Schau nicht so blöde, Du hast Mutti geschlagen!" Er sah in der jungen Frau ihm gegenüber seinen Vater!

Er spielte nämlich einen seiner Filme ab und benutzte sein Gegenüber als Leinwand. Er projizierte seine Bilder und sah sie dann auf sich zukommen - und er *merkte das nicht.*

Ein Mann klettert nachts über einen Zaun mit der Absicht, Äpfel zu stehlen. Am nächsten Tag wird er gestellt, weil er seine Jacke mit seinem Ausweis unter dem Baum liegengelassen hat. ‚Etwas' hat ihn die Jacke liegenlassen. So etwas passiert uns allen.

Auf dem Bild ‚Die Versuchung des Heiligen Antonius' von Matthias Grünewald wird der Heilige von Meerkatzen, Greifen und Drachen bedrängt. Sind das wirkliche Tiere, oder Projektionen dessen, was er von sich ablehnt?

Nur ein Teil von uns ist uns bewußt - der andere ist uns unbewußt. Ähnlich wie bei einem Eisberg ist uns nur der Teil bewußt, der über der Wasseroberfläche sichtbar ist. Der ist wie bei einem Eisberg etwa nur ein Zehntel, neun Zehntel von uns sind für uns unsichtbar. Ein Teil in uns ist sozusagen hell, und ein Teil ist dunkel. Wir bestehen aus ‚Licht' und ‚Schatten'.

In der Psychologie wird mit ‚Schatten' ein ganz bestimmter Teil des Unbewußten beschrieben, den wir uns noch genauer anschauen werden. Zunächst ist aber - übrigens auch nach Meinung des Mannes, der den Begriff eingeführt hat (Carl Gustav Jung), „der Schatten ganz einfach das gesamte Unbewußte."

Jedoch läßt sich durch genaue Beobachtung das Unbewußte bewußt machen und dabei lassen sich Schichten entdecken.

Ken Wilber, welcher ‚der langersehnte Einstein der Bewußtseinsforschung' genannt worden ist, bietet die weitaus beste Orientierung über das, was wir von uns nicht wissen. In seinem Buch ‚Spektrum des Bewußtseins' [3] entwickelt er - 23jährig - ein Modell, das sich aus mehreren Schichten oder Schwingungsebenen zusammensetzt. Auf dieses Modell stütze ich mich im folgenden.

Hier ist endlich jemand, der ‚das Pferd richtig herum aufzäumt'! Der im Gegensatz zu Freud nicht das Höhere aus dem Niedrigeren erklärt - also zum Beispiel die Kunst aus der Verdrängung biologischer Impulse -, sondern das Niedrigere aus dem Höheren. Und der bis dorthin geht, ‚wohinter es nicht weitergeht' - bis zur Wirklichkeit also. Andere Worte dafür sind: Universum, Existenz, das Ganze, das Sein, kosmisches Bewußtsein, Gott, das Göttliche, das Spirituelle, das Nicht-Duale, das Eine.

Wer beim Messen nicht den richtigen ‚Nullpunkt' findet, wird sich immer vermessen. Der ‚Nullpunkt', der Ausgangspunkt zum ‚Messen' des Menschen kann immer nur die Wirklichkeit sein, das Höchste.

So läßt sich das menschliche Bewußtsein als Spektrum betrachten, weil Bewußtsein - ganz ähnlich wie elektromagnetische Strahlung, sehr verschiedene Energie-Schwingungen umfaßt.

Elektromagnetische Wellen rufen allein ihrer verschiedenen Wellenlängen wegen sehr verschiedene Phänomene hervor. Zum Beispiel unseren Netzstrom aus der Steckdose, Radiowellen, sichtbares Licht, Röntgenstrahlen, Höhenstrahlung, die Strahlung radioaktiver Stoffe. Erscheinungen also, die scheinbar überhaupt nicht zusammengehören und sich doch durch nichts als ihre Wellenlänge unterscheiden.

Auch unser Bewußtsein läßt sich als ein Spektrum betrachten. Auch hier ist nur ein Teil ‚sichtbar' - nämlich jener, den *wir* Bewußtsein nennen.

Bewußtsein hat also offensichtlich langsamere (lange) und schnellere (kurze) Schwingungen.

Dieses Denkmodell der Schwingungen läßt sich auch auf die Veränderungen anwenden, welche wir insgesamt auf unserem Planeten beobachten können. Es ist, als wenn sich die Schwingungen der Erde oder auf der Erde verändern würden. Alles scheint beschleunigt, alles scheint intensiver zu werden. Selbst die verborgenste Ecke im Wald scheint nicht mehr jene Ruhe auszustrahlen, die noch vor zehn Jahren zu spüren war. Nichts ist mehr gemütlich und ruhig. Alles wird kurzweiliger, ‚kurzwelliger'. Die Problemgeschwindigkeit nimmt zu. Katastrophen, menschgemachte und natürliche, scheinen an Gewalt zuzunehmen.

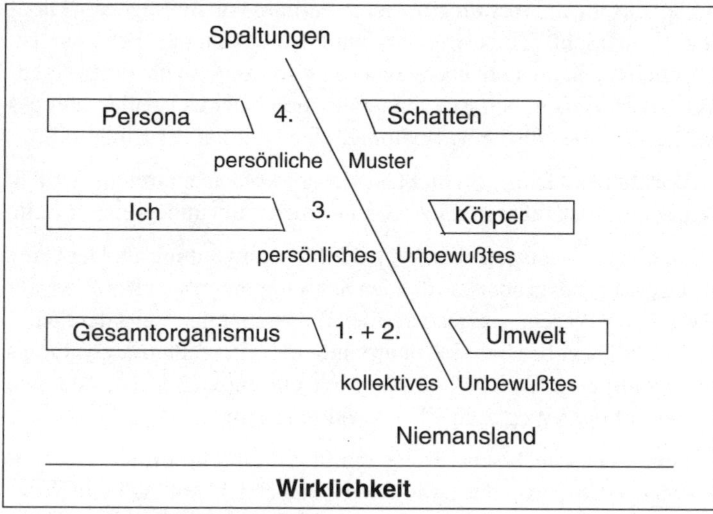

Die letztlich unendliche Vielfalt möglicher Schwingungen teilt Wilber in drei Haupt- und vier Unterebenen.

Weil ich klarmachen will, was wir von uns nicht wissen, beginne ich beim Ausgangs- und Zielpunkt, mit der ersten Hauptebene, der Ebene der Wirklichkeit. Das ist der ortlose Ort, aus dem wir kommen und in den wir gehen, der Ort, *der wir sind*: unser Wesen, unser Sein.

In der Schwingung (sich verlangsamend) folgen die Ebenen des Gesamtorganismus, die Ich-Ebene und schließlich die Persona-Ebene.

Zum Bereich der Wirklichkeit gehören weder Raum noch Zeit. Deshalb ist Wirklichkeit dimensionslos und zugleich alles durchdringend. Und da liegt unser eigentliches ‚Zuhause'. Im ‚Preisgesang des Zazen' sagt Hakuin: „Alle Wesen sind von Anfang an Buddhas!" Was hier - vereinfacht - ‚Ebene' genannt wird, ist EINES und hat viele Namen, die wie alle Worte immer nur Fingerzeige sind. Noch einmal zum Einstimmen: Kosmisches Bewußtsein, Universum, Ganzes, Sein, Existenz, Gott, Göttlichkeit, unbegrenztes Sein, universelles Bewußtsein, das Eine, das Nicht-Duale, das Spirituelle, das Reich Gottes, Nirvana, Geist, Brahman.

Diese ‚Ebene' ist wörtlich *nicht ‚gegen-ständlich'*! Deshalb kann Wirklichkeit nicht von außerhalb bewiesen werden, - einfach, weil es keinen Ort im Universum gibt, der außerhalb von ihr liegt. Wirklichkeit kann nicht erfaßt werden, weil sie selbst das Erfassen ist. Wirklichkeit kann nicht nachgewiesen werden, denn um einen Nachweis zu erbringen, benötigt man zwei: den Nachweisenden und das Nachgewiesene, also eine Spaltung, eine Dualität der Einheit.

Wirklichkeit kann also nicht bewiesen, wohl aber erreicht werden. Wir können und müssen selber dazu werden: zum unbegrenzten Sein.

Schauen wir uns jetzt den Weg der Menschwerdung an. Der Gang durch die immer gröber werdenden Schwingungen ist unser Weg, der Gang jenes Wesens, das sich aus der Wirklichkeit jenseits der ‚Welt' in die Welt begeben hat, sich dann aus dem Unbewußten der Natur bis zum heutigen ichhaften Selbstbewußtsein entwickelt hat und sich weiter auf dem Weg zum Überbewußten befindet.

Schon der griechische Philosoph Plotin fand im dritten Jahrhundert nach Christus, daß „die Menschheit sich auf halbem Wege zwischen den Tieren und den Göttern" befindet. Dieser bedeutendste Schüler Platons hat in seinem Leben selbst mehrfach das Einssein erfahren. „Wer den Weg zur Vollendung betreten will, tut von sich alles, was er beim *Abstieg in die Vergänglichkeit* angenommen hat. Wenn er alles beiseite läßt, was nicht von Gott ist, wird er in der Abgeschiedenheit seines Ich zu dem gelangen, von dem alles ausgeht und zu dem alles zurückkehrt: zum Quell des Lichts, des Lebens und des Seins"[4]

Der *‚Abstieg in die Vergänglichkeit'*, ins irdische Jammertal, ist nicht der Weg weg von Gott, sondern zur selbstverdienten Selbstverwirklichung. Gott hat uns nicht aus dem Paradies ‚verbannt', sondern uns die Möglichkeit geboten, selbst, als Individuen, den Weg zu ihm zu gehen, damit der Mensch sagen kann: „Ich und der Vater sind eins."

Und was haben wir gesagt, als wir die Reise begonnen haben? „Ich und der Vater sind zwei!" In diesem „Ur-Akt der Trennung" (Wilber) haben wir Gott zu einem ‚Anderen' gemacht, haben aus einer Welt zwei gemacht und zur einzig realen Welt der Wirklichkeit eine Welt der Erscheinungen hinzugefügt.

Mit dem ‚Essen vom Baum der Gegensätze' haben wir angefangen, in den Spiegel unseres Verstandes zu schauen und so den Erkennenden und das Erkannte gespalten. Seitdem sehen, denken und sprechen wir immer nur die Bilder der Wirklichkeit an und haben die eine Wirklichkeit zerstückelt. Was wir wahrnehmen, ‚abstrahieren' wir vom Ganzen. Wir ziehen es ganz wörtlich vom Ganzen ab.

Zeitgemäß ist, wenn „jeder einzelne begreift, daß seine Welt eine selbsterzeugte Illusion ist, die keine Grenzen hat außer jenen, die er sich selbst durch freie Wahl und Entscheidung, durch seine Gedanken, Einstellungen und Glaubensvorstellungen setzt."[5]

Und: wir leben im „Zeitalter der Bewußtheit, in dem jeder einzelne willentlich und voller Enthusiasmus die persönliche Verantwortung für die bewußte Erschaffung der Realität übernimmt."[6]

Mit dem ersten Dualismus haben wir die Wirklichkeit verlassen. Wir, die wir nicht von dieser Welt sind, sind in die Welt gegangen und finden uns jetzt als ‚Gesamtorganismus' getrennt von der ‚Umwelt'. Dahin sind wir durch unsere Spaltung der Wirklichkeit gekommen. Wir haben ihre Nicht-Dualität verdrängt und projizieren sie jetzt als Organismus und Umwelt. Unsere Identität machen wir an unserem raum-zeitlich erlebten Organismus fest. Unsere Identität schrumpft vom Ganzen zum Organismus. Wir haben vergessen, wer wir sind. Und die Kluft, die wir nun zwischen uns und der Umwelt wahrnehmen, wird zum *Raum*. Jetzt verwirklicht sich auch das „Von nun an werdet ihr sterblich sein!" Wir waren vorher, wie die Tiere, eins mit der Umwelt. Tiere haben keine Angst vor dem Tod, weil sie nicht wissen, daß es sie gibt. Mit diesem Wissen ‚schmecken' wir den Tod; und so entsteht gleichzeitig mit dem ersten Dualismus der zweite. Jetzt spalten wir auch noch die Einheit von Leben und Tod und projizieren diese verdrängte Einheit als Kampf des Lebens gegen den Tod. So entsteht die Illusion der *Zeit*; denn aus Angst vor dem Tod benötigen wir unbedingt eine Zukunft.

Diese Wahrnehmung von Zeit und Raum, diese Angst vor dem Nicht-Sein erzeugt eine weitere Spaltung, einen weiteren Dualismus: die Einheit des Organismus wird verdrängt und als ‚Auseinandersetzung‘ zwischen Körper und Geist, zwischen dem ‚willigen Geist und dem schwachen Fleisch‘ projiziert. In dieser weiteren Spaltung geben wir unseren sterblichen Organismus auf wie ein Schiff, das untergehen kann und wird; wir ziehen uns auf etwas zurück, was wir uns wieder buchstäblich vor-stellen. Wir erzeugen ein Scheinzentrum in uns, von dem wir meinen, es sei unsterblich. Diese Vor-Stellung nennen wir unser „Ich“. So ist die dritte Spaltung, der dritte Dualismus entstanden. Wir zertrennen unseren Organismus, verdrängen seine Einheit und projizieren ihn dann als weitere Zweiheit, als Ich und Körper. Jetzt haben wir einen Körper, sind der Besitzer unseres Körpers. Was wird damit wichtiger als alles andere? Wir müssen denken - und weil das gar nicht anders geht: dualistisch. Wir spalten unsere Welt in ‚Subjekt und Objekt‘, in ‚Gut und Böse‘, in ‚falsch und richtig‘. Wir fangen an, das ‚Universum‘ zum ‚Multiversum‘ zu machen. Wir wissen nicht einmal mehr, daß das ‚Uni-versum‘ das ‚In-Einsgekehrte‘, das ‚Alles-in-eins-Gekehrte‘ die Wirklichkeit ist. Für uns ist das Universum die Summe der Objekte ‚da draußen‘.

Genau hier aber können wir merken, daß unser so sicher gebautes Subjekt-Ich eine Illusion ist, ein Scheinzentrum, das wir gebaut haben. Denn dieses ‚Ich‘ können wir beobachten. Zumindest sind wir uns seiner bewußt, und daher muß es also ebenfalls ein Objekt unserer Wahrnehmung sein. Wie einfach hat das Nisargadatta ausgedrückt: „Eben der Vorgang der Wahrnehmung zeigt, daß du nicht das bist, was du wahrnimmst.“ Auch daraus erkennen wir, daß wir unser wirkliches Zentrum - den, der wir wirklich sind - nicht wahrnehmen können, so wie ein Auge sich nicht selber sehen kann. Was wir unser ‚Ich‘ nennen, ist nur scheinbar ein Subjekt, tatsächlich aber ein Objekt.

Und: als ob es nicht reichen würde, daß wir uns schon dreimal gespalten haben (das erste Mal dadurch, daß wir aus der All-Ein-heit ausgeschieden sind, das zweite Mal, als wir unseren Organismus von der Umwelt getrennt haben und das dritte Mal, als wir uns von unserem Körper getrennt haben und ‚Ich‘ geworden sind) - als ob das alles noch nicht reichte an Entfremdung von uns selbst, spalten wir sogar unser ‚Ich‘ noch mal auf.

Im vierten Dualismus spalten wir uns noch einmal in ‚Persona‘ und ‚Schatten‘.

Ich will gleich klar machen, was das für uns bedeutet und dann unser ‚Spektrum‘ noch einmal anders herum durchlaufen: von den gröbsten Schwingungen, bei denen wir jetzt angekommen sind, zurück zur Wirklichkeit. Dabei werde ich auch die Unterebenen kurz beschreiben.

Zunächst möchte ich aber verdeutlichen, was ich bisher gesagt habe und Ihnen bildhaft zeigen, wer wir zu sein meinen - und wer wir in Wirklichkeit sind. Ich zeige eine „Manifestation des neuen Bewußtseins“. Stellen Sie sich an dieser Stelle einen Zylinder aus glasklarem Acryl vor, dicker und höher als ein Marmeladenglas. Der Philosoph Jean Gebser (1905-1973)[7] hat in seinem Werk ‚Ursprung und Gegenwart‘ Stichworte für solche „Manifestationen des neuen Bewußtseins“, das er kommen sah, genannt: Das Ganze, Ganzheit, Durchsichtigkeit, Überwindung des Ich, Realisierung der Zeitlosigkeit, Zerbrechen des Räumlichen, Zerbrechen des Systematischen, Eindringen des Dynamischen.

Gebser spricht von dem Durchscheinenden als von der Erscheinungsform, der Epiphanie des Geistigen. „Diese Diaphanie ist umfassend; sie ist eine Durchsichtigkeit, eine Transparenz sowohl des Raumes als der Zeit, sowohl des Lichtes als der Dunkelheit, sowohl der Materie als der Seele, sowohl des Lebens als des Todes.“[8]

Wem das hier ‚zu weit weg‘ erscheint, dem sage ich, daß die Epiphanie, das unmittelbare Erscheinen des Wirklichen, von jedem Kind erlebt wird - also von uns allen! Jedes Kind - also vor Jahren auch wir - befindet sich im Zustand der Epiphanie. Und jedes Kind verliert diesen Zustand spätestens dann, wenn es zu sprechen beginnt.

Wie läßt sich nun am besten demonstrieren, was für uns als erwachsene Menschen aus dieser Durchsichtigkeit wird?

Wenn die Durchsichtigkeit eines Acrylzylinders die Wirklichkeit darstellt - was könnte dann die Welt, in der wir leben, gut vertreten? Ein ebenso großer Zylinder aus Eschenholz!

Und natürlich muß dieser Holzzylinder mehrfach gespalten sein. Zunächst halbiert durch den ersten und zweiten Dualismus, der uns ‚ent-zweit' hat - so wurde die Hälfte von uns unbewußt. Diese Hälfte liegt schwingungsmäßig zwischen der Ebene der Wirklichkeit und der des Gesamtorganismus: sie ist unser Unbewußtes.

Aber damit nicht genug: die verbliebene Hälfte von uns wird wieder (durch den dritten Dualismus) ‚ent-zweit'. So wird ein weiteres Viertel von uns abgespalten. Es bildet das Unterbewußte in uns, angesiedelt zwischen der Ebene des Gesamtorganismus und der Ich-Ebene.

Immer noch nicht genug der Entfernung von uns selbst: dieses letzte Viertel, also das, was uns bewußtseinsmäßig noch zur Verfügung steht, wird wieder ‚ent-zweit'. Durch diesen vierten Dualismus entsteht der ‚Schatten' in uns.

Was uns, der ‚Krone der Schöpfung', nun noch bewußt übrig bleibt, ist ein Achtel! Schon Sigmund Freud konnte von seiner Arbeit sagen, daß sie „dem Ich nachweisen will, daß es nicht einmal Herr im eigenen Haus ist". Er nannte die Psychoanalyse die „empfindlichste Kränkung der menschlichen Größensucht" (Vorlesungen zur Einführung in die Psychoanalyse).

Warum ist das Ich nicht allein Herr im eigenen Haus? Wir alle wollen ‚gut dastehen', den ‚richtigen Eindruck', einen ‚guten Eindruck' machen. Deshalb unterdrücken und verdrängen wir alle Vorstellungen, Emotionen, Impulse und Triebe, die zu dem von uns erwünschten Ich-Bild nicht passen. Dieses erwünschte, aber verarmte Ich-Bild nennt Carl Gustav Jung ‚Persona'. Per-sonare heißt ‚durchklingen' und bezieht sich auf die Maske, die Larve der Schauspieler in der Antike. Und was verstecken wir hinter der ‚Persona', unserer Maske? Unseren ‚Schatten'!

Dieser andere, abgelehnte Teil unseres Ich wird auch unser ‚alter ego' (lat. anderes Ich) genannt, auch ‚Doppelgänger', ‚andere Seite' oder unser ‚dunkler Bruder'.

Wichtig für das Verständnis des eigenen Schattens - ich kann dieses Thema hier nur streifen - ist, daß in unserem Schatten nicht nur ‚schlimmes' oder unvorteilhaftes versteckt ist. Im Schatten liegt häufig auch die wirkliche ‚Power' eines Menschen, also auch gute Eigenschaften, zu denen wir jedoch nicht stehen.

Mit dieser letzten Spaltung wird die Einheit des Egos geteilt, und den jetzt unbewußt gewordenen Teil - eben den Schatten - projizieren wir. Das machen wir natürlich nicht bewußt, denn wir kennen unseren Schatten gar nicht mehr. Das Projizieren passiert uns, ohne daß wir es merken. C.G. Jung sagt: „Man findet daher die Projektion vor und macht sie nicht.“[9]

Diese letzte Spaltung in Persona und Schatten hat nun zwei Folgen: wir können diese Teile einzeln nicht mehr nutzen und das Projizieren funktioniert so raffiniert, daß diese Schattenbilder bei unserem Gegenüber real zu existieren scheinen! Wir sind perfekte Bildwerfer. Mehr noch: Teile *unserer* Energie kommen uns jetzt von außen entgegen und sind *gegen* uns! (Wie die Triebe des heiligen Hieronymus). Auch auf diese Weise machen wir uns kleiner, als wir sind, und die anderen und unsere Umwelt größer! Fritz Perls schreibt: „Sobald wir irgendein Potential projizieren, wendet sich dieses Potential gegen uns“, und als Mahnung: „Vielleicht gehen wir am besten zunächst einmal von der Annahme aus, daß alles, was wir in einem anderen Menschen oder in der Welt zu sehen glauben, nichts als Projektion ist ...“.

Im Spektrum der unbewußten Schwingungen ist der Schatten die letzte deutlich abgrenzbare Unterebene. Auf dem Weg zurück von den gröberen zu den feineren Schwingungen begegnen wir noch drei weiteren Unterebenen, die jeweils zwischen den Hauptebenen liegen.

Unterhalb der Persona-Ebene befinden sich unbewußte *persönliche Muster*, Wilber nennt sie ‚philosophische Bänder‘. Darin stecken zur Gewohnheit gewordene, oft aus der Erziehung stammende Überzeugungen, was ‚man‘ darf, wie ‚man‘ sich verhält, was sich ‚gehört‘.

Das eigentliche ‚Persönliche Unterbewußte‘ liegt in den Frequenzen zwischen der Ich-Ebene und der Ebene des Gesamtorganismus. In der Unterebene der ‚persönlichen Muster‘ ging es nur um das eigene Ich. Hier handelt es sich um das ‚Ich und Andere‘. Dieser Dualismus von ‚Ich und Andere‘ wird vor allem vom sozialen Umfeld bestimmt. Auf diesen ‚Wellenlängen‘ empfängt der Mensch das, was wir ‚Sozialisierung‘ nennen, das Anpassen an die Gesellschaft. Über dem Eingang einer Schule, die ich eine Zeitlang besucht habe, stand in Stein gemeißelt: „Willst Du Stein, daß wir in dieses Haus Dich bauen, so laß es Dir gefallen Stein, daß wir Dich behauen.“

Ein klassisches ‚Poem der Sozialisierung'! Wir aber wären ohne diese Speicherungen für die Gesellschaft, in der wir leben, untragbar. Da werden Muster, Strukturen, Speisekarten und Symbole gespeichert: ‚Du mußt', ‚Du sollst', ‚Du kannst', sogar auch die Sprache selber, die religiöse Grundhaltung, Sitte, Moral, Spielregeln, Ideale, Werte, das ‚Gewissen'. Auf diese Weise werden wir ‚Mit-Glieder' der Gesellschaft. Wilber folgert: „Wir haben alle eine gründliche Gehirnwäsche hinter uns ... und nehmen nun die Beschreibung einer Welt für die Welt, wie sie wirklich ist“ [10]. Wir sind ein Symbolwesen und bewahren in unserem Symbolsystem „eine Landkarte der verlorenen Wirklichkeit“. [11]

Die faszinierendste Unterebene ist jene zwischen der Ebene des Gesamtorganismus und der Wirklichkeit. Wie könnte es auch anders sein, wir nähern uns der Wirklichkeit! Hier liegt der verborgenste, am schwersten zugängliche und am meisten Angst machende Teil des Spektrums. Der Bereich nämlich, der wohl am bestem mit C.G. Jungs Begriff des ‚kollektiven Unbewußten' bezeichnet wird. Wilber nennt diese Frequenzen ‚transpersonale Bänder', denn hier ist die Grenze zwischen Subjekt und Objekt noch weich und fließend.

Dieses Niemandsland ist die riesige, allen Menschen gemeinsame, überpersönliche Schicht des Unbewußten, in der zeitlose, vererbliche Strukturen enthalten sind, welche unser Verhalten und Erleben beeinflussen. C.G. Jung definiert: „das kollektive Unbewußte hat im Gegensatz zur persönlichen Psyche Inhalte und Verhaltensweisen, welche überall und in allen Individuen cum grano salis die gleichen sind. Es ist mit anderen Worten in allen Menschen sich selbst identisch und bildet damit eine in jedermann vorhandene, allgemein seelische Grundlage überpersönlicher Natur.“

Wilber nennt diesen Bereich auch ‚Zwischenreich' und siedelt hier Phänomene an wie außerkörperliche Erfahrungen, Astralreisen, außersinnliche Wahrnehmungen, Hellsichtigkeit, Hell-Hören, Wiedereintritt in vergangene Leben oder Vorwegnahme künftiger Geschehnisse.

In dieser Schicht befinden sich auch die ‚Urbilder', die C.G. Jung ‚Archetypen' genannt hat. Das sind nicht-körperliche Energie-Formen, man könnte sagen ‚Präge-Formen' für Lebenssituationen, in die jeder Mensch kommt oder kommen kann. Zum Beispiel: Geburt,

Tod, Mutter, Vater, Verhältnis der Geschlechter, Wandlung, Krankheit. Jung behauptet: „Es gibt ebenso viele Archetypen wie typische Lebenssituationen."

Während das darüber liegende persönliche Unbewußte *erworben* wird, ist der Inhalt des ‚kollektiven Unbewußten' allgemeinmenschlich.

Nach Aussage vieler zu sich selbst Erwachter soll man das gesamte Gebiet zwischen dem nichtmanifesten Ursprung und dem Manifesten, zwischen dem reinen Bewußtsein und dem zu Materie Geronnenen entweder meiden oder rasch hinter sich lassen.

Sicher ist aber auch, daß alle Bereiche des Unbewußten zu unserem Wesen gehören, ja daß wir ursprünglich diese Bereiche ‚gewesen' sind und uns im Laufe der Entwicklung davon ent-identifiziert haben. Deshalb kann Wilber auch schließen: „Unsere Ängste vor dem Unbewußten sind letztlich nichts als Ängste vor uns selbst."

Wo sollte sich Orientierung über diesen ‚Zwischenzustand' finden lassen, wenn nicht im ‚Totenbuch der Tibeter'? Denn in ihm geht es um nichts anderes als um die Erkenntnis der eigenen Projektionen und der Auflösung der Empfindung eines Ich. Der ‚Bardo-Zustand' ist der ‚Zwischenzustand' zwischen Tod und Wiedergeburt. Das Buch vermittelt erstaunlich präzise Hinweise wie diesen: „Du kannst nicht sterben, selbst wenn du gehenkt und zerschnitten wirst. In Wirklichkeit bist du die natürliche Form der Leere, du brauchst dich also nicht zu fürchten. Die Herren des Todes sind die natürliche Form der Leere, deine eigenen verblendeten Projektionen, und du bist Leere. Leere kann Leere nichts anhaben, das Eigenschaftslose kann das Eigenschaftslose nicht verletzen. Äußere Herren des Todes, Götter, böse Geister, der ochsenköpfige Dämon und ähnliche haben keine Wirklichkeit außerhalb deiner verblendeten Projektionen, also erkenne dies. Erkenne in diesem Augenblick alles als den Bardo." [12]

In diesem ‚Niemandsland' wohnt auch der ‚Zeuge'. Der Zeuge, das Bezeugen wird zunächst aus rationalen Gründen eingesetzt. Es ist ein Weg, sich nicht mehr zu identifizieren. Der Zeuge urteilt also nicht über das, was er beobachtet, er greift nicht ein, er kommentiert nicht, er manipuliert nicht, sondern der Zeuge nimmt wahr, was in und um uns vor sich geht.

Der Zeuge ist nicht identifiziert, sondern nimmt nur *objektiv* wahr. Also nicht (wie das für uns zunächst natürlich scheint) *subjektiv*. Deshalb können alle Erscheinungen kein Ich-*Subjekt* bilden.

Selbstverständlich enthält auch der Zeuge noch eine gewisse Form von Dualismus, es bleibt zumindest noch die Zweiheit von Zeuge und Bezeugtem.

Aus diesem Grund kann man den Zeugen auch hier im ‚Zwischenzustand' ansiedeln; denn wenn das Bezeugen sein Ziel erfüllt hat, ist mit seiner Hilfe die Wirklichkeit erreicht. Mit anderen Worten: das Mittel ‚Bezeugen' ist dualistisch, das Ziel ist nicht-dualistisch.

Das Bezeugen - also das Heraushalten des Identifizierens - ist auch jenes Mittel, das einen am sichersten über das Meer der Illusionen trägt.

Für diese letzte Form des ersten Dualismus, welche kurz vor dem Erreichen des Einsseins noch gebraucht wird, gibt es anschauliche Texte aus dem Zen: Ein Schüler kommt zu seinem Meister und sagt: „Jetzt bin ich eins mit dem Ganzen geworden! Was jetzt?" Und der Meister (Rinzai) schickt ihn mit den Worten weg: „Jetzt werde diese Vorstellung noch los, daß du eins mit dem Ganzen bist. Werde diese Idee noch los - das ist das letzte Hindernis." Ein anderer Schüler Rinzais kommt und sagt: „Ich bin zum Nichts gekommen." Der Meister: „Laß auch das noch fallen!"

Das ist also der Unterschied zwischen dem - wenn man so sagen will - ‚niederen' und dem wahren mystischen Zustand der Identität mit der Wirklichkeit. Im ersten ist der Mensch Zeuge der Wirklichkeit, im anderen *ist* er die Wirklichkeit. Der erste Zustand enthält noch einen Rest des ersten Dualismus, der andere nicht. Wenn die Einheit wirklich ist, gibt es niemanden mehr, der bezeugt, daß er eins ist. Das ist der Christus-Zustand, der Buddha-Zustand. Mit Angelus Silesius: „Der höchste Gottesdienst ist, Gott gleich zu werden, christförmig sein an Leib, an Leben und Gebärden." Mit dem Erreichen dieses Zustandes hat alles *Werden* aufgehört und der Mensch ist zum ersten Mal ein ‚Sein', *das Sein*!

Ich will noch aufzeigen, daß C.G. Jung im ersten Dualismus stehen geblieben ist: „Der Schatten ist ein Engpass, ein schmales Tor, dessen peinliche Enge keinem erspart bleibt, welcher in den tiefen Brunnen hinuntersteigt. Man muß aber sich selber kennenlernen, damit man weiß, wer man ist. Denn das, was nach dem Tore kommt, ist unerwarteterweise eine grenzenlose Weite voll unerhörter Unbestimmtheit, anscheinend kein Innen und kein Außen, kein Oben und kein Unten, kein Hier und kein Dort, kein Mein und kein Dein, kein Gutes und kein Böses. Es ist die Welt des Wassers, in der alles Lebendige suspendiert schwebt ... wo ich untrennbar dieses und jenes bin, und dieses und jenes Ich bin, wo ich den anderen in mir erlebe und der andere als Ich mich erlebt" (Über die Archetypen des kollektiven Unbewußten).

Wasser ist das übliche Symbol für das Unbewußte, psychologisch auch Geist, der unbewußt geworden ist. Und vom Aggregatzustand her lassen sich drei Schichten des Geistes oder besser des Gesamtbewußtseins finden:

Im bewußten Verstand ist der Geist, das Bewußtsein, sozusagen im *festen* Zustand. Dadurch ist die Trennung, die Dualität deutlich und klar vorhanden.

Im Unterbewußten wird die Dualität unklarer, sie wird *flüssig*. Nicht klar wie im festen Zustand des Verstandes, sondern eher wie Wasser und Öl, immer noch getrennt, aber weniger deutlich.

Im Unbewußten wird das Bewußtsein *gasförmig*, es gibt keine Unterscheidungen mehr.

Erst nachdem man mit den ersten beiden Schichten, dem gewöhnlichen Bewußtsein und dem Unterbewußtsein gearbeitet hat, kann man in die dritte Schicht eindringen. In dieser dritten Schicht sind alle früheren Leben, alle Prägungen enthalten. Diese dritte Schicht ist „der eigentliche Kampf, und ohne durch diese dritte Schicht zu dringen, durch sie durchzukommen, kannst du niemals den innersten Kern erreichen, den, der du wirklich bist".[13]

Und was ist der ‚eigentliche Kampf'? Das Durchgehen durch ein Chaos. C.G. Jung beschreibt es so: „... es ist weltweite und weltoffene Objektivität. Ich bin das Objekt aller Subjekte *in völliger Unkenntnis meines gewöhnlichen Bewußtseins*, wo ich stets Subjekt bin, welches Objekte *hat* ... Kaum berührt einen nämlich das Unbewußte, so ist man es schon, indem man seiner selbst unbewußt wird". [14]

Der ‚eigentliche Kampf' findet sich auch in den Berichten der

Mystiker wieder, wenn dort von der ‚Mitternacht der Seele' oder von der ‚dunklen Nacht der Seele' gesprochen wird, die durchschritten werden muß.

Der Durchgang durch das ‚Niemandsland' wird auch von den Schamanen erlebt, die ihrer menschlichen Verfassung gegenüber ‚sterben' können. „Nur durch Ekstase gelangt der Mensch zur vollen Realisierung seiner Situation in der Welt und seines endlichen Schicksals". Das bedeutet jenes ‚Draußen-Stehen', außerhalb des Ichs. „Man könnte fast von einem Archetyp ‚existentiellen Bewußtseins' sprechen, der in der Ekstase eines primitiven Schamanen oder Mystikers ebenso vorhanden ist wie die Erlebnisse ... aller Visionäre der alten Welt, die schon hinieden das Los des Menschen jenseits des Grabes erfahren haben." [15]

Beim Betreten dieses ‚Niemandslandes' tut sich eine Lücke auf, ein Bardo. Dieses ‚Zwischenreich' muß chaotisch erlebt werden, denn wir haben uns mit einem Scheinzentrum identifiziert, unserem Ego. Und dahinter ist unser wirkliches Zentrum verborgen.

Solange dieses Scheinzentrum nicht aufgelöst worden ist, kann man das wirkliche Zentrum nicht erreichen. Unsere Ich-Vorstellung ersetzt lediglich unser wirkliches Zentrum.

Wenn sich diese falsche Ich-Vorstellung auflöst, wird es chaotisch, wir verlieren den Verstand, weil dieses Scheinzentrum nicht mehr da ist.

Man hat dann keine Einheitlichkeit mehr, keine Basis, von der aus man funktionieren könnte. Aus diesem Grund ist das Einüben des Bezeugens so wichtig, damit man dieses Chaos sehen kann, ohne sich damit zu identifizieren. Bezeugen ist der Ariadne-Faden im Labyrinth. Man besteht aus Fragmenten ohne Energie, ohne Zentrum, ohne Mittelpunkt. Man ist ‚ver-rückt', aus der bisherigen Mitte heraus-gerückt. Diese ‚Ver-rücktheit' muß durchgemacht werden. Das ist die wahrhafte Entsagung, dort hindurch zu gehen, ohne wieder ein falsches, künstliches Zentrum herzustellen. Man muß warten!

Dieser Durchgang durch das Chaos ohne Zentrum bringt einen letztlich bis in unsere wirkliche Mitte, zum Selbst. Aber dieser Durchgang erfordert Mut, Mut zur Erkundung des eigenen Wesens, also religiösen Mut. Mut, für eine nicht voraussagbare Zeit ohne Mitte zu sein.

Das Zeichen dafür, daß man trotz des ganz Verlorenseins sich auf dem ‚richtigen Weg' befindet, ist ein gutes Gefühl, ein Erahnen, daß die eigene Natur näher kommt. Mit dem Wahrnehmen dieses Glücksgefühls kann man ins Unbekannte gehen.

Wo aber macht C.G. Jung halt? Jung, der „das Fenster zum Himmel erst aufmacht, aber dann wieder zustößt" (Josef Goldbrunner, ‚Individuation'). „Es trifft jedoch zu, daß eine genaue Anwendung der Methoden des Pali-Kanons oder des Yoga-Sutra eine bemerkenswerte Bewußtseinserweiterung herbeiführt", findet C.G. Jung, kommt dann aber zu der Schlußfolgerung: „Aber die Inhalte des Bewußtseins verlieren mit zunehmender Erweiterung an Klarheit im einzelnen. Am Ende wird das Bewußtsein umfassend, aber dämmerhaft; eine unendliche Anzahl von Dingen mündet dann in ein unendliches Ganzes, was an völlige Identität der subjektiven und objektiven Gegebenheiten grenzt. Dies ist alles sehr schön, aber kaum zu empfehlen für Regionen, die nördlicher gelegen sind als der Wendekreis des Krebses."

Jung geht nicht hinter den ersten Dualismus zurück, mit dem wir das Ganze ja erst in Subjekt und Objekt gespalten haben. In Wirklichkeit *sind* wir immer noch das Ganze, aber wegen dieser ersten Spaltung verdrängen wir die wirkliche Einheit von Subjekt und Objekt - wir vergessen das und vergessen, daß wir vergessen haben.

Am Ende seines Aufsatzes über die Bedeutung der Individuation (das ist der Titel der ersten Fassung seines Textes, den Jung englisch geschrieben hat: ‚The Meaning of Individuation') - kommt er zu der Auffassung, in der ich Resignation zu hören meine:

> „... wir müssen eine andere Lösung ins Auge fassen. Wir glauben an das Ichbewußtsein und an das, was wir Wirklichkeit nennen. Die Wirklichkeiten des nördlichen Klimas sind irgendwie so überzeugend, daß wir uns bedeutend wohler fühlen, wenn wir sie nicht vergessen. Für uns hat es einen Sinn, uns mit der Wirklichkeit zu beschäftigen."

Und zum Schluß:

> „Bewußtsein und Unbewußtes ergeben kein Ganzes, wenn das eine durch das andere unterdrückt und geschädigt wird. Wenn sie einander schon bekämpfen müssen, dann möge es wenigstens ein ehrlicher Kampf mit gleichem Recht auf beiden Seiten sein. Beide sind

> Aspekte des Lebens. Das Bewußtsein sollte seine Vernunft und seine Selbstschutzmöglichkeiten verteidigen, und das chaotische Leben des Unbewußten sollte auch die Möglichkeit haben, seiner eigenen Art zu folgen, soviel wir davon ertragen können. Dies bedeutet offenen Kampf und offene Zusammenarbeit in einem. So sollte offenbar das menschliche Leben aussehen.
>
> Es ist das alte Spiel von Hammer und Amboß. Das leidende Eisen zwischen beiden wird zusammengeschmiedet zu einem unzerstörbaren Ganzen, und zwar zum ‚Individuum'. Dies ist ungefähr, was ich den ‚Individuationsprozeß' nenne."[16]

Ist es noch zeitgemäß, uns Sisyphus glücklich vorzustellen? Oder müssen wir das sogar, wie es Camus gefordert hat? Sind wir Sisyphus oder können wir aufhören, vergeblich immer das gleiche zu machen?

In der analytischen Psychologie C.G. Jungs wird die Selbstverwirklichung ‚Individuation' genannt. Jung versteht darunter das Assimilieren der Inhalte des Persönlichen und des kollektiven Unbewußten, also die Übereinstimmung jener Anteile, die im kollektiven Unbewußten allen Menschen gemeinsam sind, mit denen des persönlichen Unbewußten. Ziel der Individuation sei das Erreichen des ‚inneren Kerns' des ‚Selbst', das nach Jung die Quelle und der letzte Grund unseres psychischen Seins ist.

Das Psychische ist aber eben nicht die ‚Quelle und der letzte Grund' unseres Seins. Das Aufwachen zur Wirklichkeit geschieht jenseits der Psyche. Wirkliche Individuation ist eben nicht die Einheit des Verstandes, sondern die Auflösung der Identifizierung mit dem Verstand.

In seinem Aufsatz ‚Bewußtsein, Unbewußtes und Individuation' schreibt Jung 1939: „Man hofft, das Unbewußte zu beherrschen, aber die Meister der Beherrschung, die Yogin, erlangen die Vollendung in Samadhi, einem Zustand der Ekstase, der, soviel wir wissen, einem Zustand des Unbewußten entspricht. Es kommt nicht darauf an, daß sie unser Unbewußtes ‚Universales Bewußtsein' nennen; Tatsache ist, daß in ihrem Fall das Unbewußte das Ichbewußtsein verschlungen hat."

Hier irrt Jung! Nicht das Unbewußtsein hat unser Ichbewußtsein ‚verschlungen', sondern unsere Natur ist eingetreten. Die Ekstase ist kein Zustand des Unbewußten, sondern die Ekstase des Überbewußtseins!

„Hat ein Mensch zum ersten Mal sein wahres Selbst erkannt, dann steigt aus den Tiefen seines Wesens etwas auf und ergreift von ihm Besitz. Dieses Etwas liegt jenseits des Verstandes, es ist unendlich, göttlich, ewig. Einige nennen es das Reich des Himmels, andere Seele oder Nirwana. Wir Hindus nennen es ‚Befreiung'. Nennt es, wir ihr wollt. Wer dies erreicht hat, hat sich nicht verloren, sondern gefunden" (Ramana Maharshi).

„Der Mensch ist in Not - fortwährend in Not, in Konflikten, Äng-sten, Spannungen, verrückt - weil ein unendlicher Raum gezwungen ist, in einem kleinen Körper zu leben. Die Unendlichkeit ist gezwungen, im Endlichen zu leben. Das erzeugt Not, das erzeugt Unbehagen. Wenn du nicht wieder unendlich sein kannst, wird die Not bleiben.

Der Mensch, der Mensch bleibt, ist unheilbar. Der Mensch, der Mensch bleibt, ist die Ur-Krankheit. Es gibt keine Medizin um ihn zu heilen. Der Mensch ist eine Krankheit. Wenn der Mensch nicht göttlich wird, kann er nicht geheilt werden" (Bhagwan/Osho).

Lesen Sie dagegen jetzt, wie wirklichkeitsbezogen die Identität von Subjekt und Objekt *gelebt* werden kann. Es sind Antworten eines Menschen, der seine Natur erreicht hat, Sri Nisargadatta Maharaj:

„Ich bin wie eine Filmleinwand, klar und leer. Die Bilder bewegen sich darüber hinweg, verschwinden wieder und lassen die Leinwand so klar und sauber zurück wie vorher. Die Leinwand wird in keiner Weise von den Bildern beeinflußt, noch beeinflußt die Leinwand die Bilder."

Und auf die Frage:

„Wenn Sie sagen, klar und leer, was meinen Sie damit?", die Antwort: „Ich meine, bar jeglichen Inhalts. Für mich selbst bin ich weder wahrnehmbar noch vorstellbar. Es gibt nichts, auf das ich deuten könnte und sagen: ‚Das bin ich'. Sie identifizieren sich unglaublich leicht mit allem, für mich ist es unmöglich."

Dieser Verwirklichte realisierte bei seinem Erwachen zu seiner Natur „ein für allemal, daß ich weder das Objekt noch das Subjekt bin."

Die Befürchtung, ein Fragender könne durch seine Fragen Objekt für Nisargadattas Erfahrung und dieser das Subjekt sein, räumt Nisargadatta mit einem der wohl klarsten und anschaulichsten Orientierungen von jenseits des ‚Niemandslandes' aus:

„Schauen Sie her, mein Daumen berührt den Zeigefinger. Beide berühren den anderen Finger und werden von ihm berührt. Wenn meine Aufmerksamkeit auf dem Daumen ruht, ist der Daumen der Fühlende und der Zeigefinger das Selbst. Richten Sie die Aufmerksamkeit auf den Zeigefinger, stellen sich die Verhältnisse auf den Kopf. Irgendwie bin ich durch die Veränderung meiner Aufmerksamkeit die Sache geworden, welche ich anschaue und deren Bewußtsein ich erfahre. Ich werde zum inneren Beobachter dieser Sache. Ich nenne diese Fähigkeit, andere Hüllen des Bewußtseins zu betreten, Liebe. Sie können es nennen, wie Sie wollen. Die Liebe sagt ‚Ich bin alles'. Die Weisheit sagt ‚Ich bin nichts'. Zwischen diesen beiden fließt mein Leben. Da ich zu jeder Zeit und an jedem Ort das Subjekt wie das Objekt der Erfahrung sein kann, verdeutliche ich es indem ich sage: ich bin beides *und* keines von beiden *und* jenseits von beiden." [17]

Irgendwann müßte in Zeitgenossen die Frage auftauchen, warum im Westen, im Abendland Begriff und Wirklichkeit der ‚Selbsterlösung', der ‚Befreiung', der ‚Erleuchtung' so fremd geblieben sind.

Im Morgenland hat ein Erwachter - im Pali wörtlich ‚Buddha' - schon vor zweitausendfünfhundert Jahren gesagt: „Das aber verkünde ich, o Freund: in eben diesem klafterhohen, mit Wahrnehmung und Bewußtsein versehenen Körper, da ist die Welt enthalten, der Welt Entstehung, der Welt Ende und der zu der Welt Ende führende Pfad." Buddhas letzte Worte waren: „Ihr selber seid euer Licht. Strebt ohne Unterlaß."

In jedem Menschen sind Leib, Seele und Geist verbunden. Diese Trichotemie wurde jedoch im IV. Konzil von Konstantinopel im Jahr 869 verworfen. Damit war den Abendländern der Geist, das eigenständige Spirituelle abgesprochen. Von da an galt die Kirche als allein seligmachend.

Die immer noch weit verbreitete Unkenntnis der Tatsache, daß es einem Menschen möglich ist, ‚Erleuchtung' zu erreichen, ja, daß dieses Ganz-zu-sich-Aufwachen sogar das Endziel jedes Menschen darstellt, ist auch der eigentliche Grund für das Unvermögen, diese Menschen zu verstehen oder gar innerlich zu begreifen. Auch deshalb ist das Christentum bisher ein Mißverständnis dessen geblieben, wer Christus war und was er wollte. Auch deshalb werden Menschen wie Bhagwan/Osho mißverstanden.

Wer das größte auf der Erde lebende Tier noch nie gesehen, erlebt oder von ihm gehört hat, wird nicht glauben, daß es dreißig Meter lang werden, im Meer bis eintausend Meter tief tauchen und fünfzig Kilometer in der Stunde schnell schwimmen kann, Walfisch genannt wird und ein Säugetier ist.

Wir Zeitgenossen sollten heute wissen, daß es Erleuchtete gibt und den Mut haben, sie aufzusuchen. Doch wir befinden uns heute in einem Dilemma: ein Teil von uns ist bemüht, höhere Stufen der Bewußtseinsentwicklung zu erreichen, während der andere, größere Teil noch nicht einmal davon gehört hat. Selbst C.G. Jung schrieb in seinem Geleitwort zu D.T. Suzukis Einführung in den Zen-Buddhismus „Die große Befreiung“: „In unserem Denken spielt die Möglichkeit, daß es Stufen der Bewußtseinsentwicklung gibt, eigentlich keine Rolle“.[18] Die ‚Abschaffung des Geistes‘ (Rudolf Steiner) war gründlich. Die Vorstellung, jeder Mensch könne sich selbst befreien, ist im Abendland fast vollständig ausgelöscht worden. Vom westlichen Menschen sagt der indische Mystiker Nisargadatta: „Erkenntnis der Wirklichkeit aus eigener Erfahrung übersteigt nicht nur sein Bestreben, sondern auch sein Begreifen. Es gibt Inder, die sagen mir: ‚Das ist hoffnungslos, der westliche Mensch wird das niemals begreifen, denn er kann nicht. Ihm muß man nichts von Selbst-Verwirklichung erzählen. Er soll ein nützliches Leben führen und sich eine Wiedergeburt in Indien verdienen‘.“[19]

Selbst der sicherlich bedeutendste Forscher auf dem Feld des Bewußtseins in diesem Jahrhundert, eben Carl Gustav Jung, hat es nicht gewagt, einem ‚Weltüberwinder‘ nahe zu kommen. Zur Feier des 25jährigen Bestehens der Universität Kalkutta war er 1938 von der britisch-indischen Regierung eingeladen worden. Bereits vor seiner Abreise legten unter anderen der englische Yoga-Schriftsteller Paul Brunton und Heinrich Zimmer Jung nahe, Ramana Maharshi zu besuchen. Später schrieb Jung zu H.Zimmers Buch „Der Weg zum Selbst. Lehre und Leben des indischen Heiligen Sri Ramana Maharshi aus Tiruvannamalei“ eine Einführung und gestand darin: „Ich konnte mich trotz der Einmaligkeit und Unwiederholbarkeit dieses zweifellos bedeutenden Menschen nicht dazu aufraffen, ihn persönlich zu sehen.“ Und als Begründung: „Ich zweifle nämlich an seiner Einmaligkeit, er ist ein Typus, der war und sein wird“.[20]

Ganz ohne Zweifel an seinem Entschluß war er aber nicht, denn kurz darauf schreibt er: „Wahrscheinlich hätte ich Sri Ramana doch besuchen sollen."

Hätte er Ramana besucht und gefragt, was das wahre Selbst sei, hätte er vielleicht zur Antwort bekommen: „Das wahre Selbst liegt jenseits des Verstandes, es ist unendlich, göttlich, ewig. Einige nennen es das Reich des Himmels, andere Seele oder Nirwana. Wir Hindus nennen es ‚Befreiung' ... Wer dies erreicht hat, hat sich nicht verloren, sondern gefunden" (Ramana). Die Frage stellt sich nun nicht, ob er diese Antwort verstanden hätte. Das nämlich hätte er sicherlich nicht, weil sie gar nicht zu verstehen ist. Die Frage ist vielmehr, ob er nicht diesem Erleuchteten gegenüber gespürt oder erlebt hätte, daß er nicht irgendeinen ‚Typus', sondern den Archetypus ‚Mensch' im Körper eines Hindus vor sich hatte. Nach dem, was ich von C.G. Jung durch das Studium seiner Werke zu wissen meine, vermute ich jedoch, daß er das, wenn nicht gewußt, so doch ganz sicher geahnt hat. Bei einem Genie dieser Größe, einem so scharfen Beobachter, einem Arzt mit einer seinen Kollegen geradezu Angst machenden sicheren Intuition (Gerhard Wehr) kann das nicht anders sein.

Die Beschränkung, die sich C.G.Jung selbst auferlegt hat, wird in seinem Vorwort zu Daisetz Teitaro Suzukis Einführung in den Zen-Buddhismus "Die große Befreiung„ deutlich. Jung zitiert zunächst aus der Predigt (32) Meister Eckharts über die Seligkeit der Armen im Geiste. Dort heißt es: „In dem Durchbrechen aber, (...) da bin ich über allen Kreaturen und bin weder ‚Gott' noch Kreatur, bin vielmehr, was ich war und was ich bleiben werde jetzt und immerfort (...). Denn mir wird in diesem Durchbrechen zuteil, daß ich und Gott eins sind (...). Der Mensch erringt mit dieser Armut, was er ewig gewesen ist und immerfort bleiben wird."

C.G.Jung kommentiert: „Der Meister schildert hier wohl ein Satori- Erlebnis, eine Ablösung des Ich durch das Selbst, welchem ‚Buddha-Natur', also göttliche Universalität zukommt. Da ich hiermit - aus wissenschaftlicher Selbstbescheidung - keine metaphysische Aussage mir anmaße, sondern eine erfahrbare Bewußtseinsveränderung meine, so behandle ich das Satori zunächst als psychologisches Problem."[21]

Bei diesem ‚zunächst' ist Jung aber geblieben, die Psyche galt ihm als ‚Wirklichkeit'. ‚Wirklichkeit', ‚Wahrheit' behandelt er lediglich als ‚psychologisches Problem', was sie aber nicht ist! Ein Satori, ein Durchbruch nach oben, in das, was wir heute Überbewußtsein nennen, betrachtet er als Durchbruch nach unten, in das kollektiv Unbewußte.

Wenige Zeilen später gibt Meister Eckhart in der gleichen Predigt die Antwort: „Wer diese Rede nicht versteht, der bekümmere sein Herz nicht damit. Denn solange der Mensch der Wahrheit nicht gleicht, solange wird er diese Rede nicht verstehen. Denn es ist eine unverhüllte Wahrheit, die da gekommen ist aus dem Herzen Gottes unmittelbar."

Welcher ‚vernunftbegabte' Mensch geht denn so nahe an ein Feuer - einen Weltüberwinder - in dem er (das heißt seine Identität) vernichtet werden könnte? Er würde ja so sein ‚Mensch-sein' verlieren. Unser Wort ‚Mensch' stammt aus dem Altindischen ‚manu', und das bedeutet ‚nachdenken'. Und dennoch ist es „Menschlich, über das Menschsein hinauszugehen" (Bhagwan/Osho).

Carl Gustav Jung, den seine Arbeit mit Menschen aller Rassen zu der Einsicht brachte: „anima naturaliter christianum est" (die Seele aller Menschen ist christlich), hätte wohl auch vermieden, dem Archetypus Christus nahezukommen. Denn auch Christus ist ‚Der Mensch'. Jung selbst vergleicht Christus mit Buddha. „Auch Christus ist - wie Buddha - eine Verkörperung des Selbst ...Beide sind Weltüberwinder ..."[22] Und das bedeutet, eben die Gesetzmäßigkeit der ‚Welt', also sogar noch die erste Dualität hinter sich gelassen zu haben.

Wie sensibel C.G.Jung gegenüber ‚Größerem' war, belegt er selbst mit diesen Worten: „Ich bin in meinem Leben viel gereist und wäre gern nach Rom gegangen, aber ich fühlte mich dem Eindruck dieser Stadt nicht gewachsen. ... Als ich 1949 ... das Versäumte nachholen wollte, erlitt ich eine Ohnmacht beim Einkauf der Fahrkarte. Danach wurde der Plan einer Romfahrt ein für allemal ad acta gelegt."[23]

Kurz vor seinem Tod soll Carl Gustav Jung in einem Interview gesagt haben: „Wir brauchen ein tieferes Verständnis der menschlichen Natur, weil die einzige Gefahr der Mensch selber ist ... wir wissen nichts vom Menschen.“

Es ist an der Zeit, mehr über unsere Natur zu wissen. Und es darf nicht beim bloßen Verstehen bleiben! Dieses Buch will einen Beitrag dazu leisten.

Und jetzt führen Sie bitte das ‚Experiment‘ durch, das ich Ihnen am Anfang des Kapitels vorgeschlagen habe. Das heißt, lassen Sie sich ‚erfahren‘, was Ihnen jetzt die Worte Sri Nisargadattas bringen:

> „Der wahre Suchende ist der, der auf der Suche nach sich selbst ist. Gib alle Fragen auf - außer der einen: „WER BIN ICH?“ Schließlich bist du dir nur einer Tatsache gewiß: DU BIST! Das ‚ICH BIN‘ ist sicher, das ‚ICH BIN DIES (ODER) DAS‘ ist es nicht. Bemühe dich herauszufinden, wer du in Wirklichkeit bist.
>
> Um zu wissen, wer du bist, mußt du zunächst untersuchen und kennen, was du *nicht* bist. Entdecke alles, was du nicht bist: Körper, Gefühle, Gedanken, Zeit, Raum, dies und das. Nichts, was du konkret oder abstrakt wahrnimmst, kannst du sein. Eben dieser Vorgang der Wahrnehmung zeigt, daß du nicht bist, was du wahrnimmst.
>
> Je genauer du verstehst, daß du auf der Ebene des Verstandes nur in negativen Begriffen beschrieben werden kannst, umso rascher wirst du zum Ende deiner Suche kommen und erkennen, daß du das unbegrenzte Sein bist.“

Zum Schluß will ich Ihnen noch vermitteln: Es ist gut, daß wir nicht *wissen* können, wer wir sind! Wenn wir das nämlich könnten, wären wir wie Dinge, wie Gegenstände. Wie diese wären wir begrenzt.

Wer wir eigentlich sind, ist die Wirklichkeit selbst: unbegrenzt, zeitlos, ewig.

Und es ist gewiß menschlich, über das Menschliche hinaus zu gehen und unsere wahre Natur zu finden. Die können wir zwar nicht kennen und denken, aber wir können sie *sein und leben!*

Quellennachweise

1 Sri Nisargadatta Maharaj; Ich Bin. Bielefeld (Context) 1989 S.44

2 ebenda; Lesezeichen des Verlages im Buch.

3 Ken Wilber; Spektrum des Bewußtseins. Bern/München/Wien (Scherz) 1987 S.16ff.

4 zit. bei K.O. Schmidt; In Dir ist das Licht. München (Drei- Eichen) 1959 S.91

5 Lazaris; Die Lazaris-Botschaft. München (Goldmann) 1990 S.50

6 ebenda; S.43

7 Jean Gebser; Ursprung und Gegenwart. Schaffhausen (Novalis) 1978 Bd.III S.491

8 ebenda; S.688

9 C.G. Jung; GW Bd.9/II S.18

10 Ken Wilber: Das Spektrum des Bewußtseins. Bern/München/ Wien (Scherz) 1987, S.237

11 Norman O. Brown; zit. bei Ken Wilber 1987 S.138

12 Francesca Freemantle/Chögyam Trungpa; Das Totenbuch der Tibeter. Düsseldorf/Köln (Diederichs) 1975 S.106

13 Bhagwan Shree Rajneesh/Osho; TAO The Three Treasures Vol.2, Poona 1976 p.242

14 C.G. Jung: GW Bd.9/1 S. 31

15 Mircea Eliade; Schamanismus und archaische Ekstasetechniken. Frankfurt (Suhrkamp) 1975 S.375

16 C.G. Jung: GW Bd. 9/1 S. 305-7

17 Nisargadatta a.a.O. S.137f.

18 Zürich/Stuttgart 1969, S.16

19 zit. in: Hellmuth Hecker; Nisargadatta - Ein indischer Mystiker des 20.Jahrhunderts. Wien 1988, S.178

20 Zürich 1944, o.S.

21 a.a.O. S.17

22 C.G.Jung; Erinnerungen, Träume, Gedanken. hrsg. von Aniela Jaffé. Zürich/Stuttgart 1963, S.283

23 ebenda; S.291f.

FRAGE IV

Was redet ständig in uns?

Über die inneren Stimmen

Wer Bestimmung hat, hört die Stimme des Innern. Denn Bestimmung haben heißt im Ursinn: von einer Stimme angesprochen sein.

- C.G. Jung

Letzte Nacht hat mir eine Stimme zugeflüstert: „So etwas wie eine Stimme, die nachts flüstert, gibt es nicht!“

- Haidar Ansari

Vor vierzig Jahren hielt Thornton Wilder einmal einen Vortrag in München. Ich erinnere mich nur noch an einen seiner Sätze: „Finde Deine eigene Stimme!“ Er sprach damals zu Menschen, die schreiben wollten, Schriftsteller werden wollten. Natürlich meinte er den eigenen Stil, die Ausdrucksweise, die jeder Mensch für sich finden sollte. Aber wie ist das mit der Stimme oder den Stimmen, die in uns reden? Die brauchen wir ja nicht zu finden; die hören wir ja ständig, innen. Wer sich jetzt fragt, was für eine Stimme ich meine, hört seine Stimme, die fragt: „Was für eine Stimme meint denn der?“

Nun kann Stimmenhören auch ein Zeichen einer psychischen Erkrankung sein. Die interessiert uns hier aber nicht, sondern wir wollen die üblichen und auch möglichen Stimmen kennenlernen.

Zum Einstimmen auf das, was für uns möglich ist, lesen Sie, was C.G. Jung über Bestimmung gesagt hat:

> „Wer Bestimmung hat, hört die Stimme des Innern (sic!). Denn Bestimmung haben heißt im Ursinn: von einer Stimme angesprochen sein ... Die Bestimmung oder das Bestimmungsgefühl ist durchaus nicht der besondere Vorzug der großen Persönlichkeiten, sondern genau so der kleinen und kleinsten; nur wird es mit abnehmender Größe schleierhafter und unbewußter. Es ist, wie wenn die Stimme des inneren Daimons ferner und ferner rückte und seltener und unbedeutender spreche. Je kleiner nämlich die Persönlichkeit, desto unbestimmter und unbewußter wird sie, und schließlich verschwindet sie ununterschieden mit der Sozietät (je mehr einer zum passiven Teil der Masse wird), dadurch der eigenen Ganzheit sich ganz begebend und sich dafür im Ganzen der Gruppe auflösend ...“

Der dänische Polarforscher und Anthropologe Knud Rasmussen (1879-1933) hat berichtet, was ihm der Eskimo-Schamane Najagneq erzählte:

> „Es gibt ein höchstes Selbst, das ‚der Bewohner‘ oder ‚die Seele des Universums‘ ist. Wir wissen von ihm nichts weiter, als daß er eine sanfte Stimme hat wie eine Frau, eine Stimme so klar und sanft, daß nicht einmal Kinder vor ihr Furcht empfinden können. Und diese Stimme sagt: Habe keine Angst vor dem Universum!“

Und, auch zum Einstimmen, noch zwei Stimmen. Johann Gottlieb Fichte (1762-1814), der Philosoph und erste Rektor der Berliner Universität:

> „Die Stimme des Inneren gebietet mir in jeder besonderen Lage meines Daseins, was ich zu tun oder zu meiden habe; sie begleitet mich, wenn ich nur aufmerksam auf sie höre, durch alle Begebenheiten meines Lebens ...."

Und Goethe (1749-1832):

> „Ganz leise spricht ein Gott in meiner Brust, ganz leise, ganz vernehmlich, zeigt uns an, was zu ergreifen ist und was zu flieh'n."

Im Chor derer, die diese innere Stimme hören, darf Sokrates (470-399 v. Chr.) nicht fehlen. Schon seinem Vater wurde vom Orakel - also von Priestern, die die Gabe der Menschenkenntnis und Hellsichtigkeit besaßen - geraten, seinen Sohn dessen innerer Stimme folgen zu lassen, die ihm ein Führer sei, „besser als tausend Lehrer." Eben weil Sokrates diese Stimme hörte, hat ihn ein späteres Orakel den „weisesten aller Menschen" genannt. Oft sprach er von seinem Daimonion und sagte, das sei Gottes Stimme im Herzen und käme von der Gottheit, die in jedem Menschen als Gottesfunke wirkt. Für Sokrates konnte diese Stimme so deutlich werden, daß er für Worte von draußen unempfänglich wurde. Mitten im Gespräch wurde er oft still, um nach innen zu horchen. Hinterher entschuldigte er dann sein Schweigen: „Mein Daimon hat mich an etwas erinnert". Immer wenn er etwas Falsches sagen oder tun wollte, hörte er die Stimme. Und wenn sein Daimonion still blieb, wußte er, daß er keinen Fehler machte. Sokrates wußte, daß die Gottesstimme im Herzen von jedem Menschen gehört werden kann, der ein reines Gemüt und echte Frömmigkeit besitzt.

Ganz ähnlich Plutarch (50-125 n. Chr.), der griechische Philosoph und Historiker, der selber Priester in Delphi war. Auch er wußte: die innere Stimme wird für den Menschen „nur vernehmbar, wenn er von keinen Begierden und Leidenschaften beunruhigt wird." Er nannte ausdrücklich Sokrates, welcher schon von Kindheit an seine innere Stimme hörte und meint, „weil er von der die meisten beherrschenden Unruhe und inneren Disharmonie frei war".

Jetzt aber zu der oder den Stimmen, die wir üblicherweise alle innen hören. Die meisten Menschen meinen, sie selber wären diese innere Stimme. Dieser Dauerkommentator bin ich selbst, glauben die meisten. Das stimmt nicht! Alles, was wir üblicherweise in uns hören, sind Bandaufzeichnungen. Dieser dauernde innere Kommentar ist bereits auf Band und wird abgespielt, wenn die Gelegenheit paßt. Und: es ist nicht nur eine Stimme! Unsere Maschine Verstand erzeugt auch die Illusion von Zwiegesprächen, von Dialogen, von Terzetten, Quartetten, Quintetten, Sextetten und so weiter. Ich werde bald verraten, wieviele es - nach letzten Forschungsergebnissen - in uns werden können.

Der jetzt aufkommende Einwand: „Das ist doch Quatsch! - Ich habe völlig freie Wahl!“, ist falsch. Auch dieses: „Das ist doch Quatsch!“, kommt vom Band. Auch wenn wir meinen, wir hätten volle Kontrolle über die inneren Stimmen - ist das nur wieder der Kommentator in uns.

Um dieser Stimme einen brauchbaren Namen zu geben, nenne ich diesen Dauerkommentator Überstimme.

Innerhalb des Verstandes gibt es keine wirkliche Neuschöpfung. Kreativität geschieht nur außerhalb vom Verstand, aus dem ‚Nichts‘. Alles, was aus unserem Verstand und aus unserem Gefühl stammt, ist Reaktion. Wir reagieren lediglich, und natürlich reagieren wir mit etwas schon Bekanntem, also vorher Aufgezeichnetem, Gespeichertem.

Seit wir uns mit der Überstimme, dieser Verbalisation des Verstandes identifiziert haben, haben wir uns selber aufgegeben, und das schon sehr lange - seit dem sogenannten ‚Sündenfall‘. Wir hören auf diese Stimmen in uns. Und seither kommandieren sie uns herum. Sie haben unsere Maschine Verstand programmiert und machen mit uns, was sie wollen. Wir sind aber immer ‚nur‘ der oder die Hörende. Wir sind die Instanz, die das hört.

Wer auf seine eigene Stimme innen aufmerksam wird, hört sie ständig urteilen, bewerten, kritisieren, Einwürfe machen, üben, proben. Hört grundlose Auseinandersetzungen, massiv vorgetragene Überzeugungen, das Ausmalen von Situationen. Übrigens fast immer negativ: „es wird ihm/ihr doch nichts passiert sein?“ - „hoffentlich ist er/sie nicht unter die Räder gekommen!“ und so fort. Die Stimmen malen uns aus, was „ich das nächste Mal sagen werde, dem gebe ich‘s aber!“ Dauernd sind Vorstellungen da, Meinungen, Erwartungen, Befürchtungen.

Wer ein bißchen wacher wird, läßt das alles auch geschehen. Wir machen uns ja auch keine Sorgen wegen unserer Blutzirkulation. Und so wie das Blut in unserem Körper dauernd zirkuliert - ein rotes Blutkörperchen ist rund eine Minute, nachdem es das Herz verlassen hat, dort wieder angelangt - so zirkulieren dauernd (und wie wir merken, ebenfalls sehr schnell) Gedanken in der Maschine Verstand. Das ist ein ständiges Proben und Üben, ganz im Sinne des Auftrages, den der Verstand hat: unser Überleben zu sichern. Er muß immer ‚einsatzbereit' sein. Deshalb entwickelt er berufsmäßig auch ständig Vor-Sicht. Deshalb ist er die ‚eigentliche Angststätte' (Freud). Wir, identifiziert mit unserem Verstand, welcher ständig Angst hat, daß Angst eintreten könnte, sind daher immer etwas ängstlich. Das sind seine ‚Hausaufgaben', wenn man so will. Die Stimmen, die Gedanken, auch die Gefühle sind so etwas wie das Arbeitsgeräusch dieser riesigen Maschine Verstand - Verstand hier als Bezeichnung für das, was zwischen Körper und Geist in uns zu finden ist, also sowohl die intellektuellen Fähigkeiten im Kopf als auch die emotionalen Fähigkeiten in der Brustregion.

Immerhin beherbergt unsere Hirnrinde, nur 3 mm dick, rund 12 Milliarden kleine graue Nervenzellen. Und beide Hälften unseres Hirns, die linke und die rechte, sind miteinander durch mehr als 200 Millionen Nervenfasern verkabelt. Das ergibt einen ungeheuren Reichtum von Schaltmöglichkeiten. Irgendjemand hat behauptet, in jedem Kopf wäre die gleiche Anzahl von Schaltkombinationen möglich, wie es Atome im ganzen Weltall gibt. Einem so riesigen Mechanismus sollten wir erlauben, ein gewisses Arbeitsgeräusch zu machen. „Es gibt wirklich im Bereich des physisch Wahrnehmbaren nichts, was so kompliziert ist wie die menschliche Natur; sie ist das Allerkomplizierteste, was sich überhaupt in der Welt findet."[1]

Wer lernt, den eigenen Stimmen richtig, also bewußt, zuzuhören, merkt, daß es manchmal Stimmen von Menschen sind, die wir kennen oder gekannt haben. Manchmal kann man Dialekte hören, die der Eltern zum Beispiel. Denn von den Eltern stammen die ersten Aufzeichnungen in unserem Speicher. Dabei muß es nicht genau das sein, was Eltern oder Lehrer oder andere Menschen früh in unserem Leben gesagt haben; manchmal ist es sogar das Gegenteil von dem. Das ist dann der Fall, wenn wir immer dem genau widersprochen haben, was uns gesagt worden ist.

Wir haben uns der Überlebensmaschine Verstand total ausgeliefert. Und seither steuern diese Stimmen uns und unser Leben. Deshalb ist das Zusammenleben von Einzelmenschen wie von Völkern so schwierig. Ich empfehle dem Leser, in sich zu horchen, wenn er seine Meinung über die Nachbarn, die Amerikaner, die Russen, die Israelis, die Schwarzen, die Chinesen, die Preußen und die Bayern abruft.

Solange man einfach den Anordnungen der Überstimme folgt, ist das Leben nichts als ein Vorgang, welcher allein von den Reizen gesteuert wird. Wir sind dann eine Reiz-Reaktions-Maschine. Mit Recht wird gesagt, daß das Leben ein Traum ist, ein Schlaf, eine Illusion, Maya: weil wir fremdbestimmt sind, weil wir nicht Herr/Chefin im eigenen Haus sind! Wir können die Stimme auch nicht anhalten. Wenn jemand meint, er wäre Chef oder Chefin im eigenen Haus, dann sollte er doch jetzt mal die Stimmen anhalten! Machen Sie das mal! Halten Sie einfach die Stimmen innen an. Ich zähle bis drei, und dann halten Sie Ihre Stimmen an: Achtung: 1-2-3.

Da haben Sie den Beweis, daß Sie fremdbestimmt sind - von einer Maschine in Ihnen, die Sie *nicht abstellen* können.

Noch einen Einblick in die Raffinesse des Verstandes will ich Ihnen bieten: Zuerst trennt er Dinge und spielt dann Verstecken. Wenn jemand sagt: „Ich habe meinen Verstand satt!“ - was geschieht da eigentlich? Wer ist das, der das sagt? Auch das ist nur ein anderer Teil vom Verstand. Unser Verstand ist raffiniert. Die Sufis, die Mystiker des Islam, nennen ihn nicht umsonst ‚Satan‘. Ich habe aus Erlebnissen, die ich hatte, dreißig Jahre lang nach ‚dem Bösen‘ gesucht: es ist unser Verstand! Es gibt keinen Teufel draußen. Hier ist eine Kostprobe aus einem Buch[2], auf das ich in Frage VIII (über Religion) näher eingehe. Jesus spricht: „Teufel und Dämonen sind des Menschen Werk und niemand anders als der Mensch allein kann das Feuer löschen und die Teufelsbrut verjagen.“ Einer, der sagt: „Ich habe meinen Verstand satt!“, hört nur wieder seinem Verstand zu. Der teilt und - ich sage es noch einmal - spielt dann Verstecken. Alle Versuchungen kommen von innen.

Alle Dialoge, alle Gespräche, alle Selbstgespräche, die wir führen, auch alle Konflikte, die wir in uns haben, sind hausgemacht. Unser Verstand stellt Probleme her und versucht sie dann zu lösen - ein endloses Arbeitsbeschaffungsprogramm. Wer auf seinen eigenen

Verstand hört und sagt: „Ich habe meinen Verstand satt!“, wer also auf ihn eingeht, stärkt ihn von der anderen Seite. Wer mit ihm kämpft, läßt ihn immer wilder werden. Der wichtigste Satz in meiner therapeutischen Arbeit lautet: „Was Du hast und nicht haben willst, wird schlimmer!“

Was man lernen kann, ist: nicht auf den Verstand einzugehen, ihm unbeteiligt zuzuhören. Wer Gedanken, die da sind, nicht haben will, gibt ihnen durch Abwehr mehr Energie. Das Ergebnis wird sein, daß sie immer drängender werden. Das einfache Zuhören, das Gewährenlassen gelingt am besten, wenn man eine Plattform, einen Stand gefunden hat, von dem aus man zuhört, was der Kopf so liefert. *Wir sind nicht unser Verstand, sondern die Instanz, die ihn sprechen hört.* Dies ist ein wichtiger Punkt, darum gehe ich noch einmal auf ihn ein. Wer sich fragt: „Wer hat den Verstand satt?“ ist gefangen! Das wird wieder ein neues Spiel, wird wieder eine Täuschung, diesmal jedoch noch raffinierter. Denn es ist der Verstand, welcher die Frage stellt. Wie sagt Mephisto im Faust? „Den Teufel spürt das Völkchen nie, und wenn er es beim Kragen hätte“. Der hat uns nicht nur beim Kragen, sondern sitzt auch in unserem Verstand! Unter seiner Führung betreiben wir Philosophie und sind ‚logisch‘.

Das Haarsträubende der Logik illustriert eine Geschichte, die Bhagwan/Osho einmal erzählt hat:

Ein magerer, kleiner Mann im grauen Anzug mit Schlips und Kragen geht ganz vorsichtig, fast auf Zehenspitzen, auf einer belebten Straße. Ab und zu bleibt er stehen und streut ein weißes Pulver aus einer Tüte auf den Fußweg. Die Menschen wundern sich und bleiben stehen. Nach einer Weile ist der Mann von einer großen Menge umringt. Schließlich kommt ein Polizist dazu und fragt ihn, was er da mache. „Was haben sie in der Tüte?“ „Woffel-Staub!“ „Was ist denn das?“ „Woffel-Staub ist meine eigene Erfindung“, sagt der Mann. „Das ist gegen Giftschlangen, Tiger und Elefanten.“ „Aber hier gibt‘s keine Schlangen, keine Tiger und keine Elefanten!“ „Ich weiß“, sagt der kleine Mann, „das Zeug wirkt verdammt gut!“ Logik will immer folgerichtig sein - das Leben aber ist nicht folgerichtig.

Ich habe meinen Verstand und den von vielen anderen Menschen lange Zeit beobachtet und herausgefunden, was sein letzter, versteckter Trick ist. Das gilt für meinen Verstand und für den jedes Menschen, einschließlich des Ihrigen. Der letzte Trick, den der Verstand anwendet, ist: „Das gilt nicht für mich!“

Wenn Ihnen nichts weiter klar wird als das Wissen um diesen Trick des Verstandes, dann wissen Sie schon genug.

Was tut nun jemand, der seinem Verstand auf die Schliche gekommen ist? Er wird ihn einfach nur beobachten. Es gibt eine schöne Meditationsform, bei der man still wird und sich innen - wenn das Denken wieder beginnt - einfach nur sagt: „Gedanke“. Sehr brauchbar ist auch die buddhistische Methode des Etikettierens. Dabei sortiert man alle aufkommenden Gedanken in eine von drei Kategorien: Vergangenheit, Zukunft - Unsinn. Man schließt sich nicht einer Seite der inneren Argumentation an, sondern beobachtet einfach weiter. Natürlich strengt das etwas an, denn der Verstand drängt: „Tu was! Sei entweder für diese oder die andere Seite, aber um Himmels willen, tu was!“ Der Weg aus der Identifizierung mit dem Verstand ist das Weiter-Beobachten, das Bezeugen. Wenn man das lange genug getan hat, wird das innere Geschwätz immer weniger und stiller und leiser. Es ist möglich, daß es eines Tages ganz wegbleibt.

Wir meinen, ‚wir‘ würden innen sprechen, dabei hören wir nur dem Verstand zu, also der Instanz, die wir ‚Ich‘ nennen. Aber es ist immer nur die Überstimme, immer nur der Verstand, der da spricht - und wir sind nicht unser Verstand. Wir sind diejenige/derjenige, die/der das hört. Wir sind das Bewußtsein, welches das bemerkt.

Es ist ja nicht nur eine Stimme in uns, die spricht. Ein Gespräch, auch ein Selbstgespräch, braucht mindestens zwei Partner. Und innen sind wir nicht nur einer, auch nicht nur zwei, innen sind wir mehrere, viele! Die Nachfolger von Eric Berne haben inzwischen schon dreizehn ‚Ichs‘ in uns gefunden.

Ich gehe jetzt näher auf unser „Selbst als Gruppe“ ein, wie das neuere Psychologen genannt haben.

Zunächst aber ein sehr brauchbares Bild vom gewöhnlichen Menschen, also von uns. Es stammt von Gurdjieff (1866-1949), der vielleicht etwas voreilig der „seltsamste Mensch des Jahrhunderts“ genannt worden ist:

Ein Spaziergänger kommt an einem schönen Haus vorbei. Weil das Haus und der Garten dem Spaziergänger sehr gut gefallen, klingelt er, um den Hausherrn kennenzulernen. Auf sein Klingeln kommt jemand aus dem Haus und sagt, er sei der Hausherr. Der Spaziergänger unterhält sich eine Weile mit ihm. Am nächsten Tag klingelt der Spaziergänger wieder, weil er sich gern noch ein bißchen weiter unterhalten will. Diesmal kommt jemand anderer aus dem Haus und behauptet, er sei der Hausherr. Und so geht es bei jedem neuen Besuch: jedesmal kommt ein anderer aus dem Haus. In Wirklichkeit sind alle, die aus dem Haus kommen, Diener. Und warum kommt der wirkliche Hausherr nicht? Weil er schläft! Wenn der Hausherr aufwacht und herauskommt, werden die Diener zu dem, was sie sind: zu Dienern. Vorher hält sich jeder Diener für den Hausherren. So macht es das Ego immer: es meint, es sei der Hausherr, das Ganze. Sogar jeder einzelne Einfall meint das, wenn er gerade hochkommt. Weil wir uns immer sogleich mit ihm identifizieren. Und jedesmal glauben wir, wir hätten das Ganze.

Eric Berne (1910-1970), auf den das Konzept der Transaktionsanalyse zurückgeht, schilderte einmal die uns allen gemeinsamen Transaktionen zwischen unseren jeweiligen Ich-Zuständen (Eltern-, Erwachsenen-, Kindheits-Ich-Zustand etc.) in einer Auseinandersetzung zwischen einer Mutter und ihrer Tochter: [3]

Aminta ist die Mutter und Mab die Tochter. Beide haben sich schon lange gegenseitig so nervös gemacht, daß Mab am Wochenende einfach wegfährt und eine Freundin in einer anderen Stadt besucht. Die Mutter telefoniert lange herum und erwischt Mab schließlich. „Wenn du bis Sonntagmorgen nicht zuhause bist, brauchst du überhaupt nicht mehr wiederzukommen!“ Also kommt Mab am Sonntagabend nach Hause. An der Tür läßt sie die Mutter nicht ins Haus und sagt ihr, sie müsse selber eine Bleibe finden. Mab bleibt über Nacht bei einer Freundin in der Nähe. Am Montag früh ruft die Mutter dort an und verzeiht ihr.

Das alles erzählt Mab ihrem Therapeuten Dr. K., zusammen mit anderen Beispielen für die Inkonsequenz ihrer Mutter. Weil ihm manches unklar bleibt, beschließt Dr. K., beide - die Tochter und die Mutter - zusammen zu sprechen. Er will herausfinden, was wirklich zwischen beiden vor sich geht.

Gleich nachdem sich alle gesetzt haben, kommt Aminta mit einem starken Eltern-Ich und kritisiert Mab äußerst rechthaberisch für deren

Schludrigkeit und anderes, was zwischen Müttern und ihren 18-jährigen Töchtern nicht selten diskutiert wird. Während dieser Schilderung sitzt Mab zunächst da und lächelt fein, als ob sie sagen würde: „Schon wieder die alte Leier!“ Dann wendet sie sich etwas ab, wie um zu sagen: „Ich halte das nicht mehr aus!“. Danach starrt sie zur Zimmerdecke, als ob sie sagen wolle: „Ist denn niemand da oben, der mich da rausholt?“ Aminta beachtet Mabs Reaktionen nicht, sondern fährt in ihrer Tirade fort.

Als die erschöpft ist, verändert Aminta ihren Ton und fängt an, über die schwere Last zu sprechen, die sie hat. Nicht kindlich weinerlich, sondern in einer realistischen Erwachsenen-Bewertung ihrer Eheprobleme, die Dr. K. gut kennt. Jetzt dreht sich Mab um und betrachtet ihre Mutter mit einem völlig neuen Gesichtsausdruck, der sagt: „Die ist ja doch ein richtiger Mensch!“

Dr. K. ist, als Aminta weiter redet, aufgrund seiner detaillierten Kenntnis von ihr in der Lage, jede Umschaltung von einem ihrer Ego-Zustände in einen anderen festzustellen. Sie geht durch die gleiche Abfolge wie damals, als sie ihre Tochter aussperrte. Zuerst mit ihrem wütendem Vater-Eltern-Ich (bei Mabs Aussperrung), dann nachgebend, als ihr sanftes Mutter-Eltern-Ich einsprang (weil sie sich Sorgen über ‚ihr kleines Mädchen‘ machte, das ohne Platz für ihr müdes Köpfchen durch die Stadt irrte). Dem Erwachsenen-Ich folgt hilfloses Kinder-Ich und danach wieder wütendes Vater-Erwachsenen-Ich.

Jedesmal kommt jemand anderer aus dem Haus und spielt den Hausherrn!

Berne hat das auch optisch klar gemacht und das Umherwandern durch die verschiedenen Ich-Zustände als Linie gezeichnet, die vom Vater-Eltern-Ich zum Mutter-Eltern-Ich verläuft, dann herunter zum Erwachsenen-Ich, danach zum Kinder-Ich, um schließlich wieder zum Vater-Erwachsenen-Ich zurückzukehren. Deshalb nennt er die Geschichte einen PAC-Trip (parent-adult-child-trip) durch die Psyche. Was repräsentiert diese Linie, die durch all diese verschiedenen Ich-Zustände wandert? Sie repräsentiert Amintas Selbstgefühl. Ihr Gefühl, das nicht nur in *einem* Ich-Zustand bleibt, sondern sich frei von einem Ich-Zustand zu einem anderen bewegt - Berne nennt das „free cathexis“. Den Ausdruck „Kathexis“ hat Freud in seiner Psychoanalyse gebraucht. Das Wort kommt aus dem Griechischen und bedeutet „das Festhalten“, bei Freud auch „Besetzungsenergie“ - also eine psychische Energie, die auf eine Person, ein Objekt, das eigene Ich oder eine Wunschvorstellung fixiert wird.

Wir - oder in diesem Beispiel Aminta - werden uns jedoch nicht bewußt, daß diese „Besetzungsenergie“ sich ständig „frei“ bewegt. Aminta weiß nicht, daß „sie“ sich ändert oder daß ihr Verhalten sich von Augenblick zu Augenblick ändert. Warum ist das so? Für sie bleibt das Gefühl „das bin ich wirklich, ich bin so!“ die ganze Zeit über. Mit anderen Worten, sie identifiziert sich mit jedem neuen Zustand in ihrem Inneren so „selbstverständlich“, daß sie selber den Übergang überhaupt nicht bemerkt. Und so sind wir alle!

Wenn wir also sagen, daß Aminta von einem Ich-Zustand zum anderen geht, dann ist es ihre freie Kathexis, die das tut, die das ständige Gefühl „das bin ich“ mit sich führt. Für „sie selbst“ war sie die ganze Zeit die gleiche konsequente Person. Wundert es noch, wenn östliche Psychologie den Verstand immer für verrückt hält?

Für andere (von draußen gesehen) ist es, als ob mehrere verschiedene Menschen in Aminta vorhanden wären, die nacheinander aus ihr sprächen - zum Beispiel als sich Mab wundert: „Die ist ja doch ein richtiger Mensch!“

Wenn es möglich ist, Mutter und Tochter deren eigene Ich-Zustände durchschaubar zu machen, ist es nicht mehr schwer, ihre Situation zu klären, damit sie besser miteinander auskommen. Natürlich sind es nicht nur das Sprechen oder die Stimmen, die aus den verschiedenen Ich-Zuständen kommen, das gilt auch für Bewegungen und Mimik. Bekanntlich ‚sprechen‘ wir auch mit dem Körper.

Eric Berne war noch der Meinung: „Alle deine Entscheidungen werden von vier bis fünf Leuten in deinem Kopf getroffen, deren Stimme du überhören kannst, wenn du zu stolz bist, ihnen zuzuhören. Aber sobald du dir die Mühe machst, zuzuhören, werden sie wieder dasein.“

Es geht mir hier nicht darum, die Transaktions-Analyse zu analysieren. Bei allem Respekt für die Pionierarbeit Bernes sei aber ein Einwand gestattet: In der TA passiert es leicht, die Botschaften z.B. der Eltern als Ursache für das eigenen Verhalten anzusehen und dabei die Eigenverantwortung und -entscheidung des Empfängers zu übersehen. Aber hier geht es nicht um die Kritik an einer Methode, sondern darum, zu zeigen, ‚wie viele wir in uns sind'. Wir sind nicht nur ‚einfach' ich. Es gibt ein Gedicht von Kahlil Gibran: „Die Sieben Selbste". Noch genauer hat Hermann Hesse seinen „Steppenwolf" beschrieben: „Denn kein einziger Mensch, auch nicht der primitive Neger, auch nicht der Idiot ist so angenehm einfach, daß sein Wesen sich als die Summe von nur zwei oder drei Hauptelementen erklären ließe; und gar einen so sehr differenzierten Menschen wie Harry (Harry Halder ist der Steppenwolf) mit der naiven Einteilung in Wolf und Mensch zu erklären, ist ein hoffnungslos kindlicher Versuch. Harry besteht nicht aus zwei Wesen, sondern aus hundert, aus tausenden. Sein Leben schwingt (wie jedes Menschen Leben) nicht bloß zwischen zwei Polen, etwa dem Trieb und dem Geist oder dem Heiligen und dem Wüstling, sondern es schwingt zwischen tausenden, zwischen unzählbaren Polpaaren."

Beim weiteren Beobachten haben die Nachfolger von Eric Berne insgesamt 13 Ich-Zustände, Ich-Teile gefunden. Und niemand kann garantieren, ob nicht noch mehr in uns zu finden sind.

Wenn jemand auf die Frage „Wer bist Du?" antwortet, „Was soll denn die Frage, ich bin ich", so könnte der mit dem gleichen Brustton der Überzeugung auch sagen: „Was willst Du eigentlich, ich bin dreizehn!".

Hören Sie noch einmal, was der ‚seltsamste Mensch des Jahrhunderts' - er war Arzt, Yogi, Zögling tibetanischer Klöster, Teppichhändler und russischer Geheimagent in Tibet - was Gurdjieff zum Thema zu sagen hat: „Der Mensch hat kein bleibendes und unvergängliches Ich. Jeder Gedanke, jede Stimmung, jede Begierde, jede Empfindung sagt *Ich!* ... Es gibt hunderte und tausende getrennter kleiner Ichs, die sich oft untereinander gar nicht kennen, nie zueinander in Beziehung treten oder sogar im Gegenteil gegeneinander feindlich eingestellt sind, da sie einander ausschließen und unvereinbar sind. Jede Minute, jeden Augenblick sagt oder denkt man *Ich*, und jedesmal ist dieses Ich verschieden. Gerade war es ein Gedanke, nun ist es eine Begierde, dann eine Empfindung, dann wieder ein Gedanke und so weiter ohne Ende. Der Mensch ist eine Vielheit. Sein Name ist Legion ... Nichts im Menschen kann diesen Wechsel von Ichs lenken, vor allem, weil er davon gar nichts weiß, es nicht bemerkt; er lebt immer im letzten Ich. Dies erklärt, warum Menschen so oft Entscheidungen treffen und sie so selten ausführen.“[4]

Alle ‚Ichs‘, alle Stimmen, die wir bis jetzt kennengelernt haben, stammen aus unserem Speicher, sind schon fertig in uns vorhanden und werden abgespielt, wenn uns von draußen Reize treffen. Alle diese Stimmen sind Reaktionen auf Reize.

Bevor ich auf die wirkliche ‚innere Stimme‘ komme, will ich wenigstens kurz andeuten, daß es Stimmen gibt, die wir in uns hören können, die aber *nicht* aus dem Speicher stammen und auch *nicht* unsere eigene innere Stimme sind.

Ich kenne eine ganze Reihe von Medien und Channels, die Kontakt mit nichtinkarnierten Menschen aufnehmen können, die sie entweder hören oder die sie durch sich selber sprechen lassen. Wie auf allen Gebieten, die man selber nicht beherrscht, ist es sinnvoll, mehrere dieser Medien aufzusuchen, um beurteilen zu können, welcher ‚Kanal‘ am reinsten arbeiten kann. Außerdem ermöglicht das Befragen mehrerer Medien eine Art Verifizierung ihrer ‚Durchsagen‘. Ich will es bei diesen Andeutungen bewenden lassen und nur noch einmal sagen, daß es auch solche legitime Stimmen gibt.

Auf die eigene, innere Stimme muß man lauschen und warten, wie im Gebet, meditativ. Solange die Stimmen noch kommen - und zumal, wenn sie laut sind - kommen sie aus der eigenen Speicherung. Die beobachtet man, wie darüberstehend, ohne Anteil zu nehmen, ohne sich zu identifizieren. Es wird eine Weile dauern, bis man den Abstand hergestellt hat, weil es auch Stimmen gibt, die außerordentlich zufrieden machen können. So geschehen in einem Kaffee auf der Leopoldstraße in Schwabing, wo ein Mann seinen Freunden erzählt: „Gestern abend habe ich meditiert, und mir ist ein Engel erschienen. Der hat mir gesagt: ‚Gott hat dich zum Propheten erwählt!‘“ Da fragt einer der Freunde: „Aber warum grad‘ Dich?“ Und der Mann: „Das hab‘ ich den Engel auch gefragt: ‚Warum ich?‘ Und dann hat der gesagt: ‚Weil Du so gottverdammt leichtgläubig bist!‘“

Eine Illustration zum Thema stammt vom Bhagwan/Osho, der das Folgende erzählt hat: Ein junger Mann sucht Arbeit. Um herauszubekommen, was er tun soll, entschließt er sich zu meditieren, bis er seine innere Stimme hört. Er setzt sich hin und meditiert so lange, bis er innen eine Stimme hört, die sagt: „Werde Schreiner!“ Also geht er zu einem Schreiner und wird tatsächlich eingestellt. Am ersten Tag zerbricht er eine Säge. Am zweiten schneidet er sich in die Hand, und am dritten bekommt er Sägemehl in die Augen und muß nach Hause gehen. In der Nacht sinniert er: „Da steckt eine Lehre drin, weil alles, was uns zustößt, zum Lernen da ist. Wenn ich nur hören könnte, was mir meine innere Stimme sagen will! Ich will weiter meditieren, dann werde ich es wissen.“ Und beim Meditieren sagt ihm eine neue Stimme: „Die Lehre ist: Du mußt an Deinen Vorsätzen festhalten! Führe durch, was Du Dir vorgenommen hast!“ Also geht der junge Mann am nächsten Tag wieder in die Werkstatt und ruiniert einen frisch gebeizten Schrank. Am Tag darauf bohrt er in einer Wand eine Wasserleitung an und verursacht eine Überschwemmung. Er bleibt aber guter Dinge und sagt zu sich selber: „Das ist alles zu meinem Besten, das ist eine Lehre, die mich wachsen läßt. Ich versuche es noch einmal, zuzuhören und zu verstehen.“ Beim Meditieren spricht eine andere Stimme zu ihm und sagt: „Die Lektion, die Du lernen sollst, ist: Du sollst Dich nicht gegen die Natur wenden. Wenn Deine Arbeit Dir nichts bringt, dann arbeite überhaupt nicht, weil die Natur Dich immer versorgen wird, wenn nur Dein Herz offen ist.“ Also spaziert der junge Mann am nächsten Tag durch den Wald und wartet, daß ihm die Vorsehung einen Tip gibt. Als er unter einem großen Baum geht, bricht plötzlich ein dicker Ast ab und trifft ihn so, daß er umfällt. Ein paar Minuten reibt er sich seine Beule, dann schaut er nach oben und spricht zum Himmel: „Ich verstehe das nicht. Ich bin dem Rat all meiner inneren Stimmen gefolgt und trotzdem ist alles schiefgegangen.“ Aber der Himmel gibt ihm keine Antwort. Da seufzt der junge Mann tief und denkt bei sich: „Ich gebe auf! Es kümmert mich nicht, was die Lehre ist. Von jetzt an werde ich genau das tun, was ich will und bestimmt nicht mehr auf irgendwelche Stimmen hören.“ Da sagt eine Stimme in ihm: „So! Das ist die Lehre!“

An dieser Stelle soll die Frau zu Wort kommen, die klarer und verständlicher über die innere Stimme berichtet hat als viele andere: Eileen Caddy, die Mitbegründerin des spirituellen Zentrum Findhorn an der Nordküste Schottlands.[5]

> „Es ist der innere Friede und die Stille, in der die Dinge geschehen, und es war in diesem Frieden und dieser Stille, daß ich Gottes Stimme zu hören anfing ... Alle können diese leise, kleine Stimme innen hören.

Versuchen Sie es. Seien Sie still und wissen Sie, daß das ICH BIN in Ihnen Gott ist. Horchen Sie - dann leben Sie danach. Es geht wirklich."

Eine (für Anfänger wichtig) ihrer inneren Stimmen sagt dies:

„Sei still und lausche. Ich verlange sonst nichts. Wenn Du still wirst, wirst Du vor allem leer, leer vom Alten und bereit, vom Neuen erfüllt zu werden. So lange Du Dir Mühe gibst und danach verlangst, bist Du weder frei noch leer und für das Neue ist kein Platz vorhanden ... Stille Dein Herz und Deinen Verstand. Stille Dein ganzes Wesen. Wieder sage ich Dir: ‚Warte auf mich!' Es ist gleichgültig, wie lange Du warten mußt; warte, bis Du meine leise, kleine Stimme hörst. Du kannst sie hören, wenn Du still wirst."

Und wieder mahnt ihre innere Stimme:

„Lerne auf den eigenen Füßen zu stehen und sei bereit, Dich mutig zu zeigen und die Konsequenzen auf Dich zu nehmen, ganz gleich, was sie sein werden. Wenn Du durch das Leben gehst und von jemand anderem abhängig bist und hoffst, daß er die Entscheidungen für Dich trifft, und Dich weigerst, auf Deinen eigenen Füßen zu stehen, wenn Du einen Fehler machst, wirst Du nirgendwohin kommen. Du mußt stark sein und guten Mut haben. Du mußt bereit sein, Fehler zu machen, zu wachsen und dabei zu lernen. Es braucht Mut und Stärke, das zu machen, aber ein Schwächling wird nirgendwohin kommen.

Vielleicht hört nicht jeder diese leise, ruhige Stimme so klar wie ich, aber warum probieren Sie nicht, was passiert, wenn Sie lernen, still zu werden und hinzuhören? Vielleicht hören Sie etwas, vielleicht wird Ihnen klar, was zu tun ist, vielleicht wissen Sie intuitiv, was getan werden muß. Solange Ihr es nicht versucht, werdet Ihr nie wissen, ob es funktioniert oder nicht. Seid geduldig, bleibt dran, haltet aus und wißt, daß Ihr belohnt werdet. Dann versucht, danach zu leben.

Stimme Dich täglich, minütlich auf mich ein. Achte darauf, daß keine Störung eintritt und der Kontakt stimmt. Achte darauf, daß Dein ‚Gerät' genau eingestellt ist, denn dieser Kontakt ist Dein Rettungsseil. Das ist für Dich so wichtig wie der Atem Deines Körpers, der das Leben ist. Du kannst Dich so leicht von mir trennen, wie Du ein Radio ausschalten kannst; aber denke daran - Du bist es, der es tut - gib die Schuld nie jemand anderem. Wenn Du nicht eingestimmt bist, schau nach innen und laß Dich sehen, was schief gegangen ist. Stell Dich besser ein und höre.

Nach und nach wirst Du in der Lage sein, dort weiterzumachen, wo Du aufgehört hast. Wenn Du das tust, wirst Du den großen Frieden und Freude finden, die Dich erfüllen, wenn Du wieder im Kontakt mit Deiner göttlichen Quelle bist. Es wird immer wichtiger, diesen nahen Kontakt mit mir zu halten. Danke ständig für alles, was geschieht, und sieh meine Hand in allem.“ [6]

Zeitgemäß hat auch der Lebenslehrer K.O. Schmidt (1904-1977) ein ähnliches, technisches und deshalb leicht verständliches Bild verwendet, wenn er schrieb: „...solange es an der Hingabe nach innen fehlt, bleibt die innere Leitung stromlos und die Membran des Schicksalssinns unerschüttert. Resonanzfähig wird sie erst, wenn der Kontakt in der Stille hergestellt und die Hörwilligkeit vorhanden ist“.[7]

Auf die innere Stimme muß man also lauschen, warten, wie im Gebet, meditativ. Die Dinge geschehen. Die innere Stimme wird anfangen, einen zu führen. Dann ist es richtig, sich von der inneren Stimme in Besitz nehmen zu lassen. Falsch ist es, berechnend zu bleiben, zu sagen: das mache ich und das mache ich nicht. Solange einer auswählt, bleibt er im Ego. Je mehr man dieser inneren Stimme vertraut, um so klarer und deutlicher wird sie. Und um so mehr merkt man auch, daß man darüber, was sie sagt, nicht nachdenken muß. Gott gibt dauernd Hinweise, nur hören wir nicht hin. Er flüstert, und wir sind so voller Lärm, daß wir diese leise Stimme nicht vernehmen.

Man muß der inneren Stimme nicht nur zuhören, man muß ihr folgen! Man muß sich hineinbegeben und sich engagieren. Manchmal ist es riskant - aber dieses Risiko muß man eingehen - das Leben ist sowieso riskant. Die seit ihrem zweiten Lebensjahr taubblinde amerikanische Schriftstellerin Helen Keller (1880-1968) wußte: „Das Leben ist entweder ein waghalsiges Abenteuer oder nichts.“ Nur wo es Risiko gibt, wachsen wir. Wenn die wirkliche innere Stimme sagt: „Mach das!“ - dann muß man das machen. Wenn sich der Verstand einmischt und vielleicht einwendet: „Denk erst mal darüber nach“, verstummt die innere Stimme. Sie verliert sich im Denken. Es geht nicht darum, darüber nachzudenken, sondern zu handeln. Und es zeigt sich, daß jede Handlung einen näher zur inneren Stimme bringt. Und wenn einer oft auf die innere Stimme hin gehandelt hat und merkt, daß sie ihn immer an das richtige Ziel gebracht hat, dann gibt es keine Zweifel mehr.

Ich habe einen Merksatz, der wie eine Binsenweisheit klingt, aber keine ist - der für mich Ausdruck dafür ist, daß mir Wahrheit überall gehört, ganz gleich wo ich sie finde. Der die Suche nach Wahrheit wortwörtlich global macht, der keinen Menschen, keine Kultur und keine Zeit ausschließt. Der Satz lautet: Man muß sich das Beste dort suchen, wo es zu finden ist!

Ein Ort, wo Wahrheit immer zu finden ist, ist die Welt der Mystiker, also die Erfahrungswelt von Menschen, welche nicht von der Speisekarte reden, sondern vom Essen und Genährtwerden.

Die Mystiker des Islams sind die Sufis. Bei ihnen hat die innere Stimme, der innere Führer einen Namen. Sufis nennen ihn Khidr. Dieser innere Führer wird auch „Der Fremde“ genannt, weil wir uns soweit von uns selbst entfremdet haben, daß unsere innerste Natur uns fremd geworden ist.

Wenn dieser ‚Fremde‘, der innere Führer, zum ersten Mal mit einem spricht, wird man nicht glauben, daß das aus einem selbst kommt. Man meint, die Stimme käme von außen. Einer, der zu sich unterwegs war, hat in dieser Situation einmal einen Meister befragt: er säße manchmal ganz allein und höre Geräusche, die sich zu Worten formen würden, er habe sie jedoch nicht verstehen können. Der Meister riet ihm, sich darüber keine Sorgen zu machen (es war nur ein paarmal aufgetreten): „Versuche nicht, das intellektuell zu verstehen. Es ist Dein eigenes Unbewußtes, was zu Dir spricht, Deine eigene innere Stimme, die versucht, zu Dir durchzukommen, eine Botschaft, die Dir langsam enthüllt wird. Es hat keine Eile. Wenn Du Dir zuviel Sorgen machst, wird der ganze Vorgang aufgehalten, weil Dein bewußter Verstand nichts bewirken kann; der bewußte Verstand ist lediglich der Empfänger. Die Botschaft kommt aus dem Unbewußten. Die kannst Du nicht herausholen, das liegt nicht in Deiner Macht. Sie kommt nur, wenn das Unbewußte spürt, daß die richtige Zeit für die Enthüllung gekommen ist.

Am Anfang wird alles sehr undeutlich sein - Worte, Geräusche, Lachen, Weinen - und Du wirst Dich fragen, was los ist, wer Dich da dirigiert, woher das kommt. Es kommt von Dir - nicht von irgendwo anders. Es ist Deine eigene Stimme, die Du seit Deiner Kindheit nicht mehr gehört hast. Es gibt ein drittes Ohr, wie es ein drittes Auge gibt. Wenn unsere äußeren Ohren aufhören zu funktionieren, wenn wir niemandem mehr zuhören, wenn keine Stimme mehr zu uns dringt, wenn wir alle Stimmen aus uns hinausgeworfen haben, wenn wir einfach leer und offen sind, werden wir die Stimme hören. Sie ist immer da. Jedes Kind wird mit ihr geboren. Wir alle sind mit ihr geboren worden. Du hast die Stimme nur zu stark unterdrückt. Jetzt wird sie etwas freier, und Du gestattest ihr, Dich ein bißchen zu erreichen.

Langsam werden die Dinge klar werden. Ganz langsam werden statt der Worte Sätze kommen, manchmal ohne Grammatik. Das wird Dich wundern, braucht Dir aber keine Sorge zu machen. Wenn Du beginnst, klare Worte zu hören, vielleicht halbe, unvollständige Sätze, dann schreibe sie einfach auf und vergiß sie wieder. Führe einfach ein Notizbuch. Datiere die Eintragungen und schreibe es auf, egal was es ist - was Sinn macht oder was scheinbar sinnlos ist, das, wozu Du einen Bezug hast und das, wozu Du keinen Bezug hast. Du bist dabei nur der Empfänger. Du kannst es also höchstens aufschreiben, das ist alles. Aber dieses Aufschreiben wird helfen. Die Dinge werden Form und Gestalt annehmen. Das ist Dein innerer Führer, welcher aufwacht. Gegenwärtig wird das wie Murmeln sein. Versuche nicht, Sinn dahinein zu bringen, nicht zum gegenwärtigen Zeitpunkt."

Wenn der innere Führer zum ersten Mal mit einem spricht, glaubt man, es käme von woanders her. Deshalb meinen Mystiker, daß Gott mit ihnen gesprochen habe, aus den Wolken, aus dem Himmel. Gott spricht immer aus unserem innersten Kern, nur sind wir so weit von uns entfernt, daß er wie ein Fremder klingt, wie aus einer sehr weit entfernten Quelle. Tatsächlich sind wir uns selber zum Fremden geworden.

Bhagwan/Osho hat folgende schöne Sufi-Geschichte über den ‚Fremden' erzählt:

> „Es war einmal ein großer König mit Namen Ibrahim. Und wie es bei Königen üblich ist, hatte er viele Sorgen und konnte nicht schlafen. Er wälzte sich im Bett hin und her ... Plötzlich hörte er jemand auf dem Dach seines Palastes gehen, mitten in der Nacht, direkt über seinem prunkvollen Schlafgemach. Er rief: ‚Wer ist da?' Und vom Dach erschallte ein tiefes Lachen, wie aus dem Bauch, so wie

Kinder oder Verrückte lachen können. ‚Wer bist Du, warum lachst Du?' wollte der König wissen.

Vom Dach kam die Antwort: ‚Sei unbesorgt, ich habe mein Kamel verloren, und das suche ich.' Ein Kamel auf dem Dach eines vierstöckigen Palastes? Der König rief seine Wachen und befahl ihnen, den Mann festzunehmen. Aber sie fanden niemanden.

Am Tag darauf auf seinem Thron mußte der König immer noch an das merkwürdige tiefe Lachen denken. Und mit einem Mal hörte er die gleiche Stimme wieder, diesmal am Tor. Da stritt sich ein Mann mit der Wache: ‚Ich will hier rein, ich will hier bleiben, das ist eine Karawanserei.' Die Posten versuchten ihm klarzumachen, daß es der Palast des Königs sei, die Residenz des Königs. Aber der Mann beharrte: ‚Das ist eine Karawanserei, redet keinen Unsinn!'

Da befahl der König der Wache, den Mann vorzulassen. Und als er den Mann ansah, merkte er, daß dieser königlicher aussah als er selbst. Seine Augen leuchteten, er strahlte, etwas Göttliches war um ihn, obwohl er Bettlerkleidung trug. Der König stammelte: ‚Warum sagst du zu meinen Wachen, daß das hier eine Karawanserei ist? Das stimmt nicht. Das ist mein Palast. Bist du verrückt, oder was?'

Der Mann lachte wieder so tief aus dem Bauch: ‚Was du für Unsinn redest! Dies ist eine Karawanserei, ich war schon mal hier, vor dem gleichen Thron, auf dem du jetzt sitzt. Nur saß damals jemand anderer darauf. Und auch der hat behauptet, daß das sein Palast wäre und keine Karawanserei. Wo ist dieser Mann?' Da erstaunte der König und sagte: ‚Du mußt verrückt sein. Das war mein Vater, der ist tot. Ich habe sein Königreich geerbt und diesen Palast.'

Da sprach der Mann: ‚Ich war sogar noch früher hier, und da saß ein noch anderer Mann und hat auch behauptet, daß das sein Palast wäre. Oft war ich schon hier, und immer finde ich einen neuen Mann, der das behauptet.' Ibrahim rief: ‚Das war mein Grossvater!' Und der Mann: ‚Willst du immer noch behaupten, daß das dein eigenes Haus ist? Jedesmal, wenn ich hierherkomme, sitzt jemand anderer hier und behauptet, es wäre sein Palast. Ich sage dir, wenn ich morgen wieder komme, wirst du nicht mehr hier sitzen. Deshalb sage ich: Das ist eine Karawanserei!'

Da verneigte sich der König vor dem Bettler und sagte: ‚Du bleibst hier in der Karawanserei und ich gehe. Ich verzichte auf alles. Ich bin dir dankbar.' Und er begab sich auf die Reise."

Der Mann auf dem Dach war der Khidr, der innere Führer. Ibrahim war offen, aufrichtig und ehrlich, ein Mann, der authentisch leben wollte. Und was er gehört hatte, war seine eigene Stimme. So wie in der Geschichte kommt die innere Stimme, wenn sie zum ersten Mal gehört wird, wie von außen.

Das ist übrigens - richtig verstanden - die Funktionen eines äußeren Meisters. Ein sogenannter Guru, wenn er wirklich ein Meister ist, hilft nur dem eigenen inneren Führer. Das ist alles. Die Stimme des äußeren Meisters und die Stimme des eigenen inneren Meisters sind identisch.

Wer seine eigene innere Stimme hört, ist nicht mehr ‚fremdbestimmt', sondern ‚selbstbestimmt', authentisch. Er ist Urheber dessen, was er sagt und deshalb auch nicht mehr abhängig von dem, was andere sagen oder wollen - ja sogar nicht mehr von dem abhängig, was der eigene Verstand eingibt.

Insofern ist ein ‚selbstbestimmter' Mensch einer, der ‚leer' sein kann. Ein selbstbestimmter Mensch ist Durchlaß geworden für sein wahres Selbst, seinen inneren Führer, oder noch anders ausgedrückt: für das Göttliche in ihm.

Eine der herrlichen geleiteten Meditationen von Ram Dass schließt: „Wenn du deine Reise beendet haben wirst ... wirst du erkennen, daß Gott, der Guru und das Selbst eines sind.“ [8]

Der selbstbestimmte Mensch ist Beobachter geworden, welcher zuläßt, daß ‚es' durch ihn fließt. Und er behindert dieses Fließen nicht, sondern kooperiert, ohne zu steuern. Er dient als Vehikel. Er macht keine Fehler, weil aus ihm die Wahrheit spricht. Er verletzt nie, weil nur Egos verletzen können.

Ich wiederhole noch einmal die Worte von Eileen Caddy:

> „Es ist der innere Friede und die Stille, in der die Dinge geschehen, und es war in diesem Frieden und dieser Stille, daß ich Gottes Stimme zu hören anfing ... Alle können diese leise, kleine Stimme innen hören. Versuchen Sie es. Seien Sie still und wissen Sie, daß das ICH BIN in Ihnen Gott ist. Horchen Sie - dann leben Sie danach. Es geht wirklich.“

Quellennachweise

1 Rudolf Steiner; Kosmische und menschliche Geschichte. Band V. Zeitgenössische Betrachtungen. Zweiter Teil. Dornach 1966

2 Levi; Das Wassermann Evangelium von Jesus dem Christus, München (Hugendubel) 1980

3 in: What do you say after you say hello? New York (Bantam) 1972 S.250f.

4 zit. bei: P.D. Ouspensky: Auf der Suche nach dem Wunderbaren. Bern/München/Wien (Scherz) 1978 S.84f.

5 Eileen Caddy; God spoke to me. Findhorn. (Elixir) Third Printing 1975 S.7f.

6 Eileen Caddy; The Spirit of Findhorn. Findhorn 1977, S. 8ff

7 in: Das Abendländische Totenbuch. Bd.2, Engelberg/München (Drei Eichen) 1976 S.390f.

8 in: Grist for the Mill New York (Bantam) 1977 S.73

FRAGE V

Was ist eigentlich Angst?

Über ihr Wesen und den Umgang mit ihr

Angst ist: wenn man nicht mehr kann, wenn das Leben über Jahre *ein* Schrecken ist, der Überlebenstrieb so groß, daß man sich nicht umbringt. Unschuldige Hölle.

- anonym

Angst gibt es nicht!

- anonym

In der Welt habt ihr Angst; aber seid getrost, ich habe die Welt überwunden.

- Jesus

Einige Tage vor meinem Vortrag über das Thema Angst fand ich am schwarzen Brett des Therapiezentrums ZIST in Penzberg mein Plakat durch zwei handschriftliche Bemerkungen erstaunlich bereichert. Über den Titel ‚Was ist eigentlich Angst?‘ hatte jemand mit Bleistift geschrieben: „Angst ist: wenn man nicht mehr kann, wenn das Leben über Jahre *ein* Schrecken ist, der Überlebenstrieb so groß, daß man sich nicht umbringt. Unschuldige Hölle.“ Und direkt unter dem Titel, von anderer Hand geschrieben, mit einem großen Ausrufungszeichen am Schluß: „Angst gibt es nicht!“

Diese beiden Sätze umspannen das Thema Angst perfekt. Im folgenden soll der Weg aus der Angst gezeigt werden. Ausgangspunkt ist dabei die Einsicht, daß Angst ein natürlicher Vorgang im Leben ist. So wie Gras grün ist, so haben Menschen Angst. Wer meint, Angst sei verkehrt, der kann seine Angst nicht anschauen und wird versuchen, sie zu vermeiden, sie nicht haben zu wollen, obwohl er sie hat. So verstärkt sich die Angst.

Zunächst: alle empfindungsfähigen Wesen haben Angst - können Angst bekommen! Auch Pflanzen sind empfindungsfähig, Bäume zum Beispiel. Daß Tiere Angst haben, weiß jeder. Und daß Menschen Angst haben, kennen wir alle aus Erfahrung.

Aber - was Angst betrifft - gibt es einen entscheidenden Unterschied zwischen Menschen und allen anderen empfindungsfähigen Wesen. Diesen Unterschied muß man kennen, um richtig mit ihr umgehen zu können.

Wie gehen Pflanzen mit ‚Angst‘ um? Schon vor 2300 Jahren hat Aristoteles behauptet, daß Pflanzen Seelen hätten; Empfindungen aber hat er ihnen abgesprochen. Erst im 18. Jahrhundert hat der schwedische Naturforscher Carl von Linné (1707-1778) erklärt, Pflanzen unterschieden sich nur dadurch von Tieren und Menschen, daß sie sich nicht bewegen könnten. Das ist rund 200 Jahre her. Erst Darwin (Charles Robert Darwin, 1845-1912) hat vor rund hundert Jahren nachgewiesen, daß jede Ranke sich unabhängig bewegen kann. Und erst seit rund 30 Jahren wissen wir, daß Pflanzen auch ‚fühlen‘ und Angst bekommen können.

Was Pflanzen ‚merken‘ und wie sie reagieren, ist für unser Thema hochinteressant. Wen „Das Geheimleben der Pflanzen“ interessiert, der muß das Buch von Peter Tomkin und Christopher Bird [1] lesen, im

Original schon 1973 erschienen. Oder das spannende „Der Ruf der Rose. Was Pflanzen fühlen und wie sie mit uns kommunizieren“ von Dagny und Imre Kerner.[2] Uns interessiert hier: wie gehen Pflanzen und Tiere mit der Angst um? Und da gilt, was Darwin über die Bewegung der Pflanzen gesagt hat: „Sie wenden diese Fähigkeit nur an, wenn es zu ihrem Vorteil ist.“ Wir Menschen hingegen wenden die Fähigkeit, Angst zu kriegen, nicht zu unserem Vorteil, sondern zu unserem Nachteil an. Daraus können wir eine entscheidende Schlußfolgerung ziehen.

Zunächst jedoch: was macht Pflanzen Angst? Genau das, was uns Menschen Angst macht: wenn uns Gefahr droht, wenn unser Überleben gefährdet ist.

Der Mann, welcher 1966 die Empfindungsfähigkeit der Pflanzen entdeckt hat, heißt Cleve Backster und war damals ein führender Experte für Lügen-Detektoren in den Vereinigten Staaten. Eines Abends hatte er die Elektroden eines Lügendetektors an ein Blatt seiner Zimmerpflanze - einer Dracaena massangeana aus der Familie der Agaven - angeschlossen und dann die Pflanze begossen. Zu seinem Erstaunen ließ sich eine Reaktion auf dem Schreiber des Meßgerätes ablesen.

Diese Reaktion ähnelte stark der Reaktion von Menschen, wenn sie kurzzeitig einen emotionalen Reiz empfangen. War es möglich, daß die Pflanze Emotionen zeigte?

Weil Backster wußte, daß bei einem menschliches Wesen Gefahr jene Reaktion hervorruft, auf die sein Gerät am stärksten ansprach, entschloß er sich, genau so mit seiner Zimmerpflanze zu verfahren. Er tauchte ein Blatt der Dracaena in eine Tasse mit heißem Kaffee. Die Pflanze reagierte so gut wie überhaupt nicht. Dann fiel ihm ein, das Blatt, an dem die Elektroden angeschlossen waren, zu verbrennen.

Und im gleichen Augenblick, bei der Vorstellung, daß das Blatt über einer Streichholzflamme zu brennen anfinge, schlug der Schreiber gewaltig aus. Dabei hatte sich Backster überhaupt nicht bewegt, weder auf die Pflanze noch auf den Detektor zu. Konnte die Pflanze seine Gedanken lesen? Er verließ das Zimmer und kam mit Streichhölzern zurück. Wieder reagierte die Pflanze sehr stark. Und schließlich natürlich auch beim tatsächlichen Verbrennen. Backster fand heraus, daß die Pflanze unterscheiden konnte, ob er daran dachte - nur so tat, als ob er ein Blatt anbrennen wollte, oder ob er wirklich den Entschluß faßte, dies zu tun.

Wenn Pflanzen sehr großer Gefahr ausgesetzt oder stark beschädigt werden, können sie - ähnlich wie manche Tiere und wir Menschen - sogar ohnmächtig werden. Auch das ließ sich beweisen.

Eines Tages besuchte ihn eine kanadische Pflanzenphysiologin im Labor. Backster schloß bereitwillig eine Pflanze an den Lügendetektor an. Keine Reaktion. Er versuchte es mit einer zweiten: gleiches Ergebnis. Auch die dritte Pflanze reagierte nicht. Er überprüfte all seine Instrumente: alles in Ordnung. Als auch die sechste Pflanze keine Reaktion zeigte, kam ihm eine Idee: „Verletzen Sie bei Ihrer Arbeit manchmal Pflanzen?" „Verletzen?" sagte die Pflanzenphysiologin, „mein lieber Freund, ich röste sie in einem Ofen, um ihr Trockengewicht zu bestimmen!"[3] Eine Weile, nachdem die Kanadierin wieder gegangen war, reagierten alle Pflanzen wieder normal. Sie hatten also ‚abgeschaltet', waren ‚ohnmächtig' geworden, als die Besucherin in ihrer Nähe war.

Inzwischen sind Versuche durchgeführt worden, mit deren Hilfe man herausfand, daß Bäume reagieren, wenn ein Holzfäller kommt, der die Absicht hat, einen oder mehrere Bäume zu fällen. Dabei zeigte der Baum, der gefällt werden sollte, eine andere und heftigere Reaktion als die umstehenden Bäume.

Daß Tiere Angst haben können, weiß jeder, der auch nur einmal beobachtet hat, wie sie reagieren, wenn jemand z.B. eine Reitgerte oder eine Hundepeitsche auch nur hebt. Ist die Peitsche dann nicht mehr im Gesichtsfeld des Tieres, zeigt es keine Angst mehr.

Ganz eindrucksvoll habe ich das in Afrika beobachten können: Zebraherden grasen ruhig, obwohl eine Löwin voll sichtbar nur rund 40 Meter entfernt steht. Erst wenn sie sich auf rund 30 Meter genähert hat, rasen die Zebras in wildem Galopp davon. Um kurz darauf wieder friedvoll zu grasen, als wäre nichts geschehen - obwohl die Löwin immer noch, allerdings wieder in gehörigem Abstand, zu sehen ist.

Mit anderen Worten: bei Pflanzen und Tieren setzt Angst dann ein, wenn wirkliche Gefahr besteht. Pflanzen und Tiere wenden die Fähigkeit, Angst zu haben, nur zu ihrem Nutzen an! Und was machen wir Menschen?

Wir haben die gleiche kreatürliche Angst vor Gefahr und Existenzbedrohung wie die Pflanzen und die Tiere. Aber: wir verlängern die Angst über den Zeitraum der akuten Gefährdung hinaus. Wir erfinden Ängste und leiden unter ihnen. Unter Umständen identifizieren wir uns mit der Angst. Wir haben Angst nicht nur vor der Gefahr - wir haben Angst vor der Angst.

Warum?

Weil wir einen Verstand haben, weil wir denken können. Weil wir wissen, daß es uns gibt, daß es uns vor der Geburt nicht gegeben hat und daß wir sterben werden.

Die meisten Menschen - ganz sicher aber die meisten Forscher - sind der Meinung, daß hinter jeder Angst die Todesangst sitzt, die Angst um unsere Existenz also.

Um zu verstehen, was Angst eigentlich ist, sollten wir zwischen Angst und Furcht zu unterscheiden lernen. Obwohl Fritz Riemann in seinem Buch „Grundformen der Angst" diese Unterscheidung nicht braucht; denn er schildert meisterhaft die *Formen* von Angst. Diese interessieren uns an dieser Stelle nicht weiter, weil es hier um die *Natur* der Angst geht und wir den Punkt finden wollen, der Angst aus ihren Angeln heben kann.

Was Pflanzen und was Tiere empfinden, wird am besten Furcht genannt. Furcht ist objektbezogen, bezieht sich auf eine bestimmte Bedrohung. Also auf das Streichholz, welches das Blatt verbrennen, auf den Holzfäller, der einen Baum fällen will. Auf die Löwin, die so nahe kommt, daß Flucht bald nicht mehr helfen kann.

Furcht ist natürlich. Sie ist die Reaktion auf die Bedrohung der Existenz eines Wesens, sei es Pflanze, Tier oder Mensch.

Und was ist Angst? Angst ist chronisch gewordene Furcht. Dabei braucht überhaupt keine bestimmte, objektive Bedrohung mehr vorhanden zu sein. Wie kann es passieren, daß ein Wesen - nämlich das menschliche - so viel Angst hat? Wie kann es dazu gekommen sein, daß jemand auf ein Plakat mit dem Titel: ‚Was ist eigentlich Angst?' schreibt: "Angst ist; wenn man nicht mehr kann, wenn das Leben über Jahre *ein* Schrecken ist, der Überlebenstrieb so groß, daß man sich nicht umbringt. Unschuldige Hölle."?

Was ist da passiert? Gehört Angst zu unserer Natur? Daß Furcht zur Natur der Pflanzen gehört, ist ebenso natürlich wie Furcht zur Natur der Tiere. Auch daß Furcht zur Natur des Menschen gehört, ist natürlich. Aber: Ist Angst natürlich? Wie kommt es, daß zwischen Pflanzen-, Tier- und Menschenreich dieser gewaltige, belastende Unterschied besteht? Goethe hat einmal gesagt: „So ihr nicht werdet wie die Veilchen ..." Sind wir so natürlich Menschen, wie die Veilchen Veilchen sind?

Ich behaupte - ja, ich weiß - daß wir Menschen noch nicht fertig sind. Wir sind Wesen in der Entwicklung, wir sind noch nicht, wer wir sind. Ein Mensch, der meint, er wäre schon bei seiner Natur angekommen, ist wie jemand, der schwer krank ist, aber nichts unternimmt. Es läßt sich auch so ausdrücken: diese chronische Angst, die Menschen haben können, ist ein Beweis dafür, daß der Mensch seine Natur noch nicht gefunden hat.

Mein Ziel ist, den Umgang mit der Angst für Sie deutlich und möglich zu machen. Dazu müssen wir die Angst genauer betrachten. Zunächst ein paar Definitionen:

> „Die allgemeine Konnotation (also Bedeutung) des Wortes Angst ist dieselbe wie die seines lateinischen Ursprungs anxietas - ein Erleben sich verändernder Mischungen von Ungewißheit, Erregung und Furcht. Die lateinische Anwendung schloß eine Vorstellung von Strangulation ein; dies ist in der modernen Konnotation manchmal auch enthalten..." [4]
>
> Oder:
>
> „Mit Beklemmung, Bedrückung, Erregung, oft auch mit quälender Verzweiflung einhergehender Gefühlszustand bzw. Affekt. Angst ist existentiell, d.h. sie entsteht reaktiv auf jede real erlebte oder auch bloß vorgestellte Lebensbeeinträchtigung oder -bedrohung ..." [5]
>
> „Angst (ursprünglich ‚Enge', ‚Beklemmung', urverwandt mit lat. angustus ‚eng'), allg. eine Stimmung oder ein Gefühl der Beengtheit, Beklemmung und Bedrohung, ein unangenehmer, spannungsreicher, oft quälender emotionaler Zustand bzw. ein negativer Erwartungsaffekt, verbunden mit einer Minderung oder Aufhebung der willens- oder verstandesmäßigen ‚Steuerung' der eigenen Persönlichkeit ..." [6]

Recht anschaulich sagte die Brockhaus Enzyklopädie vor 100 Jahren (1893):

„Angst: eine Form von Gemütsbewegung, die mit der Furcht die Gruppe der ‚depressiven' (mit Unlust einhergehenden) Erwartungsaffekte bildet. Tritt bei Gesunden nur ein im Anschluß an die mehr oder weniger klare Vorstellung einer unmittelbaren Gefährdung von Leib oder Seele oder ans Herz gewachsener (wenn auch nur erhoffter) Besitztümer; während bei der Furcht die Vorstellung herrscht, daß eine solche Gefährdung eintreten könne. Furcht und Angst gehen ohne scharfe Grenzen ineinander über und werden deshalb im gewöhnlichen Sprachgebrauch oft nicht unterschieden; doch sind sie in ihren reinen Formen leicht auseinanderzuhalten, sowohl mit Rücksicht auf Inhalt und Zustand des Bewußtseins als auf Grund der begleitenden körperlichen Erscheinungen.

Das Angstgefühl charakterisiert sich besonders durch beigemischte körperliche Empfindungen: Druck in der Herzgegend, Zusammenschnüren der Brust oder auch der Kehle, eigenartige Empfindungen im Unterleib, Gefühl allgemeiner Kraftlosigkeit usw. Für die Furcht ist das Gefühl des Schauderns, kalter Überrieselung, Gänsehaut, leichtes Muskelzittern, Zähneklappern charakteristisch.

Die Denktätigkeit kann bei Angst völlig aufgehoben sein, indem nur die angsterregende Wahrnehmung das Bewußtsein erfüllt, oder es findet sich hochgradige Verwirrung bis zum Schwinden des Bewußtseins.

Die Rückwirkung auf körperliche Funktionen bestehen bei der Angst in erschwertem Einatmen und demgemäß beschleunigter oberflächlicher Atmung, Beschleunigung oder unregelmässiger, stürmischer Beschaffenheit der Herzbewegung, Verengung zahlreicher Pulsadern (Blässe der Haut). In höheren Graden tritt Lähmung der willkürlichen Muskeln ein, infolgedessen Abgang von Urin und Stuhl; oder es werden heftige stoßweise Bewegungen ausgeführt; mitunter findet sich auch statuenartiges Verharren des ganzen Körpers in ein und derselben Stellung."

Ken Wilber meint: „Das separate Ich kann überhaupt nichts tun, um die Todesangst loszuwerden, weil das separate Ich die Todesangst ist."[7]

Noch eine andere, verborgene Angst gibt es: die Angst, die vor dem Leben entsteht. Der Satz „es ist schmerzvoller, geboren zu werden, als zu sterben" trifft wahrscheinlich zu. Damit meine ich nicht nur den gewiß für uns alle schmerzhaften Vorgang der körperlichen Geburt, sondern den Einzug der Seele in die Leiblichkeit. Das lateinische ‚angustiae' hatte angeblich im Ursprung diese Bedeutung, also nicht für den Geburtsvorgang, bei dem wir aus dem Schoße unserer Mutter kommen, ‚aus dem Kanal, den der, der ihn erfunden hat, bestimmt nicht selber ausprobiert hat', sondern schon vorher, als die Seele in den neuen winzigen Körper einzog.

Diese erste und möglicherweise schlimmste Enge wird gefühlt, wenn wir anfangen, uns zu verkörpern. Eine unendliche Seele muß in einen sehr kleinen materiellen Körper einziehen. Die Unendlichkeit muß endlich werden.

> „Der Mensch ist in Not - fortwährend in Not, in Konflikten, Ängsten, Spannungen, verrückt - weil ein unendlicher Raum gezwungen ist, in einem kleinen Köper zu leben. Die Unendlichkeit ist gezwungen, im Endlichen zu leben. Das erzeugt Not, das erzeugt Unbehagen.
>
> Wenn du nicht wieder unendlich sein kannst, wird die Not bleiben. Der Mensch, der Mensch bleibt, ist unheilbar. Der Mensch, der Mensch bleibt, ist die Ur-Krankheit. Es gibt keine Medizin, um ihn zu heilen. Der Mensch ist eine Krankheit. Wenn der Mensch nicht göttlich wird, kann er nicht geheilt werden" (Bhagwan/Osho).

Einer der führenden Nah-Tod-Forscher zitiert die Aussage eines Mannes, der ein durch einen Blitzschlag ausgelöstes Nah-Tod-Erlebnis hatte:

> „Ich erlebte das schlimmste Gefühl, das ich je hatte. Die depressivste, stärkste Angst, die ich erlebt habe, hatte ich in dem Augenblick, in dem ich begriff, daß ich wieder auf die Erde zurückmußte. Es war so schlimm, daß im Vergleich dazu alles, was ich früher erlebt hatte, eine Million Meilen auseinander war. Ich wollte nicht zurückkommen. Und jetzt, wo ich zurück bin, bin ich mir ganz sicher, daß ich nicht zurückkommen wollte ... Diese Erde ist ein wunderbarer Ort, wenn man nichts anderes kennt. Ich kenne einen anderen Ort."[8]

Wenn Fritz Riemann sagt: „Angst gehört zu unserer Existenz ... wir können nur versuchen, Gegenkräfte gegen sie zu entwickeln ... diese können uns helfen, sie immer wieder zu besiegen ...", dann steckt darin ein alter Fehler. Das Buch „Grundformen der Angst" ist vor mehr als 30 Jahren geschrieben worden; und zu der Zeit habe ich Fritz Riemann beim ersten Gruppentherapie-Versuch in München kennen und schätzen gelernt. Inzwischen haben wohl die meisten Therapeuten und ‚Patienten' die Wahrheit des folgenden Satzes erkannt und befolgt: Was Du hast und *nicht* haben willst, bleibt, wird schlimmer! Angst kann nicht ‚besiegt‘ werden.

Was sagt ein Mensch, der seine Natur erreicht hat, über die Angst? „In der Welt habt ihr Angst; aber seid getrost, ich habe die Welt überwunden“, sagt Jesus (Johannes 16,33) in der Luther-Übersetzung. In der Einheits-Übersetzung von 1980 lautet diese Stelle: „In der Welt seid ihr in Bedrängnis; aber habt Mut: Ich habe die Welt besiegt.“

Was heißt dieses ‚aber seid getrost, ich habe die Welt überwunden‘ - dieses ‚aber habt Mut: Ich habe die Welt besiegt‘? Nichts anderes als: das könnt ihr auch! Wie man den Anfang dazu macht, werde ich erklären. „Jina“ (Weltüberwinder) ist auch einer der Titel Buddhas, Sieger über sich selbst und damit über die Welt. Für Leser, denen das zu vermessen erscheint, seien diese Zeilen aus dem „Wassermann-Evangelium“ (der Schilderung der in der Bibel fehlenden 18 Jahre im Leben Jesu) angeführt: „Ich lebte, um des Menschen Möglichkeiten aufzuzeigen ... Das, was ich tat, können alle Menschen tun, und was ich bin, werden alle Menschen sein ... Mein Leben soll ein Beispiel für euch sein, mein Weg (nämlich der der Überwindung der Welt, des Erden-Selbst) wird einmal euer Weg sein“ und „... schaut nicht auf Jesus - Jesus ist nicht König. Schaut auf Christus, der im Innern lebt und der sich ebenfalls in jedem einzelnen von euch verwirklicht wie in mir.“[9]

Wem die Sätze aus dieser Quelle nicht beweiskräftig erscheinen, kann das Gleiche in der Bibel finden, die Christus selbst in Johannes 10 sagen läßt: „Ihr seid Götter und allesamt Söhne (und Töchter) des Höchsten“. Johannes sagt im ersten Brief: „Meine Lieben, wir sind schon Gottes Kinder; es ist aber noch nicht offenbar geworden, was wir sein werden ...“, und Paulus spricht vom zukünftigen „Offenbarwerden der Söhne Gottes“.

Was heißt eigentlich ‚Welt‘ in diesem Zusammenhang? Was heißt: In der *Welt* habt ihr Angst?

Das bedeutet nichts weniger als „Welt-Anschauung“ durch unseren Verstand! Und unser Verstand entzweit die Wirklichkeit. Wir sehen alles wie durch ein Prisma in zwei Teile zerlegt. Weshalb über den Verstand gesagt werden muß, daß er nicht das geeignete Werkzeug im Umgang mit der Wirklichkeit ist. Der durch die Bauweise unseres Verstandes stets entstehende Dualismus lehrt folgerichtig die Widersprüchlichkeit der Wirklichkeit. Deshalb muß unser Verstand auch die Wirklichkeit auf zwei Grundprinzipien zurückführen, wie z.B. ‚gut' und ‚böse', welche *nicht* zur Einheit zu führen sind.

Was das mit der Angst zu tun hat, soll gleich gezeigt werden.

Wir haben als Menschen nicht immer so gedacht wie heute. Unser Bewußtsein entwickelt sich ständig. Der sogenannte homo erectus, der Frühmensch, der sich vor einer Million und sechshunderttausend Jahren die Gewalt über das Feuer erwarb, hatte mit Sicherheit eine andere Welt-Anschauung als wir heute.

Selbst noch das griechische Weltverständnis steht im deutlichen Gegensatz zum biblischen. Für die griechische Vorstellung bildeten Gott und Welt ein allumfassendes, göttliches Ganzes. Das war ein wohlgeordneter Kosmos. Erst das alttestamentarische Welt-Bild läßt Gott zu einem ‚Anderen' werden. Gott wird jetzt Schöpfer der Welt. Damit ist sie als seine Schöpfung nichts Göttliches mehr, sondern säkularisiert und verweltlichter Lebensbereich des Menschen. Nach den Weltaussagen bei Paulus und Johannes wird der Mensch „von Natur aus Welt". Das trifft aber nicht zu.

Wir haben uns im Westen, besonders im Christentum, immer weiter in das ‚Werkzeug' verrannt, ‚das zum Umgang mit der Wirklichkeit nicht geeignet ist' - in den Verstand. In einem der informativsten Geschichtsbücher der Philosophie, dem ‚Schwegler', lesen wir:

> „Der Charakter des griechischen Geisteslebens zur Zeit seiner schönsten Blüte war die unmittelbare Hingabe des Subjekts ans Objekt (also des Menschen an die Natur); der volle Bruch zwischen beiden war noch nicht eingetreten, das Subjekt hatte sich noch nicht in sich reflektiert, sich noch nicht in seiner absoluten Bedeutung, seiner Unendlichkeit erfaßt. Mit dem Zerfall des griechischen Lebens in der Zeit nach Alexander dem Großen (nach 330 v. Chr.) trat dieser Bruch ein; unter Aufgabe der objektiven Welt zog sich das Selbstbewußtsein auf sich selbst zurück; aber eben damit war die Brücke zwischen beiden abgebrochen, dem noch nicht gehörig vertieften Selbstbewußtsein mußte jetzt das Wahre, das Göttliche (die Wirklichkeit) als ein Jenseitiges erscheinen. An die Stelle jener schönen Einheit zwischen Geist und Natur trat ein Gefühl unbefriedigter Sehnsucht. Die alte Philosophie scheiterte am Dualismus." [10]

Im Neuen Testament wird die Welt dann mehr zeitlich als räumlich gesehen. Die ‚Welt' nicht ‚Natur', sondern ‚Geschichte'. Die Welt ist als Schöpfung Gottes gut, nimmt aber - das ist die Haltung im Neuen Testament - die Offenbarung Gottes nicht an. Und so wird die Welt zum Herrschaftsbereich der Sünde und des Todes - zum ‚irdischen Jammertal'.

Im Versuch, diese Jenseitigkeit Gottes wieder aufzuheben und die wesentliche Einheit des Göttlichen und des Menschlichen wiederherzustellen, entsteht die spekulative Grundidee des Christentums, nämlich die Ansicht, daß Gott in Christus Mensch geworden wäre. Und das ist total verkehrt. In Jesus ist ein Mensch Gott geworden! „Man hieß bisher die Lüge Wahrheit!"

Im 17. Jahrhundert gab es in London den damals berühmten Prediger John Donne. Von ihm stammt der herrliche Satz:

„Gott ist so allgegenwärtig (das heißt also
nicht jenseits, nicht ein ‚Anderer'),
daß Gott ein Engel in einem Engel ist
und ein Stein in einem Stein
und ein Strohhalm in einem Strohhalm."

Die ‚Schöpfung' ist kein einmaliger Akt, nicht auf einmal geschehen, sondern die Schöpfung ist fortwährend, allgegenwärtig. Im Osten, wo man das künstlich Trennende des Dualismus im Gegensatz zum Westen immer durchschaut hat, gibt es diese schönen Zeilen:

Gott schläft im Stein,
Gott atmet in der Pflanze,
Gott träumt im Tier,
Gott erwacht im Menschen.

Doch zurück zum alten Weltverständnis des Neuen Testaments. Schuld und Sünde werden zu den wichtigsten Begriffen. Der ‚Fürst der Welt' wird ein ebenso künstlich erfundenes Wesen wie ‚Gottvater'. Das Wassermann-Evangelium läßt Jesus sagen: „Teufel und Dämonen sind des Menschen Werk und niemand anders als der Mensch allein kann das Feuer löschen und die Teufelsbrut verjagen." „Wußten Sie beispielsweise", heißt es im Anti-Katechismus,[11] „daß nichts im Christentum spezifisch christlich ist, sondern ausnahmslos alles aus dem Heidentum, dem Judentum oder anderen älteren Religionen stammt?"

Wie haben wir es eigentlich geschafft, ‚Gott' und den ‚Teufel' solange als Bilder in uns zu tragen? Denn das sind ja nichts anderes als Bilder! Gott ist kein Wesen mit zwei Beinen und einem langen Bart - so wenig wie der Teufel ein Wesen mit Schlangen und Kröten auf seiner Rückseite. Warum also haben wir diese Bilder solange benutzt?

Weil wir Angst vor dem Alleinsein haben und weil wir uns selber Angst gemacht haben. Ich sage ‚wir', weil es nichts bringt, bestimmte Personen oder Personengruppen jetzt zu beschuldigen. „Die Sünde, die am meisten geliebt und vergeben werden muß", sagt Thaddeus Golas, „ist der Geisteszustand, der Menschen als Sünder sieht."[12]

‚Schuld', ‚Sünde', ‚Verdammnis' (sogar ewige!) und die ‚Hölle' haben Menschen Angst gemacht. Lange Zeit galt ‚Gottesfurcht' als Tugend. Nicht nur in alten Zeiten war die Angst vor der Sünde der Motor der Frömmigkeit. „Da tat ich mich der Sünden fürchten!" Unsere Götter und Gespenster sind alle aus Angst entstanden - entweder, weil sie uns ‚gemacht' worden ist oder weil wir Angst vor dem Alleinsein haben. Weil Menschen nicht allein sein können, haben sie sich ‚Gott' als höchsten Begleiter und Beschützer geschaffen. „Auch wenn mich alle verlassen, auch wenn ich sterbe, wird immer noch Gott bei mir sein." Das läßt wenigstens hoffen. Das ‚Gott mit uns' stand auf meinem Koppelschloß wie bei allen Soldaten der sogenannten Wehrmacht. Aus Angst stammen unsere Götter- und Gespenster-Vorstellungen. Angst ist der Urgrund, aus dem wir Himmel und Hölle geschaffen haben. Jahrhundertelang ist Menschen beigebracht worden, daß sie in die Hölle kämen, wenn sie nicht erlöst würden. Wenn jemand sagt: Gott ist in mir, dann erscheint das für viele unmöglich. Ich sollte gar nicht von meinem Ursprung weg sein? Das stimmt vielleicht für Jesus, vielleicht für Buddha, aber für mich? Ich bin doch ein Sünder!

Was singen wir zu Bachscher Musik? „Mein Sündenherz knirscht mir entzwei ..."; „Der Mensch ist Kot und Stank und Asche und

Sünder allzumal ...“; „Man nehme sich in Acht, wenn das Glücke lacht ...“.

Sie werden wissen, daß auch das Christentum anders begonnen hat, als es fortgesetzt worden ist. Im Früh-Christentum sah man die *Erhöhung* des Menschen als das eigentliche Ziel der christlichen Botschaft an. „Später“ - und ich zitiere aus dem herrlichen Buch ‚Ihr seid Götter‘ von Johannes Klein - „versank diese Anschauung in der allgemeinen Sünden- und Bußstimmung der sterbenden Antike und der erstarkenden Kirchen“. [13]

Wenn einer der ersten wachen Christen in eine heutige christliche Kirche eingeladen und am Ende seiner Predigt der Priester der Gemeinde zurufen würde: „Alle, die ihr Sünder seid, kniet nieder und betet!“ - dann würden alle Kirchenbesucher knien - außer dem Besucher.

Und wenn ihn nach dem Gottesdienst der Priester zur Rede stellte: „Warum wollten Sie nicht an unserem Gebet teilnehmen?“, würde dieser Christ antworten: „Das wollte ich gerne, aber ich bin kein Sünder. Ich wollte am Gebet teilnehmen, aber das haben Sie mir unmöglich gemacht. Ich bin kein Sünder. In mir ist Gott. Ich kann nur beten, weil Gott in mir ist. Mein Beten ist mein Dank für alles, was er mir gegeben hat, daß ich ein Teil von ihm bin. Ich bin bereit zu beten, bin auch bereit, niederzuknien. Aber nicht als Sünder, weil das nicht stimmt.“

> „Wenn der Mensch beginnt, vor seinem Schöpfer sich zu fürchten und im Vater nicht mehr den Freund sieht, sondern einen Feind - dann setzt er Männer in Ornaten ein und nennt sie Priester. Sieht er Gott als Vater und ist eins mit ihm, dann braucht er keinen Priester, keinen Mittelsmann, der für ihn betet. Ihr seid ja Priester - jeder für sich selbst“ (Wassermann-Evangelium).

Die Sünde wurde für eine den ganzen Menschen umklammernde Macht erklärt, welcher der Mensch durch seine Schuld verfallen sei. Paulus, Römer 5,12: „Durch einen einzigen Menschen kam die Sünde in die Welt und durch die Sünde der Tod, und auf diese Weise gelangte der Tod zu allen Menschen, weil alle sündigten.“ Sünde wird als überpersönliche Macht verstanden, der sich der Einzelne nicht entziehen kann, zu der auch er durch sein Tun selbst beiträgt und daher mitverantwortlich ist.

Das Unglück ist nur: durch das ständige Hinweisen auf ihre Sündhaftigkeit und ihre automatische Bestrafung in der Hölle haben Menschen tatsächlich ihre Eigenverantwortung aufgegeben! Zum erfundenen Gott wurde der Teufel dazuerfunden, der verantwortlich ist.

Soviel über Ängste, die aus Gefühlen von Schuld und Verdammnis kommen.

Dem Verstehen von Angst kann man sich auch von der Seite der Philosophie nähern, wie das Paul Tillich, einer der bedeutendsten Theologen unseres Jahrhunderts, getan hat. In seiner Schrift: „Der Mut zum Sein“ [14] unterscheidet Tillich drei Typen der Angst und sieht dabei drei Richtungen, aus denen das Nichtsein das Sein bedroht:

1. Das Nichtsein bedroht die ‚ontische‘, also die seinsmäßige, wirkliche Selbstbejahung des Menschen - relativ als Schicksal, absolut als Tod.
2. Das Nichtsein bedroht die sittliche Selbstbejahung des Menschen, relativ als Schuld, absolut als Verdammung.
3. Das Nichtsein bedroht die geistige Selbstbejahung des Menschen, relativ als Leere, absolut als Sinnlosigkeit.

Diese drei Typen von Angst entsprechen auch typischen Ängsten im Verlauf der Geschichte des Abendlandes. Die ontische Angst, die ‚Schicksalsangst‘, herrscht besonders am Ende der antiken Kultur vor.

Die ‚Schuldangst‘, die Angst vor der Verdammnis, dominiert besonders am Ende des Mittelalters und im Übergang zur Neuzeit. Und heute regiert die ‚Sinnlosigkeitsangst‘, die Angst vor der Leere, dem Nichts, die ‚Was-soll‘s-eigentlich-Angst‘.

In der heutigen Zeit wird die Welt immer ‚unheimlicher‘. Das ‚beruhigt-vertraute In-der-Welt-Sein‘ kennen wir nicht mehr. In Ausdrücken, mit der die Existenzphilosophie unseres Jahrhunderts unsere Ängste bezeichnet hat, erfährt der heutige Mensch sein ‚Geworfensein‘. Sein ‚In-der-Welt-Sein‘ erlebt er als ‚Ausgesetztsein‘. Wir alle erleben uns als ‚Sein-zum-Tode‘, wir haben Angst, weil wir keinen ‚Sinn-des-Ganzen‘ mehr sehen. Die Ängste der Sinnlosigkeit stammen aus dem ‚Tod Gottes‘. Es ist etwas wie eine Katastrophe passiert. Sobald Gott nicht mehr in unserem Bewußtsein ist, bekommt man Angst, weil Existenz ohne Gott feindlich ist.

Das ist sie nicht wirklich, aber sie sieht für uns so aus. Es scheint dann, als ob das Leben nur noch ein Kampf ums Überleben sei. Wir haben das Gefühl, nicht mehr ,zuhause' zu sein, und als ob jeder gegen jeden wäre. Ohne Gottesvorstellung (wie das der moderne Mensch sieht) fühlen wir uns fremd, können nie mehr wirklich ruhig sein. Überall, wohin wir gehen, gehen wir in die Fremde - wie unter Feinden, nicht wie unter Freunden. Das Leben ist zum Kampf geworden. Überleben können nur die Geeignetsten. "Survival of the fittest,, hat Darwin diesen Kampf genannt. Wir stehen untereinander in Konkurrenz, nicht nur im Wirtschaftsleben. Dabei ist das eigentlich gar keine Kon-kurrenz. Kon-kurrenz bedeutet Zusammen-Laufen. Wir rennen aber nicht miteinander, sondern gegeneinander. Also nicht in Konkurrenz, sondern in Kontrakurrenz.

Der englische Sozialforscher Robert Malthus (1766-1834), dessen Gedanken Darwin beeinflußt haben, kam zu der Ansicht, daß innerhalb der menschlichen Gesellschaft ein unaufhörlicher Wettkampf stattfindet, weil die Bevölkerung in viel rascherem Maße wächst als die Nahrungsmittelmenge. Daraus wurde Darwins ,Kampf ums Dasein'.

Spirituell ist die Welt eine Einheit. Die Existenz ist eine Familie - wir existieren zusammen. Das Leben ist Zusammensein, und dieses Zusammensein ist Gott. Wer dieses Zusammensein nicht spürt, wird sich als Fremder fühlen und immer Angst haben.

Vielleicht überzeugt Albert Einstein:

> „Ein menschliches Wesen ist ein Teil des Ganzen, das wir ,Universum' nennen, ein in Raum und Zeit begrenzter Teil. Es erfährt sich selbst, seine Gedanken und Gefühle als etwas von allen anderen Getrenntes - eine Art optische Täuschung des Bewußtseins.
>
> Diese Täuschung ist für uns eine Art Gefängnis, das uns auf wenige uns nahestehende Personen beschränkt. Unsere Aufgabe muß es sein, uns aus diesem Gefängnis zu befreien."

Dieses ,Gefängnis' müssen wir uns genauer anschauen, denn es ist die ,wahre Angststätte' (Freud) - es ist unser Verstand mit seinem Zentrum, dem ,Ich'!

Existentialisten, welche die Schmerzen des ,Geworfenseins' am deutlichsten gespürt haben, sind an die Mauern dieses Gefängnisses gestoßen. Einer von ihnen - Albert Camus - war nahe daran, sich aus diesem Gefängnis zu befreien:

„Wenn ich Baum unter Bäumen wäre,
Katze unter den Tieren,
dann hätte dieses Leben einen Sinn oder vielmehr:
dieses Problem bestünde überhaupt nicht,
denn dann wäre ich ein Teil dieser Welt.

Ich wäre *diese Welt, zu der ich mich jetzt,*
mit meinem ganzen Bewußtsein und mit meinem ganzen
Anspruch auf Vertrautheit in Gegensatz *befinde.*
Eben dieser so höhnische Verstand
setzt mich in Widerspruch zur ganzen Schöpfung." [15]

Die klaren Köpfe der Existentialisten sind im Verstand hängengeblieben. Für sie war Gott tot, die Vorstellung eines ‚Vaters' nicht mehr möglich. Dabei läßt sich ‚Vatergott' oder ‚Gott als Vater' durchaus in unsere heutige Sprache übersetzen. Dann heißt dieses Bild: Die Existenz ist eins. Existenz ist Zusammensein, Harmonie, kein Konflikt, keine Kontrakurrenz. Gott ist kein ‚Anderer', sondern *Das, was ist.*

Es lohnt, sich unser ‚Gefängnis' genauer anzuschauen, jenes Gefängnis, das wir durch eine „Art optische Täuschung des Bewußtseins" nicht wahrnehmen.

Wie würden Sie ein Gefängnis bauen, wenn Sie wollen, daß der Gefangene nie entkommen kann? Natürlich - es müßte so beschaffen sein, daß der Gefangene überhaupt nicht merkt, daß er darin sitzt. Es müßte ein Gefängnis sein, in dem sich der Gefangene für frei hält. In der nordischen Mythologie gelingt es den Göttern nicht, den gefährlichsten aller Gegner, den Fenriswolf, zu fesseln. Alle Ketten kann er zerreißen. Bis Loki, der listige Schmied, eine Fessel schmiedet, die so dünn ist, daß man sie nicht mehr sehen kann: die hält den Wolf gefangen!

Auf welche Weise ist nun das Gefängnis, in dem *wir* sitzen, unsichtbar geworden? Was ist die ‚optische Täuschung'?

Die - zugegeben geniale - Täuschung besteht darin, daß wir meinen, das Gefängnis zu sein. Wir haben uns mit dem Gefängnis identifiziert. Und nennen unser Gefängnis ‚ICH'.

„Ihr versteht eure eigene Lage nicht!
Ihr seid im Gefängnis.
Alles, was ihr wünschen könnt,
wenn ihr vernünftige Menschen seid,
ist: zu entkommen!
Aber wie entkommen?
Damit ein Mensch im Gefängnis überhaupt je
eine Fluchtmöglichkeit haben kann,
muß er zuallererst erkennen,
daß er im Gefängnis ist!
Solange er das nicht einsieht,
solange er sich für frei hält,
hat er überhaupt keine Möglichkeit." [16]

Wir waren ja nicht dumm, als wir uns entschlossen haben, Versteck zu spielen. Wir - das reine Bewußtsein - haben uns (das ist schon länger her) dazu entschlossen, ein Spiel zu spielen. Weil uns nichts Besseres einfiel - und es sieht so aus, als ob es kein Besseres gibt - haben wir Verstecken gespielt.

Und wir haben uns nicht einfach hinter Büschen oder Hausecken versteckt, auch nicht in Höhlen oder auf Bergen. Wir haben uns *in uns - vor uns selber versteckt.*

Und da stecken wir jetzt noch! Aber wir fangen an, das Spiel zu durchschauen. Wir spielen das Spiel zuende. Und finden uns selbst!

Beim Verkörpern haben wir die Gesetzmäßigkeiten eines Körpers übernommen, und das oberste Gesetz jedes Körpers heißt Selbsterhaltung. Diesem Gesetz folgen alle Körper, die Pflanzen, Tiere und Menschen. Das Gesetz der Selbsterhaltung ist in jedem Körper einprogrammiert wie in einen Computer, wie in eine Maschine. Und wenn man auch bestreiten will, daß Menschen Maschinen sind, muß man doch sagen, daß unser Verstand eine Maschine ist. Unser

Verstand mit seinem Zentrum, dem Ich, ist eine Maschine, deren einziger und ursprünglicher Zweck die Selbsterhaltung ist. Mit ihr haben wir uns identifiziert. Zu dieser Maschine sagen wir ‚Ich'!

Das ist das Gefängnis, in dem wir stecken. Und aus dieser Identifikation mit dem Selbsterhaltungsmechanismus unseres Körpers stammt alle Angst. Unser ‚Scheinzentrum' ist die ‚wahre Angststätte'.

In unserer Entwicklung ist etwas passiert (das ist das Versteckspiel): Wir haben vergessen, wer wir sind und uns mit dem Schutzmechanismus identifiziert. Das ist die ‚optische Täuschung des Bewußtseins', von der Einstein gesprochen hat. Es erscheint denkbar, daß die ‚Göttlichkeit', der ‚Gottesfunke' in uns der wahre Grund für die Erhaltung des Lebens ist. Durch die ‚optische Täuschung' soll nun aber nicht mehr unsere eigentliche Natur, das Göttliche in seiner Verkörperung erhalten werden, sondern im Kurzschlußverfahren erhält sich der Schutzmechanismus selber.

Wenn der Zweck der Maschine das Überleben des ‚Seins' ist, also von dem, wer wir wirklich sind - das Sein aber meint, es selbst sei die Maschine, dann wird der Zweck der Maschine die eigene Erhaltung. Jetzt soll nicht mehr die Verkörperung Gottes erhalten werden, sondern der Schutzmechanismus. Ein Schutzmechanismus, der darauf aus ist, sich selbst zu erhalten, erzeugt ständig Ängstlichkeit. Das erklärt, was wir miteinander und mit dem Planeten machen.

Falls Sie es noch nicht wissen, sage ich es Ihnen jetzt: Das Leben findet nur in der Gegenwart statt. Nur jetzt! Wir leben nicht vorhin oder gleich, nicht gestern, nicht morgen. Wir leben jetzt!

Wir schreiben von links nach rechts. Wir können uns deshalb die Vergangenheit links und die Zukunft rechts von uns vorstellen. Wir leben ‚hier', in der Mitte zwischen Vergangenheit und Zukunft. Aber hier in der Mitte, im Hier und Jetzt, kann die Maschine Verstand nicht existieren, das erlaubt ihre Bauweise nicht. Der Verstand kann nämlich nur in der Vergangenheit oder in der Zukunft sein. Er bewegt sich sozusagen immer nur horizontal. Die Wirklichkeit jedoch bewegt sich vertikal! Deshalb treffen sich Verstand und Wirklichkeit nicht.

Und weil er so gebaut ist, kann unser Verstand, unsere Maschine, die wir zu sein glauben, nie hier, nie im Jetzt sein. Das können nur wir.

Aber wir können die Baugesetze der Maschine, mit der wir identifiziert sind, kennenlernen. Wir sind das einzige Wesen, das sich selbst überwinden, das transzendieren kann.

Das hier sind Schritte zur Überwindung unserer Maschinenhaftigkeit. Je mehr Sie durchschauen, wie unser Gefängnis gebaut ist, desto durchlässiger wird es.

Wo steckt die Angst in der Maschine? Inzwischen werden Sie wissen, daß Angst *nur* in der Maschine stecken kann. Wer wir wirklich sind, hat nie Angst. Die Angst steckt in der Zukunft, als Vorstellungshilfe rechts. Links, in der Vergangenheit, befindet sich die Schuld. Rechts in der Zukunft hocken die Angst und Hoffnung. Und weil unser Verstand, unsere Maschine sonst nichts kennt (eine Mitte, Gegenwart, Wirklichkeit, Hier und Jetzt *kann* sie nicht kennen) hängen Schuld, Angst und Hoffnung hoffnungslos zusammen.

Angst ist immer mit Hoffnung verbunden. Wir hoffen, daß nächstens etwas eintritt, etwas für uns Wichtiges, etwas, das wir erhoffen. Können wir unter diesen Umständen ohne Angst sein? Das Erhoffte tritt ja vielleicht nicht ein. Vielleicht schaffe ich es, vielleicht aber auch nicht. Immer lebt in der Hoffnung die bange Frage: Ob es eintreffen wird?

Vor 2500 Jahren hat Buddha geraten: „Laß die Hoffnung fahren!" Wer das fertigbringt, erlebt eine Überraschung; denn im gleichen Augenblick, in dem wir die Hoffnung gehen lassen, verschwindet auch die Angst. Wenn wir aber keine Hoffnung und keine Angst mehr haben, sind wir nicht mehr gespalten, sondern integriert. Das hoffnungsvolle und das ängstliche Ich bestehen dann nicht mehr.

Hoffen heißt auch immer, die Dinge nicht so haben zu wollen, wie sie sind. Aus Unzufriedenheit wird Hoffnung, die Unzufriedenheit tarnt sich mit der Hoffnung. Die Hoffnung läßt uns weitermachen und uns die Gegenwart ertragen. Insofern ist Hoffnung eine Art Betäubung. In der Hoffnung meinen wir immer, daß die Lösung, die Erlösung draußen, woanders einträte - anderenorts, mit anderen Menschen, zu anderer Zeit. Dabei geschehen Lösung, Erlösung und Wirklichkeit immer nur im Hier und Jetzt.

Die Maschine Verstand hat auch eine Steuerungszentrale: das Ego, das Ich. Und weil es der Maschine um die Selbsterhaltung geht, muß sich auch dieses Scheinzentrum Ego selbst erhalten. Das Ego tut das dadurch, daß es egoistisch ist.

Dieses möchte ich mit religiösen Begriffen klarmachen, wobei Religion als ‚Erkundung des eigenen Wesens' definiert sei - ich vertrete hier keine Konfession.

Also: Es sieht so aus, als ob wir Egos wüßten, daß wir uns vom Ganzen abgespalten haben. Das Wort ‚Sünde' kommt von ‚Absonderung'. Als einziges Wesen haben wir uns aus dem Gesamtzusammenhang abgesondert. Das „Ihr werdet sein wie Gott" war von Beginn an eine Täuschung. *Wir* haben das ‚Reich Gottes', das ‚Paradies', in dem alle anderen Wesen geblieben sind, verlassen. Der Weg, den wir aber gehen, führt wieder ins ‚Reich Gottes', das ‚Sein' - wenn wir wieder sind, wer wir eigentlich sind. Nur mit dem ungeheueren Unterschied, daß wir es dann *bewußt* sind, während wir - wie alle andere Natur noch heute - im ‚Paradies' *unbewußt* waren.

Der Weg zum bewußten Aufwachen führt durch die Maschinenhaftigkeit! Durch das Identifizieren mit unserem ‚Ich' haben wir uns vom Ganzen separiert. Jedes Ich glaubt ich zu sein und damit haben wir die Autorenschaft des Ganzen verleugnet.

Es erscheint möglich, daß alle Angst aus diesem Verleugnen der Autorenschaft stammt, also auch die Angst vor dem Tod. Doch wir haben uns nur in der Vorstellung vom Ganzen getrennt, fühlen uns deshalb allein und haben aus diesem Grund Angst vor unserem Ende. Unser Ego glaubt die Macht Gottes an sich gerissen zu haben: „Die innere Logik der Gentechnik ist der Sieg über die Evolution", christlich ausgedrückt: Der Mensch erkühnt sich, Gott die Schöpfung gleichsam aus der Hand zu schlagen und sich selbst und die Natur nach seinem eigenen Willen zu schaffen. Heute ist die Rede vom ‚Achten Tag der Schöpfung'.[17]

Das Verleugnen der Autorenschaft erzeugt Schuld und als Projektion Angst vor Vergeltung von außen. Deshalb haben Menschen Angst vor anderen Menschen. In den Upanischaden heißt es: „Sobald ein Anderer da ist, entsteht Angst." Um uns zu schützen, ‚ziehen wir uns zusammen' - das ist die Selbstkontraktion, der Mechanismus der Angst, das ‚Sich-Zusammenziehen'.

Angst ist aber auch eine Warnfunktion. So wie der Schmerz eine Warn- und Signalfunktion hat und deshalb ‚bellender Wachhund der

Gesundheit' genannt worden ist, so hat auch Angst eine Signalfunktion. Man könnte sie den ,bellenden Wachhund der Lebenserhaltung' nennen. Nur bellt dieser Wachhund bei uns Menschen ständig, ist dieses Bellen bei uns chronisch geworden.

Im ,Sündenfall', bei unserer Absonderung aus dem Urzustand, ist für uns ,Apperzeption' entstanden. Wir haben Erlebnis-, Wahrnehmungs- und Denkinhalte *bewußt* aufgenommen. Das hat uns zu ,Schöpfern' gemacht, zu ,Wahrnehmern'. Wahrnehmung ist die Domäne des Egos. Aber weil das Ego ein Scheinzentrum ist, werden wir verleitet, uns als etwas - eben als Ich - wahrzunehmen, was wir nicht sind.

Wir meinen zu leben, werden aber gelebt. „Realisation besteht im Sehen der Tatsache, daß du keine Person bist." Das ist eine Wahrheit, die für unseren Verstand unbegreiflich bleiben muß. Noch einmal Sri Nisargadatta: „Das Gefühl zu sein, das ,Ich bin', ist das erste, was auftaucht ... Das Gefühl von ,Ich bin' ist schließlich immer in Ihnen, nur haben Sie ihm allerhand beigefügt: Leib, Gefühle, Gedanken, Vorstellungen, inneren und äußeren Besitz etc. Alle diese Selbst-Identifizierungen sind irreführend. Ihretwegen halten Sie sich für etwas, das Sie nicht sind". [18]

Oder der Amerikaner Da Free John:

> „Jeder, der zum Punkt der Ekstase (Selbstüberwindung) erwacht ... identifiziert sich mit der Person, die hinter allen Augen ist - und den ,Ichen'. Gott, das wahre Wesen, ist hinter deinem ,Ich' des Selbstbezugs, genau wie Gott hinter den Augen ist, die aus jedem herausschauen, den ich sehe.
>
> Gott ist der Eine Der, welcher das ,Ich' ist, nicht derjenige, welcher sich bloß als ,Ich' bezeichnet.
>
> Wenn ,Ich' mich auf ,mich selbst' beziehe, beziehe ,Ich' mich nicht auf den ,Einen Der' ,Ich' ist, sondern vielmehr auf den Vorgang des Beziehens, auf das Bemerken des erfahrungsgemäßen Selbst-Bezugs, lediglich zum psychosomatischen Selbst. In ,mir' ist solange keine Weisheit, bis ,Ich' verstehe, daß ,Ich' gelebt werde. Das Lebende Sein ist ,Ich', obwohl ,Ich' nicht in der Lage bin zu wissen, was ,Es' ist." [19]

Um uns diesen unverständlichen Tatbestand noch etwas näher zu bringen, hier eine Stelle aus dem Buch „Das Unpersönliche Leben":

> „... der Mensch atmet nicht aus sich selbst und kann es

nicht. Etwas weit Größeres als sein bewußtes natürliches Selbst lebt in seinem Körper und atmet durch seine Lungen. Eine mächtige Kraft in seinem Körper gebraucht so die Lungen; ebenso benutzt sie das Herz, um das lebenserhaltende Blut zu zwingen, durch die Lungen in jede Zelle des Körpers einzudringen. Sie benutzen den Magen und andere Organe, um Speisen zu verdauen und zu assimilieren, um Blut, Gewebe, Haar und Knochen zu bilden. So gebraucht sie das Gehirn, die Zunge, die Hände und Füße, um zu denken, zu sprechen und all das zu tun, was der Mensch tut." [20]

Unser Ego ist der Frage-Aspekt des Selbst nach der Trennung von unserem Urzustand, denn das Ego ist gemacht und nicht erschaffen worden. Wir werden ja nicht mit unserem Ego geboren, die Gesellschaft ‚macht' das Ego in uns. ‚Ich' sagen wir erst, wenn wir zwei oder drei Jahre alt geworden sind.

Unser Verstand, unser Ich, unser Ego kann Fragen stellen, aber er kann keine wirklichen, sinnvollen Antworten erkennen, eben weil er nicht das geeignete Werkzeug im Umgang mit der Wirklichkeit ist. Ich, Ego, Verstand können die Wirklichkeit nicht erkennen und schon deshalb ist der Verstand verwirrt. Ein Teil des Ganzen, welches sich abgespalten hat, *muß* verwirrt sein, wenn es der Wirklichkeit gegenübersteht. Der separierte Verstand ist notwendigerweise über das, was ist, im Ungewissen.

Unser Verstand arbeitet als Zweifler, als Maschine, die alles bezwei-felt. Er denkt immer in Gegensätzen (dual): heiß/kalt; hell/dunkel; plus/minus; Nord/Süd; geht/geht nicht - und obendrein ist er immer in sich selbst gespalten. Das macht ihn doppelt angstanfällig, weil einzelne Verstandesteile sich selber untereinander fremd sein können.

Zum richtigen Umgang mit der Angst gehört auch das Wissen, wo sie in uns auftritt. Steckt sie im Körper, in der Seele oder im Geist?

Was der ‚Körper' ist, brauchen wir nicht zu besprechen. Was der ‚Geist' ist, soll kurz erklärt werden: mit dem Wort ‚Geist' wird jener Teil des Menschen beschrieben, der *nicht mehr erfahrbar* ist - unsere Spiritualität. Sie ist kein Objekt, das wir beobachten oder sehen könnten. Das sind *Wir*! Deshalb gibt es da keinen Erfahrenden, wie ein Auge sich nicht selbst sehen kann.

Was ‚Seele' ist, benötigt ein bißchen mehr Erklärung. Schon das

Wort ‚Seele' ist extrem irreführend, es ist umgeben von einer Aura von ‚Heiligkeit' und Unschärfe, die es methodisch unbrauchbar macht. Wir sollten dieses Wort eigentlich nur als Synonym für ‚Geist' verwenden. Die in unserer Sprache sehr nebulöse Dreiheit ‚Körper-Seele-Geist' wird im Englischen passender mit ‚Body-Mind-Soul' bezeichnet, wobei der Begriff ‚Soul' mit ‚Spirit' ausgetauscht werden kann.

Was zwischen den Wirklichkeiten ‚Körper' und ‚Geist' liegt, ist nichts als eine Brücke zwischen diesen beiden. Es ist all das, was wir ‚Erfahrung', ‚Erleben' nennen. Die Wissenschaft vom Seelenleben, die ‚Psychologie' (griech. psyche = Hauch, Leben, Seele) beschäftigt sich mit den Formen und Gesetzmäßigkeiten des Erlebens und Verhaltens. In der Tiefenpsychologie wird das Wort ‚Seele' vermieden, um die religiösen und spiritualistischen Nebenbedeutungen der Ausdrücke ‚Seele' und ‚Geist' zu vermeiden (Herder Lexikon der Psychologie, 1988).

Statt ‚Seele' wird dort also Psyche gesagt, wobei sich für das Verständnis das Wort ‚das Erfahrende' besser eignet. Dort, wo Körper und Geist sich überlappen, ist das ‚Erfahrende'. Im Grenzbereich, wo Körper als Wirklichkeit und Geist als Wirklichkeit sich überlappen, wird eine Art illusorischer Wirklichkeit erzeugt, eben die ‚Seele', das ‚Erfahrende'.

Und hier, im Erfahrenden steckt die Angst, die zwar den Körper stark beeinflussen kann, nicht aber den Geist.

Wenn wir total im Körper sind, verschwindet das ‚Erfahrende', wenn wir total im Geist sind, verschwindet es ebenso. Wenn wir in körperlicher Liebe total im Körper sind, existiert für ein paar Augenblicke kein ‚Erfahrendes', wir verlieren für kurze Zeit den ‚Verstand'. In tiefer Meditation kann der Verstand, das Erfahrende gleichfalls verschwinden. Wirklichkeit ist immer eine Sache der Nicht-Erfahrung. Visionen und Lichterscheinungen können zwar Hinweise auf die eigene Entwicklung sein, mit ‚Geist' oder mit ‚Spiritualität' haben sie jedoch nichts zu tun.

Sicher haben Sie schon gehört, daß die Welt eine Illusion, Maya, sei. Das stimmt nicht ganz, weil wir nämlich mit ‚Welt' jene Welt meinen, die wir erleben und erfahren. Der naive Mensch könnte fragen: „Na, wo sonst soll denn die Welt sein als in meiner Erfahrung?“ Die Welt, die wir mit unserer ‚Seele‘ erfahren, mit unserem ‚Erfahrenden‘, ist Maya. Wir leben in Vor-Stellungen, in Gedanken, in Gefühlen, in Wünschen, in Fantasien - das heißt im Verstand. Wir merken nicht, daß wir im Wachen träumen, genau wie wir beim Schlafen nicht merken, daß das Träumen nicht die Wirklichkeit ist. Im Schlaf erscheint ein Traum wirklich, nur jeden Morgen merken wir, daß das, was wir ‚erlebt‘ haben, nicht die Wirklichkeit war. Doch schon in der nächsten Nacht träumen wir wieder und meinen, was wir da erleben, wäre wirklich.

Im gleichen Maße, in dem wir schlafen, erscheinen uns Träume wirklich. Wenn wir ‚mitten am Tage ein zweites Mal aufwachen‘, dann ist, was wir ‚Seele‘ nennen, das Erfahrende, unser Denken, Fühlen, Vorstellen nicht mehr wirklich. Dann sind Körper und Geist wirklich - aber der Verstand, die sogenannte Seele, das Erfahrende, vergangen.

Das heißt aber auch: Angst wird nur geträumt - und wir halten unseren Traum für Wirklichkeit. Wenn wir ganz zu uns selbst in unseren natürlichen Zustand aufgewacht sind, sind wir wie ein Tier, wie eine Katze, die, obwohl sie Angst (Furcht) bekommen kann, in keiner Weise chronisch ängstlich ist. Oder wie ein Zebra. Im Zebra existiert das Sein als Zebra, in der Katze als Katze.

Und wie eine Katze keine große philosophische oder psychologische Untersuchung des Universums vorgenommen hat, um angstfrei zu sein, brauchen auch wir keine umfassende Weisheit, um von Angst befreit zu werden.

Wir brauchen keine Angst zu haben, außer in dem kurzen Augenblick des Erkennens einer drohenden Gefahr. Im nächsten Augenblick nämlich geht man mit der Gefahr um, nicht mehr mit der Angst.

Zur chronischen Angst gehört auch, daß der Mensch in diesem Zustand ‚schrumpft‘. Er wird innerlich schwächer, kleiner; und als Folge wird in seinem Körper Raum frei. Ein ängstlicher Mensch lebt nicht mehr in seinem ganzen Haus. Paracelsus sagte: „Die große Tür, durch die alle Krankheiten hereinspazieren, ist die Niedergeschlagenheit. Auf dem Boden der Hoffnungslosigkeit sprießen alle Übel.“ In einem Buch, das ich übersetzt habe, macht Ron Smothermon das so klar:

„Die letztmögliche Wahrheit, wie man im Zustand des Wohlbefindens bleiben kann, ist: Bewohnen Sie Ihren Körper. Das ist alles. Es ist nicht schwierig. Bewohnen Sie Ihren Körper. Einen bewohnten Körper zu betreten, ist für Krankheit äußerst schwierig. Seien Sie hier in dieser Gestalt, bis Sie nicht mehr sind. Seien Sie bewußt. Seien Sie wach. Bewohnen Sie Ihren Körper. Sie können nichts Heiligenderes tun, als da zu sein, wo Sie sind, wenn Sie da sind."[21]

Was ‚Schrumpfen' betrifft, möchte ich Ihnen noch eine weitere Orientierung geben: Jeder Mensch hat zu jedem Zeitpunkt eine bestimmte Menge Energie zur Verfügung. Natürlich schwankt diese je nach der jeweiligen Kondition des Menschen. Übermüdung, Tageszeit, Krankheit, Ernährungszustand, Alter usw. verändern die jeweilige Energiemenge. Die verfügbare Energie ist zwar zu verschiedenen Zeiten unterschiedlich stark, aber sie ist im gelebten Augenblick stets die jeweils ganze Energie. Das heißt, jeder Mensch hat in jedem Moment 100% seiner vorhandenen Energie verfügbar. Wenn er von diesen 100% lediglich weniger als 33% benutzt, auslebt und verwendet, läßt er sich so weit schrumpfen, daß „die Tür, durch die alle Krankheiten hereinspazieren", weit offensteht! Ein Mensch, der nur ein Drittel (oder weniger) seiner vorhandenen Energie auslebt, sollte sich nie entspannen oder ganz inaktiv werden. In diesem Zustand können in seinem ‚Freiraum' Psychosen und Neurosen wachsen.

Normal könnte man nennen, wenn wir zwischen 33 und 66% unserer Energie ausleben, also zwischen einem und zwei Dritteln der eigenen 100%. Mehr als 66% einzusetzen benötigt erhebliche Anstrengungen. Das hat z.B. Gurdjieff mit seinen Schülern gemacht, er brachte sie zu Höchstleistungen. Sein wichtigster Schüler Ouspensky hat es so erklärt:

„Es gibt ein sehr wichtiges Prinzip in der Arbeit - Sie dürfen niemals entsprechend Ihrer Kraft arbeiten, sondern immer über Ihre Kraft hinaus. Das ist ein bleibendes Prinzip. In der Arbeit müssen Sie immer mehr tun als Sie können; nur dann können Sie sich ändern. Wenn Sie nur tun, was möglich ist, werden Sie bleiben, wo Sie sind. Man muß das Unmögliche tun.

Sie dürfen das Wort ‚unmöglich' auf keiner zu großen Skala nehmen, denn sogar ‚ein wenig' bedeutet viel." [22]

Um mit Angst richtig umgehen zu können, müssen wir ihre Natur kennen. Angst ist Negativität, eine Abwesenheit. Angst ist wie Dunkelheit, und Dunkelheit existiert nicht, obwohl es zunächst so scheint, als ob es so etwas wie Dunkelheit gäbe. Dunkelheit ist aber nur Abwesenheit von Licht. Licht existiert. Wenn wir Licht entfernen, ist es dunkel. Nur: die Dunkelheit existiert nicht, ansonsten könnte man sie entfernen oder wegbringen. Auf dem Vortrags-Plakat sagt der zweite Satz genau das: „Angst gibt es nicht!" Ganz gleich, was man mit Dunkelheit - ganz gleich, was man mit Angst anstellt, wir können sie nicht wegbringen. Mit der Dunkelheit, mit der Angst als solcher kann man nichts ausrichten.

Wenn wir mit Dunkelheit etwas tun wollen, müssen wir Licht machen. Man kann nur mit etwas umgehen, was Existenz hat. Licht aus: die Dunkelheit ist da. Licht an: die Dunkelheit ist nicht da. Wir haben also etwas mit Licht gemacht, um die Dunkelheit auszulöschen. Mit Dunkelheit selber kann man nichts tun, gar nichts. Genau so ist es mit der Angst! Mit Angst kann man direkt nichts machen.

Je mehr einer mit Angst macht, umso ängstlicher wird er werden. Denn er merkt und merkt immer mehr, daß nichts zu machen ist! Wir sind aber zum ‚Machen'-Müssen erzogen worden, um etwas zu erreichen. Nur das Problem Angst wird durch ‚Machen' immer komplizierter. Wer mit Dunkelheit kämpft, wird besiegt, wie wenn jemand eine dunkle Nacht mit dem Schwert vertreiben wollte. Jeder Kampf mit einer Abwesenheit ist aussichtslos und heraus kommt nur, daß wir erschöpft werden. Und was liefert unser Gefängnis/Verstand schließlich nach so viel Kampf? Dann schreibt jemand auf das Vortrags-Plakat: „Angst ist: wenn man nicht mehr kann, weil das Leben über Jahre *ein* Schrecken ist ..." Nach so langem, vergeblichen Kampf sagt der Verstand völlig logisch: „Die Dunkelheit ist zu stark für mich, deshalb hat sie mich besiegt. Da komme ich nie raus!"

Hier aber stimmt die Logik nicht. Logik und Wirklichkeit müssen nicht zusammengehen. Dafür ein Beispiel: Ein Professor der Mathematik fliegt nachts in einem vierstrahligen Jet über den Atlantik. Er ist auf dem Weg zu einem wichtigen Kongress und denkt deshalb über seinen Vortrag nach, den er zur Eröffnung halten soll. Mit einem Ohr hört er beim Denken eine Durchsage des Kapitäns: „Es tut mir leid, Ihnen mitteilen zu müssen, daß unser Triebwerk 2 soeben ausgefallen ist. Wir werden uns um ungefähr 15 Minuten verspäten." Der

Professor denkt seine Gedanken weiter. Nach kurzer Zeit hört er wieder den Kapitän: „Es tut mit leid, eben ist auch unser Triebwerk Nr. 4 ausgefallen. Wir werden uns um etwa eine Stunde verspäten". Der Professor denkt weiter seine Gedanken. Kurz danach wieder der Kapitän: „Es tut mir leid, wir werden uns um ungefähr zwei Stunden verspäten, eben ist auch unser Triebwerk Nr. 1 ausgefallen". Da wendet sich der Professor zu seinem Nachbarn und sagt: „Wahnsinn! Wenn Nr. 3 auch noch ausfällt, werden wir die ganze Nacht hier oben bleiben!"

Bedenken Sie einmal die Logik: ich habe mit der Dunkelheit gekämpft und habe sie nicht besiegen können. Ich habe sie nicht besiegt, sie ist geblieben. Jetzt können Sie logisch doch nur folgern: die Dunkelheit ist stärker als ich. Ich muß vor ihr kapitulieren, ich bin machtlos. Logo!

Für eine andere Abwesenheit - die Angst - kann dieser ja durchaus logische Gedankengang nur lauten: ich habe mit der Angst gekämpft und habe sie nicht besiegen können. Ich bin sie nicht losgeworden. Logische Schlußfolgerung: die Angst ist stärker als ich. Ich muß kapitulieren, ich bin machtlos. Logo!

Die Wirklichkeit jedoch ist genau entgegengesetzt. Nicht ich bin machtlos, die Angst ist machtlos! Sie ist nicht einmal da, sie hat keine Wirklichkeit, sie ist eine Abwesenheit. Deshalb kann ich sie nicht wegbringen! Wie könnte jemand etwas wegbringen, was nicht vorhanden ist?

Fazit: Nie mit Angst kämpfen! Nie Angst mit Mühe loswerden wollen! Wer das macht, bekommt noch mehr Angst. Immer gilt der Satz: Was Du hast und nicht haben willst, das behältst Du, das wird stärker! Und wer mit seiner Angst kämpft, schafft sich bei dieser Gelegenheit eine neue Angst: nämlich die Angst vor der Angst.

Unser Verstand, der die Aufgabe hat, auf uns aufzupassen, grübelt ‚berufsmäßig' darüber nach, was passieren ‚könnte'. Aus dem Grund sind wir ständig ein bißchen ängstlich. Sie verstehen inzwischen diese Eigenart der Überlebensmaschine in uns: unser ‚Aufpasser' ist ständig ein bißchen ängstlich, weil er nicht weiß, wann Angst kommt. Daß sie kommt, ist für den Aufpasser selbstverständlich. Es könnte ja ständig und jederzeit irgendetwas passieren, uns selbst oder einem anderen Menschen, den wir kennen. „Ob das schiefgeht?" - „Es wird doch nichts passiert sein?“ - „Er, sie wird doch nicht unter die Räder gekommen sein?“ Etc. etc. etc.

In dieser Ängstlichkeit habe Sie immer Angst, daß Sie Angst kriegen werden - und Sie sind doch schon ängstlich!

Warum nun ist Angst vor der Angst doppelt dumm? Weil 1. die Angst eine Abwesenheit ist und 2. eine Angst vor der Angst eine Angst vor der Abwesenheit der Abwesenheit ist. Darum ist es verkehrt, gegen Angst zu kämpfen.

Was eigentlich ist denn in der Angst abwesend? Was ist denn das Gegenteil von Angst? Ist es Mut? Nein. Das Gegenteil von Angst ist der Geheimschlüssel, der alle Angst vergehen läßt: es ist die Liebe! Im Grunde ist Angst nichts als Abwesenheit von Liebe. Wenn wir lieben, vergeht die Angst. Wer tief liebt, kennt keine Angst. Schauen Sie einmal in Ihr eigenes Erleben: immer, wenn Sie jemanden geliebt haben, vielleicht auch nur kurze Zeit, hatten Sie da Angst? Das gibt es nicht. Wenn sich zwei Menschen tief lieben, gibt es (in dieser Zeit) keine Angst - so wie man Dunkelheit nicht finden kann, wenn Licht da ist. Der Geheimschlüssel ist: mehr zu lieben! Je mehr jemand liebt, desto weniger Angst wird er haben.

Damit das Wort ‚Liebe‘ und vor allem die damit bezeichnete Wirklichkeit deutlicher wird, will ich ihre vier Dimensionen beschreiben, um die ganze Tiefe der Liebe erkennbar zu machen.

Die erste Dimension ist die Sexualität. Tiefe Befriedigung vertreibt alle Angst aus dem Körper und vermittelt das Gefühl, im Körper zu Hause zu sein, das Gefühl, ‚ganz‘ zu sein.

Die zweite Dimension ist die Liebe zu Menschen überhaupt - ohne Bedingungen, ohne etwas zurückhaben zu wollen. Schon dadurch, daß man Menschen liebt, wächst die Angstlosigkeit. Je mehr wir lieben können, umso liebenswerter werden wir, je weniger wir lieben können und je mehr wir verlangen, von anderen geliebt zu werden, desto weniger liebenswert sind wir. Und wir werden auch empfindlicher; machen, eingesperrt in unser Ego, eher ‚zu‘. Wir haben dann Angst, wenn jemand kommt und uns lieben möchte. Denn in jeder Liebe steckt ja auch die Möglichkeit der Ablehnung, die Möglichkeit, daß der andere sich wieder zurückzieht. Viele meinen: „Mich liebt keiner!“ - und wenn dann doch jemand kommt, zweifelt der Verstand:

„Tut der oder die nur so?“ „Will der oder die mich nur ausnutzen?“ Und dann ‚schützen‘ wir uns, igeln uns ein. Wir lassen uns nicht lieben und lieben niemand anderen. Dann sind wir allein und einsam.

Und dann die dritte Dimension der Liebe, das ist das Beten. Ich meine nicht das Beten, daß uns beigebracht worden ist. Keine fertigen Gebete, sondern das spontane Beten. Was könnte eigentlich noch spontan sein, wenn nicht einmal unser Beten spontan sein kann? Wo sonst wollen wir noch authentisch und wahrhaftig sein?

Den Unterschied zwischen beigebrachtem und spontanem Beten macht eine Geschichte deutlich, die Tolstoi erzählt hat.

Auf einem Schiff im Weißen Meer hört der Bischof von Archangelsk von drei alten Gottesmännern, die auf einer Insel leben und von denen gesagt wird, sie bemühten sich um das Heil ihrer Seele. Der Bischof bittet den Schiffer, ihn zur Insel zu fahren und läßt sich schließlich - das Schiff muß ankern - mit einem Ruderboot dorthin bringen. Die drei Greise verbeugen sich tief, als der Bischof sie anredet: „Ich habe vernommen, daß ihr, Greise Gottes, hier um das Heil eurer Seele bemüht seid und für eure Mitmenschen zu Christus, unserem Herren, betet. Ich aber, unwürdiger Knecht Christi, bin durch die Gnade Gottes berufen, seine Herde zu hüten. So bin ich hierhergekommen, euch, Diener unseres Herren, zu sehen und euch zu lehren, so ich es vermag. Sagt mir, wie ihr zu Gott betet.“ Da schauen sich die drei lange gegenseitig an, bis der Älteste schließlich sagt: „So beten wir: Ihr seid drei, wir sind drei, erbarmt euch unser drei!“

Der Bischof: „Von der Heiligen Dreifaltigkeit habt ihr also gehört, doch ihr betet sie nicht so, wie es sich gehört. Anders müßt ihr beten. Hört mir zu, ich will es euch lehren!“

Den ganzen Tag bemüht sich der Bischof, hundertmal sagt er ihnen jedes Wort des Vaterunsers, und die Greise sprechen es ihm nach, bis sie das Gebet des Herrn gelernt haben. Beglückt läßt sich der Bischof zurückrudern, geht an Bord des Segelschiffes, der Anker wird gelichtet und das Schiff fährt wieder in die offene See hinaus. Der Bischof setzt sich hinten im Schiff nieder und schaut unverwandt zur Insel zurück. Er dankt Gott, daß er ihn zu dieser Insel geführt hat, den Greisen zu helfen und ihnen sein Wort zu verkünden.

Plötzlich beginnt es vor seinen Augen zu flimmern, bald hier, bald da spielt ein Licht auf den Wellen, und schließlich sieht er etwas Weißes im Mondlicht erscheinen. Es ist kein Segel, kein Schiff, kein Vogel. Die drei Greise sind es! Sie laufen auf den Wellen, ihre Haare schimmern weiß; und sie nähern sich dem Schiff so rasch, als ob es stillstünde. Sie holen das Schiff ein, kommen dicht ans Deck und sprechen wie aus einem Munde: „Wir haben es wieder vergessen, o Knecht Gottes, lehre uns von neuem, wie wir beten sollen."

Da schlägt der Bischof das Kreuz, beugt sich vom Deck herab zu den Alten und spricht: „Nicht mir steht es an, euch zu lehren." Er fällt vor den Greisen auf die Knie nieder - sie aber gehen über das Wasser zurück. [23]

Das spontane Beten ist die dritte Dimension der Liebe.

Und die vierte ist die Stille, wo auch der Dialog schweigt. Bei Matthäus 12,34 heißt es zwar: „Wes das Herz voll ist, des geht der Mund über" (Luther-Übersetzung) bzw. „Denn wovon das Herz wirklich voll ist, spricht man nicht mehr." Wenn das Herz überfließt, tritt Stille ein. Man wird eins mit dem Ganzen. In diesem Zustand (in dieser Dimension) spricht man weder, noch lauscht man. Man ist erfüllt, man *ist* mit dem Einen, dem Ganzen. Das ist die vierte Dimension der Liebe.

Nicht zum Beweis - den brauchen Sie nicht - sondern zum Vertiefen der Einsicht seien drei Autoritäten genannt. Theresa von Avila: „Gewöhnt Euch an dieses innere Einsam- und Stillesein, so werdet Ihr Gott in Euch entdecken. Gott entzieht sich niemals dem, der sich ihm schweigend naht. Er erlebt Gott in der Stille seiner Seele." Meister Eckhart nennt das Schweigen „das Beste und Herrlichste, wozu man in diesem Leben gelangen kann; weil, wenn man schweigt, Gott in einem sprechen und wirken kann."

Und der treueste Schüler Meister Eckharts, Johannes Tauler: „So klein ein Pfennig gegen hunderttausend Mark Goldes ist, so nichtig ist alles Gebet mit Worten gegenüber dem inwendigen Gebet des schweigenden Einsseins mit Gott. Alles Gebet des Mundes ist Streu und Stroh gegen das edle Korn des schweigenden Gebets des Herzens."

Was bedeutet es wohl, wenn jemand auf ein Plakat für einen Vortrag über Angst schreibt: „Angst ist, wenn man nicht mehr kann, wenn das Leben über Jahre *ein* Schrecken ist..."?

Zunächst einmal, daß der oder die, der oder die das geschrieben hat, nicht weiß, wer er oder sie ist. Wer dieses geschrieben hat, ist ganz mit seinem Verstand, seinem Ego, seiner Angst identifiziert. Das kann Jahre - und natürlich auch ein Leben lang so weiter gehen.

Der Zusatz „... der Überlebenstrieb (ist) so groß, daß man sich nicht umbringt“: Lassen Sie uns diesen Knoten auch noch lösen. Es ist ja gerade der Überlebenstrieb, welcher die Angst produziert und der andererseits gleichzeitig den Menschen davon abhält, seinem Leben voller Angst ein Ende zu machen!

Die letzte Zeile „Unschuldige Hölle“ soll wohl heißen ‚Unverschuldete Hölle‘. Aber so ist das nicht. Es ist selten sinnvoll, von Schuld, sehr sinnvoll aber, von Verantwortung und Konsequenz zu sprechen. Jeder Mensch ist verantwortlich (auch jener, der das auf das Plakat geschrieben hat), *zu wissen, wer er ist*! Und genau so ist er verantwortlich für seine Angst.

Zum Umgang mit uns selbst gehört die Fähigkeit, immer in das zu gehen, was unangenehm ist. „Das Leben ist ein wagemutiges Abenteuer, oder nichts“, wußte Helen Keller. Riskieren und Wagen gehören zum Leben des Lebens. Wer das nicht weiß und nicht tut, der ‚nichterlebt‘ sein Leben. Ein Risiko, selbst das größte, war früher eine Verlockung für den ‚Krieger‘.

Wenn Angst immer mit der Selbsterhaltung zusammenhängt, dann müssen auch das Wachwerden und die Selbst-Verwirklichung Angst machen. Die Selbstbefreiung aus dem Gefängnis Verstand macht Angst, denn es geht dabei ja um nichts Geringeres als um das Aufgeben der Identität mit dem Ich - also genau der Instanz, die sich mit Angst verteidigt.

Dieser Weg geht nach innen und kann deshalb nur allein gegangen werden. Doch schon vor dem Alleinsein haben wir Angst. Fast all unser Handeln kann auf eine einzige Ursache reduziert werden: unsere Angst vor dem Alleinsein. Diese Angst wird nicht von Gespenstern ausgelöst, sondern im Alleinsein kommt die Angst *vom* Alleinsein.

Allein im Wald, besonders nachts, haben wir nicht wirklich Angst vor Gespenstern oder Menschen mit bösen Absichten. Wenn wir allein im Zimmer sind und es dunkel ist, haben wir auch keine Angst vor Gespenstern. Gespenster sind nur Projektionen. Wir haben Angst vor unserem Alleinsein - das ist das Gespenst.

Wenn man allein ist, spürt man als erstes Einsamkeit - und die macht Angst. Wir fühlen uns hilflos, klein und ohnmächtig. Die meisten Menschen entkommen diesen Gefühlen durch irgendeine Tätigkeit. Nur wenige sind bereit, nach innen zu gehen, indem sie sich sagen: ‚Wenn die Wahrheit unsere Einsamkeit ist, dann ist es die Wahrheit; dann hat es keinen Sinn, vor ihr wegzulaufen. Dann ist es besser, in sie hineinzugehen, ihr zu begegnen, sich ihr zu stellen.'

Das ist immer der erste Schritt in die Meditation. Wenn man der begegnet und ihr standhält, verändert sich die Einsamkeit in das Alleinsein. Und bringt Freude. Die Freude, man selbst zu sein!

Immer wenn Angst aufsteigt - ich meine hier nicht die Signal-Ängste, die von außen kommen, also z.B. beim Autofahren - immer wenn von innen Ängste aufsteigen, bedeutet das, daß man einer Blockade nahe ist, einem Hindernis, das ausgeräumt werden muß. Das ist so, als ob da im Gefängnis eine Tür wäre: es lohnt sich, da hindurch zu gehen!

Lebendigkeit entsteht im Risiko, in der Gefahr. Ist Gefahr im Verzug, kristallisiert sich etwas in uns. Die Gefahr erzeugt eine Situation, in der wir eins werden müssen, da bleibt keine Zeit zum Denken übrig. So gut wie jeder hat schon erlebt, daß bei plötzlicher Gefahr das Denken aufhört - beim Autofahren zum Beispiel: man faßt keinen Gedanken mehr, der Verstand ist leer, eben weil die Situation gefährlich ist. Da ist ‚keine Zeit zu verlieren', und deshalb kann man sich Denken nicht leisten. Denken braucht Zeit.

Man muß also ohne Denken etwas tun. Wir reagieren dann, ohne den Verstand einzusetzen - geben Gas, reißen das Lenkrad zur Seite, tun das, was die Situation erfordert. Hinterher kommt der Verstand zurück und fängt an, eine Menge zu denken, vielleicht soviel, daß man vergißt, daß die Spontaneität und nicht der Verstand uns gerettet hat.

Je weniger Risiko uns im Leben erwartet, desto mehr denken wir. Dieses innere Gespräch wird zu einem Hindernis, es belastet uns wie ein totes Gewicht. Es erlaubt uns nicht zu sehen, zu hören, zu leben. Und mit dem vielen Denken wächst die Angst. Ohne Bereitschaft zum Risiko vermehrt sich Angst von selbst. Das heißt: immer, wenn sich

Angst zeigt, lohnt es sich, das Risiko zu wählen und *weiterzumachen*! Wenn Menschen ohne jedes Risiko sind, denken sie zuviel und kriegen zuviel Angst. Noch einmal der herrliche Satz von Helen Keller, die schon im Alter von 19 Monaten Augenlicht und Gehör verloren hat: „Life is either a daring adventure or nothing."

Unser Kopf, unser Ich, unsere ‚eigentliche Angststätte' redet uns ein, wir müßten ständig ‚vor'-sichtig sein und aufpassen - dabei erfordert wirkliche Gefahr überhaupt keine Vorbereitung.

Kennen Sie diese Angst-Geschichte? Ein Samurai kommt abends nach Hause und findet auf seinem Kissen eine riesige Ratte. Natürlich wird er wild. Das ist zuviel! Eine gewöhnliche Ratte und so mutig? Weil das alles ist, was er gelernt hat, zieht er sein Schwert und schlägt nach der Ratte. Die aber entkommt mit einem Satz, setzt sich in die Zimmerecke und blinzelt ihn an. Jetzt wird der Samurai vollends verrückt. Zum ersten Mal hat er nicht getroffen, und diese Ratte scheint einen Narren aus ihm zu machen. In seiner Wut schlägt er wahllos mal hierhin, mal dorthin - und deswegen immer daneben. Mit einem Mal überkommt ihn ein Zittern, und gleichzeitig fängt er an zu schwitzen. (Sie wissen, was ihm seine Maschine liefert: Angst!) In seinem Kopf entsteht der Gedanke: das kann keine gewöhnliche Ratte sein. Vielleicht ein böser Geist in Gestalt der Ratte. Er rennt aus dem Zimmer, schlägt die Tür zu und erzählt alles seiner Familie. Seine Frau versucht ihn zu beruhigen, er solle sich keine Sorgen machen, sich nicht aufregen und keine Angst haben. Und dann bringen sie ihre Katze ins Zimmer.

Die Katze schaut auf den Hausherrn, der zittert und schwitzt und versucht, sich davonzuschleichen. Irgendetwas stimmt hier nicht, denkt die Katze. So ein großer Krieger und soviel Angst? Als die Katze der Ratte noch ein bißchen näher kommt, macht diese plötzlich einen Satz auf sie zu - und die Katze rast davon, zittert und schwitzt.

Man probiert es mit allen Katzen der Stadt aus, aber es sieht so aus, als ob es unmöglich wäre, die Ratte zu fangen.

Schließlich gehen sie zum Königspalast und holen die Katze des Königs. Die marschiert einfach ins Zimmer, packt die Ratte und kommt wieder heraus. Da wundern sich alle Katzen und fragen: „Wie hast Du denn das gemacht? Was für einen Trick hast Du angewendet?" Darauf sie: „Trick? Wozu? Ich bin eine Katze und das ist eine Ratte

- Aus, Äpfel, Amen! Da gibt's nichts zu loben oder zu wundern. Ich bin eine Katze, und das reicht mir, um eine Ratte zu fangen!"

Das ist alles, was man im Leben verstehen und auch alles, was man über Angst verstehen muß. Wir sind Menschen - wir sind Katzen. Warum also Angst vor Ratten haben? Wenn sie kommt: bewußt bleiben, hinschauen, zustimmen. Das reicht! Man braucht nicht vorbereitet zu sein. Vorbereitung schafft selber Angst. Der große Krieger hat es nicht geschafft, weil er *zu sehr vorbereitet* war und die anderen Katzen haben es nicht geschafft, weil sie von Anfang an nur *versucht* haben, die Ratte zu fangen. Die Königskatze hat es einfach *getan*!

Natürlich spüren auch wirkliche Samurais Angst, allerdings nur für den kurzen Moment, in dem sie sehen, daß ihr Gegner ein Messer zieht. Gleich darauf sind sie völlig angstfrei und ruhig, und deshalb besiegen sie den Gegner. Angst würde ihre Aufmerksamkeit beeinträchtigen. Für den kurzen Augenblick beim Erkennen der Gefahr hat auch ein Samurai Angst, jedoch eben nur für diesen *natürlichen* Augenblick. Dann ist er so vollkommen entspannt und handelt so angemessen, daß er immer siegt. Er geht mit der Gefahr um - nicht mehr mit der Angst.

Nur wir Menschen haben diesen Angstmechanismus, welcher bei jedem Tier natürlich ist, zu einer chronischen Reaktion gemacht. Der plötzliche Moment angstvoller Erregung wird beim Tier für einen ganz bestimmten Zweck chemisch ausgelöst. Unsere chronische Angst hingegen ist eine chemische Dauer-Erregung ohne Zweck und Ziel. Angst ist nur ein Alarmschaudern, ein Zurückschaudern. Wir Menschen verlängern diese Warnung, so als ob wir endlos „darauf warten, unseren Finger aus der Kerzenflamme zu ziehen!" (Da Free John).

> „Der Mensch, der meint, sein Ich zu sein, der egoistische Mensch ist chronisch von all seinen Beziehungen weggezogen. Weil er chronisch Angst hat. Die Wurzel seiner Selbst-Zurückgezogenheit, seiner Selbst-Kontraktion ist Angst. Und der Zweck dieses Sich-Zusammenziehens ist: Selbsterhaltung. Angst ist das Selbst-Zusammenziehen. Das Sich-Zusammen-Ziehen oder das Ego-Ich *ist* die Angst" (Da Free John).

Deshalb produziert alles Sich-Selbst-Bewahren, alles Sich-im-Recht-Fühlen, alles Rechthabenmüssen, alles Sich-Selbst-Rechtfertigen, alle Selbstgerechtigkeit, aber auch alles Manipulieren von anderen, alles Entwerten von anderen, alles Andere-ins-Unrecht-Setzen, alles Dominieren von anderen, kurz alle Spiele, die wir im Leben spielen, um zu überleben, produzieren nur eins: Sie erhalten und verstärken die Angst selber.

Wenn man das einmal ganz erkannt hat, kann diese Gewohnheit der Ablehnung, der Angst, des Egoismus, der Selbst-Kontraktion überwunden werden und an ihre Stelle unsere Natur treten!

Angst wird man los,

1. wenn man weiß, daß Angst eine natürliche Reaktion vom Körper und Verstand ist,
2. wenn man ‚Ja' zur Angst sagt, sie beobachtet, sie ‚sein läßt',
3. wenn man weiß, wer man ist - und das schließt ein, zu wissen, daß wir weder unser Körper noch unser Verstand sind.

Jeder, der will, kann sich aus ängstlichem ‚Sich-Zusammenziehen' befreien. Kümmern Sie sich darum, wer Sie in Wirklichkeit sind! Wir brauchen auch nicht erleuchtet zu sein, ehe wir die Angst loswerden können. Um angstfrei zu sein, muß man sich nicht in irgendeinem außergewöhnlichen Zustand befinden. Angstfrei sein ist für unsere Natur natürlich.

Lassen Sie die Identifizierung mit Angst fallen. Identifizieren Sie sich nicht mehr mit Ihren Gefühlen. Die sind Sie nicht. Auch Ihre Gedanken sind nicht Sie - wie im Falle des nervösen Mannes, der Gespenstergeschichten mag und eine besonders gut geschriebene liest. Es ist spät in der Nacht. Er fängt an, sich vorzustellen, daß das Gespenst, von dem er liest, im Haus sei. Er beginnt zu zittern, schließt die Zimmertür ab und bekommt fast einen Herzanfall. Einerseits weiß er, daß alles nur Illusion ist, nur etwas, worüber er gelesen hat. Das ist seine *‚ursprüngliche Einsicht'*, die ihm nie ganz verloren geht. Aber in der Lebenspraxis glaubt er an das Gespenst, und das beeinflußt ihn körperlich. Jedes Knacken und jeder Windstoß verstärken seine Angst, daß das Gespenst da sei.

Vom Standpunkt der ‚ursprünglichen Einsicht' braucht der Mann überhaupt nichts zu tun, weil ein Gespenst keine Existenz hat. Vom

Standpunkt der praktischen Wirklichkeit muß er sich - um sich von der Angst zu befreien - zusammennehmen. Er muß die Gedanken, die davon ausgehen, daß es das Gespenst gibt, unterdrücken und zur ‚ursprünglichen Einsicht' zurückkehren.

Selbst wenn er meinte, dieses Unterdrücken wäre eine Art Zauber, durch den das Gespenst umgebracht würde, dann hätte er wieder die Existenz des Gespenstes vorausgesetzt und die ‚ursprüngliche Einsicht' verloren. Es ist sogar falsch, zu sagen, es ginge darum, sich vom Gespenst zu befreien - denn es hat nie eines gegeben! Die Einsicht genügt. Die Möbel mögen knacken, der Wind blasen - aber das Haus liegt in Frieden.

Das hat wahrscheinlich jeder schon mal erlebt: man liest spät nachts eine Gespenstergeschichte oder einen Kriminalroman. Man *weiß*, grundsätzlich weiß man, daß alles nur erfunden ist. Aber wir werden gefangen genommen, beeinflußt. Ein gut geschriebener Krimi kann Angst machen. Eine gewisse Sicherheit scheint das Bett zu bieten. Wir wissen, daß das blöde ist. Aber jetzt gibt es eine praktische Schwierigkeit: man möchte zum Klo und kann nicht. Man ist jede Nacht auf das gleiche Klo gegangen und hat damit nie Probleme gehabt - aber jetzt ... Man hat den Krimi gelesen und weiß, daß das Gespenst oder der Mörder, der vielleicht im Bad wartet, nicht *wirklich* vorhanden ist.

Wer diese Geschichte versteht, versteht den Unterschied zwischen Wirklichkeit und dem, was uns unser Verstand und unsere Gefühle (das ‚Erfahrende') liefern.

Dieses Verständnis ist übrigens auch die Grundhaltung im Zen. Das Ego ist das Gespenst. Das es nicht gibt. Und wir wissen das! Aber da ist eine praktische Schwierigkeit, wir wissen das ... und trotzdem ... der Wind bläst, etwas macht Geräusche, alte Blätter rascheln draußen hin und her ... und wir horchen und hören ... oder bilden uns ein, jemanden zu hören. Eine Maus huscht herum ... etwas fällt ... dir läuft es eiskalt über den Rücken, alle Haare sträuben sich. Der große Schrecken! Und du bist allein im Haus ... in deiner Hand der Krimi ... du bist davon beeindruckt. Die Blase platzt beinahe - aber du kannst einfach nicht hinausgehen.

Und die ganze Zeit weißt du Bescheid: das sind nur trockene Blätter, der Wind macht mit denen immer solche Geräusche. Du weißt, daß Mäuse in der Küche sind. Aber wer weiß? ... Vielleicht ...? Dieses ,Vielleicht' befördert eine Sache, die nur in der Vorstellung lebt, zur *Realität*!

Dann kannst du zu einem Meister gehen oder ein Mantra aufsagen. Du kannst anfangen „Es geht mir von Tag zu Tag besser" zu murmeln, um dir zu helfen.

Aber es ist doch so: Das erste Gespenst ist unwirklich - und das Zweite auch! Jetzt rufst du Gott an: „Hilf mir bitte!" oder du sagst dein Mantra auf, denn die Blase platzt beinahe und du *mußt* gehen. Du brauchst eine Methode, um das Gespenst loszuwerden. Du hast gehört, daß der Ausdruck "Oh Jemine!" helfen soll. Alle Geschichten, die du gehört hast, erscheinen dir jetzt glaubwürdig. Du hast mal gehört, daß jemand, der nachts durch einen Friedhof gegangen ist und von einem Gespenst verfolgt wurde, dreimal „Oh Jemine!" gerufen hat - und das Gespenst war weg! Dein Verstand kocht über ... du fängst an „Oh Jemine!" „Oh Jemine!" aufzusagen. Du *mußt* gehen! Die Blase ist kurz vorm Platzen und du sagst, „Oh Jemine, oh Jemine!" ... Du zitterst, halb gläubig, halb ungläubig ... und rennst zum Klo. „Oh Jemine" hat geholfen.

Tatsächlich gibt es kein Gespenst, also wäre es nicht notwendig, daß „Oh Jemine!" hilft. Aber „Oh Jemine!" wirkt! Und du bist sehr glücklich, daß „Oh Jemine!" geholfen hat. Also ist dein Mantra mächtig.

Das eine Gespenst ist weg, nur ist dafür jetzt ein anderes da. Jetzt wirst du dich an „Oh Jemine!" gewöhnen. Jedesmal, wenn du wieder Angst kriegst, fängst du an: „Oh Jemine!" „Oh Jemine!" - und so geht es von einer Narretei zur nächsten - von einer Illusion zur nächsten.

Die Methode, wach zu werden ist (und das ist die Methode im Zen): statt sich Gespenster vorzustellen, sieht man von vornherein die Tatsache, daß es kein Gespenst gibt. Dann braucht man kein Mantra, dann braucht man von niemandem abhängig zu werden. Man sieht einfach, daß die Krankheit, die man zu sehen meint, nicht da ist und man deshalb auch keine Medizin benötigt. Also die Tatsache sehen, daß wir auch jetzt noch unsere Ursprünglichkeit sind. Genau jetzt, in diesem Augenblick, sind wir noch unsere Ursprünglichkeit. Im Sehen dieser Tatsache verschwindet die Gespenstergeschichte, die wir seit Tausenden von Leben gelesen haben, spurlos. Mit der ,ursprünglichen Einsicht‘ erweist sich Angst als Gespenst, das es nicht gibt.

Finden Sie heraus, wer Sie sind. Und das beginnt im Kopf, mit Orientierung. Später werden Sie das fühlen, und schließlich werden Sie es ‚sein‘. Immer ist der Weg: vom Kopf über das Herz zum Sein!

Ich schließe mit zwei Sätzen: [24]

Nichts Wirkliches kann bedroht werden.

Nichts Unwirkliches existiert.

Quellennachweise

1 Frankfurt (Fischer) 1977

2 Köln (Kiepenheuer & Witsch) 1992

3 ebenda S.47f.

4 Wilhelm Arnold et al.; Lexikon der Psychologie.
Freiburg (Herder) 1988

5 Brockhaus Enzyklopädie 1987

6 Brockhaus Enzyklopädie 1986

7 in: Halbzeit der Evolution. Bern/München/Wien (Scherz) 1984

8 in: Kenneth Ring; Ring: Heading toward Omega. New York 1984

9 Levi; Das Wassermann Evangelium von Jesus dem Christus. München (Hugendubel) 1980 Vers 45 und 46

10 Albert Schwegler; Geschichte der Philosophie im Umriß. Stuttgart (Frommanns) 1950

11 Karlheinz Deschner; Der Anti-Katechismus. Hamburg (Rasch und Röhrig) 1991

12 Thaddeus Golas; Der Erleuchtung ist es egal wie du sie erlangst. Basel (Sphinx) 1979

13 Johannes Werner Klein; Ihr seid Götter. Pfullingen (Neske) 1983

14 in: C.G. Jung; Sein und Sinn, G.W. Band XI, Frankfurt (1982) S.38f.

15 Albert Camus; Die Absurde Freiheit. Das Frühwerk, Düsseldorf (Rauch) 1967 S.444f.

16 G.I. Gurdjieff; zit. in: P.D. Ouspensky; Auf der Suche nach dem Wunderbaren. Bern/München/Wien (Scherz) 1978 S.41f.

17 Forscher spielen Gott. in: Stern Nr. 12 vom 17. März 1988 S.72

18 Sri Nisargadatta Maharaj; Ich Bin. Bielefeld (Context) 1989

19 in: The Four Fundamental Questions. Clearlake (Dawn Horse) 1984 S.22

20 Joseph S. Benner; Das unpersönliche Leben. 5.Aufl. Baden-Baden (Dem Wahren-Schönen-Guten) 1987 S. 274

21 in: Drehbuch für Meisterschaft im Leben.

Bielefeld (Context) 1986 S.52

22 in: P.D. Ouspensky; Der Vierte Weg, Basel (Sphinx) 1983 S.274

23 Leo Tolstoi; Die Drei Greise.in: Strasser, René (Hrsg.); Legenden des 19. und 20. Jahrhunderts. S.100f.

24 Anonymus; Motto des ‚A Course of Miracles'. Tiburon (Foundation for inner Peace) 1978

FRAGE VI

Was ist eigentlich Zeit?

Über Illusion und Wirklichkeit

Eine der Illusionen des Lebens ist, daß die gegenwärtige Stunde nicht die kritische, entscheidende Stunde ist. Schreib es in Dein Herz, daß jeder Tag der beste Tag des Jahres ist.

- Ralph Waldo Emerson

Zeit ist ... nicht mehr und nicht weniger als die sukzessive Betrachtung der Welt durch das Denken.

- Ken Wilber

Jeder, der auch nur einmal das Erlebnis gehabt hat, den Verstand hinter sich zu lassen und dabei die Grenzen des Möglichscheinenden überschritten hat, will das mitteilen. Nicht nur (wie Martin Buber gesagt hat), um „der spurlosen Ekstase ein Gedächtnis zu schaffen, das Zeitlose in die Zeit hinüberzuretten", sondern auch, weil er weiß, daß alle anderen Menschen in Wirklichkeit ebenfalls jenseit dieser Grenze leben. Ich werde also zeigen, was Zeit eigentlich ist: Illusion oder Wirklichkeit.

Zum Einstimmen: Unseren merkwürdigen Umgang mit Zeit hat der amerikanische Philosoph und Dichter Ralph Waldo Emerson (1803-1882) so beschrieben:

> „Eine der Illusionen des Lebens ist, daß die gegenwärtige Stunde nicht die kritische, entscheidende Stunde ist. Schreib' es in Dein Herz, daß jeder Tag der beste Tag des Jahres ist."

Näher an das Rätsel Zeit ist der größte Dichter Indiens, Kalidasa, im 5. Jahrhundert gekommen:

„Gib acht auf diesen Tag!
Denn er ist das Leben.
Das wahre Leben des Lebens.
In seiner kurzen Dauer
Ruht alle Wahrheit
Und alle Wirklichkeit deiner Existenz:
Die Seligkeit des Wachseins,
Der Ruhm der Tat,
Die Herrlichkeit der Leistung.

Denn Gestern ist nur ein Traum
Und Morgen nur eine Vision.
Aber heute gut gelebt
Macht jedes Gestern
Zu einem Traum des Glücks
Und jedes Morgen
Zu einer Vision der Hoffnung.

Darum gib acht auf diesen Tag.
Dies sei dein Gruß an jede neue Sonne."

Hier Sätze, die vor 700 Jahren gesprochen wurden:

> „Die Zeit ist das, was das Licht hindert, zu uns zu dringen. Es gibt kein größeres Hindernis für Gott als die Zeit, und nicht nur die Zeit, sondern Zeitliches, nicht nur zeitliche Bestrebungen, sondern gerade der Makel und der Geruch der Zeit. Nichts hindert die Seele so sehr an der Erkenntnis Gottes wie Zeit und Raum. Zeit und Raum sind Stücke, Gott aber ist eins."

So Eckehart von Hochheim, den wir Meister Eckehart nennen (1260-1327). Und noch einmal Emerson, mit der Erfahrung der Zeit als Illusion:

„Die Rosen unter meinem Fenster vergleichen sich nicht
mit früheren Rosen oder besseren Rosen;
sie sind, was sie sind;
sie existieren bei Gott heute.
Sie kennen keine Zeit.
Da ist einfach die Rose;
sie ist in jedem Augenblick ihres Daseins vollkommen ...

Aber der Mensch schiebt auf oder erinnert sich;
er lebt nicht in der Gegenwart,
sondern beklagt mit rückwärts gerichtetem Blick die Vergangenheit
oder stellt sich ungeachtet des Reichtums, der ihn umgibt,
auf die Zehenspitzen, um die Zukunft vorherzusagen.
Er kann nicht glücklich und stark sein, bis er auch
mit der Natur in der Gegenwart lebt - über der Zeit."

Wohl deshalb wurden die Sufis „Söhne des Augenblicks" genannt. In der Antike galt der „richtige, günstige Augenblick" sogar als Gottheit. ‚Kairos' war der Zeitpunkt der Entscheidung, das Jetzt.

Goethe, der die Zeit einmal die „aufmerksamste Begleiterin des Daseins" nannte, läßt seinen Faust in der Studierzimmer-Szene zu Mephisto sagen:

„Werd ich zum Augenblicke sagen:
Verweile doch! Du bist so schön!
Dann magst du mich in Fesseln schlagen,
Dann will ich gern zugrunde geh'n!
Dann mag die Totenglocke schallen,
Dann bist du deines Dienstes frei,
Die Uhr mag stehen, die Zeiger fallen,
Es sei die Zeit für mich vorbei!"

Wieso hat Faust (der wir alle sind), Angst, dem Augenblicke zu sagen, er solle verweilen? Warum ist die Zeit dann ‚vorbei'? Das spricht der menschliche Verstand. Wenn es in Wirklichkeit keine Zeit gibt, dann läßt sich an dieser Tatsache ablesen, welch gewaltige Dimensionen der Verstand hat. Es würde bedeuten, daß wir mit unserem Verstand die Zeit erst herstellen, welche es in Wirklichkeit nicht gibt. Die Frage „Was ist Zeit?" ist so alt wie das menschliche Denken, weil sie nämlich durch das Denken entstanden ist. Und ich meine sowohl die Frage als *auch die Zeit selber*!

Zu allen Zeiten haben Philosophen, Mathematiker und Physiker Antworten gesucht und gegeben - häufig völlig gegensätzliche. 1969 hat die „International Society for the Study of Time" ihre erste internationale Konferenz abgehalten. Und natürlich sind viele Bücher zu diesem Thema erschienen. In einem der neueren schreibt Prof. Ernst Pöppel: „Die Frage - in dieser Form gestellt - (also „Was ist Zeit?") ist für uns zu schwer." [1] Schon Augustinus soll auf die Frage: „Quid est ergo tempus?" (Was ist also Zeit?) geantwortet haben: „Wenn mich niemand fragt, weiß ich, was Zeit ist; wenn mich jemand fragt, dann weiß ich es nicht."

Zeit hat diese merkwürdige Qualität: jeder lebt in ihr, jeder spürt sie, jeder kennt sie und doch ist sie unerklärlich. Daß die ‚Frage für uns zu schwer ist', „hat viele Forscher dazu gebracht, sich weniger mit der Frage nach dem Wesen der Zeit zu beschäftigen, als sich vielmehr zu fragen, wie man sie zweckmäßigerweise mißt". [2]

Um sich mehr Klarheit zu verschaffen, kann man die Zeit von drei verschiedenen Aspekten her betrachten: 1. als chronologische Zeit (vom griechischen ‚chronos' = Zeit), also als Urzeit, sozusagen das ‚Körperliche' der Zeit; 2. als psychologische Zeit, vom Erleben her, das dem ‚Seelischen' der Zeit entspricht; und 3. als ontologische Zeit (vom griechischen ‚to on' = das Seiende, das Wirkliche), die außerhalb der intellektuellen und emotionalen Bereiche liegt.

So interessant auch die Betrachtung der chronologischen und der psychologischen Zeit ist, hier geht es mir nur um die ontologische Zeit, also um die Frage nach dem Wesen der Zeit. Und wie so häufig lohnt es sich, nach der Wortbedeutung zu fragen. Woher kommt unser Wort Zeit? Es geht auf indogermanische Wurzeln ‚da(i)' zurück, und das heißt soviel wie ‚zerschneiden', ‚teilen', ‚zerreißen'. (Aus der gleichen Wurzel kommt ‚Zeile' = ‚abgeteilte Reihe', und ‚Ziel' = das ‚Eingeteilte', ‚Abgemessene'). Dann kann man auch entdecken, daß das lateinische ‚tempus' für ‚Zeit' (ital. ‚tempo') im Wort ‚Tempel' steckt. Das lateinische ‚templum' bedeutet ursprünglich den ‚umspannten Raum', einen ‚abgegrenzten' und ‚geweihten' Bezirk. Im griechischen heißt ‚temnein' = ‚schneiden'. Aus dem profanen Raum wird der ‚Tempel' als heiliger Bezirk ‚ausgesondert', ‚abgesteckt', ‚abgegrenzt'.

Und was ‚zerschneidet', ‚teilt' und ‚zerstückelt' die Zeit? Die Dauer. Die Ewigkeit. Die Wirklichkeit!

Was ich hier darlege, ist das bisherige Ergebnis eines Satzes, den mir jemand vor ungefähr achtzehn Jahren sagte: „Bleibe jung, in Wirklichkeit gibt es keine Zeit!" Inzwischen kenne ich das Erlebnis der Zeitlosigkeit und weiß, daß es in Wirklichkeit keine Zeit gibt. Ich will daher eine Hilfe geben, die Natur der Zeit selber zu sehen - nicht etwa zu verstehen - denn das kann unser Verstand nicht. Dafür ist er nicht gebaut. Unser Verstand ist für den Umgang mit der Wirklichkeit nicht das geeignete Werkzeug. Aber er kann verstehen, daß er das nicht ist.

Unser Verstand - der wir nicht sind - ist die Instanz, welche die Zeit herstellt! Deshalb erscheint die Frage, was Zeit eigentlich ist, „zu schwer für uns". Wir sind wie Fische, die nach dem Ozean fragen - um den zu kennen, müßten wir ihn wenigstens einmal verlassen haben.

Um Ihnen als Zeitgenossen das Eigenartige unseres/Ihres Verstandes noch deutlicher zu machen, lasse ich jetzt die beste Beschreibung folgen, die ich zu diesem Thema bislang auf der ganzen Welt gefunden habe: [3]

„Die ganze Ignoranz des sogenannten Verstandes besteht darin, nicht in der Gegenwart sein zu können. Der Verstand bewegt sich dauernd: in die Zukunft oder in die Vergangenheit. Der Verstand, das Denken ist niemals im Hier und Jetzt! Die Bauweise des Verstandes macht es unmöglich, daß er in der Gegenwart sein kann. Weil der Verstand denken muß und es im gegenwärtigen Moment keine Möglichkeit zum Denken gibt! Man muß sehen, man muß hören, man muß gegenwärtig, anwesend sein, aber man kann da nicht denken.

Denken ist wie ein inneres Zurücksetzen, Zurückversetzen, Vergleichen, Urteilen, Messen, auf Distanz gehen. Und der Augenblick des Jetzt ist so schmal, daß kein Raum zum ‚darüber nachdenken' bleibt. Man kann sein, aber Gedanken können da nicht sein. Wie sollten wir im Jetzt denken? Wenn wir denken, bedeutet das, daß der Augenblick schon vorbei ist, weg ist. Oder wir können über einen Augenblick denken, der noch nicht gekommen ist, weil er in der Zukunft liegt.

Denken braucht Raum, weil Denken wie ein Gehen ist, eine Reise. Dafür wird Raum gebraucht. Wir können in die Zukunft gehen, wir können in die Vergangenheit gehen, aber wie könnten wir in die Gegenwart gehen?

Die Gegenwart ist so nah! Tatsächlich nicht einmal nah - die Gegenwart bist Du! Die Gegenwart sind wir. Die Gegenwart bin ich.

Vergangenheit und Zukunft sind Teile der Zeit, die Gegenwart sind wir. Gegenwart ist nicht Teil der Zeit. Gegenwart ist kein Tempus, keine Zeitform; sie gehört überhaupt nicht zur Zeit. Du bist Gegenwart. Vergangenheit und Zukunft sind außerhalb von Dir. In der Gegenwart kann der Verstand nicht existieren. Wenn einer hier sein *kann*, ganz anwesend, verschwindet der Verstand. Der Verstand kann wünschen, kann träumen - Tausend und Einen Gedanken. Er kann bis zum Ende der Welt, bis zu Adam und Eva oder bis zum ersten Anfang gehen - aber der Verstand kann nicht jetzt oder hier sein. Das ist ihm unmöglich!

Die ganze Ignoranz, in der wir ständig leben, besteht darin, das nicht zu wissen. Und wir machen uns Sorgen um die Vergangenheit, die es nicht mehr gibt - absolut stupide! Da ist nichts mehr zu machen. Wie könnte man irgendetwas mit der Vergangenheit tun, die es nicht mehr gibt? Nichts kann getan werden, sie ist schon weg. Aber wir zerbrechen uns unseren Kopf über die Vergangenheit, machen uns deswegen Sorgen und verbrauchen uns dabei.

Oder wir denken über die Zukunft nach und träumen und wünschen. Hat das schon jemand bemerkt? - Die Zukunft kommt nie. Das kann sie nicht. Was immer kommt, ist die Gegenwart. Und die Gegenwart ist völlig anders als unsere Wünsche und unsere Träume. Deshalb passiert das, was wir wünschen, träumen, uns vorstellen, planen, worüber wir uns Sorgen machen, niemals. Aber das verbraucht uns, es macht uns schwächer. Es ist, als ob unsere Energien in eine Wüste fließen, ihr Ziel nicht erreichen, einfach zerrinnen. Und dann klopft der Tod an unsere Tür. Und merkt Euch das - der Tod klopft nie in der Vergangenheit an und nie in der Zukunft: der Tod klopft in der Gegenwart an.

Wir können dem Tod nicht sagen: ‚Morgen!' Der Tod klopft in der Gegenwart an! Das Leben klopft auch in der Gegenwart an. Auch Gott klopft in der Gegenwart an. Alles was ist, klopft immer in der Gegenwart an, und alles, was nicht ist, bleibt stets ein Teil von Vergangenheit oder Zukunft.

Dein Verstand ist kein echtes Wesen, weil er nie in der Gegenwart anklopft. Laß das den Prüfstein für Wirklichkeit sein: Alles, was ist, ist immer hier und jetzt; alles, was nicht ist, ist niemals Teil der Gegenwart. Laß alles fallen, was nie im Jetzt anklopft! Und wenn Du Dich im Jetzt bewegst, öffnet sich eine neue Dimension - die Dimension der Ewigkeit.

Vergangenheit und Zukunft bewegen sich auf einer Horizontalen. Von A nach B, von B nach C, von C nach D, auf einer Linie. Ewigkeit bewegt sich vertikal. Sie geht tiefer in A, nicht nach B. A geht tiefer und geht höher, vertikal, in beide Richtungen. Der gegenwärtige Augenblick bewegt sich vertikal, die Zeit horizontal. Zeit und Gegenwart treffen sich nie. Du bist die Gegenwart, Dein ganzes Sein bewegt sich vertikal. Die Tiefen sind offen, die Höhen sind offen. Mit Deinem Verstand aber bewegst Du Dich horizontal."

Deshalb kommen wir nicht zu uns. Deshalb verpassen wir Gott!

Zehn Jahre vor seinem Selbstmord 1801 hat Heinrich von Kleist diesen allgemeinmenschlichen Zustand präzise bei sich diagnostiziert: „Angeborene Unart, nie den Augenblick ergreifen zu können; und immer an einem Ort zu leben, an welchem ich nicht bin; und in einer Zeit, die vorbei oder noch nicht da ist."

Und die folgenden Zeilen von Bhagwan/Osho sollte man ruhig sogar zweimal lesen:

„Das ist die Krankheit, die Mensch genannt wird: immer jemand werden wollen, woanders sein wollen, immer das ablehnen, was ist, und sich immer nach dem sehnen, was nicht ist - das ist die Krankheit, genannt Mensch."

Gewöhnlich teilen wir Zeit in drei Teile: Vergangenheit - Gegenwart - Zukunft. Das ist falsch. Zeit ist nämlich entweder vorbei oder sie kommt. Entweder Vergangenheit oder Zukunft, das Gewesene oder das Kommende. Was jetzt ist, ist nicht Zeit, weil das Jetzt nie vergeht. Es ist immer da. Das Jetzt ist immer hier. Das Jetzt ist ewig. Braucht es einen Albert Einstein, der sagte: „Die Unterscheidung zwischen Vergangenheit, Gegenwart und Zukunft ist nichts weiter als eine Illusion, so hartnäckig auch an ihr festgehalten wird"? Wenn jemand völlig in der Gegenwart ist, hierjetzt, gibt es weder Zeit noch Verstand. Denn der Verstand ist Zeit. Wenn einer nichts denkt, nur still ist, ohne einen Gedanken innen zu bewegen, gibt es für den keine Zeit mehr, keine psychologische Zeit. Die Zeiger der Uhr draußen bewegen sich weiter, aber für die innere Uhr hält die Zeit an, hält die Welt an. Das ist Castanedas „stopping the world". Im Augenblick, wo der Verstand sich nicht mehr einmischt, wo er still ist, steht die Zeit still. Mystiker aller Zeiten haben gesagt, daß Zeit und Verstand nichts als die beiden Seiten einer Münze sind; so

Jakob Böhme:

„Wem Zeit ist wie Ewigkeit
Und Ewigkeit wie die Zeit,
Der ist befreit
Von allem Streit."

Angelus Silesius:

„Zeit ist wie Ewigkeit und Ewigkeit wie Zeit,
so du nur selber nicht machst einen Unterschied."

De Caussade:

> „Oh, all Ihr, die Ihr dürstet! Wisset, daß Ihr nicht weit zu gehen habt nach der Quelle des lebendigen Wassers; es entspringt in Eurer Nähe in eben diesem Augenblick ... der gegenwärtige Augenblick ist die Manifestation des Namens Gottes und der Ankunft seines Reiches.“

Der Verstand braucht Raum - und den konstruiert der Verstand sich selber. Das ist jener gänzlich unwirkliche Raum von einem ‚Morgen‘, das nie kommt, und von einem ‚Gestern‘, das nicht mehr existiert. Und - das kann man sich nicht oft genug vor Augen halten - wir, identifiziert, ‚ichifiziert‘ mit unserer Überlebensmaschine und deren Zentrum, dem Ich, können die Ewigkeit, das ‚Jetzt‘ nicht denken! Deshalb ‚gibt‘ es sie für ‚uns‘ nicht. Wir sind lediglich eins mit der Horizontalen.

Alle Menschen, die ‚mitten am Tage ein zweites Mal aufgewacht sind‘, haben gefordert: „Lebe im Augenblick!“ Die ganze Kunst der Meditation liegt im ‚Anhalten der Welt‘. Im Augenblick leben heißt in der Ewigkeit leben. Den Augenblick ohne Vorstellung, ohne Verstand genießen, heißt die Unsterblichkeit genießen. Zeit ist Verstand, Zeit ist Tod. Jenseits von der Zeit gehen heißt jenseits von Verstand und Tod gehen. So kommt auch Sinn in die Parabel von Adam und Eva, als Gott ihnen sagt: „Von nun an werdet ihr sterben“.

Die Sünde - jene Absonderung der ersten Menschen - war ihr Sich-getrennt-von-allem-anderen-Erleben. Sie/wir hatten angefangen, selbständig zu denken; hatten vom ‚Baum der Erkenntnis‘ gegessen, vom Baum des Verstandes, vom Baum der Gegensätze. Und mit dem Eintreten des Denkens trat auch die Zeit ein, und mit dem Zeiteintritt der Tod. Was immer Menschen vor dem Sündenfall gewesen waren, für sie hatte es keinen Tod gegeben. Was immer wir vor dem Sündenfall waren - wir sind gewiß gestorben, aber es gab keinen ‚Tod‘, wie für alle Tiere. Tiere sitzen nicht und brüten über das, was Tod ist, und ob sie nach dem Tod weiterleben. Sie leben einfach und sterben einfach; der Tod ist für sie kein Problem. Für Wesen aber, die denken, mit ihrem Verstand ‚begabt‘ sind, gibt es Unmengen von Problemen. Durch unser Ich-sagen, unsere Ab-Sonderung vom Ganzen haben wir das Paradies verloren. Nicht als ‚Strafe‘, sondern als notwendigen Schritt auf dem Weg zu unserer wahren Natur, die uns nicht geschenkt wird, sondern die wir erwerben müssen und können.

Das „Kehre um, das Reich Gottes ist nah!“ soll bedeuten: „Wende Dich nach innen; das Sein, deine wahre Natur ist nah!“ In den Abschnitten über ‚Gott‘ und ‚Religion‘ weise ich nach, daß dafür der Schritt aus dem Paradies die Vorbedingung war.

Ein weiterer notwendiger Schritt ist auch unser modernes, verstärktes Zeitbewußtsein, welches mit einer wachsenden Angst vor dem Tod entstanden ist. Es sieht so aus, als hätten wir Zeitgenossen mehr Angst vor dem Tod als die Menschen der Vergangenheit. Erstmals ist das Unsterbliche fast völlig aus dem Bewußtsein verschwunden. Menschen, die sich ihrer Unsterblichkeit bewußt sind, quält keine automatische Eile.

Um dem, was Zeit eigentlich ist, näher zu kommen, drehe ich jetzt einmal probeweise die Begriffe um. Gewöhnlich sagen wir, daß Zeit drei Teile hat: Vergangenheit, Gegenwart, Zukunft. Und bisher habe ich aufzuzeigen versucht, daß nur Vergangenheit und Zukunft ‚Zeit‘ sind. Man kann jedoch auch sagen, daß Zeit nur einen ‚Teil‘ hat, nämlich die Gegenwart. Vergangenheit meint das, was nicht mehr ist - Zukunft das, was noch nicht ist. Also *sind* beide nicht! Vergangenheit bedeutet nur Wünsche und Speicherungen, die tot sind; Zukunft bedeutet die Wünsche und Erwartungen, welche erhofft werden. Die Gegenwart wird von unserer Vergangenheit und unserer Zukunft nicht berührt.

Vergangenheit und Zukunft sind also nicht Teile der Zeit, sondern Teile des Verstandes. Zeit ist Gegenwart. Verstand ist Vergangenheit oder Zukunft. Der Verstand hat zwei Teile, die Zeit nur einen. Verstand und Zeit treffen sich nie, weil der Verstand keine Gegenwart hat - und die Zeit keine Vergangenheit und keine Zukunft.

Wenn wir meinen, daß die Zeit sich bewegt, täuscht uns unser Verstand. Wir mit unserem Verstand bewegen uns! Die Zeit bewegt sich überhaupt nicht. Zeit ist Gegenwart, Zeit ist immer hier und jetzt. Wir bewegen uns von der Vergangenheit in die Zukunft. Zeit ist für uns lediglich die Brücke, um von der Vergangenheit in die Zukunft zu gelangen; von einem Wunsch zum nächsten. Wünschen ist immer für die Zukunft, aber die ist nicht jetzt und hier. Zukunft ist etwas, das nicht ist, und Wünsche sind nur in die Zukunft gerichtet. Und natürlich stammen Wünsche aus der Vergangenheit, die auch nicht gegenwärtig ist. Vergangenheit ist vorbei, Zukunft noch nicht gekommen.

Wir können nur aus der Vergangenheit in die Zukunft wollen und bitten und wünschen. Was aber existiert, ist die Gegenwart. Dieser Augenblick ist der einzige, den es gibt. Im Augenblick des Jetzt kann man nicht wünschen, in dem kann man nur sein. Und man kann ihn erleben und genießen. In der Gegenwart kann niemand unglücklich sein. Wenn Sie jemanden, der von sich behauptet, unglücklich zu sein, auffordern: „Mach mal die Augen zu und finde jetzt heraus, ob Du unglücklich bist oder nicht" - dann macht derjenige kurz danach seine Augen wieder auf und muß zugeben: „Ja, jetzt im Augenblick spüre ich nichts davon." Jetzt im Augenblick ist niemand unglücklich! Das ist gar nicht möglich. Das kann es nicht geben! Jemand kann *vor* einem Augenblick unglücklich gewesen sein oder einen Augenblick *später* unglücklich werden. Aber in *diesem* Augenblick, JETZT - zwischen den beiden nicht-existierenden Augenblicken - ist noch niemand unglücklich gewesen. Unglück existiert nur im Verstand, mit dem wir identifiziert sind.

> „Der Augenblick des Jetzt ist immer voller Freude, voller Segen, voller Glück. Der Augenblick des Jetzt ist Gottes Augenblick. Gott hat keine Vergangenheit, man kann nicht sagen, Gott war. Gott hat keine Zukunft, man kann nicht sagen, Gott wird sein. Gott hat nur eine Zeitform - die Gegenwart. Gott ist. Gott ist immer. Gott ist nur ein anderer Name für ‚Istheit', für Existenz. Wenn wir in dieser ‚Istheit' sind, sind wir immer glücklich!"(Bhagwan/ Osho)

Das uns im Verstand zugängliche ‚Jetzt' hat Ernst Pöppel (Professor für medizinische Psychologie in München) beobachtet: „Über das, was uns *bewußt* ist, bestimmen wir das Jetzt, wobei wir festgestellt haben, daß die zeitliche Grenze für das, was bewußt ist, auf Grund der beschränkten Integrationsfähigkeit des Gehirns nicht über etwa drei Sekunden hinausgehen kann."[4]

Die journalistische Schlagzeile eines Berichts über Pöppels Buch lautete: „Die Gegenwart dauert drei Sekunden. Länger hält man sie im Kopf nicht aus". Sie hätte auch lauten können: „Gefängnis erlaubt nur drei Sekunden Freigang!"

Ron Smothermon, dessen „Drehbuch für Meisterschaft im Leben" ich übersetzt habe, sagt es so:

> „Zeit ist ein Konstrukt des Verstandes, um die Tatsache zu beschreiben, daß Dinge sich ändern. Mehr ist Zeit

> nicht. Und Dinge ändern sich; in der Tat ist das alles, was sie tun: sich ändern. Der Vorgang der Veränderung kann vom Verstand nicht abgeändert werden; deshalb erzeugt er, im Versuch damit umzugehen, eine Beschreibung davon.“ [5]

Ken Wilber drückt es so aus:

> „Das Denken geht linear vor, die Welt nicht. Das Denken geschieht in einer Abfolge (man kann nicht zwei oder drei Dinge gleichzeitig denken, ohne verwirrt zu werden), also sukzessiv, eindimensional, und dies liegt in seiner Natur; die reale Welt hingegen ist ein vieldimensionales, nichtsukzessives, simultanes Muster von unendlicher Vielgestaltigkeit. Der Versuch, dieses Muster mit dem Verstand zu erfassen, ähnelt dem Versuch, ein Gemälde von Renoir durch ein Mikroskop zu erfassen.
>
> Die Vorstellung, daß ein ‚Ding‘ dem anderen in der Zeit folgt, hängt direkt von unserem Erinnerungsvermögen ab, denn ohne Gedächtnis besäßen wir natürlich keinerlei Vorstellung von Zeit, weder von Vergangenheit noch von Zukunft.“

Die sich daraus ergebende Frage „Ob die Gedächtnisfunktion die Existenz eines realen Phänomens mit Namen ‚Zeit‘ beweist oder einfach die Illusion der Zeit erschafft“, beantwortet Wilber:

> „Irrtümlich halten wir also gegenwärtige Erinnerung für ‚vergangene Wirklichkeit‘, und so beschwören wir aus diesem gegenwärtigen Augenblick die ungeheuere Illusion namens ‚Zeit‘ herauf. Zunächst sieht es ja so aus, als ob unser Gedächtnis uns ein sehr reales Bild von einer sehr realen Vergangenheit wiedergibt. Denn schließlich haben wir Erinnerungen, und so muß es eine entsprechende Vergangenheit gegeben haben; daher kommt ja unser Zeitempfinden - und wir stellen uns weiter vor, daß wir uns durch diese Zeit in die Zukunft bewegen. Unsere Zeitvorstellung hängt also direkt von der Idee ab, daß wir - vermittels des Erinnerungsvermögens - die wirkliche Vergangenheit vergegenwärtigen können.
>
> Das würde also heißen, daß unsere Gedächtnisfunktion die Existenz eines realen Phänomens mit Namen ‚Zeit‘ beweisen würde.
>
> Aber darin steckt eine Täuschung; denn wir können uns niemals der wirklichen Vergangenheit bewußt sein, sondern nur einem Erinnerungs-Bild. Und zweitens existiert Erinnerung immer nur in der Gegenwar.t“ [6]

Sehr klar hat das auch Alan Watts ausgedrückt:

> „... du siehst überhaupt nicht auf die wirkliche Vergangenheit; du siehst eine gegenwärtige Spur der Vergangenheit ... Aus Erinnerung schließt du, daß es vergangene Vorfälle gegeben hat. Aber du gewahrst keine vergangenen Vorfälle. Du kennst die Vergangenheit nur in der Gegenwart und als Teil von dieser.
>
> Erinnerungen der Vergangenheit und Erwartungen der Zukunft existieren nur jetzt - deshalb bedeutet der Versuch, ganz in der Gegenwart zu leben: etwas anzustreben, was schon der Fall ist. Das sollte jedem klar sein! Das Gleiche gilt für das Streben nach Nirvana oder die Vereinigung mit Gott mit Hilfe sogenannter spiritueller Übungen. Es gibt keine tatsächliche Notwendigkeit für einen Pfad oder ein Hindernisrennen hin zu dem, was IST.“ [7]

Alle Menschen, die aufgewacht sind, wissen, daß Menschen schlafen. Deshalb das ständige „Wachet auf!“, „Seid wachsam!“, das Jesus seinen Zeitgenossen zurief. Jener Schlaf ist nichts anderes als das Leben im Verstand.

Wie kommt man nun da heraus? Ich erzähle Ihnen eine Geschichte - die Geschichte von einem amerikanischen Universitätsprofessor, der einen Zen-Meister besucht und ihn fragt, wie er erleuchtet werden könne. Der Zen-Meister, welcher in einem Tempel gleich neben einer Buddha-Statue sitzt, meint: „Um über einen so ernsten Gegenstand zu sprechen, sollten wir richtig beginnen. Verneigen Sie sich vor dem Buddha.“ Der Professor verbeugt sich tief - und der Meister versetzt ihm einen gewaltigen Tritt in die Hose.

Und was passiert? Der Professor kann sich vor Lachen nicht halten. Dies war sein erster Durchbruch ins Wachsein. Für einen Augenblick hatte er den Geschmack des Buddhaseins gehabt, einen Augenblick lang konnte er nicht denken. Der Tritt kam völlig überraschend. Die Zeit stand still. Und er lachte.

Wenn der Professor später gefragt wurde, was damals eigentlich geschehen war, sagte er: „Etwas Merkwürdiges. einen Augenblick hat mein Denken ausgesetzt und ich habe erkannt, was der Mann gemeint hat. Und das hat er mir ohne ein Wort beigebracht.“

Ich nehme an, daß Sie jetzt schon soweit gefolgt sind, um zu verstehen, daß der Zen-Meister den Professor nicht mit Vorbedacht getreten und nicht geplant hatte, ihn zu treten. Sonst wäre wahrscheinlich etwas anderes passiert. Der Meister war leer und hat sich aus dieser Situation dem Augenblick, man kann auch sagen Gott und/ oder dem Wunsch des Professors, zur Verfügung gestellt.

Also: der Verstand kennt nur Vergangenheit und Zukunft. Gegenwart ist nur eine Trennlinie und hat keinen eigenen Raum. Sie trennt lediglich Vergangenheit von Zukunft. In der Gegenwart kann man sein, aber nicht denken, weil das Denken Raum benötigt. Gedanken sind Dinge, sind materiell. Gedanken sind nicht spirituell! Die Dimension des Spirituellen beginnt erst dort, wo keine Gedanken mehr existieren.

Ich nehme an, daß Ihnen hier wieder ein ‚Beweis' lieb wäre. Hier ist einer von Jiddu Krishnamurti (1897-1986). Ich erinnere an das ‚Po' neben ‚Ja' und ‚Nein'.

> „Diejenigen, die viel denken, sind äußerst materialistisch, weil Denken Materie ist. Der Gedanke ist ebenso Materie wie es der Fußboden ist, die Wand, das Telefon. Energie, die schablonenhaft arbeitet, wird zur Materie. Es gibt Energie, und es gibt Materie. Daraus besteht das Leben. Wir mögen glauben, daß der Gedanke keine Materie ist, aber es ist so. Der Gedanke ist ebenso Materie wie eine Ideologie es ist. Wo Energie ist, verwandelt sie sich in Materie." [8]

In der Gegenwart gibt es kein Denken, da ist nur Sein. Im Augenblick, wo wir denken, sind wir nicht mehr in der Gegenwart. Von einem Erwachten, Lao tse, wird erzählt, daß er jeden Morgen noch vor Sonnenaufgang mit seinem Nachbarn einen Hügel erstieg, um die Sonne aufgehen zu sehen. Dann standen sie oben und erlebten. Eines Tages beim Abstieg fragte der Nachbar Lao-tse, ob er seinen Freund am nächsten Morgen mitbringen dürfe, der wäre gerade zu Besuch. Lao-tse erwiderte: „Ja, wenn er nicht zuviel spricht." Am nächsten Morgen standen also alle drei oben auf dem Hügel, als die Sonne aufging. Dem Freund des Nachbarn entfuhr ein „Fantastisch!" Auf dem Weg nach unten nahm Lao-tse seinen Nachbarn zur Seite und flüsterte: „Bring den nicht wieder mit, der redet zuviel!"

Schon ein Wort kann zuviel sein. Die Erfahrung, das Erleben ist schon vergangen, der Verstand sagt das aus der Erinnerung.

Um diesen Komplex noch deutlicher zu machen: in einem Roman von Waldemar Bonsels sitzen ein Mann und eine Frau in tiefer Liebe verbunden auf einer Bank, haben sich die Hände gegeben und betrachten die monderhellte Landschaft. Es ist lange still. Da sagt der Mann: „Ich liebe Dich!" und nach einer Pause entgegnet die Frau: „Ich wünschte, Du hättest nichts gesagt! Jetzt sind wir meilenweit auseinander!"

Im Augenblick, da wir denken oder sprechen, tritt die Zeit ein, und wir verlassen und verpassen die Wirklichkeit. Wie Roboter verpassen wir weiter und weiter. Zeit ist die Welt, und Ewigkeit ist Gott. Es ließe sich auch so formulieren: horizontal ist die Welt, vertikal ist Gott. Beide treffen sich in einem Punkt - und der ist das Hier und Jetzt.

Jeder kann wachsamer werden, wacher der Gegenwart gegenüber. Aber die meisten schlafen so tief, daß sie die Gegenwart wieder zu einem Traum machen. Auch das Erwachen kann man zu einer Kopf-Angelegenheit werden lassen. Für den, der das tut, wird das Vorhaben ‚wachwerden' anstrengend, so anstrengend,daß er nicht ins Wachsein kommen kann. Was liefert unser Verstand, wenn man nicht erreicht, was man sich vornimmt? Schuldgefühle: „Ich schaffe das nicht!" Man fühlt sich schuldig. An Schuldgefühle aus der Vergangenheit sind wir sowieso gewöhnt. Aber auch aus dem, was wir in Zukunft haben wollen, entstehen Schuldgefühle.

Was kann man also tun? Sobald man merkt, daß man anstatt in die Gegenwart in die Vergangenheit oder in die Zukunft geraten ist: kein Problem daraus machen! Man bringt einfach das Gewahrsein und die Aufmerksamkeit wieder auf den Augenblick zurück. Das geht Abertausende von Malen daneben. Es kann auch nicht sofort gelingen, denn eine tief verwurzelte Gewohnheit ändert sich nur langsam. Sobald man aber merkt, daß man die Gegenwart verloren hat, kommt man wieder zurück, das ist alles. Und: sich nicht schuldig fühlen - Schuldgefühl ist ein Trick des Verstandes. Sich nicht Vorwürfe machen: „Ich hab's schon wieder vergessen!" Sobald man denkt: einfach zurückkehren zu dem, was man gerade tat, essen, baden, gehen. Sobald man merkt, daß man nicht ‚Hierjetzt' ist: ohne Schuld oder Vorwurf zurückkommen. Dieses Hinschauen ohne zu verbalisieren läßt sich üben. Für manche eignet sich als Motto: „Mensch, mach' keine Geschichten!" Und was bringt uns das? Das bringt, daß unsere Probleme sich beim bloßen Erkennen auflösen! Weil sie nur im Verstand bestehen.

> „Alle unsere Probleme betreffen die Zeit - unsere Sorgen bewegen sich immer um Vergangenheit oder Zukunft. Wir beklagen viele unserer früheren Handlungen und fürchten ihre zukünftigen Folgen. Unsere Schuldgefühle sind untrennbar mit der Vergangenheit verbunden und bringen Qualen der Depression, der Bitterkeit und Bedauern mit sich. Wenn dies nicht klar ist, dann stellen Sie sich einfach vor, wie es wäre, ohne alle Narben der Vergangenheit zu leben.“ [9]

Alle Probleme bestehen auf der horizontalen Ebene, auch jene, die durch unser Vergessen entstehen. Die vertikale Ebene hingegen kennt keine Probleme. Da ist nur pure Freude, ohne irgendwelche Ängste, ohne jede Sorge, ohne Schuld. Am schnellsten wird man wach, wenn man der Tatsache, daß man die Gegenwart wieder einmal verpaßt hat, nicht viel Aufmerksamkeit schenkt, sondern es einfach nur bemerkt. Doch der Tatsache, daß man sie wieder hergestellt hat, viel Aufmerksamkeit schenkt. Die Betonung sollte nicht auf dem Vergessen, sondern auf dem Wiedererinnern liegen.

Wenn das Gewahrsein perfekt wird, verschwindet *diese* Welt, die Welt, die wir mit unserem Verstand hergestellt haben. ‚Maya‘ verschwindet. Und eine andere Welt enthüllt sich uns.

Auf dem Gebiet des Wachwerdens müssen wir sicherlich viel selber tun, aber nicht alles. Seit Tausenden von Jahren gibt es darüber Mitteilungen und Begriffe, wie z.B. ‚Maya‘. Gäbe es sie nicht, wir müßten sie noch erfinden. Was heißt denn Maya? Zunächst ‚Täuschung‘, ‚Illusion‘, ‚Schein‘. „Maya verschleiert die Sicht des Menschen, so daß er nur die Vielfalt des Universums erblickt und nicht die eine Wirklichkeit“, definiert der Hinduismus. Der Buddhismus nennt Maya „die sich ständig verändernde, unbeständige Welt des Phänomenalen, der Erscheinungen und Formen, die der unerleuchtete Geist als die einzige Wirklichkeit ansieht.“ Und im Zen, der höchsten Blüte des Buddhismus, heißt es: „Es ist nicht etwa eine Illusion oder Täuschung, die phänomenale Welt als wirklich anzusehen; die Täuschung besteht vielmehr darin, die Welt der Phänomene für das Unwandelbare und die einzige Wirklichkeit zu halten und sich dadurch die Sicht für das Essentielle zu verstellen.“

Es läßt sich auch zeigen, wie der Verstand in uns ‚Zeit‘ herstellt. Ich folge dabei weitgehend dem besten, was ich bislang gefunden habe, nämlich dem, was Bhagwan/Osho in verschiedenen Vorträgen ausgeführt hat.

Vorhin habe ich geschildert, daß sich Zeit nicht bewegt und doch ‚vergeht'. Das will ich jetzt klarer machen. Stellen Sie sich einen Menschen vor, der in einem dunklen Raum eingeschlossen ist und nur durch ein Schlüsselloch nach außen sehen kann, also immer nur einen Ausschnitt, einen Teil der Außenseite erblickt. Und stellen Sie sich weiter vor, daß dieser Mensch sich mit dem Auge am Schlüsselloch von einer Seite zur anderen bewegt. Auf diese Weise kommt ein Baum in sein Gesichtsfeld. Der Mensch bewegt sich weiter, und ein anderer Baum wird sichtbar. Der erste Baum existiert jetzt nicht mehr, er ist Vergangenheit geworden, und der Mensch meint, der Baum sei verschwunden. Nun ist der zweite Baum gegenwärtig. Ein dritter, der noch nicht erschienen ist, liegt in der Zukunft. Für den sich weiterbewegenden Mensch geht der zweite Baum in die Vergangenheit und der dritte wird für ihn sichtbar. Der Mensch denkt logisch: „Was ich nicht mehr sehen kann, existiert nicht. Nur was ich sehe, gibt es."

So sind wir! Der Mensch am Schlüsselloch glaubt nicht, daß *er* sich bewegt. Er meint, die Bäume würden sich in und aus der Existenz bewegen. Wir sagen: „Die Zeit bewegt sich, die Zeit schreitet fort." Es ist aber nicht die Zeit, die sich bewegt - was sich da bewegt, ist unser Verstand. Nichts geht irgendwohin. Die ganze Existenz *ist* einfach; sie *ist* gleichzeitig.

> „Würden wir sagen, daß Gott die Welt gestern oder morgen erschüfe, so würden wir uns töricht verhalten. Gott erschafft die Welt und alle Dinge in einem gegenwärtigen Nun ..." - das hat der erwachte Meister Eckhart gesagt und Ananda Coomaraswamy in ‚Time and Eternity':
>
> „Gott erschafft die Welt stets ‚jetzt, in diesem Augenblick', und nur den Geschöpfen der Zeit stellt die Schöpfung sich als eine Abfolge von Ereignissen dar, als ‚Evolution'.

Zeit existiert, weil wir nicht klar und wach sehen können.

Noch ein Schlüsselloch-Beispiel: Wir schauen durch ein Schlüsselloch auf eine Straße, auf der jemand kommt, den wir aber noch nicht sehen können. Plötzlich ist er da - aber gegeben hat es ihn schon vorher. Später verschwindet er ebenso plötzlich wieder. Aber er ist immer noch da, nur unsere Schlüssellochperspektive macht es unmöglich, ihn zu sehen. Unser Blickwinkel erzeugt Zukunft, Gegenwart und Vergangenheit.

Vor einem Augenblick war der Mensch noch nicht da. Deshalb meint jeder, der sein Schlüsselloch nie verlassen hat, daß der Mensch aus dem Nichts erscheint. Das heißt Zukunft. Wenn der Mensch ein bißchen weiter am Schlüsselloch vorbeigegangen ist, kann man ihn nicht mehr sehen. Und wir sagen dann, daß er (in die Vergangenheit) verschwunden ist. Vergangenheit ist das, was wir nicht mehr sehen können; Zukunft ist das, was wir noch nicht sehen können. Aber der Mensch war da, ist da und wird da sein. Es ist unser Schlüsselloch, welches die Zeit erzeugt. Wenn wir uns von dieser beschränkten Sichtweise lösen, werden wir sehen, daß die Vergangenheit auch die Gegenwart war. Und auch die Zukunft wird dann Gegenwart. Es gibt nur Gegenwart. Es gibt nur Jetzt. Die Gegenwart ist zeitlos, ewig.

Zeit ist eine Vorstellung, weil wir mit dem Verstand sehen und er uns nur ein Schlüsselloch zur Wirklichkeit öffnen kann. Wenn wir ohne Verstand leben - genauer ohne mit ihm identifiziert zu sein - bleibt einfach Ewigkeit. Dann ist das Jetzt ewig, es breitet sich immer weiter nach beiden Seiten aus, rückwärts und vorwärts. Das ist Frieden. Aus diesem Zustand beschreiben Erleuchtete, Erwachte die Welt.

Alle Bemühung in der Meditation strebt danach, in dieses Jetzt einzutreten, die Welt anzuhalten, aus der Zeit zu fallen, die Ewigkeit zu betreten.

Nicht die Zeit ist es also, die sich bewegt, sondern unser Verstand. Wohin könnte sich die Zeit denn bewegen, wohin sollte sie ‚fortschreiten'? Denken Sie einmal einen oder mehrere Augenblicke lang darüber nach. Wohin sollte Zeit ‚verstreichen'?

Bewegung, Verstreichen, Fortschreiten würden ja wieder Zeit benötigen! Wenn unsere Zeit fortschritte, dann wäre wieder eine andere Zeit notwendig, weil Bewegung Zeit braucht. Wir gehen von einem Haus zu einem anderen und brauchen eine halbe Stunde Zeit. Gehen wir von einem Ort zum anderen, benötigen wir Zeit. Wenn Zeit sich so bewegt wie wir meinen - wie ein Fluß, ein Strom, der aus der Zukunft kommt und in die Vergangenheit fließt - dann wäre zusätzlich weitere Zeit nötig, während der diese Zeit fließen könnte. Auf diese Weise gelangen wir in eine endlose Regression, denn diese zusätzliche Zeit wird ihrerseits in eine andere weitere Zeit laufen müssen - so kann es nicht sein.

Zeit bewegt sich nicht. Unser Verstand bewegt sich, aber wir können das nicht sehen.

Schon Millionen von Jahren leben Menschen auf der Erde. Die Erde bewegt sich, aber niemand ist sich dessen bewußt geworden. Wir sagen immer noch ‚Sonnenaufgang' und ‚Sonnenuntergang'. Die Sonne geht nie auf oder unter; aber wir meinen weiterhin, sie würde das tun. Die gleiche Täuschung existiert hinsichtlich der Zeit. Sie bewegt sich nicht, sie ist ewig. Nur der Verstand bewegt sich und gibt einen Blick durch einen engen ‚Seh'-Schlitz frei. Was vor ihn tritt, ist die Gegenwart, was ihn verläßt, ist die Vergangenheit. Wohin aber kann sich die Gegenwart bewegen? Nehmen Sie sich nochmal etwas ‚Zeit' und überlegen Sie: wohin mit der Gegenwart, wenn sie vorbei ist?

Wenn man darüber nachdenkt, ist das absurd! Wie könnte sich Gegenwart plötzlich in eine Nicht-Existenz bewegen? Wie kann Existenz Nicht-Existenz werden? Die Vergangenheit kann man nirgends finden. Sie ist, wie Alan Watts wußte, lediglich Erinnerung in der Gegenwart. Vergangenheit ist nicht-existent geworden. Und wie könnte die Zukunft, die gleichfalls nicht-existent ist, in die Existenz kommen? Das erscheint vollkommen absurd. Existenz bleibt Existenz, Nicht-Existenz bleibt Nicht-Existenz, nur unser Verstand bewegt sich. Und deshalb können wir das Ganze nicht sehen und ‚erdenken' die Trennung.

Machen Sie das folgende Gedankenexperiment mit. Es ist mehr als 2400 Jahre alt und stammt von Zenon dem Älteren, der um 500 vor Christus geboren worden ist. Man nennt ihn auch Zenon von Elea. Es geht dabei um den Nachweis, daß chronologische Zeit eine willkürliche Annahme ist und nur deshalb existiert, weil wir Menschen das so sehen. Auf die Frage ‚Was ist Zeit' sagen wir: sie ist ein Ablauf, ein Vorgang, ein Strom, ein Prozeß.

Das heißt also: ein Augenblick vergeht in die Vergangenheit, verschwindet; ein anderer bewegt sich von der Zukunft in die Gegenwart; bleibt dort kurz auf der Schwelle; vergeht wieder in die Vergangenheit, verschwindet - gleich einer Kette, die man durch ein kleines Loch beobachten kann. Das ist der Zeitstrom; Zukunft, Vergangenheit und genau zwischen beiden als Schwelle die Gegenwart.

Nun kommt aber der gescheite Zenon - der übrigens das schöne Beispiel von der Schildkröte und dem Achill erfunden hat, wonach sie bei nur etwas Vorsprung nie von Achill eingeholt werden kann, wenn dieser jeden nächsten Schritt halbieren muß - und fragt: „Wo kommt der Augenblick her? Ist die Zukunft, die wir erwarten, denn schon existent? Und wenn sie nicht existent ist, wie kann dann ein Augenblick aus dem Nicht-Existenten kommen?“ Ferner: „Wohin bewegt sich der gegenwärtige Augenblick - in die Vergangenheit? Bleibt der dort, sammeln sich die vergangenen Augenblicke dort an? Wenn man sagt, er bleibt in der Vergangenheit, dann ist er doch nicht vergangen! Wenn man sagt, er war in der Zukunft - und wird uns eben jetzt enthüllt, war er also schon immer in der Zukunft. Und das kann man nicht Zukunft nennen; sondern dann war er immer gegenwärtig. Wenn Zukunft *ist*, dann ist es keine Zukunft; denn Zukunft bedeutet eben das, was noch nicht ist. Wenn Vergangenheit so *ist*, dann ist es keine Vergangenheit; denn Vergangenheit bedeutet das, was aus der Existenz vergangen ist.“

Wenn jemand sagen würde, daß es keine Zukunft gibt und der gegenwärtige Augenblick plötzlich aus dem Blauen erscheint, dann sagt Zenon: „Du redest Unsinn! Wie kann Existenz aus der Nichtexistenz kommen? Und wie kann sich das Existierende wieder in die Nichtexistenz bewegen?“ Wenn sich auf beiden Seiten des gegenwärtigen Augenblicks Nichtexistenz befindet, wie kann dann genau in der Mitte plötzlich Existenz sein? Die müßte dann auch nichtexistent sein. Aber das ist nicht so!

Weiter sagt Zenon: „Für Euch ist Zeit ein Vorgang und Ihr meint auch, ein Augenblick des Jetzt wäre mit dem nächsten verbunden?“

Es gibt also zwei Augenblicke; in welcher Beziehung stehen die? Gibt es vielleicht einen dritten Augenblick zwischen diesen beiden? Einen dritten, der die beiden in Beziehung setzt? Denn um eine Beziehung zwischen zwei Augenblicken des Jetzt herzustellen, braucht es doch ein Bindeglied. Und auch wenn es nur einen Augenblick des Jetzt gibt, braucht es zwischen Vergangenheit und Gegenwart wie auch zwischen Gegenwart und Zukunft Bindeglieder, damit die in Beziehung stehen können. Wo aber existieren diese Bindeglieder? Die können doch nur wieder aus Zeit bestehen!

Zwischen einem Augenblick und einem anderen Augenblick

müßte es also einen weiteren Augenblick geben, um diese beiden zu verbinden. Jetzt sind es drei anstelle von zwei Augenblicken; aber auch die müßten wieder miteinander verbunden sein. So kommt man letztlich zu einem endlosen Regreß.

Deshalb sagt Zenon, daß die Vorstellung von Zeit zwar nützlich, aber nicht substantiell ist. Wirkliche Zeit ist kein Prozeß, denn wäre sie ein Prozeß, müßte eine andere Zeit zusätzlich notwendig werden. Wirkliche Zeit ist kein Prozeß. Wirkliche Zeit ist Simultaneität. Es gibt keinen Unterschied zwischen einem Augenblick und einem anderen Augenblick. Zeit ist absolut und jenseits von Unterscheidung. Sie ist immer pures Jetzt.

Wir schauen aus schmalen Schlitzen, aus Schlüssellöchern. So erscheint es, daß wir nur einen Augenblick auf einmal sehen können. Das ist unsere Begrenzung. Wir können die ganze Zeit nicht sehen, weil wir (noch) nicht ganz sind.

Für einen Menschen, der das volle erleuchtete Bewußtsein entwikkelt hat und der dieses erwachte Bewußtsein auf den Prozeß der Zeit richtet - auf den Augenblick, der ist, auf den, der vergangen ist, auf den, der gleich kommt - für den verschwindet die Trennung zwischen Gegenwart, Vergangenheit und Zukunft. Sie lösen sich auf, weil diese Unterscheidung nicht wirklich ist. Ein solcher Mensch wird sich der Ewigkeit bewußt. Dann ist Simultaneität - nichts vergeht, nichts kommt; alles ist, *ist* einfach!

In Wirklichkeit ist der Prozeß, den wir Zeit nennen, eine Projektion unseres Wünschens. Weil wir etwas wünschen, erschaffen wir Zukunft. Und weil wir etwas festhalten, erschaffen wir Vergangenheit. Wir können das, was nicht mehr vor uns ist, nicht lassen. Meister Eckhart, bei dem so gut wie alles, was ich hier schreibe, wiedergefunden werden kann, nennt unser Haften, unsere Verhaftung ‚Haftenssucht'. Weil wir das, was nicht mehr vor uns steht, nicht lassen können, erzeugen wir die Erinnerung. Der ganze Verstand ist ein Speicher. Und weil wir das, was noch nicht gekommen ist, auf unsere eigene Weise erwarten, erzeugen wir die Zukunft. Beide sind mentale Zustände, nicht Teile der Zeit. Die ist ewig. Und nicht getrennt. Eines. Ganz.

Lesen Sie dazu auch, was der englische Erzähler und Dramatiker John B. Priestley (1894-1984) uns zu sagen hat:

> „Wir können unsere herkömmlichen Vorstellungen von Zeit mit einem Tau vergleichen, das sich ungebrochen und schnurgerade durch unsere Welt zieht (linear), das aber jetzt an beiden weit von uns entfernten Enden durchgescheuert und brüchig geworden ist."

Aber vielleicht können wir das Tau in der Mitte, im Jetzt kappen - „gerade dort", so Priestley, „wo es noch zu halten scheint"?

> „Eine neue Zeit beginnt sich in der Zeit zu entfalten, die Zeit der inneren Erfahrung innerhalb der Zeit der äußeren Ereignisse. Diese neue Zeit hat keine bestimmten Grenzen - die Tiefe, in die sie hinabreicht, ist praktisch unendlich. Sie kann nicht gemessen werden mit den Maßstäben der chronologisch ablaufenden linearen Zeit."[10]

So wie wir jetzt beschaffen sind, sehen wir nur einen Teil der Wirklichkeit. Das verleitet uns dazu, Leben als Ablauf zu sehen:

Ich sitze unter einem Baum, und die Straße vor mir ist leer. Plötzlich erscheint von links ein Mann auf der Straße. Er geht an mir vorüber, und nach einiger Zeit verliere ich ihn rechts aus meinem Gesichtsfeld. Hoch über mir sitzt jemand auf dem Baum. Der hat den Mann schon lange vor mir gesehen. Und nachdem der Mann für mich fort war, konnte der ihn noch lange sehen. Ein Beobachter in einem Hubschrauber hoch über dem Baum vermochte den Mann noch viel früher und viel länger zu sehen als der Mann im Baum.

Es ist schwer zu verstehen und doch Wirklichkeit, wie in der Physik Licht als Welle, aber auch als Teilchen betrachtet werden kann. Wenn man z.B. aus großer Höhe von einem Satelliten aus die Quelle und die Mündung der Elbe zugleich sehen könnte - und jemand fragte: „Fließt die Elbe oder *ist* die Elbe?" - was könnte man darauf sagen? Beides! ‚Die Elbe ist', weil man sie von Anfang bis Ende gleichzeitig sehen kann. Vergangenheit, Gegenwart, Zukunft existieren nicht mehr. Von einer gewissen Höhe ab wird die ganze Elbe dem Blick verfügbar. Sie *ist*, aber zugleich weiß man auch, daß sie fließt. Das erscheint paradox, weil wir nicht daran gewöhnt sind, die Dinge aus großer Höhe zu sehen.

Der höchste Bewußtseinszustand wird ‚allwissend' genannt. Für ihn existiert alles gleichzeitig. Fast unmöglich zu verstehen! Das bedeutet für einen Menschen des höchsten Verstehens, daß er - während er jemanden anschaut - ihn im Leib seiner Mutter und gleichzeitig bei seiner Geburt, ihn gleichzeitig als Kind und als jungen Menschen, als Alten und Gestorbenen mit den Leuten hinter seinem Sarg sehen kann - alles gleichzeitig. Das Ganze erscheint total. Ich will hier nicht näher darauf eingehen, vielleicht haben Sie schon die Grenze des ‚Po' erreicht oder sogar überschritten, aber wenn - was immer häufiger angenommen wird, die Welt ein Hologramm ist, sind alle Informationen in ihr überall. Und dann müßte Information auch gar nicht mehr übertragen werden. Dann wäre es nicht schwer, sich vorzustellen, daß jemand aus dieser holographischen Gesamtmatrix - von der er ja ein Teil ist - einen Ausschnitt oder das Ganze erschließt. Zeit ist also nicht Teil der physischen Welt um uns herum, sondern Teil der psychischen Welt in unserer Welt des Verstandes. Und unser Ego kann ohne Zeit nicht existieren. Das Ego atmet in der Zeit. Zeit ist Atem für das Ego. Je mehr Zeit vorhanden ist, desto mehr Möglichkeiten hat das Ego. Solange wir die Zeit nicht hinter uns lassen, lassen wir das Ego nicht hinter uns.

Und weil für das Ego immer Zeit notwendig ist, denkt es auch nur in Schritten, schrittweise, gradweise - (ich füge das hier noch an, weil es eines meiner Lieblingsthemen ist). Das Ego sagt nämlich: Ganzwachwerden ist möglich - aber dafür wird Zeit benötigt. Denn dafür mußt du arbeiten, dich vorbereiten, bereit werden. Und deshalb erscheint es logisch, daß spirituelles Wachsen auch Zeit braucht.

Es ist jedoch wichtig, zu verstehen, daß spirituelles Wachsen nicht wie das Wachsen eines Samenkornes ist. Um zu einem Baum zu werden, muß der Same wachsen. Zwischen Samen und Baum liegt viel Zeit. Dieser Abstand muß durchschritten werden. Bei uns Menschen aber ist das anders: wir wachsen nicht wie ein Samenkorn; *wir sind schon das Gewachsene*. Bei uns geht es nur um die Enthüllung, um die Offenbarung. Es gibt keine Entfernung zwischen dem, der wir sind oder dem, der wir sein werden. Keine Distanz! Das Perfekte ist schon in uns vorhanden. In uns ist etwas versteckt, das nur enthüllt werden muß. Spirituelles Wachsen ist nicht wirkliches Wachsen, das Wort ist deshalb irreführend. Spirituelles Wachsen ist vielmehr eine Enthüllung. Etwas in uns, was verborgen ist, wird entdeckt. Etwas, was immer da war und ist, wird offenbar. Wir finden etwas, was wir nie verloren, sondern nur vergessen haben. Dafür ist keine Zeit nötig. Nur unser Verstand und das Ego als sein Mittelpunkt sagen: damit etwas wachsen kann, ist Zeit notwendig. Wer dies nicht versteht, wer sich durch die Logik dieser Vorstellung täuschen läßt, wird nie aufwachen. Warum? Weil er ständig aufschieben wird, alles in der Zukunft erwartet. Morgen kommt nie! Unser Verstand ist raffiniert. Wir meinen, wir wollen ihn fallenlassen, aber tief innen wissen wir, daß wir ihn nicht gehen lassen wollen. Wir wollen ihn noch ein bißchen besser werden lassen, ein bißchen mehr polieren. Aber wirklich gehen lassen wollen wir ihn nicht.

Wegen unseres Verstandes, der träumt und wünscht und ständig Pläne macht, sind wir nicht bereit, aufzuwachen. Wir meinen, wir würden noch etwas mehr Zeit brauchen. Wir akzeptieren uns auch nicht so, wie wir sind! Wir müssen erst an uns arbeiten: „Ja, ich bin (noch) nicht so weit. Es wird viel Arbeit und Mühe kosten, bis ich würdig genug bin. Und wenn ich mich nicht akzeptieren kann, wie sollte mich das Schicksal, Gott, der Himmel akzeptieren?" Dabei können wir nie genug besser werden! David Spangler, der Mitbegründer von Findhorn, kann hier hilfreich sein:

> „Die Furcht vor dem Transzendenten oder dem Erhabenen (ist) wirklich nichts anderes als die Furcht vor Veränderung oder dem Verlust des Bekannten. Sie gründet sich auch auf eine seltsame Definition von Menschlichkeit, daß nämlich Begrenzungen, Zersplitterung und Leiden - mit einem Wort das Bild des tragischen Heroen, isoliert und stark in seinem Stolz und Schmerz - Sinn und Ruhm des Menschen ausmachen. Göttlich oder ganz zu werden bedeutet, das zu verlieren und in gewisser Hinsicht langweilig zu werden."

Der Verstand macht jeden Wunsch zum Ziel. Wer aber wach werden will, darf das Wachwerden nicht zum Ziel machen. Der Verstand *muß* jeden Wunsch zum Ziel machen, er kann gar nicht anders, denn in der Gegenwart kann er nicht existieren. In die Vergangenheit kann er den Wunsch nicht plazieren, weil einer, der wünscht, noch nicht hat, was er wünscht. Deshalb muß er jeden Wunsch in die Zukunft schieben - auch das Ganzaufwachen, die Erleuchtung.

Die jedoch ereignet sich nur in der Gegenwart! Erleuchtung ist eine Begleit-Erscheinung, ein Neben-Effekt von Wachsein. Und einen Neben-Effekt kann man nicht als Ziel nehmen, den kann man nicht direkt anstreben. Um Neben-Effekte zu erhalten, muß man erst etwas anderes tun, bevor sie sich einstellen können. Wer lernt, mehr und mehr in der Gegenwart zu sein, für den stellt sich Erleuchtung von selber ein. Es geht also darum, mehr und mehr im Zustand des Nicht-Denkens zu sein. Erst wenn das Denken zum Stillstand gekommen ist, sind wir bei uns. Erleuchtung kommt von selber und umso tiefer und leichter, als uns die Gelassenheit, das Nicht-Denken gelingt.

Kann man das Wachwerden auch verkehrt machen? Oh ja! Wie alles, was der Verstand tut, kann man auch das Wachwerden verkehrt machen, indem man sich nämlich zu sehr mit dem ‚Sein' beschäftigt. Dann verliert man das Werden. Indien ist für mich ein Beispiel dafür; dort scheint die Vergangenheit wichtiger als alles andere zu sein. Das Werden ist verloren gegangen.

Im Gegensatz dazu beschäftigen wir uns im Westen zu sehr mit dem Werden. Uns scheint die Vergangenheit nicht besonders wichtig zu sein, ja sogar die Gegenwart erscheint ohne große Bedeutung. Alle sind unterwegs in die Zukunft. Jeder muß jemand werden. Bhagwan/ Osho sagte: „Wenn der Osten tot ist, ist der Westen verrückt." Dabei geht es um das Gleichgewicht! Es ist nicht so, daß Westen und Osten sich nie treffen werden. Im Gegenteil, im einzelnen Menschen müssen sie sich treffen! Denn wenn einer weder tot noch verrückt ist, ist er lebendig, zufrieden *und* wartet auf das Unbekannte. „Sein *und* Nicht-Sein" heißt wirklich weise sein. Man muß, man darf nicht nur einfach zwischen Sein *oder* Nicht-Sein wählen: beide sind zusammen verfügbar. Das Ziel ist also: In der Welt sein *und* nicht in der Welt sein. Im Verstand sein *und* nicht im Verstand sein. Im Körper sein *und* nicht im Körper sein. In Zeit und Raum sein *und* weder in Raum noch in Zeit sein. Das ist der einzige Weg, frei zu sein. Zu sein und nicht zu sein - gleichzeitig! - bedeutet das Erlangen der vollen Freiheit.

Nochmal: Es gibt Menschen, die zufrieden mit ihrem Sein werden. Diese hören auf zu wachsen, sie werden selbstzufrieden und verlieren an Tonus. Sie werden einfach ruhig, ohne Bewegung, ohne Dynamik. Dann gibt es jene, die sich zuviel mit dem Werden beschäftigen. Die verlieren das Bewußtsein des Seins, werden ehrgeizig und sind nie zufrieden.

Zu wissen, was Zeit ist, ist zu wissen, was Leben ist. Zu wissen, was Zeit ist, ist zu wissen, was Wirklichkeit ist. Der Verstand ist der Mörder der Wirklichkeit (wer es sanfter haben will, der Dieb der Wirklichkeit) und der Schöpfer der Zeit.

Wenn wir wach genug sind, wollen wir nicht versuchen - wie Martin Buber so herrlich zutreffende Satz von Martin Buber - „der spurlosen Ekstase ein Gedächtnis schaffen, das Zeitlose in die Zeit hinüberretten“, sondern wir wollen im Zeitlosen *und* in der Zeit sein. Dann erleben wir, was Zeit ist: zerstückelte, zerschnittene Ewigkeit.

Quellennachweise

1 in: Peisl, Anton/Mohler, Armin (Hrsg.); Die Zeit. Bd.6 der Schriften der Carl Friedrich von Siemens Stiftung. München (Oldenburg) 1983

2 Gernot von Hahn; Jahre Tage Stunden. Aarau/Stuttgart (AT) 1984

3 Bhagwan Shree Rajneesh/Osho; And the Flowers showered. Poona (Rajneesh Foundation) 1975 S.153

4 Pöppel, Ernst; Grenzen des Bewußtseins. München (dtv) 1987 S.167

5 Bielefeld (Context) 1986

6 in: Spektrum des Bewußtseins. Bern/München/Wien (Scherz) 1988 S.103f.

7 im Vorwort zu: Franklin Jones; The Knee of Listening. Los Angeles (Dawn Horse) 1973

8 in: Einbruch in die Freiheit. Frankfurt/Berlin (Ullstein) 1986 S.90

9 Ken Wilber; Wege zum Selbst. München (Kösel) 1984 S.89

10 zit. in: Mary Ellen Carter; Das Neue Zeitalter. Genf/München (Ariston) 1990 S.195f.

FRAGE VII

Hat das Leben einen Sinn?

Über unseren Verstand

Also schließe ich, daß die Frage nach dem Sinn des Lebens die dringlichste aller Fragen ist.

- Albert Camus

Der Mensch muß grundsätzlich entscheiden, ob er sich selbst als ein Faktum und Fatum begreift, mit dem man auskommen muß - oder als etwas, das erst geschaffen werden muß.

- Johannes Klein

Auf der ersten Seite seines Buches „Wahrnehmung der Neuzeit“ [1] schreibt Carl Friedrich v. Weizäcker: „Was wir heute an der Neuzeit am unausweichlichsten wahrnehmen, ist ihre Krise.“ Kennzeichen einer Krise - das Wort kommt aus dem Griechischen und steht für ‚entscheidende Wende, bedenklicher Zustand‘ - ist notwendigerweise immer der Verlust von bisheriger Bedeutung und Sinn. „Wozu das Ganze?“ - „Was soll das eigentlich?“ - „Was soll ich hier“ - „Ich habe nicht danach gefragt!“ - „Mich hat niemand gefragt?“ - „Wozu lebe ich überhaupt?“ - „Warum läßt Gott das zu?“ - ich bin sicher, daß Sie sich die Fragen schon selber gestellt haben.

Vielleicht ist die Frage nach dem Sinn die wichtigste Frage überhaupt?! Für mich hat es sich gelohnt, der Frage nachzugehen. Das beste Bild für die (scheinbare?) Sinnlosigkeit des Lebens läßt sich - wo sonst - bei den Existentialisten finden, jenen Denkern, denen die Absurdität unseres Daseins erkennbar geworden ist. Nach Nietzsche und dem ‚Tode Gottes‘ ist die Welt als Ganzes wert- und sinnfrei geworden, als ‚absurd‘ (lat. ‚mißtönend‘). Für Jean Paul Sartre, der vom Menschen gesagt hat, er sei „eine nutzlose Passion“, ist das Leben wie ein Kind, das in einem fahrenden Zug schläft und irgendwann vom Schaffner geweckt wird, der seine Fahrkarte kontrollieren will. Aber das Kind hat keine Fahrkarte, auch kein Geld, um eine zu kaufen. Und obendrein weiß es überhaupt nicht, wohin es fährt.

Wer von uns weiß denn, wohin seine Reise geht? Wir wissen nicht, warum wir überhaupt leben. Wir haben uns keine Fahrkarte gekauft, aber können nicht aus dem Zug aussteigen. Selbstmord ist eine Sünde. Wir dürfen den Zug nicht verlassen und zugleich macht es uns keinen Sinn, überhaupt im Zug zu sein - wir kennen das Ziel nicht. Das ist absurd genug: zwecklos, ziellos, sinnlos!

Schon Dostojewskij (Die Brüder Karamasow) war sich dieser Absurdität bewußt: „Ich habe nur eine Beziehung zu Gott - und das ist Abscheu. Ich bin wütend - und wenn ich ihn treffen würde, wäre das einzige, was ich tun würde: ich würde ihm die Fahrkarte zurückgeben und ihn fragen, wie ich aus dem Leben wieder herauskommen kann. Das Leben ist ein grausamer Scherz. Es gibt uns so viele Wünsche und Begierden ... und es gibt keine Möglichkeit, sie zu erfüllen. Es gibt nicht einmal Hoffnung in der Zukunft.“

Was ist das eigentlich: Sinn? Wann ist etwas sinnlos, wann

sinnvoll? Sinn bedeutet Ziel und Zweck. Etwas ist sinnvoll, wenn es einem Ziel dient oder einen Zweck erfüllt. Und: Ein Ziel ist nur dann sinnvoll, wenn es einen entsprechenden Wert darstellt. Wert ist die ‚Beschaffenheit von Dingen oder auch von Sachverhalten, die sie der Hochschätzung würdig macht'. Wer sich schon einmal mit den Begriffen ‚Sinn' und ‚Wert' beschäftigt hat, weiß, daß es weder für Sinn noch für Wert wissenschaftliche Bedeutungen gibt. Es ist auch gar nicht Aufgabe der Wissenschaft, sich über Sinn und Wert von Phänomenen zu äußern, mit denen sie sich beschäftigt. Was Sinn hat oder macht, wird nämlich hauptsächlich weder durch die Wahrnehmung noch die rationale Erkenntnis erfaßt, sondern durch die Intuition. Dieses Wort kommt aus dem lateinischen und bedeutet ‚anschauen'; also unmittelbares Gewahrwerden eines Sachverhaltes in seinem Wesen, ohne darüber nachzudenken, ohne bewußte Reflexion.

Was also, wenn wir ‚Sinn' mit dem Verstand gar nicht finden können? Was ich Ihnen hier in den Kopf und ans Herz legen will, ist nicht nur das Verstehen, sondern auch das ‚innere Erfassen' - das Mitkriegen der Tatsache, *daß es keinen fertigen Sinn des Lebens gibt*!

Der wesentliche Teil dieses Abschnittesstammt aus zahlreichen Angaben Bhagwan/Oshos, den ich häufig wörtlich zitiere. Um den Lesefluß nicht zu unterbrechen, habe ich auf die Kennzeichnung dieser Stellen verzichtet. Vielleicht unterstützt das auch die Unvoreingenommenheit manches Lesers bei seiner Beschäftigung mit der Frage nach dem Sinn des Lebens.

Die Frage ‚Ist das Leben sinnlos?' ist, wie alle Fragen, im Grunde unsinnig und irrelevant. Warum? Weil der Verstand sie stellt. Ausgerechnet der Verstand, der *das* Hindernis zwischen uns und dem Wirklichen ist. Zumal wir wissen, daß er nicht das geeignete Werkzeug im Umgang mit der Wirklichkeit ist.

‚Bedeutung', ‚Sinn', ‚Warum' entstehen im Verstand, sind Produktionen und Projektionen des Verstandes. Das Leben jedoch *ist* nur - unmittelbar, unvermittelt, ohne Bedeutung, ohne Sinn, ohne Zweck. „Die wirkliche Welt ist ohne Zweck und Ziel, ohne Zukunft und Ergebnis, ohne Sinn und Wert - sie läuft auf nichts als den gegenwärtigen Augenblick hinaus."[2]

Die wirkliche Welt, die Soheit, wird im Buddhismus ‚Tathata' genannt. Meister Eckhart nennt sie ‚Istigkeit'.

Für das, was ich hier zu diesem Thema sage, gilt auch, was Ludwig Wittgenstein geschrieben hat:

"Meine Sätze erläutern dadurch, daß sie der, welcher mich versteht, am Ende als unsinnig erkennt, wenn er durch sie - auf ihnen - über sie hinausgestiegen ist. Er muß sozusagen die Leiter wegwerfen, nachdem er auf ihr hinaufgestiegen ist.“ [3]

Es geht also letztlich nicht darum, den ‚Sinn‘ des Lebens zu suchen und zu finden, sondern das Leben selber *zu leben*: direkt, nackt, nicht im Kleid der Versprachlichung, in der Verkleidung durch Denken und Sprechen. Bis wir das können, machen wir nur Geschichten aus unserem Erleben - und was für Geschichten!

Wie man sein Leben lebt, ohne Geschichten daraus zu machen, kann man lernen. Für die meisten Menschen ist das etwas total Neues, etwas bisher weitgehend Unbekanntes. Wir können und müssen lernen, im ‚Hier und Jetzt‘ zu leben. Und da gibt es kein festes Ziel mehr. Selbstverständlich ist ein Richtungssinn notwendig, aber ein festes Ziel kann es dann nicht mehr geben. Merken Sie, wie unruhig ihr Verstand wird, wenn er das hört? Alle Informationen, die nicht für das Überleben wichtig sind, beunruhigen den Verstand, unsere Überlebensmaschine.

Es gibt keinen vorgeschriebenen Sinn mehr. Sinn ist in der Vergangenheit *gegeben* worden, vermittelt, vorgeschrieben, angeordnet worden. Jetzt gibt es keinen vorgegebenen Sinn mehr!

Wieso das? Wir sind mündig geworden. Die Orientierungslosigkeit, die wir verspüren, kommt aus unserem Wachwerden. Wir stecken in einem ‚existentiellen Vakuum‘.

Wann haben wir das Gefühl, daß unser Leben einen Sinn hat? Bleiben Sie einmal kurz bei dieser Frage: Wann haben wir das Gefühl, daß unser Leben einen Sinn hat?

Unser Leben hat einen Sinn, wenn das, was wir tun, *einen Bezug hat*, etwas zum Ganzen beiträgt. Sinn vermittelt uns das Gefühl, daß wir ganz gleich, wie groß oder klein unser Beitrag ist - zählen, daß wir gebraucht werden, daß wir einen Platz haben, daß es einen Unterschied macht, ob wir da sind oder nicht.

Menschen fühlen keinen Sinn im Leben, solange sie sich nicht in *Beziehung* zu etwas Höherem, Umfassenderen erleben.

Und ohne Sinn können wir nicht leben. Die umfassendste Vorstellung, die wir haben können, ist die Vorstellung des Ganzen, der Existenz, von Gott. Sinn entsteht im Leben, wenn wir uns als Teil des Ganzen fühlen, als Teil des göttlichen Plans. Dann haben und machen wir Sinn.

Ein Ziegelstein für sich allein hat keinen Sinn. Als Teil von einem Haus hat er Sinn, denn dann ist er nicht für sich allein da.

Für die meisten Menschen ist heute das Leben sinnlos geworden, weil wir in eine existentielle Leere gekommen sind. Weil der alte Gott, die alte Gottes-Vorstellung tot ist. Gott als Person ist tot. Und Sinn entsteht nur zwischen Gott, dem Ganzen, der Wahrheit, der Existenz und uns. Einen anderen Sinn gibt es nicht.

In der Welt jedoch ist nichts sinnlos. Die Welt ist ein Kosmos - das ist das griechische Wort für ‚Ordnung'. Die Welt ist kein Chaos (griechisch für ‚Kluft', das ‚Gähnende', der ‚Wirrwarr', die ‚ungeordnete Masse'). Die Welt ist ein Kosmos. Vielleicht verstehen wir das nicht, weil wir nur Bruchstücke und nicht das Ganze kennen. Unsere Lebenserfahrung ist ähnlich der von jemandem, der nur eine herausgerissene Seite aus einem Buch liest. Das kann keinen Sinn machen, weil es nur ein Bruchstück ist. Wenn dieser Jemand aber die ganze Geschichte kennt, dann kann er auch diese einzelne Seite verstehen. Dann ergibt sich der Zusammenhang, der Sinn.

Was also ist Sinn? Sinn bedeutet, das Bruchstück in Relation zum Ganzen zu erkennen; Sinn ist die Beziehung des Teils zum Ganzen.

Und ohne Gott - den wir vergessen oder mit Nietzsche ‚getötet' haben - können wir nicht sinnvoll sein, weil Gott das Ganze ist und der Mensch nur ein Bruchteil davon. Wir sind nur eine Zeile in einem großen Gedicht. Eine Zeile allein ist Wirrwarr. Sinn und Bedeutung ergibt erst das ganze Gedicht.

Für das Leben selbst ist das Wort ‚Sinn' bedeutungslos. Das Leben an sich ist nämlich weder sinnvoll noch sinnlos.

Aber unsere Köpfe sind seit Jahrhunderten so konditioniert worden, daß wir glauben, daß Leben hätte große Bedeutung. Diese Bedeutung ist erfunden, ist willkürlich konstruiert. Jetzt, wo wir anfangen, all diese alten Lügen zu durchschauen - Nietzsches Wahrheitssuche hat uns dabei geholfen - wird die Frage „Was ist der

Sinn des Lebens?“ zur vielleicht wichtigsten überhaupt.

Mit einem Gott hatte das Leben Sinn. Mit dem Leben nach dem Tode hatte das Leben Sinn. Weil diese Vorstellungen jahrhundertelang in Kirchen, Moscheen, Synagogen und Tempeln gepredigt wurden, wurde unserem Leben Sinn gegeben.

Inzwischen hat zumindest eine Minderheit der Menschheit eine gewisse Reife erlangt, und immer mehr Zeitgenossen fragen sich, was denn heute der Sinn des Lebens sei.

Der dänische Theologe und Philosoph Sören Kierkegaard (1813 - 1855), von dem die Existenzphilosophie ausging, schrieb als letzte Aufzeichnung in sein Tagebuch: „Die Bestimmung des Lebens ist: zum höchsten Grad von Lebensüberdruß gebracht zu werden.“

Und Jean-Paul Sartre (1905 - 1980), der französische Philosoph und Schriftsteller, läßt in einem seiner besten Theaterstücke (Bei geschlossenen Türen) diesen bösen Ausspruch tun: „Also, dies ist die Hölle. Niemals hätte ich das geglaubt ... Ihr entsinnt euch: Schwefel, Scheiterhaufen, Bratrost ... Ach, ein Witz! Kein Rost erforderlich. Die Hölle, das sind die anderen.“

Menschen wie diese beiden haben denen, die ihnen zuhörten, gepredigt, daß das Leben sinnlos sei.

Auch deswegen, weil diese und andere Philosophen den Sinn aus unserem Leben gestrichen haben, begannen die Religionen an Einfluß zu verlieren. Weil Religion bisher nichts anderes war als der Versuch, dem Leben Sinn zu verleihen; als ein Mittel, das Leben auszufüllen, damit wir uns nicht einsam fühlen mußten. Wir sind nicht ohne Grund in Kirchen, Moscheen, Synagogen und Tempel gegangen. Wir haben etwas davon gehabt. Wir haben Trost gefunden. Uns wurde gepredigt, daß da jemand über uns wachen würde, daß wir nicht allein seien.

Immer noch werden viele Menschen von der Frage nach dem Sinn nicht beunruhigt. Sie lassen sich immer noch von der toten Vergangenheit trösten, einer Vergangenheit, die voller Unwahrheiten steckt. Jede Religion oder Tradition hat das Besondere und Einzigartige ihrer Lehre mit Absurditäten ausgestattet, um als die einzig richtige zu gelten - zum Beispiel im Christentum die Jungfräulichkeit der Mutter von Jesus. Dazu Nietzsche: „Erst die Lehre von der unbefleckten

Empfängnis hat die Empfängnis befleckt.“ Im Buddhismus wird behauptet, daß Buddha aus seiner stehenden Mutter sprang, sieben Schritte gemacht und gesagt habe, er sei der Höchste. Dem letzten Wegbereiter des Jainismus, Mahawira, ist nachgesagt worden, er hätte statt Blut Milch in den Adern gehabt. Alexander der Große soll nicht von einem Vater, sondern von einem Blitzstrahl erzeugt worden sein.

Warum haben die Menschen an solche Absurditäten geglaubt? Weil wir ohne diese Absurditäten die höchste Absurdität - nämlich Gott als Person - nicht für wahr halten könnten. Jede Lüge muß unterstützt werden, die Wahrheit steht immer auf ihren eigenen Beinen. Weshalb also glauben Menschen an derartige unsinnige Behauptungen? Weil diese Behauptungen ihrem Leben Sinn geben. Ein Gott im Himmel vermittelt das Gefühl, sicher zu sein. Gäbe es keinen Gott als Person mehr, wäre der ganze Himmel leer und wir allein, winzig und verloren.

Die Existentialisten haben die Lügen aufgedeckt, die den Menschen eingeredet worden waren. Sören Kierkegaard kam zu dem Schluß, daß das Christentum des Neuen Testaments nicht mehr zeitgemäß wäre. Für ihn waren Christenheit und Kirchen nur die ‚arglistige und verlogene Abschaffung des Christentums‘. Noch schärfer Nietzsche: „Das Christentum hat uns um die Ernte der antiken Kultur gebracht ...“; und „Ich heiße es (das Christentum) den Einen unsterblichen Schandfleck der Menschheit ....“ [4] „Denn wenn die Wahrheit mit der Lüge von Jahrtausenden in Kampf tritt, werden wir Erschütterungen haben, einen Krampf von Erdbeben, eine Versetzung von Berg und Tal, wie dergleichen nie geträumt worden ist ... alle Machtgebilde der alten Gesellschaft sind in die Luft gesprengt - sie ruhen allesamt auf der Lüge: es wird Kriege geben, wie es noch keine auf der Erde gegeben hat.“ [5]

Der Sinn, welchen alte Religionen dem menschlichen Leben gegeben haben, war willkürlich. Nietzsche und die Existentialisten haben die Willkürlichkeit dieses Sinns aufgedeckt.

Das alles heißt aber nicht, daß das Leben sinnlos ist. Es bedeutet nur, daß der dem Leben *bisher* zugemessene Sinn sich als wertlos erwiesen hat.

Was machen wir, was tut der menschliche Verstand, wenn er

merkt, daß seine bisherigen Vorstellungen auseinanderbrechen? Er marschiert schnurstracks zum polar entgegengesetzten Standpunkt: er schafft die Vorstellung der Sinnlosigkeit des Lebens.

Leben ist aber weder sinnlos noch sinnvoll. Das Leben ist nur eine Gelegenheit. Es hängt davon ab, was wir daraus machen. Von Ihnen hängt es ab, was aus Ihrem Leben wird. Von mir hängt ab, was aus meinem Leben wird. Leben ist eine kreative Herausforderung.

Existenz wird uns gegeben - den Sinn unseres Hierseins müssen wir selber erschaffen. In seinem großartigen Buch „Ihr seid Götter" sagt Johannes Klein:

„Der Mensch muß grundsätzlich entscheiden, ob er sich selbst als ein Faktum und Fatum begreift, mit dem man auskommen muß - oder als etwas, das erst *geschaffen* werden muß." [6]

Uns wird mit der Existenz oder dem Dasein kein Sinn gegeben. Das haben die Existentialisten ganz klargestellt: für uns Menschen kommt die Existenz *vor* der Essenz, das Dasein vor dem Sosein.

Einem Stein ist die Essenz, das Sosein, das Wesen gegeben. Die Existenz von einem Stein ist gleichzeitig auch seine Essenz. Steine wachsen nicht, sie sind bereits das, was sie sein können.

Bei uns Menschen ist das anders. Wir werden geboren - haben also Existenz - die Essenz aber, unser Wesen, wer wir sind, ist damit noch nicht gegeben. Wir kommen wie leer, und diese Leere müssen wir mit eigener Anstrengung füllen. Wir müssen Sinn *schaffen*!

Wir müssen den Sinn unseres Lebens selber erarbeiten, müssen ihn entdecken, wir müssen ihn kreieren.

Existenz wird uns gegeben, die Essenz müssen wir selbst erschaffen. Und wir erschaffen unsere Essenz in jedem Augenblick durch die Art, in der wir leben. Wenn wir unsere Essenz nicht selber erschaffen, werden wir keine haben.

Es ist gut, daß unser Leben keinen festgelegten Sinn hat, sonst wäre es keine Herausforderung. Alles wäre dann schon fertig. Unsere Existenz ist eine Herausforderung zur Kreativität.

Mit Nietzsches Botschaft „Gott ist tot, und ich erkläre der Menschheit, daß der Mensch jetzt frei ist" ist die Existenz nicht etwa leer geworden. Das könnte vielleicht zunächst so scheinen. Wenn niemand mehr ‚da oben' ist, müßte für uns alles leer sein. Aber ‚der da oben' hat nie existiert - er war nur ein Bild, das sich Menschen in einem Zeitabschnitt ihrer Entwicklung selbst geschaffen hatten. Zu den Grundlagen der Lebenskunst gehört, daß man in der Lage ist, die Dinge beim richtigen Namen zu nennen, denn schon ein nur wenig verkehrtes Wort kann falsche Assoziationen auslösen. Das Wort ‚leer' löst Gefühle von Mangel und Verlust aus - so als ob etwas nicht da wäre, was da sein sollte.

Die Existenz ist aber nicht ‚leer', sondern hat nur keinen für uns wahrnehmbaren Inhalt. Deshalb sollte man sie treffender ‚geräumig' nennen. Die Existenz hat so viel Raum, daß sie uns die vollständige Freiheit erlaubt, so zu sein, wie wir es wollen - Raum für alles, zu dem wir die Fähigkeit haben. Sie gewährt uns ungehindert Raum zum Wachsen und Gedeihen, sie zwingt uns nichts auf.

Der menschgemachte Gott hat uns Dinge aufgezwungen. Er schreibt vor, wie wir zu sein haben: eine vorgeschriebene Mentalität, eine bestimmte Persönlichkeit, eine bestimmte Moralität. Er schreibt vor, wie wir Dinge ‚richtig' zu machen haben. Einem Klienten meiner Kurse hat im kindlichen Alter eine Klosterschwester vorgemacht, wie ‚man' lächeln muß, damit es gottgefällig ist. Ihr gefiel das Lächeln des Kindes nicht. Dieser Gott hat Menschen in Käfige gesperrt. Und das ist kein Sinnfinden, sondern Totsein. (Die Kirche) „mit ihrem Bleichsuchts-, ihrem ‚Heiligkeits'-Ideal jedes Blut, jede Liebe, jede Hoffnung zum Leben austrinkend; das Jenseits als Wille zur Verneinung jeder Realität; das Kreuz als Erkennungszeichen für die unterirdischste Verschwörung, die es je gegeben hat, - gegen Gesundheit, Schönheit, Wohlgeratenheit, Tapferkeit, Geist, Güte der Seele, gegen das Leben selbst ...." [7]

Nietzsches Zeitgenossen hätten es wohl kaum für möglich gehalten, daß hundert Jahre später ein Theologe (Eugen Drewermann) von der sich ‚immer deutlicher abzeichnenden Ausweglosigkeit der klerikalen Kirche' sprechen würde. Dieser Theologe, der auch Psychotherapeut ist, beschreibt den „gegenwärtigen Zustand der katholischen Kirche" mit den Worten: „Die Unmenschlichkeit eines jahrhundertelang etablierten Systems der konsequenten Zerstörung des Individuums auf allen Ebenen persönlicher Existenz." Die Priester kranken an „systematischer Entpersönlichung", an einer „Verleugnung der gesamten eigenen Biographie", bei denen „Gefühle keinerlei Rolle mehr spielen" und „die grundsätzlich nur anzuerkennen vermögen, was ihnen durch fremde Autoritäten verbürgt" wird. In die Kirche gehen „fast nur noch Menschen, die in ihrem ‚Glaubensgehorsam' geistig, bezogen auf den Bewußtseinszustand ihrer Zeitgenossen, um Jahrhunderte zurückgeblieben und, bezogen auf ihre eigene Biographie, in der Zeit vor der Pubertät stehengeblieben sind." Und auf die Frage, ob man Kirche noch braucht: „Nein. Das ist, glaube ich, ein ganz entscheidender Punkt, daß die wirklich religiösen Fragen sich nicht mehr in Großgruppen austragen lassen, sie müssen buchstäblich im Nahbereich entdeckt werden. Die Kirchen sollen sich keinesfalls auflösen ... Aber sie dürfen nicht zum Selbstzweck werden."[8]

Menschen, die merken, daß „Gott tot ist", müssen zu der Auffassung kommen, daß alles sinnlos ist. Und so kommt Jean-Paul Sartre zu seiner These „Der Mensch ist nur, was er aus sich selbst macht, was er leistet." Er ist der Auffassung, „daß der Mensch, zufällig in einer zufälligen Welt vorhanden, in der alles lichtlos ist, die Chance besitzt, eben dadurch in seine Freiheit zu kommen, daß er, im Wissen seiner Verlassenheit, sich zu irgendeinem (objektiv ohnehin sinnlosen) Tun entschließt oder auch zum Verzicht auf jedes Tun." Spüren Sie, daß eine solche Folgerung nach der ‚Gott ist tot'-Einsicht denknotwendig war? Die Existentialisten hatten den wahren, den unsterblichen Gott, der kein ‚Anderer' ist, noch nicht entdeckt.

Albert Camus (1913-1960) geht wie Sartre vom Erlebnis der Sinnlosigkeit des Wirklichen und der menschlichen Existenz aus. Der Motor, welcher alles in Bewegung hält, besteht für ihn in der Erfahrung des Zwiespaltes zwischen dem tief im Menschen verwurzelten Anspruch auf Sinn und dessen fehlender Erfüllung. Für ihn ist das Absurde dieser „Zwiespalt zwischen dem sehnsüchtigen Geist und der enttäuschenden Welt."

Camus fordert ‚seinen' Menschen auf, Widerstand zu leisten, gegen das Absurde zu revoltieren, obwohl oder gerade weil man weiß, daß auch diese Revolte (objektiv gesehen) sinnlos bleibt. Der absurde Mensch sagt Ja zur Sinnlosigkeit. Seine Mühe wird zwar kein Ende haben, aber gerade im Bewußtsein und in der Bejahung dieser Mühsal sieht Camus das einzig tragende Fundament individuellen Glücks. Eines Glückes, das absichtslos ist und weder Bedeutung noch Sinn sucht: „Es gilt zu leben, einfach um des Lebens willen.“

Am Schluß seines „Versuchs über das Absurde. Der Mythos von Sisyphos“ schreibt Camus:

„Ich verlasse Sisyphos am Fusse des Berges!
Seine Last findet man immer wieder. Nur lehrt
Sisyphos uns die größere Treue, die die Götter
leugnet und die Steine wälzt.
Auch er findet, daß alles gut ist.
Dieses Universum, das nun keinen Herrn mehr kennt,
kommt ihm weder unfruchtbar noch wertlos vor.
Jeder Gran dieses Steins, jeder Splitter dieses
durchnachtigsten Berges bedeutet allein für ihn
eine ganze Welt.
Der Kampf gegen Gipfel vermag ein Menschenherz auszufüllen.
Wir müssen uns Sisyphos als einen glücklichen Menschen
vorstellen“;

und sein Aufsatz „Eine absurde Überlegung“ beginnt:

„Es gibt nur ein wirklich philosophisches Problem:
den Selbstmord. Die Entscheidung, ob das Leben sich
lohne oder nicht, beantwortet die Grundfrage der
Philosophie. Alles andere ... kommt erst später ...
Also schließe ich, daß die Frage nach dem Sinn
des Lebens die dringlichste aller Fragen ist.“

Die Existentialisten haben aus der Not, die durch den ‚Tod‘ Gottes entstanden war, die Tugend - ich möchte sagen der ‚tapferen Verzweiflung‘ gemacht. Haben ihr ‚Trotzdem‘ gedacht und gelebt. „Wenn es keinen Gott gibt und folglich keinen Sinn, dann müssen wir das beste aus diesem sinnlosen Leben machen“ - können Sie mitfühlen, welche schöne, aber auch verzweifelte Tapferkeit das ist? So als ob das Kind, welches im Zug vom Schaffner geweckt wird, keine Fahrkarte und kein Geld hat, nicht weiß, wohin es fährt, ja warum es überhaupt im Zug sitzt - jetzt wachgeworden die Zähne zusammenbeißt und damit einverstanden ist, daß es im Zug sitzt und fährt. Es hat den größten Schritt, den wir heute alle machen können, noch nicht verstanden - den Schritt aus der Identifikation mit dem Verstand. Es weiß noch nicht, daß es nicht sein ‚Ich' ist. Wir gehören zum Ganzen. Wir sind hier nur ‚Pilger', und das heißt ‚Fremde', solange wir nicht ganz aufgewacht sind. Es gibt ein ‚zweites Aufwachen mitten am Tage'!

Sobald wir uns mit unserem Sein identifizieren, ist das Getrenntsein, das Alleinsein beendet.

Camus, der nur 47 Jahre alt geworden ist (er starb bei einem Autounfall im Jahr 1960), war diesem nächsten Schritt nahe - ganz nahe dran, sich aus dem Gefängnis zu befreien:

„Wenn ich Baum unter den Bäumen wäre,
Katze unter den Tieren,
dann hätte dieses Leben einen Sinn, oder vielmehr
dieses Problem bestünde überhaupt nicht,
denn dann wäre ich ein Teil dieser Welt.
Ich wäre diese Welt, zu der ich mich jetzt
mit meinem ganzen Bewußtsein und mit meinem
ganzen Anspruch auf Vertrautheit in Gegensatz befinde.
Eben diese so höhnische Vernunft
setzt mich in Widerspruch zur ganzen Schöpfung.“ [9]

Daß der Mensch erst frei ist, wenn es keinen Gott mehr gibt, ist schon ein altes Argument. Aus dieser Sicht ist der Mensch ein Spielball Gottes. Gott ist Meister und der Mensch Sklave. Gott entscheidet und der Mensch muß folgen. Gott hat den Willen, der Mensch hat keinen.

Gedanken dieser Art sind schon im alten Indien aufgetaucht. In Griechenland meinte Epikur, daß die Götter schon deswegen nichts mit der Verwaltung unserer menschlichen Angelegenheiten zu tun haben könnten, weil sie in der Seligkeit ruhten. Natürlich erscheint dieses Argument auch bei Nietzsche, Marx und Sartre.

In einem gewissen Sinn ist diese Erklärung richtig: der falsche Gott, der menschgemachte Gott ist gewiß tot. Jener Gott, den der Mensch sich nach seinem eigenen Ebenbild vorgestellt hat, den er sich nach seinen eigenen Wünschen zurechtgemacht hat, jener Gott, der nichts als eine Projektion vom Verstand und den Wünschen des

Menschen ist, dieser Gott ist tot.

Aber dieser Gott hat niemals wirklich existiert - von vornherein nicht! Und es ist gut, daß der menschgemachte Gott tot ist, weil das Natürliche erst kommen kann, wenn das Künstliche entfernt worden ist. Erst muß das Unwahre weichen, damit die Wahrheit sein kann.

Es ist ähnlich wie bei jenem Übergang, den wir die ‚Kopernikanische Wende' nennen. Alle Menschen ‚wußten', daß die Erde der Weltmittelpunkt war. Dann sind sie der Wahrheit gegenüber aufgewacht. Runde 200 Jahre hat es gebraucht, bis sich die Wahrheit durchgesetzt hatte. Im ‚globale village', in dem wir heute leben, wird sich die Wahrheit über Gott gewiß schneller verbreiten. Insofern läßt sich sagen, daß der Atheismus gute Vorarbeit geleistet hat. Er hat Idole zerstört, damit sich der wahre Gott manifestieren kann.

Alle, die erwacht sind, haben sich gegen ein falsches Gottesbild gewandt:

> *„Gott ist gut, Gott ist weise, Gott ist unendlich,*
> *Gott ist gerecht - das alles ist so unsinnig,*
> *als wenn ich das Schwarze weiß nennen würde.*
> *Du bist es, was du über deinen Gott denkst,*
> *und lästerst ihn, wenn du ihn damit behängst.*
> *Nimm ihn ohne Eigenschaft als überseiendes Sein*
> *und eine überseiende Nichtheit"*
>
> \- Meister Eckhart

Zu behaupten, Gott sei tot, ist ein Widerspruch in sich, wenn man mit Gott den wahren Gott meint, den Gott ‚dessen, was ist'. Es ist ein Widerspruch in sich, weil Gott nichts als das Leben *ist.* Und wie könnte das Leben tot sein? Gott ist ein anderer Name für Leben. Kann das je tot sein?

Und wie könnten menschliche Freiheit und Gott Gegensätze sein? Ohne Gott gäbe es keine Freiheit, weil es ohne Gott keinen Menschen gäbe. Ohne Gott hätten wir keinen inneren Kern, ohne Gott wären wir hohl; wir hätten keinen Sinn, keine Bedeutung. Ohne Gott wären wir zufällig und ein Spielball der Umstände. Mit Gott habe wir eine bestimmte Bedeutung, einen Sinn.

Mit Gott sind wir frei, weil Gott unsere Freiheit ist. Gott gibt uns Raum zum Wachsen; Gott ist der Raum, in dem wir wachsen. Nur weil es etwas Höheres gibt, können wir wachsen und danach greifen, eben weil dieses Höhere nicht von uns getrennt ist. Dieses Höhere ist nichts als unsere eigene Tiefe, die sich manifestieren will. Es ist überdies etwas, was schon da ist und nur erkannt zu werden braucht. Unser innerster Kern ist auch der innerste Kern der gesamten Existenz. Deshalb ist es falsch, über Gott *und* den Menschen zu denken. Gott ist der erfüllte Mensch. Der Mensch ist ‚Gott unterwegs'; Gott ist schon in uns. Deshalb gibt es die Frage nach einem Konflikt zwischen uns und Gott gar nicht.

Gott ist kein Ideal - wie wir das viele Zeitalter hindurch geglaubt haben. Und es ist gut, daß dieser Gott endlich tot ist, denn jetzt können wir den wahren Gott erklären. Der wahre Gott ist und war immer unsere eigene Innerlichkeit, unsere Subjektivität.

Natürlich hat es auch Denker gegeben wie zum Beispiel Kant, Schiller und Hegel, die gesagt haben: wenn es keinen Gott gäbe, müßte er erfunden werden, weil der Mensch ohne Gott all seine Bedeutung verlieren würde. Insofern haben diese Denker recht: es ist besser, einen erfundenen Gott zu haben, als keinen. Es sieht dann zumindest so aus, als ob Sinn im Leben vorhanden wäre.

Auf der anderen Seite stehen Denker wie Sartre, Nietzsche, Freud. Jacques Monod, Chemiker, Nobelpreisträger und Direktor des Institut Pasteur in Paris hat gesagt: „Der Mensch ist nur eine Gewinn-Nummer einer gigantischen Lotterie der Natur. Der Mensch weiß endlich, daß er allein ist in der gleichgültigen Unermeßlichkeit des Universums, aus dem er durch Zufall aufgetaucht ist. Über sein Schicksal und seine Pflicht wurde nirgends entschieden."[10]

Sigmund Freud konstatierte:

> „Wir sagen uns, es wäre ja sehr schön, wenn es einen Gott gäbe als Weltenschöpfer und gütige Vorsehung, eine sittliche Weltordnung und ein jenseitiges Leben, aber es ist doch sehr auffällig, daß dies alles so ist, wie wir es uns wünschen müssen. Und es wäre noch sonderbarer, daß unseren armen, unwissenden, unfreien Vorväter die Lösung all dieser schwierigen Welträtsel geglückt sein sollte."

„Den Himmel überlassen wir
Den Engeln und den Spatzen.“ [11]

Vor kurzem hat der Münsteraner Gelehrte Hans Blumenberg den von Freud behaupteten drei Kränkungen eine neue, eine vierte Kränkung der menschlichen Eigenliebe hinzugefügt.

Die von Freud postulierten drei Kränkungen der menschlichen Eigenliebe sind

1. die ‚kosmologische‘, die Weltraum-Kränkung durch Kopernikus. Die Erde wurde aus ihrer Zentralstellung im Weltall zu einem Planeten wie unzählige andere;
2. die ‚biologische‘ Kränkung durch Darwin, der uns unsere Abstammung aus der Tierwelt nachgewiesen hat und
3. die ‚psychologische‘, in der Freud selber verkündet hat, „daß das Ich nicht Herr sei in seinem eigenen Haus“.

Hans Blumenberg hat also die 4. Kränkung nachgeliefert - es ist die „Verlorenheit des Menschen in der Zeit“: „Daß die Weite des Raumes die Zeit frißt, daß Raumdistanzen in Zeitdistanzen übersetzt werden müssen und daß dabei die Weltzeit der Lebenszeit endgültig unfaßlich wird“ ... „An der Größe der Lichtgeschwindigkeit im Verhältnis zu den sich auftuenden kosmischen Entfernungen zeigte sich ein begrenzter Wirklichkeitszugang des Menschen, eine wachsende Verspätung seiner Erfahrung von der Totalität des Universums.“ [12]

Im Grunde aber täuschen sich beide Parteien - die, die Gott verneinen *und* die, die Gott bejahen, ihn notfalls erfinden wollen - weil beide meinen, Gott wäre der „Andere“.

Gott ist nicht der „Andere“. Er ist Du. Er ist ich. Er ist wir. Er ist unsere Innenseite. Er ist unsere Subjektivität. Wie könnte er uns also zum Objekt reduzieren? Er ist nicht von uns getrennt - wie könnte er uns also unsere Freiheit rauben? Und er braucht nicht erfunden zu werden, weil er schon da ist. Er braucht nicht getötet zu werden, weil wir, wenn wir ihn umbrächten, Selbstmord begehen würden - und ein solcher Selbstmord ist unmöglich. Niemand kann endgültig Selbstmord begehen. Wer seinen Körper wegwirft, zieht später wieder in einen neuen ein. Selbstmord ist gar nicht möglich, weil *nichts* endgültig zerstört werden kann. Das Leben ist ewig. Leben ist unsterblich. Sicherlich verändert es seine Form wie die Wellen im Ozean, die sich ständig verändern, aber der Ozean bleibt. Körper kommen und gehen. Das, was man Seele nennt, kommt und geht, aber der innerste Zeuge bleibt immer. Und dieser Zeuge ist Gott.

Kant, Schiller, Hegel *und* auch Freud, Nietzsche, Sartre haben Unrecht - eben weil sie davon ausgingen, daß Gott ein ‚Anderer' ist.

Wir müssen nicht auf einen Gast warten. Im Sein des Gastgebers ist der Gast schon selber angekommen.

„Ich habe die ganze Welt auf der Suche nach Gott
durchwandert und ihn nirgendwo gefunden.
Als ich wieder nach Hause kam, sah ich ihn an
der Türe meines Herzens stehen, und er sprach:
'Hier warte ich auf dich seit Ewigkeiten!'
Da bin ich mit ihm ins Haus gegangen".

Dies ist eine Erkenntnis des bedeutendsten Dichters der persisch-islamischen Mystik, Jalaluddin Rumi (1207 - 1273).

Meister Eckhart, der größte religiöse Genius des christlichen Abendlandes, wußte:

„Gott ist uns nahe - aber wir sind ihm fern. Gott
ist drinnen - aber wir sind draußen. Gott ist unsere
innere Heimat - aber wir sind uns selber Fremde".

Kabir (1440 - 1518), einer der berühmtesten Dichter der Hindi-Sprache, sagt es so:

„Der Gast ist in Dir und auch in mir;
Du weißt, daß der Keim im Samen verborgen ist".

Genau so wie im Samen der Keim verborgen ist, ist Gott in uns verborgen. Natürlich können wir den Keim im Samen nicht finden, indem wir den Samen aufschneiden. Der Keim ist unsichtbar, unmanifest. Zuerst muß der Samen wachsen. Dazu braucht er den richtigen Boden und den Gärtner, um dem Unmanifesten, dem Unsichtbaren dazu zu verhelfen, daß es manifest, sichtbar wird. Und es bedarf großer Geschicklichkeit, um das, was verborgen ist, auf die Welt zu bringen. Buddha hat Religion ‚Upaya' genannt - ‚Geschicklichkeit in der Methode', also jenes Können, das Unsichtbare in die Welt des Sichtbaren zu bringen.

Das ist auch der Grund, weshalb die Bodhisattwa-Figuren mit so vielen Armen dargestellt werden. Es sind Symbole für ihre ‚Geschicklichkeit in der Methode', das Unsichtbare im Menschen sichtbar zu machen. Bodhisattwas sind Erleuchtete, ‚Fenster Gottes', die sich zur Aufgabe gemacht haben, einstweilen auf die Buddhaschaft zu verzichten, also verkörpert bleiben, bis alle Menschen, die sich an sie wenden, zu ihrer wahren Natur gefunden haben.

Im Blumensamen steckt die Blume - aber unsichtbar. Damit sie sichtbar wird, muß der richtige Kontext geschaffen werden. Auf die gleiche Weise ist Gott in uns; wir sind der Same Gottes. Gott muß zum Vorschein gebracht, ‚geoffenbart' werden. Wir müssen wachsen und Gott werden. Und müssen Gott nicht irgendwo als Fertiges suchen. „Einfältige meinen, sie könnten Gott in der Erleuchtung ansehen, als stünde Er dort und sie hier. Gott und Ich sind im Erkennen eins", sagte Meister Eckhart und: „Ich beschwöre euch, meine Brüder, bleibt der Erde treu und glaubt denen nicht, welche euch von überirdischen Hoffnungen reden!" Nietzsche in seinem „Zarathustra". Wirkliche Religion ist Wachsen, ‚Erkundung des eigenen Wesens'.

Warum fragen wir denn überhaupt nach dem Sinn? Weil wir ihn nicht haben. Und warum haben wir ihn nicht? Weil wir nicht sind, wer wir sind. Wir sind mit einem Teil von uns identifiziert, der unser Überleben garantieren soll - mit unserem Verstand. Aber wir sind nicht unser Verstand!

Gewöhnlich wird uns allen beigebracht, daß wir ein Ziel haben müßten. Und dann fangen wir an und arbeiten darauf hin. In Wirklichkeit verpassen wir so immense Gelegenheiten; verlieren im Erstreben dieses besonderen Ziels den ganzen Reichtum des Lebens. Dabei ist der Weg das Ziel!

„Lange hat es für mich so ausgesehen, als ob mein Leben gleich anfangen würde - mein wirkliches Leben.
Aber immer war noch irgendetwas im Wege.
Etwas, was ich erst noch kriegen müßte,
eine Sache, die erst zuende gehen müßte,
Zeit, die erst noch vergehen müßte,
eine Schuld, die erst noch abgetragen werden müßte.
Aber dann würde mein Leben beginnen.
Schließlich dämmerte mir, daß diese Hindernisse mein Leben waren“,

erkannte Thomas Merton.

Und aus Kalifornien kommt es kurz, aber treffend: „Die meisten Menschen bereiten sich 99% ihrer Lebenszeit darauf vor, es zu leben!“

Warum haben so viele Menschen das Gefühl, daß unser Leben sinnlos ist? *Weil wir einen Sinn im Leben voraussetzen*! Und das ist verkehrt. Jahrhunderte lang haben die Religionen gelehrt, es gäbe einen Sinn; und wir haben das angenommen. Wenn wir nun den Sinn nicht finden, verzweifeln wir und fühlen uns verloren. Aus diesem Grund verüben viele intellektuelle Menschen Selbstmord. Menschen, die viel denken, verüben häufiger Selbstmord als andere. Weil denkende, nachdenkliche Menschen *erwarten*, einen Sinn im Leben zu finden. Sie setzen ihn voraus, sie ‚wissen‘, daß irgendwo Sinn sein muß und können ihn dennoch nicht finden. Sie strengen sich an, Sinn zu finden, den es nicht gibt! Menschen, die keinen Sinn suchen, begehen keinen Selbstmord, weil sie nicht durch vergebliches Sinnsuchen frustriert sind.

Nihilisten und Existentialisten behaupten: es gibt keinen Gott - niemand kann ein sinnvolles Leben leben - es gibt kein Schicksal - alles ist zufällig.

Die alten Religionen bestimmen: das Leben hat Sinn, weil Gott kein sinnloses Leben erschaffen kann - Sinn ist dem Leben immanent, ist in das Leben eingebaut - das Leben hat Bedeutung - du mußt dein Leben erfüllen und wirst dafür im Jenseits belohnt werden! Damit wird Hoffnung und Trost erzeugt.

Das sind polare Gegensätze! Die Religionen sagen: das Leben ist sinnvoll - die Existentialisten sagen: das Leben ist sinnlos. Wie löst sich dieser Widerspruch auf? Beide Aussagen basieren auf dem gleichen Fehler. Sinn und Leben stehen in keinem Zusammenhang! Es gibt überhaupt keinen Zusammenhang zwischen Sinn und Leben. Wenn jemand fragt: „Wie riecht rot?", kann die Antwort darauf nur lauten: „Geruch hat mit Farbe nichts zu tun!" Wer den bestimmten Duft von ‚rot' sucht - weil Leute Tausende von Jahren lang behauptet haben, rote Farbe habe einen bestimmten Duft - wird herausfinden, daß rot keinen Geruch hat. Farbe und Geruch sind zwei voneinander getrennte Dimensionen. Leben und Sinn sind ebenso völlig voneinander verschieden!

Sinn, als Bedeutung gemeint, ist eine logische Vorstellung; und mit Logik hat das Leben nichts zu tun. Wer leben will, muß die Logik beiseite legen können - sonst kann er nicht leben. Sonst kommt immer die Logik dazwischen und verhindert das Leben des Lebens. Dann denkt man viel, aber lebt nicht viel. Und je mehr einer denkt, desto weniger wird Leben möglich. Leben ist dem Denken gar nicht verfügbar. Das Denken ist die trockenste Dimension unseres Lebens. Logik vermittelt niemals Sinn! Logik eliminiert allen Sinn, Logik ist destruktiv. Was dem Leben Sinn verleiht, ist Liebe. Ein logischer Verstand verliert nach und nach alle Möglichkeit zu lieben. Logik vertreibt jede Unerklärlichkeit, jedes Geheimnis - und damit das Leben. Wir sind immer mehr, als wir wissen können! „Ein Schatten kann unmöglich die Substanz verstehen, von der er ein Schatten ist" (Ramesh Balsekar). Durch mehr Wissen wird das uns innewohnende Geheimnis nie berührt. Wer das Leben als sinnlos erlebt, beweist damit einfach, daß er nicht weiß, wie man lebt, nicht weiß, daß Sinn nichts mit dem Leben zu tun hat.

Bhagwan/Osho hat eine herrliche Geschichte von einem Dorftrottel in Rußland erzählt. Dem hatten schon die Eltern eingeredet, er sei ein Idiot. In der Schule hörte er das gleiche, und noch als Erwachsener nannte man ihn in seinem Dorf ‚Idiot'. Er hatte sich schon an diese Rolle gewöhnt.

Eines Tages besuchte ein Heiliger sein Dorf. Nachts, damit ihn niemand sehen konnte, besuchte der Dorftrottel den Heiligen und bat ihn, ihm zu helfen. „Ganz egal, was ich mache, auch wenn ich genau dasselbe mache wie die anderen, nennen sie mich einen Trottel. Bitte hilf mir da heraus!" Der Heilige: „Du brauchst nur eines zu tun: Immer, wenn dir jemand sagt: ‚Schau mal, wie schön diese Rose ist' mußt du sagen: ,Du Idiot, beweise mir das. Was soll denn da schön sein, beweise mir das!' Oder wenn jemand kommt und sagt: ,Ein sehr gutes Buch ist das von Tolstoi', dann sage: ,Was soll denn daran sehr gut sein? Dreiecksgeschichten.' Laß keine Gelegenheit aus, denn niemand kann sowas beweisen! Solche Sachen sind unbeweisbar. Und wenn sie nicht beweisen können, was sie sagen, werden *sie* dumm dastehen und sie werden aufhören, dich einen Idioten zu nennen. Wenn ich das nächste Mal hier wieder vorbeikomme, laß mich wissen, wie es funktioniert hat."

Als der Heilige das nächste Mal in das Dorf kam, liefen ihm die Bewohner entgegen und sagten: „Bei uns ist ein Wunder geschehen, unser Dorftrottel ist der klügste Mann im Dorf geworden. Ihr müßt miteinander reden!" Und im Gespräch gestand der jetzt Angesehene: „Du hast ein Wunder vollbracht. Der Trick hat funktioniert. Ich nenne einfach jeden dumm. Jedesmal, wenn mir jemand etwas über Liebe, über Schönheit, über Kunst erzählt, sage ich: ,Beweise mir das erst mal!' Und dann schauen sie blöde drein, weil sie es nicht beweisen können. Ich hätte nicht gedacht, daß ich soviel davon haben würde. Ich wollte nur nicht mehr Dorftrottel genannt werden, und jetzt soll ich der Klügste von allen sein. Dabei bin ich immer doch noch der gleiche wie immer."

Darauf der Heilige: „Verrate nie jemandem das Geheimnis! Glaubst du vielleicht, ich wäre ein Heiliger? Sage das niemandem! Auf diese Weise bin ich zu einem Heiligen geworden, und du bist ein kluger Mann geworden. So läuft das in der Welt."

Fragt einer nach dem Sinn des Lebens, hat er eine unmögliche Frage gestellt. Natürlich kommt dann jemand und gibt eine Antwort - die aber nicht bewiesen werden kann! Und damit scheint automatisch bewiesen, daß das Leben keinen Sinn hat. Aber das ist ein Irrtum. Die Existentialisten haben alle anderen Philosophen mit dem gleichen Trick besiegt, den der Dorftrottel benutzt hat: sie sagten einfach von allem, es sei bedeutungslos. Schönheit kann nicht bewiesen werden, man sieht sie oder man sieht sie nicht. Liebe kann nicht bewiesen werden, das ist unmöglich. Es gibt unzählig viele Dinge, die nicht definiert werden können. Die Existentialisten haben von einer falschen Voraussetzung sofort auf den polaren Gegensatz geschlossen, der natürlich auch falsch sein muß. Das Leben ist eine Erfahrung, unsere Geburt lediglich der Anfang, der Beginn. Wir werden nicht fertig geboren. Alle Dimensionen sind offen, wenn wir geboren werden. Das ist die Besonderheit, die Schönheit und die Würde für uns Menschen.

Ein Hund wird als Hund geboren und bleibt immer Hund. Ein Hund bringt schon alles mit sich, ist schon fertig; die Natur versorgt ihn mit allem, was er braucht. Ein Hund fühlt niemals Sinnlosigkeit, einzig Menschen fühlen sie. Daher rührt unser Bedürfnis nach denkendem Verstehen!

Ein Hund kommt - wie jedes Tier - fertig auf die Welt, vollständig. Menschen werden unvollständig geboren, offen. Uns ist überlassen, was wir werden und was wir aus unserem Leben machen. Das erzeugt Probleme - und all diese Probleme sind Herausforderungen, die angenommen werden müssen. Wir müssen uns ständig um unser Wachstum bemühen. Natürlich gehen wir oft in die verkehrte Richtung, aber das ist notwendig. Wir lernen durch Fehler. Jeder geht seinen Weg, und oft sind es Sackgassen, in die wir laufen. Wir müssen umkehren und den Weg wiederfinden. Jedoch schon die Ahnung, daß ein Weg nicht weiter führt, kann uns merken lassen, daß wir zu spüren beginnen, welches der richtige Weg ist. Auch wenn uns das oft nicht klar wird: im gleichen Augenblick, da wir merken, daß ein Weg falsch ist, haben wir - vielleicht nur ganz kurz - erkannt, was richtig ist. Wer eine Unwahrheit erkennt, hat schon eine Vorstellung der Wahrheit. Deshalb ist es auch nicht falsch, in die verkehrte Richtung zu gehen, weil wir dadurch langsam das Richtige begreifen lernen.

Wer durch das Leben des Lebens herausfindet, was das Leben ist, findet nicht Leere um sich, sondern Raum, reinen Raum, welcher es ihm erlaubt, in jede Richtung zu wachsen. Existenz ist Freiheit.

„Warum läßt Gott das zu? Warum gibt es im Leben soviel Leid?" Diese Fragen zählen zu den ältesten der Menschheit. Und was ist die Antwort darauf? Der Mensch leidet, weil es keinen anderen Weg zum Reifen und Wachsen gibt. Der Mensch leidet, weil er nur durch Leiden wacher werden kann. Wachwerden ist der Schlüssel. Jesus sagt im Thomas-Evangelium: „Selig ist der Mensch, der gelitten hat, er hat das Leben gefunden", und im Koran verkündet Allah: „Ich bin bei denen, die Leid tragen; ihnen wird zwiefach vergolten werden".

Selig ist der Mensch, nicht weil er gelitten hat, sondern weil ihn das Leiden zur Selbst-Besinnung und Selbstverwirklichung geleitet hat.

Sie brauchen nur Ihr eigenes Leben anzuschauen: sobald man es bequem hat, geht das Wachsein verloren. Dann lebt man in einer Art Schlaf, wie hypnotisiert, man tut Dinge und bewegt sich wie beim Schlafwandeln. Wenn wir nicht leiden, verschwindet auch Religion aus unserem Leben. Keiner geht mehr in die Kirche - wozu auch? Keiner betet mehr zu Gott. Weswegen auch? Es scheint keinen Grund mehr dafür zu geben.

Immer wenn jemand leidet, bewegt er sich auf Gott zu, fühlt sich das Herz zum Beten hingezogen. Im Leiden ist etwas versteckt, was uns gegenüber dem, der wir sind, warum wir sind und wohin wir gehen, wacher macht.

Das Leben hat keinen Sinn - es kann keinen Sinn oder Zweck haben. Jeder ‚Sinn', jeder ‚Zweck', jede ‚Absicht' liegt *innerhalb* des Lebens. Natürlich hat ein Auto einen Sinn, einen Zweck: es bringt einen von einem Ort zum anderen. Nahrung hat Sinn; ihr Zweck ist: sie erhält uns am Leben. Ein Haus hat Sinn und Zweck: es bietet Schutz. Kleidung hat Sinn usw. usw.

Aber jeder Sinn, jeder Zweck liegt innerhalb des Lebens. Das Leben selber *kann* keinen Sinn haben, keinen Zweck, weil es kein Mittel zum Zweck ist. Autos oder Häuser sind Mittel zum Zweck. Das Leben geht nirgendwohin, es hat kein Ziel. Leben ist einfach da. Es ist nie geschaffen worden.

Die gedankliche Vorstellung, daß das Leben ‚geschaffen' worden sei, kann man getrost vergessen. Das wirft nur eine Menge sinnloser Fragen auf. Leben ist nie erschaffen worden, es war immer und wird immer sein - in verschiedenen Formen, auf verschiedene Weise - ein ewiger Reigen. Und genau das macht die Schönheit des Lebens aus! Hätte es einen Sinn, wäre es nicht so schön, wie es ist; dann nämlich gäbe es eine Motivation, dann bekäme es etwas Geschäftsmäßiges, einen Auftrag, dann wäre es sehr ernst. Welchen Sinn sollen Rosen, Magnolien, Stiefmütterchen haben? Wir müssen nur den eigenen Verstand so weit reifen lassen, daß wir mit dieser Sinnlosigkeit gut leben können. Das ist möglich. Leben ist wesenhaft schön. Schönheit ist dem Leben immanent. Leben ist nicht zweckhaft, sinnhaft, es hat keinen äußerlichen Sinn oder dient einem Zweck. Es ist wie das

Geräusch von fließendem Wasser oder von Wind, der durch die Zweige fährt.

Das Leben hat keinen Sinn! Und solange wir nicht in der Lage sind, zu leben - von Augenblick zu Augenblick - ohne nach dem Sinn zu fragen, machen wir das Leben zu einer Aufgabe, zu einem Beschäftigungsproblem.

Ist Liebe in sich nicht genug? Müssen wir denn fragen, was der Sinn der Liebe ist? Natürlich wird unser Leben lieblos, wenn wir den Sinn der Liebe nicht finden. Aber die Frage ist verkehrt. Liebe ist sich selbst genug. Liebe *ist*! Sie braucht keine zusätzliche Bedeutung, keinen anderen Sinn, um in ihrer ganzen Schönheit da zu sein.

Der schwermütige Denker Sören Kierkegaard sagt über die Liebe: „Das verborgene Leben der Liebe ist im Innersten unergründlich und in einem unergründlichen Zusammenhang mit dem ganzen Dasein." Kierkegaard weiß, daß Logik und Existenz nicht vermengt werden können: „Wie der stille See tief in den verborgenen Quellen seinen Grund hat, die kein Auge je erschaut, so hat die Liebe des Menschen ihren noch tieferen Grund in Gottes Liebe. Wenn in der Tiefe keine Quelle wäre, dann wäre weder der kleine See noch die Liebe des Menschen. Wie der stille See einen dunklen Grund hat in der tiefen Quelle, so hat die Liebe eines Menschen ihren rätselhaften Grund in Gottes Liebe."

Das Lied einer Amsel am Abend ... welcher Sinn? Ist ihr Gesang nicht in sich selbst schön? Muß alles im Leben einen Sinn außerhalb von sich selbst haben? Spüren Sie aber nicht trotzdem das Erklärungsbedürfnis, ja die Erklärungswut Ihres Verstandes?

Die gesamte Existenz ist ohne Sinn, ohne Bedeutung. Existenz ist sich selbst genug. Wir brauchen keine Extra-Erfindung zu machen. Der Sinn, den unser Verstand sucht, ist jedoch etwas Zusätzliches, etwas Konstruiertes, ‚Erfundenes' zu dem, was ohne unseren Verstand und seine Erklärungen in sich selbst vollauf genug ist! Sinn ist eine Erfindung des Verstandes. In der Wirklichkeit gibt es keinen Sinn. Die Wirklichkeit *ist* nur.

Natürlich ist es legitim, mit dem Verstand bis an die Grenze des Verstandes zu gehen, also auch, die Sinnfrage zu stellen. Doch im Grenzbereich wird es wichtiger, den Verstand zu verstehen, als mit ihm zu philosophieren.

„Wenn irgend etwas einen Sinn annehmen, also über sich selbst hinausdeuten soll, muß notwendigerweise eine Spaltung entstehen, denn worauf sollte es sonst hindeuten. Sinn erzeugt Dualität. Wenn ich mir für mein Leben einen Sinn wünsche, so wünsche ich mir damit letztlich eine Zerstückelung meiner Erfahrung und meiner Wirklichkeit. Die wirkliche Welt ... kann keinen Sinn, keine Bedeutung haben, denn sie ist eins, ungeteilt, und da ist nichts, worauf sie deuten könnte. Die wirkliche Welt ist be-deutungs-los." [13]

Innerhalb des Verstandes sind wir ‚Sinn-orientiert', ‚Ziel-orientiert'. Deshalb erzeugt der Verstand Fragen wie „Was ist der Sinn des Lebens?", er würde weiter fragen: „Was ist dann aber der Sinn von *diesem* Sinn? Warum sollten wir dieses Ziel erreichen? Welchem Zweck soll das dienen?" Und selbst, wenn dann jemand versichern würde: „Das und das ist der Sinn von diesem Sinn!", würde die gleiche Frage wieder hochkommen - und so weiter und weiter.

Die Welt ist nie geschaffen worden. Das Wort ‚Schöpfung' stimmt so nicht. Die Welt - damit ist nicht die Entstehung der Erde gemeint - ist immer hier gewesen, sie ist ewig. Es gibt keinen ‚Schöpfer'. Unser gelernter Gott ist nicht der Schöpfer der Welt! Gott ist die kreative Energie der Existenz selber. Er ist ‚Kreativität', nicht ‚Kreator'. Das Schöpferische, nicht der Schöpfer. Er ist nicht der Dichter, er ist die Poesie. Er ist nicht der Tänzer, sondern der Tanz.

Die Frage nach dem Sinn des Lebens scheint sehr philosophisch und kann einen quälen, aber sie ist absurd - wie wenn jemand fragen würde: „Welchen Geschmack hat grün?". Das gehört nicht zusammen, die Farbe Grün hat keinen Geschmack; Farbe und Geschmack sind nicht verwandt.

„Warum existiert das Leben?" Das klingt schon eher wie eine vernünftige Frage. Aber Leben und Existenz sind das Gleiche. Das ist also eine Tautologie, ein ‚weißer Schimmel'. Die eigentliche Frage lautet: „Warum ist Leben Leben?" So wird es klar. Wenn man aber fragt: „Warum gibt es Leben?" oder „Warum existiert Leben?", täuscht einen die Sprache. Das Leben ist ein Mysterium. Es gibt kein Warum, keinen Sinn, keinen Zweck, keinen Grund. Es ist einfach da. Ob man es nimmt oder läßt, es ist einfach hier.

Und wenn das Leben hier ist, warum es dann nicht ergreifen? Warum Zeit mit Philosophieren verschwenden? Warum es nicht leben? Warum nicht immer tiefer in diese Sache ‚Leben‘ gehen? Existenz ist kein Problem, das durch den Kopf gelöst werden kann. Sie ist kein Rätsel mit einer möglichen Lösung; Existenz ist ein Geheimnis ohne Lösung - eben weil es von vornherein kein Problem ist. Existenz muß gelebt werden.

Ein Stummer weiß, daß Zucker süß schmeckt, aber er kann es nicht sagen. Mit dieser Unmöglichkeit, ‚es‘ nicht sagen zu können, kann man auch ganz praktisch umgehen. Buddha zum Beispiel hat das getan. Ihm hat man deshalb ganz zu unrecht vorgeworfen, ‚gottlos‘ zu sein. Als er in Indien lehrend von einem Dorf zum anderen, von einer Stadt zur anderen wandelte, hat er immer zwei seiner Schüler vorausgeschickt. Die haben den Bewohnern elf Fragen genannt, welche Buddha nicht beantworten würde. Eine dieser elf nutzlosen Fragen war „Warum gibt es Leben?“, eine andere „Wer hat die Welt geschaffen?“ Fragen dieser Art können ihrer Natur nach nicht beantwortet werden. Buddhas *wissen*, aber sie können es nicht sagen. Unwissende wissen es nicht; aber sie reden und geben Antworten. Egal was gefragt wird, sie finden eine Antwort.

So ist auch ‚Gott‘ eine freie Erfindung des menschlichen Verstandes. ‚Gott‘ ist eine Fiktion. Und wenn eine Fiktion erst mal da ist, dann müssen wir sie mit anderen Fiktionen und anderen Erfindungen stützen und beweisen.

Woher kommt denn eigentlich die Frage nach ‚Gott‘? Wir sehen einen Topf aus Ton. Und wir wissen, daß der sich nicht selber geschaffen hat - es muß also irgendwo einen Töpfer gegeben haben. Das ist präzise der Gottesbeweis aller Religionen, die sagen, es gäbe einen personenhaften Gott. Wenn nicht einmal ein einfacher Tontopf sich selbst erschaffen kann, also einen Töpfer zum Erschaffen brauche, dann braucht auch dieses unendliche Universum einen Schöpfer.

Diese Antwort hat simplen Köpfen seit vielen Jahrhunderten genügt. Doch zeitgemäßen, kritischen Köpfen kann sie nicht mehr genügen! Denn wenn gesagt wird „Das Universum braucht einen Schöpfer, um es zu erschaffen“ - dann *muß* die Frage kommen „Wer hat den Schöpfer geschaffen?“. Und dann wird es absurd! Denn danach kommt was? Die nächste Frage - nach dem Schaffer des Schaffers des Schöpfers - und so weiter! Dann gibt es einen Gott Nr. 1 - einen Gott Nr. 2, 3, 4, 5, 6, 7 und so weiter und so fort.

Deshalb ist es besser, schon die erste Erfindung wieder zu vergessen, weil man mit dieser ersten nur andere Erfindungen sät, einlädt, verursacht.

Existenz ist sich selber genug. Sie braucht keinen Schöpfer. Es gibt keinen personenhaften Gott - was es gibt, ist die existentielle Energie der Kreativität. Kreativität ist Gott. Und damit mit dem Wort ‚Gott' nicht wieder falsche Vorstellungen entstehen, wäre es besser, Göttlichkeit zu sagen.

Glauben ist nur bei Fiktionen notwendig. Was man sieht, erlebt oder was man erfährt, braucht man nicht zu glauben. Kein Mensch glaubt an Rosen oder an die Sonne - es sei denn, er kann sie nicht sehen.

Aus Buddhas Leben kennen wir eine Geschichte: Ein Blinder wird zu Buddha gebracht. Der Mann kann nicht sehen, jedoch sehr logisch denken. Viele Jahre lang hatten die Bewohner seines Dorfes versucht, ihm nachzuweisen, daß es Licht gibt. Aber beweisen konnten sie es dem Blinden nicht. Der argumentierte nämlich: „Alles, was es gibt, kann man anfassen. Bringt mir Licht, ich möchte es gerne berühren. Alles, was es gibt, kann man beklopfen, dann gibt es ein Geräusch oder einen Ton. Ich möchte den Ton vom Licht hören. Wenn es duftet, dann laßt mich das Licht riechen. Wenn es nach etwas schmeckt, dann möchte ich es schmecken. Das sind die vier Möglichkeiten, die für mich existieren." Weil sich Licht aber weder anfassen läßt noch Töne erzeugt, und es weder schmeckt noch duftet, spottet der Blinde und sagt: „Ihr wollt mir nur beweisen, daß ich blind bin! Darum habt ihr das Licht erfunden. Es gibt kein Licht. Ihr seid alle blind, genau wie ich. Ihr macht euch selber etwas vor!"

Buddha kommt also in dieses Dorf, und die Leute meinen, das sei eine gute Gelegenheit: „Laßt uns den Blinden zu Buddha bringen, vielleicht kann der ihm helfen". Buddha hört sich die ganze Geschichte an und entscheidet: „Der Blinde hat recht, und ihr alle habt unrecht. Der braucht keine Beweise, sondern Medizin. Er braucht Medizin für seine Augen; ihr habt ihn zum Verkehrten gebracht. Bringt ihn zu einem Arzt".

Und da es im Gefolge von Buddha einen Arzt gibt, sagt Buddha: „Ihr braucht gar nicht weit zu gehen, ich habe einen bei mir; bringt den Blinden zu ihm." Der Arzt behandelt den Blinden, und nach drei

Monaten kann er sehen. Er läuft zu Buddha, findet ihn, fällt vor ihm auf die Knie und sagt: „Wenn sie mich nicht zu Dir gebracht hätten, hätte ich mein ganzes Leben lang Argumente gegen das Licht gefunden, und sie hätten es nicht beweisen können."

Göttlichkeit ist nichts, was durch Argumente bewiesen oder widerlegt werden kann. Göttlichkeit kann nur erlebt werden.

Alles, was Sie hier lesen konnten, betrifft oder betraf mich selber auch; so wie es jeden Menschen betrifft. Bevor wir nicht verstehen, daß Leben keinen Sinn hat, sondern nur *ist*, daß es kein Ziel hat, daß es nirgendwohin geht - solange dieses Verständnis nicht bis ins Herz gedrungen ist, kann man auch nicht langsamer werden.

Viel zu viele sind ständig in Eile, sind pausenlos unterwegs und finden deshalb keine Zeit.

Das Leben ist weder sinnlos noch sinnvoll: das ist die Wahrheit über das Leben. Sie ist ziemlich schwer anzunehmen und schwer zu ‚verdauen'. Und warum? Weil das Ego in uns ohne Sinn, ohne einen Zweck nicht existieren kann. Daß das Leben selbst keinen Sinn hat, keinen Zweck verfolgt und kein Ziel hat, ist aber nur deshalb so schwer vorstellbar, weil es ohne Ziel keinen Sinn und keinen Zweck hat, ein Ego, einen Verstand zu haben. Unser Ego kann nur mit der Orientierung auf ein Ziel existieren; unser Verstand kann nur in der Zukunft und/oder in der Vergangenheit existieren. Sinn, Ziel, Zweck bringen Zukunft. Ein Ziel schafft Raum, in dem sich Gedanken bewegen können. Darum macht ‚planen' soviel Freude - im Verstand. Und dadurch entsteht naturgemäß die Eile, weil das Leben so kurz scheint. Heute gibt es uns und morgen sind wir nicht mehr da - vielleicht in wenigen Augenblicken schon nicht mehr.

Das Leben ist kurz. Und wenn es ein Ziel gibt, das man erreichen muß, muß man schnell machen. Und man muß sich Sorgen machen: „Schaffe ich es oder schaffe ich es nicht?"

Aber die Vision von einem ‚ziellosen Leben' ist möglich! Es ist die Vision aller erwachten Menschen. Was sagt dazu unser Ego? Das Gleiche, was Goethe seinen Faust sagen läßt:

„Werd ich zum Augenblicke sagen:
Verweile doch! du bist so schön!
Dann magst du mich in Fesseln schlagen,
Dann will ich gern zugrunde gehn!"

Alles *ist* lediglich. Aus keinem Grunde. Hat man das verstanden, wozu dann noch eilen? Dann fängt man an, im Augenblick zu leben. Dann wird einem dieser Augenblick gewährt, als ein Geschenk Gottes, des Ganzen, des Tao, des Logos ... Dieser Augenblick, dieses Jetzt ist uns verfügbar, um in seiner Totalität zu leben.

Leider versuchen wir fast immer, diesen Augenblick einem anderen Augenblick zu opfern, der in der Zukunft liegt - anstatt den Augenblick um seiner selbst willen zu leben. Leben *ist*, um des Lebens willen. Jeder Augenblick ist nur um seiner selbst willen da. Ihn für etwas anderes herzugeben, zu opfern, heißt unintelligent sein. Wenn das Opfern des Jetzt, der Gegenwart, dieses Augenblicks erst mal zur Gewohnheit geworden ist, dann opfert man diesen Augenblick für den nächsten und den nächsten für den übernächsten und so weiter und so weiter ... Dieses Jahr für das nächste, dieses Leben für das nächste. Alles wird dann einfach eine logische Folge.

Sobald wir den ersten Schritt gemacht haben, beginnt die Reise, die uns in die Einöde führt. Diese Reise läßt das Leben zur Wüste, zur Selbstzerstörung werden.

Lebe den Augenblick, aus der puren Freude, ihn zu leben! Wer die Zukunft vergessen kann, wer sehen kann, daß es sie nicht gibt, der braucht sich auch nicht ständig auf sie vorzubereiten. Und im gleichen Augenblick, in dem die Zukunft fallengelassen wird, fällt auch die Vergangenheit.

Die Vergangenheit schleppen wir nur deshalb mit uns herum, weil wir sie in der Zukunft brauchen könnten. Wer würde sonst seine Vergangenheit mit sich tragen? Sie ist unnötig. Wenn es keine Zukunft gibt, wozu dann noch das Wissen, das einem die Vergangenheit gegeben hat? Das heißt sich mit einer Bürde zu belasten, die den Spaß an der Reise kaputt macht. Denn das Leben ist reine Reise, Pilgerschaft nirgendwohin. Der Weg ist das Ziel!

Es geht nicht darum, eine bestimmte Methode des Verlangsamens zu benutzen. Denn wenn die Grundeinstellung dem Leben gegenüber bleibt, nämlich daß es zielgerichtet ist, kann man zwar versuchen, langsamer zu leben und sogar Erfolg damit haben. Gleichzeitig aber hat man nur eine andere Spannung im Leben erzeugt. Man muß ständig aufpassen, daß man es langsamer angeht, muß sich ständig zurückhalten, um nicht wieder schnell zu werden. Auf diese Weise können die eigenen Energien auch nicht frei fließen. Ständig ist man ängstlich, daß die alte Gewohnheit wieder einsetzen könnte, wenn man nicht ohne Unterlaß aufpaßt.

Und unsere Gewohnheiten sitzen tief, mit ihren Wurzeln sogar in der eigenen Lebensphilosophie. Wir alle stehen unter Leistungsdruck, weil wir so erzogen worden sind. Wir alle sind von der Vorstellung 'so sollte es sein, besessen, einer Art Wahn. Ein wirklich gesunder Mensch kümmert sich nicht darum, was sein sollte. Der kümmert sich nur um das, was gegenwärtig ist. Und das Überraschende tritt ein: wer in das Unmittelbare gelangt ist, findet dort das Höchste.

> „Die Frage ist nicht: wieviel Gegenwart Gottes kann ich in mein Leben bringen - sondern: wieviel meines Lebens kann ich in die Gegenwart bringen." [14]

Gott ist die Gegenwart.

Nicht jeder weiß, daß Sinn nicht ins Leben eingebaut ist, sondern persönlich eingebracht, hervorgerufen werden, gestiftet werden muß. Wer auf einen bereits eingebauten Sinn im Leben wartet, wird keinen Sinn finden. Das Resultat ist dann das Gefühl, daß das Leben sinnlos ist.

Ein weiterer Grund ist für mich das Fehlen einer Orientierung über Grundfragen des Lebens. Das Fach ‚Lebensschule' müßte in den Schulen eingeführt werden. Wenn mir die Orientierung, welche ich in rund vierzig Jahren für mich und andere gesammelt habe, als 10 - 18jähriger angeboten worden wäre, hätte ich für mich und andere eine andere Ausgangsbasis gehabt. Ich habe erst lernen müssen, dem zuzustimmen, was war und ist.

Mancher fragt besorgt: „Wenn ich den Sinn meines Lebens selber bestimmen würde, hätte ich auch die ganze Verantwortung dafür?" Dem ist zu entgegnen: „Ja, sicher und Gott-sei-Dank! Unser Leben ist zunächst wie leer, es ist eine Gelegenheit. Vielleicht können Sie ermessen, wie ‚schön' das ist. Was das für eine phantastische Herausforderung zur Sinngebung ist. Und nur wir selber können etwas für uns tun. Jeder kann Sinn erschaffen - jeder kann aber auch Sinnlosigkeit erschaffen. Jeder kann Freiheit erschaffen und jeder kann seine Gefangenschaft erschaffen. Es hängt von uns selbst ab. Unsere Freiheit ist total! Warum nur haben wir meist Angst vor dieser totalen Freiheit? Weil mit ihr eine große Verantwortung entsteht. Die meisten Menschen möchten, daß jemand anderer ihnen Sinn gibt, damit sie nicht selber verantwortlich sind. Ich halte es aber für zeitgemäß, die Verantwortung für uns selber zu übernehmen. Den Sinn des eigenen Lebens zu erschaffen bedeutet selbstverständlich auch: wenn ich es nicht schaffe, ist auch das meine eigene Verantwortung. Das weckt Angst. Das ist auch ein Grund, weshalb Menschen Götter erschaffen haben, die dem Leben einen Sinn geben sollen. Daß da jemand ist, zu dem ich aufschauen kann, jemand, der mich erlöst, jemand, der sich für mich erbarmt. Jemand, von dem ich etwas haben, bekommen will. In der heute unzeitgemäßen Vergangenheit bestand die Gottesvorstellung in einem behütenden, versorgenden, ‚lieben' Gott, einem Übervater. Der war oben im Himmel, wußte und sah alles - eine Anschauung, die getröstet, aber gewiß nicht wach gemacht (erweckt) hat. Die alten Religionen haben Angst erzeugt und zugleich getröstet. Die Menschen verblieben im Halbschlaf und lebten unkreativ. Sie haben Gott vertraut, gebetet, ihn gelobt und gemeint, daß das alles wäre, was sie tun könnten. Das ist heute, nach Nietzsche, nicht mehr möglich. Dieser Gott ist tot. „In der Religion fehlt der Zwang, uns als *Werte setzend* zu betrachten!" hat er schon vor hundert Jahren gesehen. Zur gleichen Einsicht ist der russische Schriftsteller Maxim Gorki (1868 - 1936) gekommen: „Götter sucht man nicht, man schafft sie. Das Leben wird nicht ausgedacht, man erzeugt es". Und nichts anderes meinen die Christus-Worte „Wirket Speise ..."; „Schafft euch Speise ..:" (Joh. 6.26). Oder das „operari opera dei": wir sollen die Werke Gottes *wirken*! Das heißt ganz konkret: Geht auf den Acker, erzeugt es aktiv und laßt es euch nicht passiv geben. „Wer diese Worte hört und danach handelt, ist wie ein kluger Mann" - so endet die Bergpredigt.

Wer die Frage stellt „Warum ist das Leben so sinnlos?", hat sein Leben noch nicht ergriffen, hat noch keine Speise bewirkt, hat noch keine Werte gesetzt. Er ist noch nicht auf den Acker gegangen, erzeugt sein Leben noch nicht selbst. Der schläft noch!

Wer einfach wartet, daß sein Leben irgendwann sinnvoll wird, ist wie ein Bettler, der seinen Hut vor sich hinlegt. So kommt der Sinn nie! Der Bettler wird sich - und sein Tun ihm - ständig sinnlos vorkommen, eben weil er wartet. Wir haben die *Vorstellung* ‚Sinn', aber erschaffen ihn nicht; und dann vergleichen wir unser Leben mit dieser Vorstellung. Dann weiß jeder, wer bei diesem Vergleich den Kürzeren zieht: unser Leben ... das erzeugt Angst und Sorge.

Wir allein erzeugen beide Vorstellungen: zunächst die Vorstellung „Ich bin nur Nehmender", eine Rolle, die uns die alten Religionen jahrhundertelang gelehrt haben. „Ich kann nichts machen, nichts tun, nichts kreieren". Ein amerikanischer Freund hat es so formuliert: Damit ein Mensch nicht herausbekommt, wer er ist, muß man ihm einreden, daß er nicht Nichts herstellen könne. Denn um wirklich kreativ zu werden, müssen wir zunächst einmal leer werden, ein ‚Nichts' herstellen.

Und dann: wir tragen ständig die Vorstellung mit uns herum *„So sollte* das Leben sein, erst dann wäre es Leben, erst dann hätte mein Leben Sinn" - und wir vergleichen dieses *vorgestellte* Leben mit unserem derzeitigen Zustand.

Um unserem Leben Sinn zu verleihen, müssen wir kreativ werden, „Speise wirken". Wie schafft man das? Indem wir leer werden. Wenn wir als Egos abwesend sind, betritt eine neue Art Gegenwart unser Sein - die Gegenwart Gottes. Dann ist es Kreativität. Das Klima, welches dann um uns entsteht - in der Gegenwart Gottes - ist Kreativität. Wenn ‚Niemand' in uns ist, bringt diese ‚Niemandheit' selber die Kreativität. Sie erfüllt uns dann. Der Anfang der Kreativität ist, sich als göttlich zu sehen, als Teil dieser immensen Existenz. Kreativität ist die Gegenwart Gottes.

Für den, der sein Sein kennt, gibt es die Frage nach dem Werden nicht mehr. Was wir uns je vorgestellt haben, sind wir schon. Wir sind Götter, die vergessen haben, wer sie sind. Bettler, die versuchten, im Traum Könige zu werden. Und alles, was es braucht, ist: aufwachen! Und wo können wir aufwachen? In der Zukunft? In der Vergangenheit? Die Vergangenheit gibt es nicht mehr - die Zukunft wird es nie geben - wo können wir also aufwachen? Wir können nur hier aufwachen, nur jetzt! *Dies* ist der einzige Augenblick, den es gibt. Und *dies* ist die einzige Wirklichkeit, die es immer gegeben hat - und immer geben wird.

Ich hoffe, klargemacht zu haben, daß das Leben weder sinnlos noch sinnvoll ist. Und daß der Verstand sich entweder einen Ersatz-Sinn konstruiert oder aber die Sinnlosigkeit des Lebens postuliert. Und schließlich, daß es uns möglich ist - weil wir nicht unser Verstand sind - selber Sinn zu stiften, ihn kreativ herzustellen, ihn uns selber zu geben!

Quellennachweise

1 München/Wien (Hanser) 1984

2 Ken Wilber; Spektrum des Bewußtseins. Bern/München/Wien (Scherz) 1987 S.235

3 in: Tractatus Logico-philosophicus. Frankfurt (Suhrkamp) 1960 Schlußsätze

4 in: Der Antichrist. Versuch einer Kritik des Christentums. In: Sämtliche Werke. Kritische Studienausgabe Bd.6, München (dtv) 1980

5 Friedrich Nietzsche; Ecce homo. Warum ich ein Schicksal bin. ders.; Sämtliche Werke. Bd.5 München (dtv) 1980 S.365

6 Johannes Werner Klein; Ihr seid Götter. Pfullingen (Neske) 1983

7 Friedrich Nietzsche; Der Antichrist. Versuch einer Kritik des Christentums, ders. in: Sämtliche Werke. Kritische Studienausgabe Bd.6, München (dtv) 1980

8 Eugen Drewermann; Kleriker, Psychogramm eines Ideals. Olten/ Freiburg (Walter) 1989

9 in: Die Absurde Freiheit. Das Frühwerk. Düsseldorf (Rauch) 1967 S.444f.

10 in: Zufall und Notwendigkeit. München (Piper) 1971

11 am Schluß seines Hauptwerkes über Religion: Die Zukunft einer Illusion. 1927 in: Studienausgabe Bd.9. Fragen der Gesellschaft. Ursprünge der Religion. Frankfurt (Fischer) 1974

12 Hans Blumenberg; in: Lebenszeit und Weltzeit. Frankfurt (Suhrkamp) 1986

13 Ken Wilber; Das Spektrum des Bewußtseins. Vom Gegeneinander zum Miteinander der Wissenschaften. Bern/München/Wien (Scherz) 1987 S.234

14 Ken Carey (Pseudonym: Raphael); The Starseed Transmission. Kansas City (Uni-Sun) 1982 p.53

Was ist eigentlich Religion?

Glaube oder Erfahrung?

Irgendetwas spielt nicht mehr - und folglich wird in Dingen des Glaubens und der Religion in Kürze auf unserem Planeten etwas erwartet.

- Pierre Teilhard de Chardin

Was bisher Christentum genannt worden ist, ist ein vom Ich, vom Ego erzeugtes Mißverständnis dessen, was Jesus vorgelebt hat.

- Carl Gustav Jung

Es sieht so aus, als ob es zwei Arten von Religion gibt: eine, die geglaubt wird, ja geglaubt werden muß - und eine, die man erfährt.

Die erste Art wird ‚Gottesfurcht', ‚Frömmigkeit', ‚religiöse Scheu' genannt; die andere ist ‚Liebe zu Gott' *und* ‚zu sich selbst'. In der einen hoffen wir auf unsere Erlösung, in der anderen erlösen wir uns selbst. Ich werde die erste Art Religion die ‚alte' oder die ‚orthodoxe' nennen, die zweite hingegen die ‚neue' oder auch nur ‚Religiosität'.

‚Selbsterlösung', ‚Selbstverwirklichung' werden vielfach mißverstanden und deshalb auch fast als anstößig, ja als ‚gotteslästerlich' betrachtet. Als ob es um die Stärkung des Egos ginge! Im Gegenteil - es geht in der Selbstverwirklichung gerade um die Auflösung der Identität mit unserem Scheinzentrum ‚Ich', um das, was Meister Eckhart das ‚sich des Seinen entledigen' nennt.

Helmut Barz, als Leiter des C.G. Jung Instituts in Zürich, hat das zeitgemäß klargemacht:

> „Selbstverwirklichung ist das Gegenteil von Egozentrizität, indem sie darauf gerichtet ist, das Ego aus dem Zentrum herauszurücken. Wenn aber das Ich seiner zentralen Position enthoben ist, dann nimmt nicht nur die Nähe zum Selbst, sondern auch die Bezogenheit auf das Du des anderen Menschen zu. In der Selbstverwirklichung geschieht die Erlösung aus der Subjekt-Objekt-Spaltung und damit die Überwindung der narzistischen Selbstspiegelung." [1]

Was Religion eigentlich ist, verdeutlichen die folgenden Zeilen des 1977 verstorbenen Lebenslehrers K.O. Schmidt:

> „Religion ist nicht *Be*kenntnis, sondern *Er*kenntnis - Konfessionen sind viele; Religion ist Einheit. Die Konfessionen schließen sich gegenseitig aus; die Religion schließt alles ein. Konfessionen sind zeitbedingtes Menschenwerk, erstarrte Formen; Religion ist ewiges Wirken der innewohnenden Gottheit, sie ist immer neu und niemals am Ende. Konfessionen sind *Be*leuchtungen der Wirklichkeit von außen her; Religion ist *Er*leuchtung und Wahrheitsschau von innen her. Konfessionen sind Versinnlichungen des Übersinnlichen; Religion ist All-Besinnung und Wiederverbindung mit der Überwelt des göttlichen Geistes. Konfessionen sind Verhüllungen der Wahrheit; Religion ist ihr Kern." [2]

Ich verweise hier auf jene Übung (Frage II. „Woher wissen wir, was ‚gut' und was ‚böse' ist?"), mit deren Hilfe jeder den fundamentalen Unterschied zwischen Denken und Erfahren, zwischen Speisekarte und Speise begreifen kann. Sprache und Verstand sind bestenfalls Fenster, durch die wir auf die Wirklichkeit schauen können.

Religionsformen, welche auf ‚Meinung', ‚Verfügung', ‚Lehrsatz' (= griechisch ‚Dogma') aufbauen, sind Speisekarten vergleichbar, man soll oder muß ihnen glauben.

Religionsformen, die auf Erfahrung gründen, können wir mystisch nennen. Hier soll die ‚unio mystica', die wesenhaft erfahrende Eignung des menschlichen Selbst mit der göttlichen Wirklichkeit erreicht werden.

Deshalb sagen die Mystiker aller Religionen im Grunde das gleiche, wenn sie auch selbstverständlicherweise mit anderen ‚Zungen' sprechen. Im Islam ist es der Sufismus, im Buddhismus der Zen, im Judaismus der Chassidismus, im Christentum die Mystik, welche keinen eigenen Namen hat.

Was hat Wilhelm Busch ernstlich gemeint, als er bemerkte: „Wer in Glaubenssachen den Verstand befragt, kriegt unchristliche Antworten?"

Was hat Teilhard de Chardin, einer, der wie Nietzsche zu den ‚Propheten' des 20. Jahrhundert gezählt wird, mit seinen Worten vom Christentum: „Irgendetwas spielt nicht mehr" sagen wollen?

Was ‚spielt nicht mehr'?

„Nicht nur für die Heiden oder die einfachen Gläubigen, sogar im Herzen der Orden beherbergt das Christentum zwar noch teilweise die ‚moderne Seele', doch übergreift es sie bereits nicht mehr, noch befriedigt es sie, noch führt es sie. Irgendetwas spielt nicht mehr - und folglich wird in Dingen des Glaubens und der Religion in Kürze aus unserem Planeten etwas erwartet." Und kurz danach: „So daß eine ‚Religion der Zukunft' bald in Erscheinung treten muß: eine neue Mystik, deren Keim (wie es im Fall jeder Geburt zutrifft) bereits jetzt irgendwo in unserer Umgebung erkennbar sein muß."

Eine Beobachtung, die ihm schon vor einem halben Jahrhundert möglich war! Heute ist die ‚neue Mystik' längst erkennbar, und ich meine klarmachen zu können, was dieses ‚Irgendetwas' ist, das ‚nicht mehr spielt'.

Wie halten wir es denn mit der Religion? In seinem Beitrag zu den ‚Anfragen an Eugen Drewermann‘ mit dem Titel „Tiefenpsychologische Deutung des Glaubens“[3] beschreibt Prof. Albert Görres ein zu beobachtendes „langsames Absterben, ein Dahinsiechen der Kirche in den Seelen. In den christlichen Kirchen brodelt es, als wäre der Teufel los. Langsam, aber anscheinend sicher bluten sie aus, werden von ihren Gläubigen lautlos verlassen.“

„Im Inneren rumort lautstarker Protest. Eine Kluft tut sich auf zwischen Papst und Hierarchie auf der einen, Priestern, Kirchenvolk und Kirchenjugend auf der anderen Seite. Die Predigersprache erreicht oft den Hörer, die Elternbotschaft die Kinder nicht mehr. Der Religionsunterricht scheint in den Schlachten und Rückzügen der Nahkampfpädagogik zu erliegen.

Der Nachwuchs in den Priesterseminaren und Orden bleibt aus, viele verlassen das sinkende Schiff. Die Zurückbleibenden können ihrer Treue nicht recht froh werden. ...

Papst und Bischöfe beobachten die Situation mit wachsender Sorge und spüren, daß weder spektakuläre Papstreisen noch verlegene Bischofssynoden oder angefochtene Enzykliken das Chaos des aufgewühlten Meeres besänftigen können - im Gegenteil.

Unter vielen Christen hat sich der Eindruck durchgesetzt, die christliche Lehre als ganze sei nicht glaubbar, sie sei von ständig wachsenden inneren und äußeren Widersprüchen zerfetzt. Die christliche Ethik sei nicht lebbar, sie führe nur in unerträgliche Konflikte und Hemmungen der Lebenskraft. Der Versuch, mit dem Ganzen der Bibel und dem Ganzen der kirchlichen Lehre zu leben, scheint gescheitert.“

Soweit ich sehe, sind es hauptsächlich zwei Ursachen, derentwegen im Christentum, wie überhaupt in allen ‚alten‘ Religionen ‚etwas nicht mehr spielt‘.

Die erste Ursache hat der Schweizer Theologe Emil Brunner [4] 1963 als das ‚kirchliche Grundübel‘ bezeichnet:

„Seit der Mitte des zweiten Jahrhundert hat die Kirche ihre Gläubiger *unterrichtet*, daß man diese und jene Lehre ‚*glauben müsse*‘, um ein Christ zu sein. ... Damit ist das Unglück schon geschehen, die Kirche ist aus einer Jüngergemeinde *bereits zur*

Schule geworden, ... die Kirche zum Glaubensgegenstand ... Christus als Gegenstand des Glaubens, als eine zu glaubende Wahrheit.

Die Verwechslung, diese Verschiebung vom personalen Verständnis des Glaubens (gemeint ist das eigene, innere) auf das intellektuelle ist wohl das verhängnisvollste Geschehen innerhalb der gesamten Kirchengeschichte ... die Ursache der ungeheuerlichen Inflation der Christlichkeit und Kirchlichkeit, die das Zeugnis von der Heilsoffenbarung in Jesus Christus so schwer belastet und das Ansehen der Kirche mehr als irgend etwas anderes geschädigt hat. Denn dieses kirchliche Grundübel ist die heimliche Ursache aller anderen."

Neben diesem ‚Grundübel' - das nichts anderes ist als das ‚Auswendiglernen der Speisekarte' statt die ‚Speise zu essen' - liegt aber in der Weltanschauung der alten Religionen noch ein weitaus grundlegenderer verhängnisvoller Fehler: jene Verwechslung nämlich, die erklärt, ‚was nicht mehr spielt' und warum ‚viele das sinkende Schiff verlassen'.

Bevor ich diese tragische Verwechslung beschreibe, zunächst einige Belege für das ‚nicht mehr spielen' der orthodoxen Religionen:

> „Wer das Christentum als eine *Lehre* definiert, der etabliert, ob er will oder nicht, ganz wie von selbst den Stand der Lehrer, der rechtfertigt notwendig den *Lehrbetrieb* in Sachen Religion und der kehrt Jesu Wort auf den Kopf ... Das Christentum ist keine Lehre. ..."
>
> „Es gehe jemand in irgendeine beliebige Bibliothek auf der Suche nach exegetischer Literatur (also nach Literatur, in der ‚die Schrift' ausgelegt, von Schriftgelehrten erklärt wird), die ihm zu lebendiger Erfahrung, zu religiöser Erkenntnis, zu einem zentralen Ereignis seines Lebens werden könnte, wähnend, daß Bücher zur Erläuterung *des* Buches selber zum Verständnis göttlicher Weisheit zu erheben und zu läutern bestimmt sein sollten.
>
> Doch weit gefehlt. Er kann in einem exegetischen Institut, in einer Seminarbibliothek, in einem Lesesaal in die Regale greifen, wo immer er will, er kann in Kommentaren lesen, was immer er möchte oder glaubt zu müssen - er findet eine Literatur vor, deren Sprache das Wort 'ich, nicht kennt, deren Sätze nicht ein einziges Gefühl beschreiben, deren Texte buchstäblich bilderlos, traumlos, phantasielos, emotionslos - einfach tot sind. In diesen Texten ist jede Zeile wie Blei, schwer wie Blei, giftig wie Blei...

Deshalb unter anderem halte ich die Psychoanalyse heute für unerläßlich, um die gefühlsunterdrückte, subjektferne, entfremdete Einseitigkeit der historisch-kritischen Bibelexegese zu überwinden. ...Solange der methodische Intellektualismus in der Theologie andauert, so lange wird die Ketzermacherei nicht aufhören.“ [5]

Ein Kirchenrechtler, selbst siebzehn Jahre Priester:

„Ich war ursprünglich mal davon überzeugt, daß nichts die Menschen so verbessern könnte wie die Kirche. Aber im Laufe der Jahre habe ich gemerkt, daß nichts so ungeeignet zur Verbesserung der Menschheit ist wie die Kirche ... eine Kirche, die vorgibt, ihre Autorität und Wahrheit von Gott persönlich zu beziehen, ist eben ein Unding. Das muß zu Unmenschlichkeiten führen. ... Was Religion ist, weiß ich längst nicht mehr so genau wie früher.“ [6]

Und im Zusammenhang mit der Tatsache, daß ‚keine Theologie jemals an den Gegenstand ihrer Forschung heran(reicht)‘, sagt Heinz Zahrnt, Herausgeber des Textbuches ‚Gespräche über Gott - die protestantische Theologie im 20. Jahrhundert‘, in seiner Einführung:

„Darum sind wir skeptisch, wenn jemand mit einem fertigen theologischen System daherkommt und uns versichert, daß er die Wahrheit habe, nur er allein. Das ist eigentlich schon das sicherste Kennzeichen dafür, daß Gott in diesem System nicht ist.“ [7]

Der Amerikaner Ken Carey stellt fest:

„Um die einfache Botschaft von Jesus wurde eine riesige bürokratische Organisation geschaffen ... Das Hauptmanöver, die Menschen *von der Botschaft*, die Christus gebracht hat, abzulenken, bestand darin, den Überbringer und die Überlieferung über die Substanz der Botschaft zu stellen. Der Aufruf zu persönlicher Verantwortung und der Anwendung der Lehre von Christus im täglichen Leben hat sich in der Verehrung des Kruzifixes und dann in der Verehrung der Bibel verloren ... Noch heute glaubt die Kirche an ihre religiöse Überlegenheit gegenüber denen, die anders denken und sprechen.“ [8]

Das ‚kirchliche Grundübel‘ hat eine Entstehungsgeschichte. In griechischer Zeit gab es noch eine unmittelbare Beziehung zwischen Mensch und Natur, zwischen Subjekt und Objekt. Die Menschen hatten noch nicht begonnen, sich in sich selbst zu reflektieren. Im Laufe der Entwicklung des Bewußtseins trat aber ein Bruch zwischen der objektiven Welt und dem noch nicht genügend vertieften Selbstbewußtsein ein. Die Wirklichkeit, das Göttliche wurde jetzt als jenseitig erlebt. [9] Das Christentum hat versucht, diese Trennung wieder aufzuheben, indem es die Jenseitigkeit Gottes aufheben wollte. Daß Gott Mensch geworden sei, ist die spekulative Grundidee des Christentums.

> „Die Vorstellung, daß Gott Mensch geworden ist, steht im diametralen Gegensatz zur Wirklichkeit. Ein Mensch, Jesus, ist Gott geworden, hat seine Natur gefunden, die auch die Natur jedes Menschen ist! Jesus im Wassermann-Evangelium: „Schaut auf Christus, der im Innern lebt und der sich auch in jedem Einzelnen von euch verwirklicht, wie in Mir.“ [10]

Meister Eckhart sagt:

> „Glaube nicht, daß Christus, der Sohn Gottes, etwas außer uns oder von uns geschieden ist, zu dem wir uns verhalten wie die Spiegelbilder zum Vorbild oder Urbild; sondern Er selbst, weil einziger, ungeteilter Gott, ist seiner Wesenheit nach einem jeden von uns zuinnerst und zunächst! Da, wo der Vater seinen Sohn in mir gebiert, da bin ich derselbe Sohn und nicht ein anderer.“

Wie bei dem noch zu schildernden kirchlichen Grundfehler, der noch weit verhängnisvoller ist als das eben beschriebene ‚kirchliche Grundübel‘, liegt hier eine glatte Umkehrung der Wirklichkeit vor. Eine um volle 180 Grad verdrehte Anschauung. Spiegelverkehrt! Hat das Paulus gemeint, wenn er in seinem ersten Brief an die Korinther die Geistesgaben und die höheren Gnadengaben so beschrieben hat: „Jetzt schauen wir in einen Spiegel und sehen nur rätselhafte Umrisse, dann aber schauen wir von Angesicht zu Angesicht. Jetzt erkenne ich unvollkommen, dann aber werde ich durch und durch erkennen, so wie ich auch durch und durch erkannt worden bin“? (Einheitsübersetzung).

Mit Sicherheit fehlte und fehlt dem Abendland noch weitgehend die Erfahrung (und das Wissen) des Morgenlandes. Dort wurde ein Mensch, der sagen konnte „In der Welt habt ihr Angst; aber habt Mut: Ich habe die Welt besiegt“ (Joh. 16,33) und „Mein Reich ist nicht von dieser Welt“ (Joh. 18,36), ‘Weltüberwinder, genannt. Einer, der das sagen konnte, hat seine Identifikation mit seinem Ich aufgegeben, ist zu seiner Natur zurückgekehrt, hat sie wieder gefunden. „Gott ist keine Person, sondern eine Gegenwart. Aber diese ‚Gegenwart‘ ist nichts draußen, nichts, was objektiv wahrgenommen werden kann!

Gott ist eine Gegenwart im innersten Kern in uns! Es ist unsere eigene Gegenwart. Nicht das Gegenüberstehen mit jemandem oder etwas anderem! Unser allerinnerster, privatester, intimster Innenraum ist Gott!"[11]

Deshalb konnte Jesus sagen „Ich und der Vater sind eins" (Joh. 10,30). Auch einer der ‚Propheten des zwanzigsten Jahrhunderts', Nietzsche, wußte schon: „Der Buddhismus ist hundertmal realistischer als das Christentum, er hat die Erbschaft des objektiven und kühlen Probleme-Stellens im Leibe, er kommt *nach* einer Hunderte von Jahre dauernden philosophischen Bewegung. Der Begriff ‚Gott' ist bereits abgetan, als er kommt. Er sagt nicht mehr ‚Kampf gegen die *Sünde*', sondern, ganz der Wirklichkeit das Recht gebend: ‚Kampf gegen das *Leiden*'."[12]

Von wem stammen die folgenden Sätze? Und wann wurden sie gesprochen? „Glaube an nichts, bloß weil es gesagt wird, auch nicht an Traditionen, die von alters her weitergegeben wurden; auch nicht an Gerede; und auch nicht an die Schriften von Weisen, nur weil sie von Weisen geschrieben wurden; auch nicht an Einfälle, von denen wir vermuten, sie seien göttliche Eingebung; auch nicht an Schlußfolgerungen, die wir aus zufälligen Annahmen ableiten; auch nicht an etwas, was durch Analogie notwendig scheint; auch nicht an die bloße Autorität unserer Lehrer und Meister.

Glaube, wenn das Geschriebene oder die Lehre oder das gesprochene Wort durch die Vernunft und das Bewußtsein bestätigt wird."

Das sind vor zweitausendfünfhundert Jahren gesprochene, heute zeitgemäße Worte des Buddha.

Was ist diesem Christentum, der Religion der Liebe, der Erhöhung des Menschen geschehen? „Ecclesia vivit lege romana" - die Kirche lebt nach römischem Gesetz. Im Jahr 313 hat Konstantin der Große die Christen anerkannt. Und während es im Hauptwerk des Kirchenvaters Laktanz ‚Divinae Insitutiones' kurz vor dem Jahr 313 noch hieß: „Denn wie könnte gerecht sein, wer schadet, wer haßt, wer raubt, wer tötet? Das alles aber tun die, welche ihrem Vaterlande zu nützen streben" - verzichtete gleich darauf „eine verkürzte Neuausgabe desselben Traktates auf alle antimilitaristischen Partien und verherrlicht den Tod fürs Vaterland! 313 nämlich hat Konstantin die Christen anerkannt, und sofort fielen sie um. Augenblicklich verriet

Laktanz ... nicht nur die eigene Glaubensüberzeugung, sondern auch eine dreihundertjährige Tradition. Mit allen Bischöfen und Heiligen ging er geradewegs ins Lager der ewigen Metzger der Menschheit über. Denn nun witterten sie Morgenluft, nun witterten sie die Chance der Macht, nun begannen sie mit den Wölfen zu heulen. Und mit welch süßen Engelszungen sie auch über die Zeiten hin Toleranz und Liebe gepredigt, Gewaltlosigkeit, Frieden - plötzlich predigten sie beides: Frieden *und* Gewalt, Feindesliebe *und* Feindeshaß, die frohe Botschaft und die schlimmste: Krieg, Krieg, Krieg! Mit dem einen faszinierten sie Verdummte, mit dem anderen hofierten sie die Macht, und durch beide wurden sie selbst die Allermächtigsten, die Allesüberdauernden, die ganze Geschlechter unter sich begruben.“ [13]

> „Die verhängnisvolle Ehe von Christentum und Römertum wirkte durch die Jahrhunderte, eine eigenartige Mischform beider erzeugend, das Christentum zugleich im größten Stil äußerlich verbreitend und im tieferen Sinn innerlich trübend, veräußerlichend, ja verfälschend.“ ... „So nahm diese Kirche selbst in starkem Maße den Charakter einer bürgerlichen Rechtsorganisation an; das von ihr verwaltete Christentum durchsetzte sich mit juristischen Begriffen, ‚verjuristete‘.“ [14]

> „Einen bedeutsamsten Gipfelpunkt der Verrömerung des abendländischen Christentums bedeutet dann ... jenes Konzil von Konstantinopel 869, das die Trichotomie verwirft, den Menschen im Wesentlichen nur noch als die Dualität von Leib und Seele fortbestehen läßt. Die ‚Abschaffung des Geistes‘ (Rudolf Steiner), die einer der größten Siege des römischen Ungeistes ist, bildet die Grundlage der Macht der Kirche und ihres Priestertums: der Mensch, der nicht selbst im Geistigen urständet, bedarf für seine irrende Seele einer objektiven führenden und leitenden Macht, einer stärksten Autorität, eben der Kirche, die sich gewissermaßen dem in ihm erloschenen Geist-Gliede substituiert.“ [15]

Hier wurzelt die Behauptung, daß der Mensch sich nicht selbst verwirklichen, erlösen kann. Nach dieser ‚Abschaffung des Geistes‘ besteht er nur noch aus Leib, Seele und - Kirche (Eduard Lenz).

> „Der Schlüsselbegriff der katholischen Kirche nach 450 Jahren verweigerter Reformation ist heute gebunden an die Garantie einer zu glaubenden Wahrheit von Amts wegen. ... Da ruht der Wahrheitsbesitz im Amt der Obrigkeit. Was die Gläubigen in ihrem eigenen Leben erfahren, ist zweitrangig gegenüber dem Wissen derer,

> die das Sagen und Bestimmen haben über das, was religiös gilt. Sie haben das Entscheidungsmonopol des Christlichen" -

sind Worte des wohl bekanntesten und auch streitbarsten deutschen Theologen, Eugen Drewermann. [16]

> „Seine (Jesu) Verheißung war es nicht, daß wir uns 2000 Jahre in irgendwelchen kirchlichen Beamtenstuben verdrücken sollten, um auf das Reich Gottes und einen vermeintlich zögerlichen Gott in geschichtlicher Hoffnung zu warten. Die Botschaft des Jesus von Nazareth war sehr einfach: Das Reich Gottes ist in Euch und es ist ganz nah, zum Greifen nah und es duldet keinen Aufschub."

In seiner Rede fordert Drewermann:

> „Es geht dabei um den Gott der Gnade, um den Kampf gegen die Angstreligion, um den Kampf wider die Kirche von Macht und Geld, um den Versuch, die Gottesstimme neu zu orten und um die Bestimmung der Reformation als permanenter Revolte. ... Wieviel an Angstmechanik in der heutigen Dogmatik noch gebunden ist, mögen Sie daran erkennen, daß auch heute, ... darauf bestanden wird, daß katholisch nur ist, wer die Existenz der Hölle und die Existenz des Teufels glaubt."

Dabei sind ‚Himmel' und ‚Hölle' nichts als Zustandsformen unseres Verstandes. Die Lehre, daß die Hölle und der Himmel nicht in uns, sondern woanders, außerhalb von uns sind, gehört zur Strategie des Angst- und Hoffnungsmachens. Diesen Gegensatz, Himmel und Hölle, haben weder der Judaismus noch das Christentum oder der Islam überwinden können. Mokscha, die absolute Freiheit, und Nirwana, das Ende der Ichsucht, also das Transzendieren dieser Gegensätze, kannten und kennen nur die Religionen Indiens.

Aber eben das haben die Mystiker in diesen Religionen auch wirklich erfahren und sie wurden deswegen ‚natürlich' von den Dogmatikern bekämpft. Ein Beispiel solcher Erfahrung ist die herrliche Sufi-Mystikerin Rabiya, die eines Tages mit einer brennenden Fackel und einem Eimer Wasser auf den Marktplatz lief und zu schreien anfing. Und als sie gefragt wurde, was denn passiert wäre, sagte sie: „Ich werde die Hölle in diesem Wasser ersäufen und den Himmel mit dieser Fackel verbrennen. Erst dann wird die Welt religiös werden, vorher nicht!"

Der Psychotherapeut und ehemalige Priester Bert Hellinger unterscheidet einen Schöpfungs- und einen Offenbarungsglauben.

„Der Glaube an den Offenbarungsgott verlangt den Abfall vom Schöpfungsgott und damit von der Schöpfung, die wir wahrnehmen. In den Offenbarungen der Bibel wird vermittelt, daß die Welt schlecht sei. Wenn ich das glaube, muß ich verleugnen, was ich wahrnehme, und muß von der Schöpfung abfallen und mich einem Offenbarungsgott zuwenden, von dem man nichts weiß, außer daß einer gesagt hat, er habe gesagt. Das ist alles, was wir von ihm wissen. Es gibt keine Erfahrung von ihm, sondern nur Berichte von Erfahrungen, von denen einige sagen, sie hätten sie gemacht. Der Glaube an einen Offenbarungsgott ist also immer der Glaube an ein Zeugnis, das jemand ablegt, und dessen Zeugnis ist dann für mich bindend. Es ist also immer ein Glaube an einen Menschen.

Der Offenbarungsglaube dient dazu, bestimmte Gruppen zusammenzuhalten. Der Schöpfungsglaube dagegen umfaßt die Zustimmung zur Welt, wie sie ist, und ist menschenverbindend. Die Religionen bauen Grenzen auf. Beim Schöpfungsglauben gibt es keine Grenzen."

Und dann die entscheidende Konsequenz:

> „Hat jemand Achtung vor der Schöpfung, vor dem, wie es ist, kann er nicht bei seiner Gruppe bleiben. Wer sich dem, was Schöpfung ist, zuwendet, der muß über die Grenzen seiner Familie oder seiner Gruppe hinaus. Das hat eine ganz unterschiedliche Qualität. Zusammengefaßt kann man sagen: Der Unterschied zwischen Offenbarungsglauben und Schöpfungsglauben ist der von Himmel und Erde. Im Vergleich zum Himmel erscheint die Erde als schlecht. Dann wird die Erde leicht verachtet. Wenn man aber die Erde achtet, darf man den Himmel nicht so ernst nehmen. Was meine ich nun damit, wenn ich sage, daß jemand abfallen muß? - Das ist eine Hinbewegung zum Ganzen." [17]

Das Zeitgemäße wird insbesondere von orthodoxen Religionen und ihrem ‚Fundamentalismus von oben' entschieden abgelehnt. Der ‚Zeitgeist' wird wie der ‚Modernismus' als ‚häretisch', also als eine schwerwiegende Abweichung vom rechten Glauben, verteufelt. Definiert man aber Zeitgeist als eine in einem Zeitalter offenbare Gleichartigkeit oder Ähnlichkeit geistiger Einstellungen, Vorstellungen und Ideen, dann bedeutet das Ablehnen des Zeitgeistes ein Nicht-mit-der-Zeit-gehen-wollen. So, als ob es keine Entwicklung gäbe, als ob geistige Einstellungen, Vorstellungen und Ideen ein für alle Mal gültig bleiben könnten oder müßten.

„Es ist peinlich, wie die sich für fortschrittlich haltenden Theologen atemlos hinter der Zeit herlaufen, damit ihnen nur niemand und nichts entgehe. ‚Wir auch, wir auch!' ist ihre einzige Predigt. Gestern Sozialismus? Wir auch! Heute Niederlage des Sozialismus? Wir auch! Engagement für die Dritte Welt? Wir auch! Umweltschutz? Wir auch! Ich habe sie noch in keinem einzigen Fall vorangehen sehen, wohl aber in einem Dutzend Fälle sich anschließen." [18]

Unzeitgemäßes, das nur durch Macht erhalten werden kann, bleibt aber dennoch unzeitgemäß. Deshalb verlassen Zeitgenossen die Kirchen. Beinahe eine viertel Million Bundesbürger treten jährlich aus den beiden großen Konfessionen aus. In Anlehnung an Kants Definition der Aufklärung, die er den „Ausgang des Menschen aus seiner selbstverschuldeten Unmündigkeit" genannt hat, könnte man heute von einem Ausgang aus seiner fremdverschuldeten Unmündigkeit sprechen.

Während im Aufklärungszeitalter das Wesen des Menschen noch in der Vernunft, in der Ratio gesehen wurde, fangen wir in der Weiterentwicklung unseres Bewußtseins an, unser Wesen in unserem wahren Sosein jenseits von Verstand und Ich zu erleben.

Einer der besten Kenner und Beschreiber der ‚Religion im Umbruch' - kein Theologe, sondern der Münchener Geschichtsprofessor Thomas Nipperdey - weist nach, daß Religion in den archaischen Kulturen bis hin zum Mittelalter ein ‚Zentralstück der Wirklichkeit' gewesen ist:

„Nach der Aufklärung im späten 19. und im frühen 20. Jahrhundert haben sich die Dinge verändert. Da ist Religion doch ... zu einer Provinz des Lebens geworden - neben dem, was nun im Zentrum steht: Politik, Wirtschaft, Gesellschaft und nachreligiöser, nichtreligiöser Kultur; und was es an Religionen gibt, ist doch eher ein Überhang von Tradition." [19]

Was man erklären will, muß man in seine Umgebung zurücksetzen: Noch 1850 zählte sich etwa die Hälfte der Erdbewohner zu einer christlichen Konfession. Gemessen an der Weltbevölkerung nahm dann der Anteil der Christen ständig ab. Als Nietzsche im Jahre 1900 starb, waren es immerhin noch rund 35% der Weltbevölkerung, 1950 jedoch nur noch ein knappes Drittel. In wenigen Jahren, im Jahre 2000, werden nur noch 16-18% der Menschen auf diesem Planeten

Christen sein. Und die Bevölkerung dieses Planeten wächst unverantwortlich. Jeden Tag kommen etwa zweihundertzwanzigtausend Menschen mehr auf die Welt als sterben!

Schon heute leben 43% aller Katholiken - wohlgemerkt der Katholiken - in Lateinamerika. Man hat errechnet, daß zur Jahrtausendwende zwei Drittel aller Katholiken in Lateinamerika leben werden. Doch schon heute sind die meisten Katholiken in Lateinamerika zugleich auch Mitglieder von Pfingstkirchen und spiritistischen Gemeinden.

Allein in der Bundesrepublik treten jedes Jahr sechzigtausend Menschen aus der katholischen und rund hundertsechzigtausend aus der evangelischen Kirche aus. Das sind bald eine viertel Million - und die Tendenz steigt. Im „Rheinischen Merkur" (3. August 1985) heißt es: „Ob die Bundesbürger auf die Dauer noch Christen sein werden, muß man bezweifeln." Der führende Befreiungs-Theologe, der Brasilianer Leonardo Boff, meint in einem Zeitungsinterview: „In Europa stirbt die Kirche doch aus" (‚Der Spiegel' Nr. 38/1984).

Warum also verlassen zunehmend mehr Menschen den Schoß ihrer Kirchen? Gewiß, sie nehmen Abschied von der Unmündigkeit. Aber läßt sich das nicht genauer ergründen?

Dem Leben gegenüber gibt es drei mögliche Haltungen:

1. Eine prä-logische, also ‚unterlogische' Haltung, die auch prärational und abergläubisch genannt werden kann;
2. die logische, rationale, wissenschaftliche Haltung und
3. die trans-logische, überrationale, transzendente Haltung.

Die ‚alten' Religionen versuchen an der prä-logischen Haltung festzuhalten. Das bedeutet, Glauben zu verlangen, glauben ohne zu sehen, blinden Glauben.

In dieser Haltung konnten diese Religionen bis in unser Jahrhundert hinein gedeihen, weil es keine Konkurrenten gab, keine ‚mündigere' Haltung. Inzwischen aber gibt es solch einen höheren, reiferen Standpunkt: die Wissenschaft!

Über die Ergebnisse der neueren Physik hat der britische Astronom und Physiker Arthur Eddington (gest. 1944) etwas ganz Ähnliches gesagt wie der fast gleichaltrige Teilhard de Chardin (gest. 1955):

„Etwas Unbekanntes tut irgend etwas, aber wir wissen nicht recht, was ...“ (zit. bei Wilber, ‚Spektrum‘, S. 37).

Das, ‚was nicht mehr spielt‘, das ‚Unbekannte, das irgendwas tut‘, ist aus der Ahnung der Unwirklichkeit des Dualismus gesagt worden. In der Physik ist die Subjekt-Objekt-Spaltung bereits aufgelöst.

Durch diese Aufhebung des Dualismus wurde die klassische Naturwissenschaft ‚zerstört‘. Sie hat das selbst durch rigoroses und ehrliches Zulassen aller Beweismittel, durch Experiment und Erfahrung getan.

Ich zitiere zunächst den Nobelpreisträger Werner Heisenberg mit seinen Worten über die klassische Physik. Anschließend werde ich seine Einsichten verwenden, um klar zu machen, wie diese Sätze beim Beschreiben der klassischen, alten Religion lauten würden:

„Man hat nicht erkennen können, daß etwas mit den grundlegenden Begriffen wie *Materie*, *Raum*, *Zeit* und *Kausalität* falsch sein sollte, die sich doch sonst in der Geschichte der Wissenschaft so ausgezeichnet bewährt haben.

Nur die experimentelle Forschung selbst, ausgeführt mit dem ganzen Rüstzeug der modernen technischen Wissenschaft, und ihre mathematische Deutung schufen die Grundlage für die kritische Analyse - oder man kann sagen, sie *erzwangen* die kritische Analyse - jener Begriffe und führten schließlich zur Auflösung jenes starren Rahmens“ (Nämlich dem der klassischen, orthodoxen Physik).

Man hat bisher nicht erkennen können (oder wollen), was etwa mit den grundlegenden Begriffen wie *Glaube*, *Sünde*, *Himmel* und *Hölle* falsch sein sollte, die sich doch sonst in der Geschichte der Religionen so ausgezeichnet bewährt haben.

Nur die experimentelle Forschung selbst, ausgeführt mit dem ganzen Mut des Einzelnen, der meditiert und nach innen geht, kann die Grundlage für eine kritische Analyse schaffen - oder man kann sagen, wird die kritische Analyse erzwingen und schließlich zur Auflösung jenes starren Rahmens führen (nämlich der alten, orthodoxen Religionen).

Der prä-rationale, prä-logische Standpunkt lebt *unter* der Vernunft, *unter* dem logischen Denkvermögen, im bloßen Glauben, im geliehenen Wissen, hat nie gewagt zu experimentieren, weiß gar nicht, was ‚erfahren', was eigene Erfahrung ist. Er hat nie den Mut, sich ins eigene Unbekannte zu wagen. Mit diesem Standpunkt ist das ganze Leben nur geliehen, unauthentisch, ohne Sensitivität, stumpf.

Der höhere, reifere Standpunkt der Wissenschaft löst die Vormundschaft der Religion auf, und noch heute wehrt sich Religion gegen die Wissenschaft.

Bis zu welchem Zeitmaß orthodoxe Religionen asynchron bleiben können, zeigt das 1992 verkündete päpstliche Eingeständnis, daß Galileo Galilei vor dreihundertneunundfünfzig Jahren ‚voreilig' geächtet worden sei. Zu diesem Schluß war eine päpstliche Sonderkommission nach rund dreizehnjähriger Arbeit gekommen.

Eine Auseinandersetzung mit einer höheren, reiferen Haltung läßt sich nie gewinnen. Die unreifere Haltung muß sich entweder ändern, oder sie löst sich auf. Mit anderen Worten, das Prä-rationale muß rational, das Prä-logische muß logisch werden.

Die alten Religionen und Kirchen schwinden, weil sie nicht reifer werden. Durch zeitgemäße Entwicklung sind Zeitgenossen zu einem höheren Bewußtsein gekommen und haben mehr über Wirklichkeit erfahren. Jetzt ist es nicht mehr möglich, Menschen zu zwingen, blind und prä-rational zu bleiben. Man kann einen Erwachsenen nicht mehr dazu bringen, kindlich zu sein.

„Doch die Kluft zwischen dem wachsenden demokratischen Selbstbewußtsein der Gläubigen und dem hierarchischen Anspruch der Amtskirche wird überall in der katholischen Welt immer größer. Mitbestimmung in Politik und Gesellschaft, Unmündigkeit in der Kirche", urteilt ‚Publik-Forum', das auflagenstärkste bundesdeutsche Blatt kritischer Katholiken, „wer dies als Katholik widerspruchslos hinnimmt, ist schizophren."

Auch der Salzburger Alt-Erzbischof Karl Berg erkennt die Gefahr für den Fall, daß sich nichts ändert. Die Kirche werde auf „ein Gärtchen geistiger Harmlosigkeit zusammenschrumpfen" - eine Kirche für Labile, Kopfnicker und Dummchen. [20]

Die alten Religionen sterben aber auch daran, daß ihr Wissen nur aus zweiter Hand stammt. Das Wissen der alten Religionen ist geliehen, ist tradiert.

Wenn Jesus von Gott spricht, spricht er aus seiner eigenen,

unmittelbaren Erfahrung. Das gilt auch für andere Religions-Gründer, wie zum Beispiel Mohammed.

Aber schon von da an wird das Wissen geliehen und nicht mehr selbst erfahren - und auf Dauer muß geliehenes Wissen zur Last werden. Heute wollen immer mehr Menschen aufhören, an den Glauben zu glauben, sie wollen selbst erfahren. Statt ‚Folge nach' muß es heute heißen: ‚Geh in Deine eigene Erfahrung!'. Heute müssen auch in der Religion Erfahrungen gemacht und Experimente unternommen werden.

> „Mit dem bloßen Bekennen und Behaupten ist es nicht mehr getan; die Menschen wollen heute auch über das Wie und das Warum des christlichen Glaubens wissen. Wie auf allen Lebensgebieten, in Politik, Gesellschaft, Recht und Moral, hat sich auch im Bereich des Glaubens und der Theologie das Wesen der Autorität gründlich gewandelt.
>
> Auch die Aussagen des christlichen Glaubens besitzen heute keine selbstverständliche Autorität mehr; auch die christlichen Glaubensaussagen müssen ihre Autorität heute ständig dadurch neu erweisen, daß sie dem Zeitgenossen einleuchten und ihn überzeugen - nicht anders, als sonst die Wahrheit in der Welt einleuchtet und überzeugt."[21]

Eugen Drewermann spricht vom „Dilemma der Unglaubwürdigkeit des Historischen durch die bloße Tradierung veralteter Sprachspiele ohne Erfahrungsgrundlage ...".

Peter de Rosa, der selbst Priester und Theologe war, formuliert den Widerspruch zwischen Tradition und Heute so: „An sechs Wochentagen denken die Menschen wie Bürger des 20. Jahrhunderts, am Sonntag sollen sie glauben wie Semiten des 1. Jahrhunderts."[22] In einem zweiten Buch ist die Rede von „Priestern, die ein ‚Publikum von Höhlenmenschen' mit Dingen verblüffen, die Mose getan hat. Kein Hinweis auf die Herrlichkeit, mit Auto und Flugzeug zu reisen, keinen Hinweis auf die Wunder von Pflug, Traktor, Mähdrescher, von Hörgeräten, Klimaanlagen, Badezimmern, Jacuzzis und die schlichte Seligkeit eines Wasserklosetts."[23]

> „Ich glaube, daß wir miterleben, wie sich in fast sektenartigen Strukturen eine Alterselite von Gläubigen herausbildet, die im Grunde nur noch sich selbst genügt, die nach außen nicht mehr aktiv ist und vor allem das Nachwachsen der Jugend erstickt. Es ist nicht nur, daß

wir eine Senilhierarchie von überalterten Machtträgern - typisch für eine Diktatur - im Vatikan wiederfinden. Die gesamte Sprache, die wir über Jahrhunderte gepflegt haben, läßt sich einfach nicht mehr nachsprechen für die heute heranwachsende Schuljugend. Und zwar nicht, weil die Inhalte falsch wären, sondern weil die Sprache nicht mehr dazu taugt, auszudrücken, was Jesus wollte und was über Gott zu glauben wäre." [24]

Ihm, Drewermann, liege es „nicht mehr an einer Kirche, die es ‚polemisch' und ‚aggressiv' findet, wenn man versucht, ihre klerikale Machtausübung im Namen und anstelle Gottes nach 450 Jahren verweigerter Reformation als einen strukturellen Verrat an dem Auftrag Jesu und an den Menschen bewußt zu machen und zu beseitigen." [25]

„Zwischen der Bibel und heutigen Lesern soll Gleichzeitigkeit eintreten, wo vielfach der garstige Graben klafft." [26]

Das ‚Garstige' am Graben ist aber nicht nur die Sprache, sondern auch der Inhalt selber, von dem Franz Buggle sagt, daß „... die Bibel, unsere ‚Heilige Schrift', ‚Gottes Wort', ein zutiefst gewalttätiges, inhumanes Buch ist, völlig ungeeignet als Grundlage einer heute verantwortbaren Ethik." Der Titel seines Buches lautet „Denn sie wissen nicht, was sie glauben. Oder warum man redlicherweise nicht mehr Christ sein kann." [27]

Dem entgegengesetzt ist der dritte, der trans-logische Standpunkt, der Standpunkt des Zen. Davon später. Es erscheint nicht ausgeschlossen, daß Zen - oder das, was sich vielleicht in Europa aus dem Zen entwickeln kann, eines Tages weltweit verbreitet sein wird.

Nun aber zum entscheidenden, verhängnisvollen Fehler in der Weltanschauung der alten Religionen: zum ‚kirchlichen Grundfehler'. Der erste und der dritte Bereich, also der prä- und der trans-rationale Bereich lassen sich aus einem einfachen Grund verwechseln: beide nämlich sind unlogisch und sehr ähnlich!

Religion, wie sie bisher vertreten wurde, ist eine Halbwahrheit, und bekanntlich sind Halbwahrheiten die zähesten Gebilde. Einfache Lügen werden relativ schnell durchschaut, sie haben kurze Beine. Große Lügen aber - und das sind Halbwahrheiten - haben sehr lange Beine. Diese Halbwahrheiten hat Nietzsche gemeint, wenn er sagt: „... denn es gab nichts Verlogeneres bisher als das Heilige ... aber meine Wahrheit ist furchtbar: denn man hieß bisher die *Lüge* Wahrheit."

Polemisieren allein nützt nichts. Wir alle haben diesen historischen Fehler gemacht - nicht ‚die Anderen'. Wir müssen weiter aufwachen!

Die Evolution verläuft unumkehrbar von der Materie über Pflanzen, die niederen Lebewesen, über die Säugetiere zum Menschen. „Alle heute noch existierenden Organismen sind wie durch eine Kette mit den Anfängen des Lebens verbunden. Bakterien, Pilze, Pflanzen, Tiere und Menschen, wir alle benutzen dieselbe Art von DNS-Molekülen als Erbsubstanz, denselben genetischen Code und mit geringen Abwandlungen dieselbe Art von Enzymen."[28]

Die Evolution, die Entwicklung verläuft in Richtung auf immer größere Komplexität und immer höheres Bewußtsein. Im Kern der abendländischen Philosophie, der ‚Philosophia perennis', der ‚immerwährenden Philosophie', gilt Evolution immer *als Prozeß der Selbstverwirklichung des Geistes*. Ziel der Evolution ist ein Zustand der ‚absoluten Erkenntnis' (Hegel), wo der Geist sich selbst in Form des Geistes erkennt. Das Sein als Sein! Evolution ist also das sukzessive Erinnern an das Ganze. Insofern ist Evolution auch Religion im Sinne der Erkundung des eigenen Wesens.[28a]

Es geht um die Suche nach unserer innersten Natur, um die Rückbindung an das Ganze. Im ‚Omega-Punkt' werden Subjekt und Objekt ganz und gar identisch. Schöpfer und Geschöpf werden eins. Ich und der Vater sind eins!

Evolution ——>

<—— Involution

A————————B————————C

Prä-personal	personal	Trans-personal
unbewußt	ichbewußt	überbewußt
Urknall	Jetzt-Zeit	Omega-Punkt bei Teilhard de Chardin
ichlos	ichhaft	ichfrei bei Jean Gebser

Wenn das Ziel der Evolution ‚C' ist - wir können auch Wirklichkeit, Gott, das Nicht-Duale, das Ende der Entwicklung, der Entfaltung dazu sagen - dann liegt der Anfang links beim ‚A'.

Wie ist aber dieser Anfang zustande gekommen? Durch die Bewegung vom Höheren zum Niederen! Das bedeutet, daß es neben der Evolution auch eine Involution gibt, neben der Entfaltung eine Einfaltung.

Im Sanskrit wird es ‚Lila' genannt, das ‚göttliche Spiel in der Erscheinungswelt', das ‚Spiel der Täuschung' durch die Welt der Erscheinungen, durch Maya. Krishna, Allgott in der indischen Mythologie, benutzt die Lilamaya, um alle Wesen zur Befreiung zu führen.

Ken Wilber verdeutlicht dieses Phänomen mit den Worten: „Von Zeit zu Zeit verliert sich das ‚reine Bewußtsein', ‚Gott', ‚Brahman/Atman', wie zum Spaß - einfach damit sich etwas tut. Und zwar immer dann, wenn es - das reine Bewußtsein - lange genug ohne Spiel ist. Also nachdem es das Ziel der Evolution lange genug erlebt hat."

‚Gott' oder das ‚reine Bewußtsein' verliert sich, ‚vergißt sich' vorübergehend und steigt in immer tiefere Ebenen des Bewußtseins - also vom Überbewußtsein zum Bewußtsein hin zum Unbewußtsein. Dabei ‚vergißt' jede Ebene, wo sie vorher war. Jede Ebene ist Stufe einer ‚Entfremdung' von der Gottheit, vom Ganzen. Und natürlich ist dieser stufenweise Abfall vom Ganzen eine Illusion, ein ‚Spiel der Täuschung', weil jeder Schritt nichts als eben ein ‚Spiel des Ganzen' ist, welches keine Zeit kennt.

Die Wirklichkeit aller Erscheinungsformen ist immer nur das Ganze. Das Ganze, das Göttliche ist nie wirklich ‚verloren', sondern nur ‚vergessen'.

Meister Eckhart, der bedeutendste und geistvollste deutsche Mystiker, sagt es so: „Würden wir sagen, daß Gott die Welt gestern oder morgen erschüfe, so würden wir uns töricht verhalten. Gott erschafft die Welt und alle Dinge in einem gegenwärtigen Nu." Im Buddhismus sagt Huan-Po: „Die anfanglose Zeit und der gegenwärtige Augenblick sind dasselbe. ... Du mußt einfach nur verstehen, daß Zeitperioden keine wirkliche Existenz besitzen." Und der bedeutendste Theologe und Philosoph des Mittelalters, Thomas von Aquin (gest. um 1225) wußte: „Er (Gott) ist also ohne Anfang und Ende, indem er sein ganzes Sein zugleich besitzt. Darin aber besteht das Wesen der Ewigkeit."

Unter der Überschrift ‚Überschreiten der Grenzen der linearen Zeit' schreibt Stanislav Grof in seinem Buch ‚Das Abenteuer der Selbstentdeckung':

> „Man kann (in außergewöhnlichen Bewußtseinszuständen) sogar die Geschichte des Universums vor der Entstehung des Lebens auf der Erde erfahren und Zeuge von gewaltigen kosmischen oder irdischen Vorgängen werden, dem Urknall, der Bildung der Galaxien, der Entstehung des Sonnensystems und der frühen geophysikalischen Prozesse auf diesem Planeten." (Kösel, 1987, S. 102f.)

Das ‚Spiel' geht in eine neue Runde, wenn die Involution abgeschlossen, das ‚Nichts' wiederhergestellt ist. Dann beginnt wieder eine neue Evolution.

Ken Wilber macht auch klar, daß das jeweils Höhere nicht ‚aus' dem jeweils Niederen entstehen kann. Wie sollte das Niedere aus sich Höheres erzeugen können? Das Höhere kommt aus der immer und ewig schon vorhandenen ‚Matrix' *durch* das Niedere. Man könnte auch sagen, es ‚gerinnt' in die Erscheinungswelt, in die Welt der Form *aus* dem morphogenetischen Feld.

Evolution kann auch Emanation genannt werden, Ausfluß aus dem Einen. Und die Involution eine Remanation, nämlich Rückfluß in das Eine. Begriffe, die helfen können, Gott zu ‚verstehen'.

Jetzt komme ich zu dem ‚archimedischen Punkt', von dem aus zwar nicht die Welt, aber alte Weltanschauungen aus den Angeln gehoben werden können.

Was passiert nämlich, wenn A mit C verwechselt wird? Das Prä-personale wird mit dem Trans-personalen vertauscht? Es ist immer noch Ken Wilber, dem wir diese Überlegung verdanken. Diese Verwechslung kann auf zweierlei Weise passieren - und sie ist auf zweierlei Weise passiert! 1. Kann das Trans-personale zum Prärationalen reduziert, und 2. das Prä-personale zum Trans-personalen erhoben werden. Im ersten Fall verschwindet das Höhere (C) im Niedrigsten, in (A). Für diese Weltanschauung gibt es dann nichts Höheres mehr. Im zweiten Fall verschwindet das Niedere (A) im

Höchsten, in (C). Und das bedeutet, daß es (A), also das Niedrigste, überhaupt nicht mehr gibt.

Wer das ganz verstehen und in sein Leben integrieren will, kann folgende ‚Wegweiser-Übung' aus meinen Vorträgen mitvollziehen:

Breiten Sie Ihre Arme nach beiden Seiten aus wie ein Wegweiser, mit Ihren Handtellern nach vorn. Stellen Sie sich vor, in Ihrem linken Handteller stünde der Buchstabe ‚A', im rechten der Buchstabe ‚C', auf Ihrer Stirn der Buchstabe ‚B'. Von Ihnen aus gesehen stellt das den Ablauf der Evolution dar - von links nach rechts, so wie wir schreiben. Von A über B nach C. Sie stehen jetzt genau auf dem ‚archimedischen Punkt'.

Zur Demonstration der 1. Prä-Trans-Verwechslung schwenken Sie nun Ihren rechten Arm mit dem Buchstaben ‚C' um 180 Grad, so daß er vor Ihrem linken Arm ebenfalls in die linke Richtung weist. Damit ‚gilt' nur noch ‚A'.

Was ist passiert? Der Wegweiser hat einen Arm verloren. Und damit das Ziel (C) der Evolution. *Jetzt gibt es keine vollständige Weltsicht mehr*! Die Gesamtentwicklung besteht statt aus drei Schritten nur noch aus zweien. Eine Weltanschauung, nach diesem Wegweiser ausgerichtet, *muß* in die Irre führen.

Wenn Sie jetzt Ihren rechten Arm nach rechts zurückbringen und ausstrecken, demonstrieren Sie sich wieder die vollständige Weltsicht, in welcher der Weg bis zum Ende der Entwicklung weist.

Nun die 2. Prä-Trans-Verwechslung: Ihr linker Arm schwenkt nach rechts. Damit verschwindet das Niedere (A) im Höchsten (C). Wer seine Weltanschauung nach diesem Wegweiser bildet, müßte behaupten, daß es das Niedere (A) gar nicht gibt.

Alle, die so einem einarmigem Wegweiser folgen, gehen zwangsläufig in die Irre. Denn beide Male wird ‚natürlich' die Evolution völlig falsch gedeutet. Beide ‚einarmige' Weltanschauungen müssen unvollständig sein und bleiben.

Nietzsches „Man hieß bisher die Lüge Wahrheit!" wird so durchschaubar. Es wird klar, ‚was nicht mehr spielt!', und warum „das Christentum das Religiöse aus der Religion vertrieben hat", wie es der Benediktiner-Mönch David Steindl-Rast formulierte. Oder was Teilhard de Chardin festgestellt hat: warum „die moderne Seele vom Christentum nicht mehr ‚übergriffe, nicht mehr ‚befriedigt', nicht mehr ‚geführt' wird".

Durch das Verwechseln des Anfangs mit dem Ende - resp. des Endes mit dem Anfang ist eine Weltanschauung entstanden, die außer der Jetztzeit nur noch den Anfang sieht. Und eine zweite, die außer der Jetztzeit nur noch das Ziel sieht - aber dort, wo der Anfang ist!

Wer beim Lesen und erst recht beim Selbst-Demonstrieren jetzt nicht ein leichtes ‚Beben' verspürt, hat entweder nicht verstanden oder sich in eine der beiden ‚verkehrten' Weltanschauungen verrannt. Denn aufgrund dieses fundamentalen Irrtums, wegen dieser Prä-Trans-Verwechslung (PTV), glauben beide Weltanschauungen (WAS) in ihrer partiellen Blindheit, sie würden immer noch das Ganze sehen. Die Vertreter beider Weltanschauungen sind fest davon überzeugt, in ihrem Weltbild die ganze Wahrheit zu haben. Nur sind beide leider partiell blind und müssen deshalb in ihrer Beurteilung dessen, was ist, zwangsläufig schwerste Fehler machen.

Beide WAS anerkennen den Jetztzustand (B), doch beide WAS sehen auch das Ziel der Evolution im Jetztzustand (B). Die WAS-1 hat (nach einer der genialen Formulierungen Wilbers) „große Ähnlichkeit mit der orthodoxen Naturwissenschaft." Von einer vor-persönlichen Quelle in der Natur geht die Entwicklung auf den Höhepunkt zu, nämlich die menschliche Vernunft. Danach gibt es nichts Höheres mehr.

Die WAS-2 hat nach Wilber „große Ähnlichkeit mit den orthodoxen Religionen." Hier beginnt „die Entwicklung aus einer spirituellen Quelle, die für sie im Himmel liegt", und endet in einem ‚Tiefpunkt', nämlich im Jetztzustand, in der ‚Entfremdung', in der ‚sündigen Menschheit'. Die gesamte bisherige Entwicklung ist aus dieser Sicht ein Abfall, kein Aufstieg. Ein Niedergang, keine Aufwärtsbewegung. Ein Verkehrtherum statt eines Vorwärts. Demnach sind wir jetzt am weitesten von Gott entfernt.

Wilber folgert weiter, daß beide WAS dann die Wahrheit sagen, wenn sie sich mit dem Entwicklungsteil befassen, den sie weder auf- noch abgewertet haben - also dem Jetztzustand (B). Beide WAS irren sich aber grundsätzlich, wenn es um den von ihnen verdrängten Teil der Entwicklung geht - im ersten Fall ‚C' also, im zweiten ‚A'. Wenn der Wegweiser wieder ‚richtig anzeigt', werden die Halbwahrheiten und die Halbunwahrheiten dieser beiden WAS offenbar. Beide können über das Wesen und die Entwicklungsrichtung sowohl etwas Wahres *und* etwas Falsches aussagen. Das heißt: in beiden WAS stecken *zwei* bedeutende Wahrheiten *und zwei* grundlegende Irrtümer.

Mit der Weltanschauung der orthodoxen Naturwissenschaft will ich mich hier nicht näher befassen; sie gehört nicht zum Thema, und zudem hat sie ‚zeitgemäße' Fortschritte gemacht. Ich gehe am Schluß dieses Kapitels noch kurz darauf ein.

Mit ihrer Anschauung der Welt behaupten die orthodoxen Religionen zu Recht, daß das Weltall etwas Trans-personales enthält, daß wir in einer Entfremdung von Gott leben. Sie irren sich aber, wenn sie behaupten, der Jetztzustand sei der Höhepunkt der Entfremdung. Ebenso verkehrt ist ihre Behauptung, wir hätten das wahre Paradies verlassen, welches *vor* der Evolution des Ich gelegen hätte. Darin liegt die verhängnisvolle Ursache für den langsamen Selbstmord der alten Religionen: sie haben die Entwicklungsrichtung verwechselt! So haben sie sich zu Bewahrern des Unzeitgemäßen gemacht. Wir, die Menschheit, haben aber erst die Hälfte unserer Evolution zurückgelegt. Mit einer solchen Falsch-Sicht leben wir „... in einem Zeitalter, das fortschreitend nach rückwärts vorankommt" (T.S. Eliot). Wenn die tatsächliche Entwicklung nach ‚rechts' vorangeht, diese Weltanschauung aber lehrt, das wäre ‚links', also rückwärts, dann muß sie stets ein Hindernis bilden. (Hat etwa die umgekehrte Schreibrichtung der alten Sprachen mit dazu beigetragen, den Wegweiser in der judeo-christlichen Tradition zu verbiegen?) Eine derartige Weltanschauung muß ständig bremsen, Neuerungen so lange wie möglich verhindern und von sich behaupten, sie kenne den Weg des Heils. Falsche Anschauung der Welt kann Zeichen der Zeit immer nur falsch deuten. Auf solche Fehldeutungen bezog sich der liberale Papst Johannes XXIII. bei der Eröffnung des Zweiten Vatikanischen Konzils, als er von ‚Unglückspropheten' sagte: „Sie sehen in den modernen Zeiten nichts als Unrecht und Untergang."

Ob es uns jemals gemeinsam gelingt, unsere Weltanschauung dem Gang der Evolution anzugleichen? Oder wird es immer neben den Zeitgenossen viele ‚Gestrige' und wenig ‚Zukünftige' geben? Das ‚Kehr um, das Reich Gottes ist nahe!' betrifft keine Himmelsrichtung, die von einem Wegweiser abzulesen ist, sondern den Gang nach innen.

Auf eine dergestalt verkehrte Richtung fixiert, müssen die alten Religionen behaupten, unser verstandesorientiertes Ich als Höhepunkt der Entfremdung von Gott zu erkennen. Dann scheint alles, was *vor* dem Ich-Sagen stattgefunden hat, sündenfrei und paradiesisch.

Dabei fängt die Urentfremdung schon bei der Materie an. Sie ist am weitesten von Gott entfernt und alle Entwicklung danach ist Bewegung zu Gott hin. „Die Natur *ist* bereits sich selbst entfremdeter Geist, *ohne* daß das Ich dazu irgendetwas beigetragen hätte" (Wilber).

Die Natur ist Gott am meisten entfremdet. Der theoretische Urknall geschah vor rund 20 Milliarden Jahren - die Erde entstand vor rund 4,5 Milliarden Jahren - die Erdkruste hat sich vor rund 4 Milliarden Jahren gebildet - erste Lebensspuren entstanden vor rund 3,4 Milliarden Jahren, der Mensch hingegen erst vor rund 2,5 Millionen Jahren.

Die Weltanschauung einer alten Religion - das Christentum - sieht den ersten Menschen eben als ersten und unmittelbar geschaffen. Diese Weltanschauung konnte nicht zulassen, den Menschen in die Gesamtentwicklung von Lebewesen einzuordnen. Deshalb durfte es auch keine Menschen vor oder neben Adam geben, weil dann das Dogma von der Erbsünde damit nicht in Einklang zu bringen gewesen wäre.

Bis in unser 20. Jahrhundert hat kirchliche Dogmatik die Erschaffung des Menschen als Mann (Adam) und Frau (Eva) aus Leib und Seele nach Seinem, Gottes Bild (Imago Dei), lehramtlich wörtlich verstanden.

Im 18. und sogar noch im 19. Jahrhundert - unsere Großeltern haben da noch gelebt - war der Glaube weit verbreitet, daß die Erde im Jahre 4004 vor Christus erschaffen worden sei - so hatte das der irische Erzbischof James Usher berechnet. Heute wissen wir, daß um das Jahr 4000 vor unserer Zeitrechnung in Europa schon der Holzpflug bekannt war. Lange stritten Theologen, ob Adam und Eva einen Bauchnabel hatten oder darüber, wieviele Engel auf der Spitze einer Nadel Platz hätten.

Dieses ausschließlich theoretische, haarspalterische Suchen nach der Wahrheit im Christentum hat niemand geringeren als C.G. Jung zu der Einsicht gebracht: „Was bisher Christentum genannt worden ist, ist ein vom Ich, vom Ego erzeugtes Mißverständnis dessen, was Jesus vorgelebt hat.“ Noch deutlicher wird Bhagwan/Osho: „Im gleichen Augenblick, in dem Religion sich mit Denken beschäftigt, verfällt sie in einen häßlichen Traum, der Theologie genannt wird. Die träumt von Gott, von Himmel und Hölle, Engeln und Teufeln und fährt fort, Tausende von Dingen herzustellen. Aber das ist alles Traumzeug. Die Wahrheit hat mit all solchen Gedanken nichts zu tun.“ [29] Und noch einmal C.G. Jung: „Die christliche Kultur hat sich in erschreckendem Ausmaß als hohl erwiesen: sie ist äußerliche Politur, der innere Mensch aber ist unberührt und darum unverändert geblieben.“ [30]

Der besagte Unterschied zwischen Speise und Speisekarte wurde und wird fast immer nur von den Mystikern gesehen, von denen C.G. Jung gesagt hat: „Der schöpferische Mystiker war von jeher das Kreuz der Kirche. Aber diesen Leuten verdankt die Menschheit ihr Bestes.“ [31]

Meister Eckharts Credo: „Ich bin da, wo ich war, ehe ich geschaffen wurde, da ist bloß Gott in Gott. Da sind weder Engel noch Heilige noch Chöre im Himmel. Manche Leute sagen von acht Himmeln und neun Chören; das ist nicht da, wo ich bin. Ihr sollt wissen, alles, was man so zu Worte bringt und den Leuten mit Bildern vorlegt, das ist nichts als ein Anreiz zu Gott. Wisset, daß keine Seele in Gott kommen kann, sie werde denn zuvor so Gott, wie sie Gott war, ehe sie geschaffen wurde.“

Je älter Überlieferungen sind, umso ehrwürdiger und unantastbarer scheinen sie zu werden. Aber aus Hasen werden keine Wiederkäuer, auch wenn das schon im Alten Testament steht. Auch dreht die Sonne sich nicht um die Erde, weil es in der ‚Heiligen Schrift‘ steht. Mit Recht bezweifelt Franz Buggle: „Wie kann man vernünftigerweise Gott als Quelle, als Kommunikator einer Botschaft ansehen, die so schlecht bei ihren Empfängern ankommt, daß über ihren Inhalt eine so chaotische Uneinigkeit besteht, daß seit der Frühzeit des Christentums bis heute die verschiedensten Kirchen und sonstigen konfessionellen Gruppen sich darüber streiten, was eigentlich mit dieser Botschaft gemeint sei.“ [32]

Das Alte Testament war noch nicht vollständig, als in Griechenland einer der größten Denker der Menschheit lebte: Aristoteles (384-322). Der wußte durch Nachdenken, wieviele Zähne Frauen haben (ich weiß die Zahl nicht mehr, aber es waren wohl zehn mehr, als wir Männer haben). Seiner Frau in den Mund zu sehen und ihre Zähne zu zählen - das ‚ging‘ damals noch nicht. Dies soll keine kleinliche Kritik sein, sondern zeigen, daß damals, als das Alte Testament noch nicht einmal abgeschlossen war, ein Beobachten, wie es uns heute geläufig ist, nicht zeitgemäß war.

Alte Texte sind ‚ehrwürdig‘ - sie müssen aber beileibe nicht den Wirklichkeiten entsprechen. Aristoteles meinte auch, daß sogar relativ hochentwickelte Tiere wie Fische und Insekten *aus Schlamm entstünden.*

Sogar noch im 17. Jahrhundert war das Neu-Entstehen von Leben aus unbelebter Natur eine selbstverständliche Annahme: Der belgische Naturforscher und Philosoph Franciscus van Helmont verfaßte im Jahr 1667 ein genaues Rezept dafür, wie man aus Getreide und schmutziger Wäsche Mäuse erzeugen könne.

Die systematische Bezeichnung des heute lebenden Wesens Mensch lautet ‚Homo sapiens‘. Sapiens bedeutet ‚weise‘, ‚einsichtsvoll‘, ‚verständig‘, ‚klug‘. Unter Anthropologen hat sich heute die Bezeichnung ‚anatomisch moderner Mensch‘ durchgesetzt. Das erscheint aussagekräftiger, denn anatomisch moderne Menschen müssen nicht ‚Zeitgenossen‘, keine ‚bewußtseinsmäßig moderne‘ Menschen sein.

Es kann nicht eindringlich genug gesagt werden: wir sind nicht alle ‚Genossen‘ und ‚Genossinnen‘ der gleichen Zeit! Unter hundert zufällig zusammenstehenden Menschen haben einige noch das Bewußtsein von Höhlenbewohnern, andere gehören alten Orthodoxien an, alten ‚Rechtgläubigkeiten‘. Manche halten am Wortverständnis der Bibel fest. Sie sind von der Richtigkeit und unveränderbaren Wahrheit jedes Wortes in der Bibel überzeugt, nur weil es dort steht. Fundamentalisten gibt es überall. Es ist das Bestreben, aus Angst vor Neuem Sicherheit zu behalten. Die Weltanschauung der alten Religionen sieht nur die Bewegung der Involution von ‚C‘ nach ‚B‘ und übersieht die Bewegung von ‚B‘ nach ‚A‘, wo die vor-persönliche Welt am weitesten von Gott entfernt ist. Wiederum Wilber: Das Ich (in ‚B‘) im Jetztzustand ist ja nur die erste Sache, die erste Struktur, die genügend entwickelt ist, um zu *erkennen*, daß die Welt bereits längst von Gott entfernt ist. „Im historischen Garten von Eden hat sich ... nicht der Beginn des Sündenfalls ereignet, sondern was? - die *allererste* Wahrnehmung einer bereits längst - und von Anfang an vorhandenen Absonderung."

Bei ‚Weltanschauung der alten Religionen' fällt mir der nachdenkenswerte Satz von Teilhard de Chardin ein: „Die Ära (ich sage nicht der Religionen), sondern: der Religion, weit davon entfernt, überholt zu sein, beginnt zweifellos gerade erst."[33]

Der russische Philosoph Nikolai Berdjajew (1874-1948), der sich für einen Nachfolger Jakob Böhmes hielt, sagte in seinem Werk ‚Von der Bestimmung des Menschen' (1935) über den Sündenfall: „Der Mythos vom Sündenfall ist ein Mythos von der Größe des Menschen." Und Bhagwan/Osho: „Wenn Buddha die Parabel von Adam und Eva geschrieben hätte, hätte er das nicht Erbsünde, sondern Erbtugend genannt."

Wilber meint: „Statt also das Ich als Ursache der Krankheit zu betrachten, hat das Erreichen des Ich die Krankheit schon halb kuriert."

Das Neue Testament war noch nicht in seine endgültige Form gebracht, da schrieb bereits der griechische Philosoph Plotin (um 205 - 270): „Die Menschheit befindet sich auf halbem Wege zwischen den Tieren und den Göttern."

Wilber konstatierte in seinem Bemühen, die wissenschaftliche Evolutionstheorie mit einer wie er sagt „wahrhaft religiösen oder spirituellen Weltanschauung" in Einklang zu bringen, deshalb auch *zwei* große Sündenfälle.

Den einen, weil der mit der wissenschaftlichen Sicht der Evolutionslehre übereinstimmt, nennt er den ‚naturwissenschaftlichen Sündenfall'. Den anderen bezeichnet er als den ‚theologischen Sündenfall': die Schöpfung selbst! Denn dieser theologische Sündenfall hat schon Milliarden von Jahren vor dem Auftreten der Menschheit stattgefunden. „Der Urknall war in Wirklichkeit das dröhnende Gelächter Gottes, der sich freiwillig zum millionsten Mal verlor."[34]

Jene Ur-Sonderung, mit der wir uns vom Ganzen ab-gesondert haben, diese ‚Ur-Sünde' also kann nur durch grundsätzlichen Wandel wieder aufgehoben werden. Und das wäre nichts weniger als die Aufhebung der Identifizierung mit unserer Ich-Vorstellung, dem Ego. Schon in den Evangelien steht die ,Wiedergeburt aus dem Geiste' als Voraussetzung für das Eingehen in die ,Reiche des Himmels', ins ,Königreich'. Das ist das Sein!

Im Thomas-Evangelium antwortet Jesus auf die Frage, wo das himmlische Königreich zu finden sei: „In Euch!"

Mit Wilbers Worten:

> „Die meisten Theologen und Philosophen neigen dazu, die beiden Sündenfälle zu verwechseln. Sie haben den Zeitpunkt des Begreifens der Erbsünde mit der Erbsünde selbst verwechselt, also den naturwissenschaftlichen mit dem theologischen Sündenfall."
>
> „Was fast alle Theologen geglaubt haben, ist ein perfekter Widerspruch in sich. Sie meinten, in der tatsächlichen historischen Vergangenheit hätte es das Goldene Zeitalter eines Himmels auf Erden gegeben, die Existenz von Wesen im Zustand völliger Erleuchtung, ein Zustand, aus dem die Menschheit dann ,gefallen' ist - obwohl doch in Wahrheit das, was den Menschen zeitlich voranging, *Affen waren.*" [35]

Das Erbgut des Menschen ist zu 99% mit dem des Schimpansen identisch. Das Hämoglobin, der rote Blutfarbstoff, welcher den Sauerstoffaustausch im Körper besorgt, ist bei Mensch und Schimpanse in allen seinen 574 Aminosäure-Bausteinen identisch. Zwischen Mensch und dem Gorilla gibt es eine einzige und gegenüber dem Orang-Utan zwei Abweichungen. Zwischen uns und dem Rhesusaffen zählt man lediglich sechs Abweichungen innerhalb der Aminosäure-Bausteine. Mensch und Schimpanse sind enger verwandt, als man das sonst bei ähnlichen Arten findet. [36]

Das Schwinden der alten Religionen liegt sicherlich auch an der Erkenntnis naturwissenschaftlicher Forschungsergebnisse, die uns immer leichter zugänglich werden. Unser Bewußtsein erweitert sich auch auf diesem Gebiet rapide.

Die Körperform, welche wir als ,Menschen' vorgefunden und betreten haben, war schon da, lange bevor *wir* darin zum Vorschein gekommen sind. Anders gesagt: wir sind in einem schon lange vorher fertigen Körper ,aufgetaucht'. Oder: als wir uns haben blicken lassen, geschah das in schon lange vorher vorhandenen Körperformen. Deshalb repräsentiert unser Körper mit seinen ganz bestimmten

Verhaltensweisen unsere ‚Außenseite' - doch wer wir eigentlich sind, ist unsere ‚Innenseite'. Die gilt es zu entdecken!

Noch einmal Wilber:

> „Wir mußten über den unbewußten Affen hinaus evolvieren, um das Überbewußtsein wiederzuentdecken. Da das so ist, können wir alle uns ein Herz fassen; denn jetzt scheint es gewiß, daß Sie und ich aus dem Garten Erde herausgefallen sind, damit wir alle in den HIMMEL zurückkehren können." [37]

Was müßten wir als Wesen, das anfängt, über sich selbst zu reflektieren, das sich zum ersten Mal als ‚ich' und daher von allen und allem ‚abgesondert' erlebt - was muß so ein Wesen empfinden? Angst und Schuld! Die ‚Peinlichkeit des Daseins'.

Angst, weil es nicht mehr ‚dazugehört'. Schuld, weil es im eigenen Ich seine Hilflosigkeit erkennt, weil es weiß, daß es sterben muß.

Erich Neumann sagt in seiner ‚Ursprungsgeschichte des Bewußtseins': „Die Aktion des Ich wird als Schuld, und als Urschuld und Sündenfall empfunden .... Das Ego meint, die Ichwerdung als Schuld zu erkennen, das Leiden, die Krankheit und den Tod als Strafe."

Wann ist dieser ‚Sündenfall' eingetreten? Wann ist das sogenannte Paradies verlorengegangen?

In der Prä-personalen Vergangenheit waren alle Menschen Heiden. Dies Wort kommt aus dem althochdeutschen ‚heidano' und bedeutet eigentlich ‚Waldbewohner' - lat. ‚paganus', Bewohner auf dem Land. Begriffe wie ‚Schuld' und ‚Sünde' gab es noch nicht, Bewertungen gab es noch nicht - das Leben wurde so genommen, wie es war. Noch hatte sich der Verstand nicht ins Leben eingemischt. Doch seitdem das Denken und der Verstand sich ins Leben einzumischen begannen, wird beurteilt, verurteilt, getrennt, unterschieden.

Lancelot Whyte: Vorher „war es noch nicht notwendig, eine allgemeine Auffassung vom Menschen als einer unabhängigen Persönlichkeit auszubilden .... Der Mensch bleibt ein Teil der Natur, wenn auch einer mit Gedanken; voller Gedanken, doch ohne solche *über sich selbst*; ein Individuum, doch noch in einer normalen, organischen Integrierung." [38]

Aber dann kommt das noch nie Dagewesene!

Die alte Welt vergeht, und *das rationale Selbstbewußtsein entwikkelt sich*. Zeitlich gesehen fällt diese Umwandlung mit dem Ende des Bronzezeitalters und der Bereicherung des Lebens durch den Gebrauch des Eisens zusammen. Während der Zeit von 1600 bis 400 vor Christus bekommt der historische Prozeß ein völlig neues Gesicht. *„Denn jetzt - wenn überhaupt - findet der Sündenfall des Menschen statt.“* [38] Und: Das mußte in der Evolution passieren! Wie bei jedem Kind mußte das auch der Menschheit geschehen. Jedes Kind ist ein geborener Heide, noch ungläubig, ohne Ich, glücklich, wie es ist. Es hat noch keine Vorstellungen, keine Gedanken, die ihm sagen, was gut und was böse ist. Es hat keine Ideale, es wertet nicht. Wenn es hungrig ist, verlangt es Essen und Trinken, wenn es müde ist, schläft es.

So sagen Zen-Meister vom Höchsten in der Religion: „Wenn du hungrig bist, iß - wenn du müde bist, leg dich schlafen. Laß das Leben fließen, misch dich nicht ein.“

Jedes Kind wird als Heide geboren - und muß früher oder später diese Ein-fachheit verlieren. Das gehört zum Wachsen, zum Reifen, zur Entwicklung. Es *muß* passieren!

Wenn das Kind diese Unschuld verliert, wird es zu einem gewöhnlichen, ‚weltlichen‘ Menschen. Wenn der ‚weltliche‘ Mensch seine Unschuld wiedererlangt, wird er religiös. Wir brauchen uns deshalb keine Sorgen zu machen, daß wir die erste Unschuld, den Zustand unserer ersten Kindheit verloren haben.

Dies alles muß auch der Menschheit widerfahren. Es ist zu erwarten, daß es ein neues ‚Heidentum‘ auf der Erde geben wird - die zweite Kindheit der Menschheit. Aus diesem Grunde wird Zen wichtig, wie auch der Sufismus und die christliche Mystik. Warum? Weil Mystik eine heidnische Haltung ist, welche die zweite Kindheit erzeugt. Wir stehen heute mitten in dieser Entwicklung. Die Menschen werden reifer. Die Kindheit ist vorbei, und insofern kann man sagen, daß wir ihre Unschuld verloren haben. Aber nur so erreichen wir die zweite Unschuld, die zweite Kindheit. Und die ist wertvoller als die erste, sie kann nicht verloren gehen. Verloren gehen muß die erste - kein Kind kann sie erhalten. Das liegt in der Natur der Entwicklung. Und so wie es den Kindern ergeht, passiert es Gesellschaften, Zivilisationen und der ganzen Menschheit.

Wir brauchen uns deshalb auch keine Sorgen um die alten Religionen zu machen - das sind Entwicklungsstufen. „Die orthodoxen Religionen - auch das Christentum - sind die Religionen zwischen den beiden Kindheiten der Menschheit“ (Bhagwan/Osho). Bei dieser Betrachtung wird auch verständlich, warum die alten Religionen ständig verurteilen. Aus ihrer Weltanschauung können sie nicht anders, denn nach ihr haben sich die Menschen *in die falsche Richtung* bewegt - weg von Gott. Deshalb ihre ständige Mahnung: „Komm zurück!“

Um dies zu erreichen - und weil die Menschen ja immer weiter in die ‚falsche‘ Richtung gehen - muß eine solche Weltanschauung warnen, Angst machen und mit Strafe und Belohnung arbeiten, genau wie Eltern, die ihren Kindern Strafen androhen und Belohnungen versprechen.

Tilman Moser fragt in seinem wichtigen Buch ‚Gottesvergiftung‘: „Was soll ein Kind mit der Erbsünde anfangen? Sie wurde uns so lange eingetrichtert, bis wir von der eigenen Schlechtigkeit überzeugt waren.“[39]

Aus Angst jedoch wendet sich niemand wirklich zurück. Aus Angst kann nie Liebe werden. Was aus der Angst entsteht, wird immer Ablehnung und Haß sein.

Nietzsche ist ein Produkt des Christentums. Sein „Gott ist tot!“ ist letztlich seine Reaktion darauf. Wenn zuviel von Gott, von Himmel und Hölle gesprochen wird, dann muß irgend jemand dagegen aufstehen! Und so meint er im ‚Antichrist‘:

> „Was ein Theologe als wahr empfindet, das muß falsch sein: Man hat daran beinahe ein Kriterium der Wahrheit. Was dem Leben am schädlichsten ist, das heißt hier ‚wahr‘, was es hebt, steigert, bejaht, rechtfertigt und triumphieren macht, das heißt ‚falsch‘. Es ist falsch bis zum Unsinn, wenn man in einem ‚Glauben‘ das Abzeichen des Christen sieht: bloß die christliche Praktik, ein Leben so wie der, der am Kreuze starb, es *lebte*, ist christlich ...“

Und noch drastischer:

> „Der Priester kennt nur Eine große Gefahr: das ist die Wissenschaft - der gesunde Begriff von Ursache und Wirkung. Aber die Wissenschaft gedeiht im ganzen nur unter glücklichen Verhältnissen ... . ‚Folglich muß man den Menschen unglücklich machen‘ - das war zu jeder Zeit die Logik des Priesters. Man errät bereits, *was*

dieser Logik gemäß damit erst in die Welt gekommen ist: - die *,Sünde'* .... Der Schuld- und Strafbegriff, die ganze ,sittliche Weltordnung' ist erfunden gegen die Wissenschaft, - *gegen* die Ablösung des Menschen vom Priester ..."

Zu den Mitteln, Menschen ,auf den rechten Weg zu bringen', dient sowohl das Angstmachen als auch das Begierde-wecken. Diesem Ziel dient auch das Aufstellen von Idealen, welche nicht erreicht werden können. Menschen werden dazu gebracht, Versprechungen abzugeben, die sie nicht halten können. aus diesem Kreislauf ,versprechen und nicht halten' entwickelt sich langsam jene tiefgehende Ansicht, schwach, sündhaft und wertlos zu sein.

Zum Verständnis der Labilität alter Religionen ist es auch wichtig, zu erkennen, daß keine von ihnen den Menschen vollständig akzeptiert, sondern immer nur teilweise. Ich finde das durch die Tatsache erklärt, daß viele Teilnehmer meiner Kurse, die ,fromm' erzogen worden sind, unter einer ,Verlogenheit' gelitten haben, welche sie selbst nur schwer erklären konnten. Dieses ,nur teilweise akzeptieren' drückt sich etwa so aus: „Wenn Du lieb bist, ist das schön, wenn du böse bist, mag ich dich nicht!" Liebe ja, Wut und Aggressionen nein! Was folgt daraus? Wenn jemand sich seine Aggressionen abdressiert, dressiert er sich auch seine Lebendigkeit ab. Für alte Religionen sind Menschen zwei Teile - das Göttliche und das Böse. Jemand, der wirklich ihren Anordnungen folgen würde, müßte als Mensch verkümmern. Gut, daß niemand diesen Anordnungen wirklich folgt. Solchen Regeln kann niemand folgen, weil sie absurd sind.

Doch was bleibt? Jeder tut so, als ob. Das erzeugt Heuchelei und Lügenhaftigkeit. In der Religion gibt es mehr Heuchelei als auf anderen Gebieten des Lebens. Wer den Anforderungen wirklich wörtlich folgt, verliert seine Lebendigkeit. Wer nicht folgt, fühlt sich schuldig. Was bleibt dem raffinierten Verstand übrig? Er findet einen Kompromiß: Die Lippen bekennen, und der Rest des Menschen tut, was er will. Die Menschen sind dann zwar weiterhin wütend, setzen ihre sexuellen Praktiken weiterhin fort, sind weiterhin ... doch gleichzeitig sagen oder denken sie, daß Wut, Sexualität usw. schlecht sind - daß das Sünde ist. Das ist Heucheln. Niemand ist wirklich ehrlich! Orthodoxe Religionen machen Menschen unehrlich, weil sie Unmögliches lehren. Etwas, das niemand vollziehen kann. Und so werden Heuchler erzogen.

Nietzsche: „Ich bin kein Mensch, ich bin Dynamit ... ich will kein Heiliger sein, lieber noch ein Hanswurst ... Und trotzdem oder vielleicht *nicht* trotzdem - denn es gab nichts Verlogeneres bisher als das Heilige - redet aus mir die Wahrheit. - Aber meine Wahrheit ist *furchtbar*: denn man hieß bisher die *Lüge* Wahrheit" (in Ecce Homo, ‚Warum ich ein Schicksal bin').

Dies alles dürfte genügend klar gemacht haben, ‚was nicht mehr spielt in den Dingen der Religion'. Der ‚alten' Religionen. Und daß alte (westliche) Religionen nicht mehr zeitgemäß sind. Doch wie muß die ‚neue' Religion beschaffen sein, von der Teilhard de Chardin prophezeit hat „... daß eine Religion der Zukunft bald in Erscheinung treten muß: eine neue Mystik, deren Keim (wie es im Fall jeder Geburt zutrifft) bereits *jetzt* irgendwo in unserer Umgebung erkennbar sein muß?"

„Der Mensch der Zukunft sollte und wird Mystiker sein, wenn er die Chance nutzt, die ihm gegeben wird. Auf diesem Wege dürfte die Zen-Meditation für viele das geeignetese Hilfsmittel sein. Es geht dabei um nichts weniger als um die geistige Weiterentwicklung des Menschen ..." Das sind Sätze des Jesuiten Hugo Enomija-Lasalle.[40]

Auch einer der wichtigsten katholischen Denker unserer Zeit, Karl Rahner - er war Professor für Dogmatik und Dogmengeschichte - meint: „Die mystische Komponente müßte viel besser entwickelt werden ... Man hat schon gesagt, daß der Christ der Zukunft, eben weil er die Abstützung von einer allgemeingesellschaftlichen Ideologie nicht mehr hat, ein Mystiker sein müßte, oder er werde nicht mehr sein. Das ist vielleicht etwas massiv ausgedrückt, aber im Grunde genommen ist es richtig ..."[41]

Den Unterschied zwischen alten Religionen und der neuen Religiosität macht Shundryu Suzuki in seinem wichtigen Buch deutlich: „Wenn jemand an eine besondere Religion glaubt, richtet sich seine Einstellung gewöhnlich mehr und mehr von ihm selbst weg. Auf unserem Weg richtet sich die Einstellung auf uns selbst."[42]

Es gibt einen Zusammenhang von äußerer und innerer Armut - wie auch einen von äußerem und innerem Reichtum. Kein Mensch, der äußerlich arm ist, kann Interesse an der Frage „Wer bin Ich?" haben. Solange jemand um die eigene Existenz und die seiner Familie besorgt sein muß, wird er weder Interesse noch Zeit für sich selber finden. Solange es um Selbsterhaltung und Überleben geht, erhebt sich die Frage nicht, wer wir eigentlich sind.

Die Religionen des Ostens wurden aus dem Reichtum geboren, aus innerem und äußerem Reichtum - und dort stellte sich die Frage, wer der Mensch eigentlich ist. Buddha hat eine menschen-zentrierte, eine anthropologische Religion geschaffen. Eine Religion, welche dem Menschen Würde verliehen hat: „Auch Du kannst Buddha werden!" Selbsterlösung ist unser Geburtsrecht. So ist der Buddhismus - ohne Priester-Hierarchie und Oberhaupt - kein Glaubenssystem, sondern nichts als eine Annäherung an die Wirklichkeit.

Buddha sagt: „Alles, was gebraucht wird, ist schon im menschlichen Bewußtsein verborgen. Der Mensch muß nicht in den Himmel schauen, sondern in sich selber. Er braucht nicht von irgendwoher um Gnade bitten, sondern er muß sich selbst ein Licht werden." Und dieses Licht ist schon da, es ist der Kern unseres Lebens selbst. Wir haben das nur vergessen, aber nicht verloren. Und der Weg zum eigenen Licht liegt nicht außen, sondern dieser Weg geht nach innen. Durch Kontemplation und Meditation. Religion ist Erkundung des eigenen Wesens.

Das Interesse am Meditieren wird bei uns im Westen zunehmend stärker, weil wir reich geworden sind. Damit stellt sich auch uns die Frage nach unserer Natur. Und die alten Religionen schrumpfen auch deshalb, weil sich innerhalb des Christentums keine wirkliche Wissenschaft der Meditation entwickelte.

> „Merkwürdigerweise vollzieht sich gegenwärtig bei uns im Westen ein Wandel in dem Sinne, daß der Mensch nicht mehr das Wort hat und daran glaubt, sondern die religiöse Erfahrung sucht. Eine christliche Philosophie oder Theologie spricht vielen westliche Christen nicht mehr an, so daß sie davon leben können. Sie suchen eben die religiöse Erfahrung."[43]
>
> „In den christlichen Religionen ... wird immer schon vor allem *das Wort und die Lehre* stark betont, und das in dem Maße, daß damit ihre Existenz eng verbunden ist.
>
> Demgegenüber werden die Religionen Asiens, wenn sie auch eine bestimmte Lehre haben, viel mehr als ‚Wege' betrachtet.
>
> Man findet etwas bei den Männern des Ostens, was man heute in den Kirchen vermißt. Die echten unter ihnen haben eine ‚Ausstrahlung', wie man heute sagt, die man

bei den meisten Vertretern der Kirchen nicht findet." [44]

„Wir sind heute soweit, daß wir alle irgendwie fühlen: So geht es auf die Dauer nicht weiter. Das Alte muß verschwinden, und ein Neues muß kommen. Es zieht ein neues Zeitalter herauf, das so fundamental verschieden ist von allem Bisherigen, daß es mit Reparaturen des Alten nicht getan ist. Entweder wir bejahen diese Wirklichkeit und handeln entsprechend, oder wir setzen uns der Gefahr aus, daß wir eines Tages unter den Trümmern des alten Hauses begraben werden. ... Der Mensch der Zukunft wird sich vielleicht kaum noch vorstellen können, was gewesen ist. Er wird sich kaum vorstellen können, wie man mit einer so primitiven Denkweise zufrieden sein konnte, auf deren Errungenschaften wir heute so stolz sind.!" [45]

Als sich die alten Religionen im Westen entwickelten, herrschte dort Armut. Der Osten war reich, der Westen arm. Jesus war arm, Mohammed war arm. Buddha war Königssohn; Mahavir, der Begründer des Jainismus, war König. Arme Menschen sehnen sich nach Schutz und Behütetsein, im irdischen wie im Himmel. Das Christentum und der Islam sind Religionen des Gebetes. Im Buddhismus, im Jainismus ist das Alleinsein genug. Dort wird nicht vom Beten gesprochen, dort wird meditiert.

Judaismus, Christentum und Mohammedanismus entstanden in der Armut. Deshalb wurde in ihnen und durch sie keine Meditation entwickelt.

Heute aber ist der Westen reich geworden. Reichen Menschen bieten alte, westliche Religionen nicht genug. Reichen Menschen erscheinen diese Religionen eher kindlich - antiquiert und befriedigen sie nicht mehr. Das ständige Hinweisen auf Schuld und Sündhaftigkeit erscheint wie der Versuch, denen Schutz zu bieten, die ihn nicht brauchen.

Deshalb interessiert sich westlicher Verstand immer mehr für östliche Religionen. Dort wird eine Sprache gesprochen, die uns heute anspricht. Deshalb „erweist sich östliches Denken als passender zum westlichen rationalen Denken als westliches religiöses Denken selber", beobachtete Erich Fromm (1900 - 1980), einer der bedeutendsten Psychoanalytiker. Und im ‚Totenbuch der Tibeter' von Francesca Freemantle und Chögyem Trungpa heißt es ganz ähnlich: „Es ist auffällig, daß einige Wörter, die am besten geeignet sind, die Lehren des Buddhismus auszudrücken, Bestandteile der Sprache der modernen Psychologie sind. Die Einstellungen mancher Schulen der westlichen Psychologie kommen dem Buddhismus oft näher als die der westlichen Philosophie und Religion.“[46]

Auf der anderen Seite verlieren im ehemals reichen Osten Menschen gleichfalls den Kontakt zu ihrer Religion. Bei einem unserer Indienaufenthalte 1976 war die Inderin, welche eine Zeitlang für meine Frau und mich gekocht hat, Christin und ihr Name war Mary! Die Ärmsten der Armen werden in steigendem Maße Christen. Wir hingegen waren schon viele Jahre vorher aus der Kirche ausgetreten - aus religiösen Motiven. Und ich persönlich bin Christus innerhalb einiger Wochen bei Bhagwan/Osho näher gekommen als in allen vorangegangenen Bemühungen, einschließlich vieljähriger Beschäftigung mit Anthroposophie.

Im Zen geht es um nichts anderes als um die Erkundung des eigenen Wesens. Dieses eigene, innere Wesen jedes Menschen ist von Natur aus religiös. C.G. Jung: „die Seele (ist) ‚naturaliter religiosa‘“, ferner: „Solange die Religion nur Glaube und äußere Form und die religiöse Funktion nicht eine Erfahrung der eigenen Seele ist, ist nichts Gründliches geschehen.“[47]

Das liest sich wie eine Absage an alte Formen und zugleich wie eine Forderung nach neuen.

‚Gründliches geschieht‘ beim Meditieren. Der Zen entstand in China im 6. und 7. Jahrhundert aus der Begegnung des Dhyana-Buddhismus, den Bodhidharma nach China gebracht hatte, und dem Taoismus Lao-tses und Chang-tzus.

Im Zen geht es um die ‚unio mystica‘, um die wesenhaft erfahrene Einung mit der göttlichen Wirklichkeit. Sie aber ist nicht sagbar, nicht definierbar, nicht vermittelbar. Sie erscheint bar jeglichen Namens, jeglicher Bezeichnung und frei von allen Begriffen.

Aus einer solchen *Erfahrung* - sie kann immer nur in einem einzelnen Menschen stattfinden - entsprangen die ‚alten‘ Religionen. Und all diese alten, orthodoxen Religionen sind ‚nichts als‘ Ausdrucksformen, Speisekarten einer singulären Erfahrung. Noch einmal, es ist wichtig: Aus Erfahrungen, die unmöglich vermittelbar sind, entstanden die alten Religionen. Sie können nur Speisekarten des Mahles sein, Schatten jenes Lichtes, das in der Erfahrung erlebt wurde. Weil Erfahrung nicht ‚sagbar' ist, kann sie logischerweise auch nicht lehrbar sein. Deshalb wird im Zen immer wieder vor einem Festhalten am Wortlaut heiliger Schriften gewarnt. Worte sind immer nur Fingerzeige, die auf die wahre Wirklichkeit hindeuten. „Überlieferte Religionen sind lediglich ein Haufen von Wortgebilden. Religion zeigt ihr wahres Gesicht im Handeln, im schweigenden Handeln. Um zu wissen, an was ein Mensch glaubt, beobachten Sie, wie er handelt" (Nisargadatta Maharaj, der erleuchtete Beedie-Händler aus Bombay).[48]

Als meine Kinder klein waren, suchten sie manchmal vergeblich nach ihrem Ball, weil er im Gras hinter einen Busch gerollt war. Wenn ich dann mit ausgestrecktem Arm und Zeigefinger auf den Ball deutete, dabei noch ‚dort, dort, dort' rief und immer mit Arm und Finger in die richtige Richtung hin- und herfuhr, blieben die Augen der Kinder an meinem Finger und bewegten sich ebenso hin und her wie dieser.

Lao-tse versucht es so klarzumachen: „Wenn das Tao (eben das Nicht-Sagbare, das Absolute, das Nirwana Buddhas, das Fana der Sufis, das ‚Ich und der Vater sind eins' von Christus, der ‚Weltengrund' bei Meister Eckhart) etwas wäre, das sich darbringen ließe, so würde jedermann es seinem Herrscher darbringen. Wenn das Tao etwas wäre, das sich überreichen ließe, so würde es jedermann seinen Eltern überreichen. Wenn das Tao etwas wäre, das sich anderen mitteilen ließe, so würde jedermann es seinen Brüdern mitteilen."

Das Tao ist immer nur der eigenen, unmittelbaren Erfahrung zugänglich. Deshalb sagt Lao-tse auch am Schluß: „Wer das Tao im Herzen nicht erfahren hat, dem öffnen sich nicht die Tore des Himmels."

Bhagwan/Osho meint:

> „Zen ist der einzige Weg, der Tausende von Menschen zur höchsten Wirklichkeit geführt hat ... . Er ist keine Moralität, er spricht nie von richtig und falsch. Er gehört nicht zu den gewöhnlichen Kategorien von Religionen, er hat keine Theologie, keinen Gott, keine der unsinnigen Fragen, die Menschen seit Jahrhunderten Nöte gebracht haben."[49]

Nicht selten wird dem Zen vorgeworfen, er sei keine Religion - so wie man Buddha vorgeworfen hat, ‚gottlos' zu sein, weil er nicht von

Gott sprach. Aber ‚das Tao sagbar ist nicht das wahre Tao'. Wenn Gott etwas wäre, was sich mitteilen ließe, hätte Buddha nicht geschwiegen.

Die Religiosität des Zen - bei ihm heißt es nicht ‚der', sondern ‚das' Zen - hat niemand besser beschrieben als der evangelische Theologe Rudolf Otto (1869 - 1937): „Das Zen ist seinem Wesen nach ... aus dem tiefsten Ernst des Irrationalen des Numinosen geboren (das ‚Numinose' ist Ottos Begriff für die Erlebnisform des Heiligen). Zugleich ist dieses bei ihm so sehr ins Extrem gesteigert, daß wir, die wir von den rationalen Seiten der Religion überwiegend bestimmt sind, zunächst gar nicht imstande sind, zu bemerken, daß hier überhaupt Religion, und zwar ganz ungemein starke und tiefe Religion vorliegt." [50]

Und das Wesen des Zen hat wohl niemand besser erläutern können als Bhagwan/Osho:

> „Ich zum Beispiel war eines Tages nicht, und eines Tages werde ich wieder nicht sein. Das gleiche gilt für jeden von euch. Aber die Essenz der Existenz kennt keine Veränderung; sie bleibt. Und diese Essenz der Existenz wird Zen genannt. Er ist keine gewöhnliche Religion wie der Hinduismus, das Christentum, der Mohammedanismus, der Buddhismus, der Jainismus, der Judaismus - ich schließe sogar den Buddhismus ein - weil Zen die Essenz ist; alles andere ist nur Kommentar. Zen ist die Erfahrung; alles andere ist bloß Dekoration .... Zen ist ein anderer Name für Existenz." [51]

An ihrer Wurzel sind alle Religionen eins - nicht aber in ihrem Ausdruck - und so muß es sein. Mit dem Fortschritt des Bewußtseins wird es *mehr* Religionen geben. Und wenn schließlich alle Menschen zu sich gefunden haben, wird es so viele Religionen geben wie es Menschen gibt. Martin Buber schrieb: „Gottes Allumfassung stellt sich in der unendlichen Vielfalt der Wege dar, die zu ihm führen, und an denen jeder einem Menschen offen ist ...".

Sobald Religion jedoch organisiert ist, wird sie gewaltsam. Organisationen wollen ihrer Natur nach überleben und entwickeln dazu ein Eigenleben. Es hat sich zur Genüge im Laufe der Geschichte gezeigt, daß auch Organisationen Überlebensängste und Überlebensstrategien haben. Sogar die Wahrheit geht verloren, wenn sie organisiert wird. Organisierte religiöse Wahrheit wird zur Doktrin, zu einem

Dogma, zu Theologie. Und eine Doktrin, ein Dogma kann nicht mehr erlebt werden. Eine Mehrzahl von Menschen kann nicht erleben. Erleben kann nur der einzelne Mensch.

So ein Einzelner konnte den Glauben mit der Nahrung vergleichen und sagen: „Diese ist nur gut, wenn sie uns bekommt und uns neue Kraft verleiht. Auf keinen Fall darf sie uns schaden oder zum Erbrechen führen. Ähnlich sollte auch der Glaube unser seelisches Leben nähren und stärken, auf keinen Fall aber zerstören .... Glaube soll das Leben erleichtern - nicht erschweren!“ So ein einzelner Mensch ist der inzwischen suspendierte Landpfarrer von Arget, Willibald Glas. Er hat entgegen den Vorschriften seiner Organisation auch Geschiedene kirchlich getraut. „Jeder Mensch hat das Recht auf einen Neuanfang in seinem Leben, und wir sollten ihm dabei helfen.“[52]

In der Schlußbemerkung zu seinem Buch sagt der Pfarrer von Arget:

„Bei Matthäus heißt es: ‚Oder ist einer unter euch, der seinem Sohn einen Stein gibt, wenn er um Brot bittet, oder eine Schlange, wenn er um einen Fisch bittet?‘ (Mt 7,9). Darauf ist zu antworten: Die Amtskirche gibt ihren Gläubigen nicht nur Steine und Schlangen. Sie raubt ihnen auch die Hoffnung und füttert sie mit Ängsten. *Für sie ist die Bibel wichtiger als der Mensch*!“ Das ist mein Hauptvorwurf gegen die Kirche. Es kann nicht wahr sein, wenn es heißt:

„Fest soll mein Taufbund immer stehn.
ICH WILL DIE KIRCHE HÖREN.
Sie soll mich allzeit gläubig sehn
UND FOLGSAM IHREN LEHREN!
Dank sei dem Herrn, der mich aus Gnad
in seine Kirch berufen hat!
Nie will ich von ihr weichen.“

(Gotteslob Nr. 848)

Auf weiten Strecken ist die Amtskirche zum Ärgernis geworden. Ein Unglück für die Menschen! Um ihren eigenen Einfluß in der Welt zu stärken, hat sie ihrem Handbuch, der Heiligen Schrift, eine göttliche Autorität verliehen. Gegen besseres Wissen behauptet sie felsenfest, es handele sich dabei um nichts Geringeres als um das Wort des lebendigen Gottes. Das ist ein weiterer Vorwurf, den ich dem Papst und den Bischöfen nicht ersparen kann.“ [53]

Auch der Philosoph Vittorio Hösle hat sich über die Eigenart von Institutionen Gedanken gemacht:[54]

> „Offenbar ist die Logik der Institutionen nicht identisch mit der Summe der Logiken der Einzelindividuen ... . Darin liegt einerseits das erstaunliche Beharrungsvermögen von Institutionen begründet, andererseits auch ihre geringe Flexibilität und Anpassungsfähigkeit an neue Situationen gegenüber derjenigen moralisch begabter Individuen.“

Erst heute ist es - endlich - zeitgemäß, zu fragen, was wir da eigentlich glauben! Franz Buggle, Professor für Klinische und Entwicklungspsychologie an der Universität Freiburg stellt die Frage: „Kann man sich - als Basis und höchste Instanz aller christlichen Religiosität und Moral - auf die Bibel stützen und dabei intellektuell redlich bleiben, konsequent denken, ethisch human handeln?“ Seine Antwort: „Nein, das kann man nicht!“ [55]

Ein Buch, eine *Normen*quelle aber, die mit dem Anspruch auftritt, aufgrund göttlicher Inspiration Leitlinien mit absolutem Geltungsanspruch zu vermitteln, deren Bedeutung also nicht nur und nicht primär darin liegt, zu vermitteln, wie die Dinge sind, sondern wie sie sein *sollen*, darf nicht neben auch positiven Inhalten eine solche Fülle archaischer, zutiefst inhumaner und ethisch höchst verwerflicher Leitbilder als göttlich inspiriert und damit das ihnen entsprechende Verhalten als göttlich legitimiert und von Gott autorisiert vorstellen, explizit oder implizit durch göttliches ‚Modellverhalten‘. [56]

Buggle stellt dann auch die heute wirklich zeitgemäße Frage:

> „... warum nicht nur viele auch nur einigermaßen klar denkende, sondern auch nicht wenige in anderen Bereichen sich durch hohe Intelligenz auszeichnenden Menschen nicht stringent aus den eindeutig vorliegenden Fakten (was die Bibel angeht: s. (sein) vorhergehendes Kapitel; Leid und Grausamkeit der nach christlicher Lehre von Gott bis ins Kleinste gelenkten ‘Schlachtbank, Weltgeschichte usw.) die einzig naheliegenden und eigentlich zwingenden Schlüsse ziehen, sondern mit allen, in anderen Wissensbereichen wohl eindeutig abgelehnten und verpönten Winkelzügen und intellektuellen Verbiegungen unhaltbar gewordenen Inhalte und Botschaften um fast jeden Preis (z.B. den der intellektuellen

Unredlichkeit) als weiterhin wahr und gültig ansehen möchten." [57]

Nach gründlicher Auseinandersetzung mit erklärten Christentum-Bekennern wie Walter Jens, Walter Dirks, Norbert Greinacher, Hans Küng, Dorothee Sölle, Albert Görres, Karl Rahner u.a. kommt Prof. Buggle zu der Überzeugung, daß

> „... dieser eigentlich provozierend-paradoxe Sachverhalt wohl am ehesten durch die psychologisch übermäßig starke Wirksamkeit (früh)kindlicher Indoktrination zu erklären (ist), zum anderen auch durch die verbreitete Dominanz menschlicher Wünsche und Interessen über die Wahrnehmung und Akzeptierung selbst klar erkennbarer Sachverhalte. Hier stehen wir vor einer grundsätzlichen ‚Korrumpierung' des menschlichen Denkens, die sich bis weit in den Bereich der Wissenschaft hineinzieht, um so mehr als Interessen, Wünsche, Wertungen im betreffenden Gegenstandsbereich impliziert sind ... und da man eben glauben *will* (oder muß?), ersetzt man die Überprüfung der Realität durch Gruppenübereinstimmung, *eine* wesentliche Basis aller religiösen oder ideologischen Gruppierungen." [57]

‚Frühkindliche Indoktrination' (gezielte Beeinflussung) erklärt treffend auch der Psychoanalytiker Tilmann Moser in seiner ‚Gottesvergiftung': „Lieber Gott ... Du warst eine solche Enttäuschung, ein solcher Betrug in meinem Leben, daß ich, als ich ganz allmählich und unter Qualen dahinterkam, dich links liegen ließ. ... ich hielt dich für verwest, bis ich entdeckte, daß du als Krankheit in mir weiterlebst. ... Aber ich weiß von Patienten, Freunden und Bekannten, daß du für Millionen noch immer die schlimmste Kinderkrankheit bist, die man sich denken kann, in vielen Fällen unheilbar, ansteckend vor allem für Kinder und Kindeskinder. ... Solange du in meiner inneren Struktur lebendig bist, werden auch Menschen die Macht haben, mich in jenes Gefühl des Verworfenseins zu stürzen." [58]

Wie kann es weitergehen?

Eugen Drewermann: „Die Alternative zu einer maroden Kirche ist nicht unbedingt eine andere oder bessere Kirche - aber befreite Menschen." [59]

Bhagwan/Osho:

> „Gibt es irgendwelche Organisationen für die Liebe? Christentum, Buddhismus, Mohammedanismus? Liebe ist nur individuell; auch Gebet, weil Gebet nichts anderes

> ist als die reinste Form der Liebe. Liebe bezieht sich auf einen anderen Menschen; Gebet bezieht sich auf die gesamte Existenz. Um Religion zu vernichten, ist der klügste und gemeinste Weg, sie zu organisieren, der Religion eine Priesterschaft zu geben, der Religion eine festgelegte heilige Schrift zu geben.
>
> Das Leben ist nie festgelegt, es geht weiter; und wir tragen die toten Schriften weiter, die jeden Bezug zur Wirklichkeit verloren haben. Wir hören Priestern zu - die nicht aus ihrer eigenen Erfahrung sprechen, die nur wiederholen, was die Tradition ihnen berichtet hat. Religion ist immer neu und frisch. Sie alt und historisch machen, heißt, sie umbringen." [60]
>
> „In der Zukunft wird es keine Götter mehr geben - nicht einmal nur einen Gott - es kann nur noch Göttlichkeit geben. Gott kann in der Zukunft keine Form mehr haben. Wenn jemand in Zukunft Gott als Form haben muß, wird das keine Religion mehr sein. Nur Formlosigkeit kann dann vorgestellt werden - wie eine Qualität, wie eine Energie. Nicht Gott - sondern Göttlichkeit. Nicht eine bestimmte Religion - sondern Religiosität. ... Der Mensch der Zukunft wird ‚Gott' zu Gunsten von ‚Göttlichkeit' fallengelassen haben. Religionen werden zu Gunsten von Religiosität verschwinden." [61]

Zeitgemäß denken schließt auch ein, sich über den Fortgang der Evolution zu orientieren. Vom Ziel, daß in der Zukunft jeder Mensch in jedem Menschen ein verborgenes Göttliches sehen wird, hat Rudolf Steiner vorausgesagt:

> „Das wird einmal, wenn es verwirklicht wird, eine ganz bestimmte Folge haben. Alle freie Religiosität, die sich in der Zukunft innerhalb der Menschheit entwickeln wird, wird darauf beruhen, daß in jedem Menschen das Ebenbild der Gottheit wirklich in unmittelbarer Lebenspraxis, nicht bloß in der Theorie, anerkannt werde.
>
> Dann wird es keinen Religionszwang geben können, dann wird es keinen Religionszwang zu geben *brauchen*, denn dann wird die Begegnung jedes Menschen mit jedem Menschen von vornherein eine religiöse Handlung, ein Sakrament sein, und niemand wird durch eine besondere Kirche, die äußere Einrichtungen auf dem physischen Plan hat, nötig haben, das religiöse Leben aufrechtzuerhalten.
>
> Die Kirche kann, wenn sie sich selber richtig versteht, nur die Absicht haben, sich unnötig zu machen auf dem physischen Plan, indem das ganze Leben zum Ausdruck des Übersinnlichen gemacht wird." [62]

Die neue Naturwissenschaft - und hier besonders die Physik - hat das ‚Große ABC' schon gelernt, d.h., sie kennt jetzt alle *drei* Schritte der Evolution - und wendet sie an. Hier ist der Schritt in die Wirklichkeit schon vollzogen. Die Dualität ist bereits überwunden; aus ‚Welle' (wave) *oder* ‚Teilchen' (particle) ist ‚*wavicle*' geworden. Der Begründer der Quantenmechanik und Nobelpreisträger Erwin Schrödinger weiß: „Subjekt und Objekt sind nur eines. Man kann nicht sagen, die Schranke zwischen ihnen sei unter dem Ansturm neuester physikalischer Erfahrungen gefallen; denn die Schranke gibt es gar nicht."

Auf dem Gebiet der Psychologie und insbesondere in neuen Formen der Therapie sind wir mitten dabei, das Große ABC anzuerkennen und zu lernen, die Dualität zu überwinden und zur Wirklichkeit vorzudringen. Da wird von ‚Liebehaß' und ‚Freudleid' gesprochen. Die ‚transpersonale' Psychologie überschreitet die Grenzen des personalen Ego, schließt die Evolutionsforschung mit ein und fördert das Einheitsbewußtsein und -handeln. Es läßt sich heute realisieren, die Speisekarte zu essen aufzuhören, um im Leben satt und zufrieden zu werden. Eine Aufgabe, die ich mir in meinem Leben gestellt habe, ist es, den Begriff und die Erfahrung unseres Seins und unserer Natur in die Profession (und natürlich an den Mann und die Frau) zu bringen! Auch hier nur eine Stimme: „Ich muß gestehen, daß ich soweit bin, diesen humanistischen Trend in der Psychologie als eine Revolution im wahrsten, ältesten Sinne des Wortes zu betrachten, in jenem Sinne, in dem Galilei, Darwin, Einstein, Freud und Marx Revolution gemacht haben, d.h. neue Wege der Wahrnehmung und des Denkens, neue Betrachtungsweisen von Mensch und Gesellschaft, neue Konzeptionen der Ethik und der Werte neue Richtungen des Fortschritts." Und er spricht schon von einer „noch ‚höheren', vierten Psychologie, die überpersönlich, transhuman ist, ihren Mittelpunkt im All hat, nicht in menschlichen Bedürfnissen und Interessen, und die über Menschlichkeit, Identität, Selbstverwirklichung und ähnliches hinausgeht."[63]

Nur auf dem großen und wichtigen Gebiet der Religion ist das Große ABC ungelernt geblieben. Auf deren ‚Wegweiser' fehlt immer noch der Arm, der in die Richtung zeigt, in die unser Leben und die Evolution fließen.

Hier erweist sich der Wille, ‚keine Konzession an den Zeitgeist' machen zu wollen, als Hemmschuh. Wenn dieser Hemmschuh weiter auf dem Weg der Evolution liegenbleibt, werden zeitgemäß die fortschreitenden Kräfte andere Wege suchen und finden müssen. Wege, die sich jedoch durch das Lernen des Großen ABC's von selber anbieten werden. Wir müssen - um eine Beobachtung Goethes zu verwenden - ‚entweder den Glauben an die Tradition festhalten, ohne sich auf die Kritik einzulassen, oder wenn man sie kritisiert, jenen Glauben aufgeben. Ein drittes ist nicht denkbar.'

Ich weiß nicht, ob und wie es möglich sein wird, die orthodoxen Religionen durch diese jetzt offene Tür zu führen. Ich weiß nur, daß jeder Einzelne für sich verantwortlich ist, den Weg zu gehen, der für ihn der Richtige ist.

Carl Gustav Jung war überzeugt, daß die bisherige Auffassung und Interpretation des Christentums angesichts der heutigen Weltumstände ‚antiquiert' sei. Hier setze ich seine Worte (aus ‚Gegenwart und Zukunft', 1957,X,287) fort: „Das christliche Symbol ist ein lebendiges Wesen, das die Keime zu weiterer Entwicklung in sich trägt. Es kann sich weiter entwickeln, und es liegt nur daran, ob wir uns entscheiden können, über die christlichen Voraussetzungen noch einmal und etwas gründlicher nachzudenken...".

Und das ist meine Absicht: Dem Leser - dem die Entscheidung bleibt - Einsichten anzubieten, um über die Voraussetzungen des bisherigen Christentums ‚etwas gründlicher nachzudenken' und dann entsprechend zu handeln.

Der lateinische Satz 'Ex oriente lux, (aus dem Osten kommt das Licht) hat sich ursprünglich auf die Sonne bezogen, wurde dann aber auf das Christentum übertragen. Aber eben da fehlt das Licht des Ostens!

Das Kapitel soll mit dem Worten des bedeutendsten Dichters der deutschen Frühromantik schließen, der vor zweihundert Jahren gelebt hat und doch „Sohn der neuen Zeit" genannt worden ist - mit Worten von Novalis. Er hat Christus das ‚allerpersönlichste Wesen' genannt, den ‚eingeborenen Mittler jedes Menschen':

„NACH INNEN GEHT DER GEHEIMNISVOLLE WEG."

Quellennachweise

1 zit. in: Jürgen Linnewedel; Meister Eckharts Mystik. Stuttgart 1983, S.138

2 K.O. Schmidt; Meister Eckharts Weg zum kosmischen Bewußtsein. München 1969 S.36f.

3 Freiburg/Basel/Wien 1988 S.136f.

4 in: Heinz Zahrnt (Hrsg.); Gespräche über Gott - Die protestantische Theologie im 20. Jahrhundert. München (Piper) 1968 S.236

5 Eugen Drewermann; An ihren Früchten sollt ihr sie erkennen. Olten 1988 S.31f.

6 Horst Herrmann in: Der Spiegel Nr. 41 1981, S.55f.

7 München 1968 S.9

8 Ken Carey (Pseudonym: Raphael); The Starseed Transmission. Kansas City (Uni-Sun) 1982 p.67

9 Albert Schwegler; Geschichte der Philosophie im Umriß. Stuttgart 1950 S.121

10 München (Hugendubel) 1980 S.15

11 Bhagwan Shree Rajneesh/Osho; in: The Goose is out. Antelope/ Oregon 1982

12 in: Der Antichrist. Versuch einer Kritik des Christentums. Ders. in; Sämtliche Werke. Kritische Studienausgabe Bd.6, München (dtv) 1980

13 Karlheinz Deschner; Opus Diaboli. Reinbek bei Hamburg 1987 S.72

14 Karl Heyer; Von der Atlantis bis Rom. Beiträge zur Geschichte des Abendlandes. Manuskriptvervielfältigung, Kreßborn 1955, S.271f.

15 Karl Heyer; a.a.O. S.273f.

16 Eugen Drewermann; Heute muß die Reformation eine Revolte sein. Rede gehalten in Salzburg am 2. August 1992

17 in: Zweierlei Glück: Die systemische Psychotherapie Bert Hellingers. Heidelberg, Carl Auer Verlag 1993 S.317f

18 Horst Herrmann; Die Kirche und unser Geld. Hamburg (Rasch und Röhrig) 1990

19 Thomas Nipperdey; Religion im Umbruch. Deutschland 1870 - 1918, München 1988 S.7

20 in: Der Spiegel, Nr. 5, 30. Januar 1989, S. 152

21 Heinz Zahrnt (Hrsg.); Gespräche über Gott - Die protestantische Theologie im 20. Jahrhundert. München (Piper) 1968 S.7

22 in: Peter de Rosa; Gottes erste Diener. Die dunkle Seite des Papsttums. München (Droemer Knaur) 1989

23 in: Peter de Rosa; Der Jesus-Mythos. Über die Krise des christlichen Glaubens. München (Droemer Knaur) 1991 S.589

24 Drewermann: Bericht über Salzburger Hochschulwochen. in: Süddeutsche Zeitung, 5. August 1992

25 Süddeutsche Zeitung 11.11.1991

26 Süddeutsche Zeitung 24.02.1992

27 Franz Buggle; „Denn sie wissen nicht, was sie glauben. Oder warum man redlicherweise nicht mehr Christ sein kann." Reinbek bei Hamburg. 1992, Umschlagtext

28 Theodor Dolezol; Warum hatte die Äffin Luci Menschenfüße? in: P.M. Magazin 10/87, S. 35

28a Ich folge hier dem ‚langersehnten Einstein der Bewußtseinsforschung' (John White) Ken Wilber. Wer ihn nicht kennt, sollte mit seinem ‚Das Spektrum des Bewußtseins, Vom Gegeneinander zum Miteinander der Wissenschaften - ein übergreifendes Erklärungsmodell des Bewußtseins und der Disziplinen, die es erforschen' (Bern/München/Wien 1987) - und seinem ‚Wege zum Selbst, Östliche und westliche Wege zu persönlichem Wachstum' (München 1984) beginnen. Im folgenden habe ich besonders sein ‚Halbzeit der Evolution, Der Mensch auf dem Weg vom animalischen zum kosmischen Bewußtsein. Eine interdisziplinäre Darstellung der Entwicklung des menschlichen Geistes' (Bern/München/Wien 1984) und sein ‚Die drei Augen der Erkenntnis, Auf dem Weg zu einem neuen Weltbild' (München 1988) verwendet. Dort macht er insbesondere die ‚trügerische Verwechslung von Prä und Trans„ vom Früheren mit dem Späteren deutlich. Ken Wilber ist der Vordenker auf dem Weg ins dritte Jahrtausend.

29 Bhagwan Shree Rajneesh/Osho; Unio Mytica. Vol.2, Poona 1981 p.280f.

30 in: Psychologie und Alchemie. Gesammelte Werke Bd.12 Olten/ Freiburg 1952 S.24

31 in: Mysterium Coniunctionis. Gesammelte Werke Bd.14, 1. und 2. Halbband, Olten/Freiburg 1967; Bd. 2 S.133

32 a.a.O. S.29f.

33 in: Die Lust am Leben. Paris 1950, S. 118

34 Ken Wilber; Halbzeit der Evolution. München (Scherz) 1984, S.354

35 Ken Wilber; 1984 S.356

36 Theodor Dolezol; Was ist der Unterschied zwischen Affen und Menschen? in: P.M. Magazin Nr.1, 1988 S.23f.

37 Ken Wilber; 1984 S.364

38 in: Die nächste Stufe der Menschheit. Zürich 1947/48, zit. bei Ken Wilber; Halbzeit. S.331

39 Frankfurt 1980, S.93f.

40 zit. in: Udo Reiter (Hrsg.); Meditation - Wege zum Selbst. München 1976 S.70

41 in einem Gespräch, abgedruckt in ‚Entschluß' 8, 1978

42 Zen-Geist Anfänger Geist. Zürich 1975 S.79

43 Hugo Enomiya-Lasalle; Zen und christliche Spiritualität. München 1987, S.11

44 a.a.O. S.11

45 a.a.O. S.60

46 Düsseldorf/Köln (Diederich) 1976 S.14

47 in: Psychologie und Alchemie. Gesammelte Werke Bd.12, 2.Aufl. Olten/Freiburg 1952 S.63f.

48 zit in: Jean Dunn; Seeds of Consciousness. New York 1982 S.185f.

49 in: Zen The Diamond Thunderbolt, Köln 1989

50 in seinem Aufsatz: Das Gefühl des Überweltlichen - Sensus Numinis. zit. in: Heinrich Dumoulin; Der Erleuchtungsweg des Zen im Buddhismus. Frankfurt 1967 S.11

51 in: Live Zen! Köln o.J. S.74

52 Willibald Glas; Der Pfarrer von Arget. Sauerlach (Verlag Pfarrer Glas) 1991 S.490

53 a.a.O. S.490

54 in: Philosophie der ökologischen Krise. München (Beck) 1991 S.89

55 in: Denn sie wissen nicht was sie glauben. Oder warum man redlicherweise nicht mehr Christ sein kann. Reinbek bei Hamburg (Rowohlt) 1992

56 a.a.O. S.32f.

57 a.a.O. S.208

58 in: Gottesvergiftung. Frankfurt (Suhrkamp) 1980 S.9f.

59 anläßlich der Verleihung des Herbert-Haag-Preises an der Universität Tübingen, am 9. November 1992

60 in: Zarathustra. A God that can Dance. Köln 1988 p.131

61 Bhagwan Shree Rajneesh/Osho; The Revolution. Poona 1979 p.7

62 Rudolf Steiner; in: Der Tod als Lebenswandlung. Dornach 1969. Vortrag vom 9. Oktober 1918

63 Abraham Maslow; Psychologie des Seins. München (Kindler) 1973 S.11

FRAGE IX

Welcher Gott ist tot?

Über unsere Vorstellungen

Riechen wir noch nichts von der göttlichen Verwesung? Auch Götter verwesen! Gott ist tot!

- Friedrich Nietzsche

Ich habe die ganze Welt auf der Suche nach
Gott durchwandert und ihn nirgendwo
gefunden. Als ich wieder nach Hause kam,
sah ich ihn an der Türe meines Herzens
stehen, und er sprach: „Hier warte ich auf
Dich seit Ewigkeiten".
Da bin ich mit ihm ins Haus gegangen.

- Rumi

Wenn ein Deutscher gestorben und auf dem Weg zum Himmel ist, kommt er unterwegs zu einem Wegweiser, auf dessen einem Arm ‚Weg zum Himmel', und auf dem anderen ‚Weg zur Vorlesung über den Himmel' steht. Ich glaube, die Geschichte stammt von Schopenhauer; er stellte dann die Frage an seine Zuhörer: „Wohin, glauben Sie, geht ein Deutscher?"

Die Antwort war und ist immer ein verstehendes Lachen. Wir, das heißt alle westlichen, rationalen Köpfe, gehen nur allzu gern in die verkehrte Richtung. Auch dies ist eine ‚Vorlesung' über den Himmel, über Gott - doch sie könnte eine Abkürzung Ihres Weges werden.

Ich will damit provozieren, ganz wörtlich in Ihnen ‚hervorrufen', daß Sie neu auf Gott schauen und vielleicht sogar merken, daß über Gott nicht nur geschrieben und gedacht und geredet werden kann. Und natürlich können wir ‚Gott' nie zu Ende denken.

Alles Reden, alles Denken geschieht immer nur ‚über' etwas, ist immer nur Fingerzeig. Und ich will zeigen, daß die meisten Menschen am ‚Finger' hängengeblieben sind. Das, worauf der Finger zeigt, befindet sich in einer anderen Dimension, nämlich in der Dimension der Wirklichkeit, der Wahrheit. Wer einmal die Dimension des Denkens und Redens von der des Erlebens unterscheiden kann, ist der Wahrheit, der Wirklichkeit gegenüber wach geworden.

Einen, der ganz wach war (und deshalb nicht geschrieben hat), Lao-tse, zwang man gegen Ende seines Lebens, die Essenz seiner Lebenserfahrung aufzuschreiben. Seine 81 Sprüche des ‚Tao te king' beginnen deshalb mit diesen Worten:

Das Tao, sagbar,
ist nicht ewiges Tao.
Sein Name, nennbar,
ist nicht ewiger Name.

In einer anderen Übersetzung:

Der Sinn, der sich aussprechen läßt,
ist nicht ewiger Sinn.
Der Name, der sich nennen läßt,
ist nicht ewiger Name.

Warum dann überhaupt reden und schreiben? Über die Wahrheit reden und schreiben zeigt die Richtung. Es orientiert! Alles Sprechen, Denken und Lesen ist jedoch immer nur die Speisekarte - nicht das Essen, die Speise selbst. Aber ohne Speisekarte bekommen wir nicht, was es gibt und was wir haben wollen. Die ‚Speise', die ich hier meine, muß man kennen, bestellen, ja sogar ‚bewirken'. Verdauen?

Es folgen jetzt Zeilen, die vor hundert Jahren geschrieben worden sind. Der Mann, der sie schrieb hat sich selbst „Frühgeburt einer noch unbewiesenen Zukunft" genannt. Seine - Nietzsches - Zeilen aus seiner ‚Fröhlichen Wissenschaft':

> „Habt ihr nicht von jenem tollen Menschen gehört, der am hellen Vormittag eine Laterne anzündete, auf den Markt lief und unaufhörlich schrie: ‚Ich suche Gott! Ich suche Gott!'?
>
> Da dort gerade viele von denen zusammenstanden, welche nicht an Gott glaubten, so erregte er ein großes Gelächter. ‚Ist er verloren gegangen?' sagte der Eine. ‚Hat er sich verlaufen wie ein Kind?' sagte der Andere. ‚Oder hält er sich versteckt? Fürchtet er sich vor uns? Ist er zu Schiff gegangen? Ausgewandert?' so schrieen und lachten sie durcheinander.
>
> Der tolle Mensch sprang mitten unter sie und durchbohrte sie mit seinen Blicken. ‚Wohin ist Gott?' rief er, ‚ich will es euch sagen! Wir haben ihn getötet - ihr und ich! Wir sind alle seine Mörder! (...) Riechen wir noch nichts von der göttlichen Verwesung? - auch Götter verwesen! Gott ist tot!'
>
> Und als die Menge auf dem Markt nur ‚schwieg' und ihn ‚befremdet' ansah, warf er ‚seine Laterne auf den Boden, daß sie in Stücke sprang und erlosch'.
>
> ‚Ich komme zu früh', sagte er dann, ‚ich bin noch nicht an der Zeit. Das ungeheure Ereignis ist noch unterwegs und wandert - es ist noch nicht bis zu den Ohren der Menschen gedrungen. Blitz und Donner brauchen Zeit, das Licht der Gestirne braucht Zeit, Taten brauchen Zeit, auch nachdem sie getan sind, um gesehen und gehört zu werden'." [1]

Woher kommt die Wucht dieser Zeilen? Eine Wucht, die den, der sie schrieb, am Ende in den Wahnsinn getrieben hat? Welches ‚ungeheure Ereignis', welche Botschaft war vor hundert Jahren noch nicht zu den Ohren der Menschen gedrungen?

Die Einsicht, daß es Gott gar nicht gibt!

Daß das Bild, die Vorstellung, welche wir uns gemacht haben, falsch ist. Daß es niemanden gibt, der in der Mitte des Universums thront, daß niemand die Welt kontrolliert und lenkt.

Hans Küng sagt:

> „Gottes Tod bedeutet den großen Zusammenbruch! Trostlose Leere: das ausgetrunkene Meer. Ein aussichtsloser Lebensraum: der weggewischte Horizont."[2]

Nietzsche selbst fragt:

> „Gibt es noch ein Oben und ein Unten? Irren wir nicht wie durch ein unendliches Nichts? Haucht uns nicht der leere Raum an? Ist es nicht kälter geworden? Kommt nicht immerfort die Nacht und mehr Nacht?"
>
> „Ist nicht die Größe dieser Tat (Gott getötet zu haben) zu groß für uns? Müssen wir nicht selber zu Göttern werden, um nur ihrer würdig zu scheinen? Es gab nie eine größere Tat - und wer immer nach uns geboren wird, gehört um dieser Tat willen in eine höhere Geschichte, als alle Geschichte bisher war!" (‚Fröhliche Wissenschaft').

Nietzsche hat darunter gelitten, der ‚Mörder' Gottes zu sein. Einer Freundin gab er den Rat, ihren Glauben an Gott nicht aufzugeben, damit sie nicht ebenso leiden müsse wie er; ja er hoffte, daß eines Tages jemand seine Philosophie widerlegen würde. Sie wissen vielleicht, daß er zur gleichen Zeit, als er seine letzten Werke mit Sätzen wie: „Das Christentum ist der größte Fluch der Menschheit ..." schrieb, im Katholizismus Schutz suchte.

Wenn Nietzsche in Indien gelebt hätte, wäre er ein Buddha geworden, sagt Bhagwan/Osho. „Ein Teil von ihm verlangte nach Gott, und ein anderer Teil sagte: es gibt keinen Gott. Er verlor seinen Verstand, weil im westlichen Verstand die irrige Vorstellung herrscht, daß alles sich logisch trennen lassen muß und nichts undurchschaubar bleiben darf, weil sonst Verwirrung entsteht. In Indien wäre es ihm leicht gefallen, mit der notwendigen Verwirrung zu leben, in die der Versuch führt, Geheimnisse zu lösen, welche sich nicht lösen lassen, weil das Mysterium zu groß für unseren Verstand ist. In Indien hätte Nietzsche gelernt, mit der Verwirrung zu leben, deren Energie sich nach und nach ins Staunen weiterentwickelt hätte."[3]

Nietzsche war der erste Mensch, der erklärt hat, daß Gott tot ist. Diese Erklärung hat ihm selbst den Boden unter den Füßen weggerissen. Das Gebäude, das ihm - wie den anderen Menschen - Schutz gegeben hatte, brach zusammen, obwohl dieser alte Gott aus Angst geschaffen worden war. Der entstand in jener alten Zeit, wo wir Menschen noch sehr exponiert lebten - dem Wetter, den Temperaturen, wilden Tieren ausgesetzt, ohne Licht, in Behausungen, die nicht genug Schutz und Sicherheit gewährten. Mit zunehmender äußerer Sicherheit mußte sich die Frage stellen, wie lange die alten Vorstellungen weitergetragen werden konnten. Früher oder später mußte jemand merken, daß *dieser* Gott tot ist. Das ist Nietzsche gewesen: „Zwei Jahrtausende beinahe und nicht ein einziger neuer Gott!“ (in ‚Die Fröhliche Wissenschaft‘)

Natürlich hat es vor ihm andere gegeben, die gesagt haben, es gäbe keinen Gott. Aber das ist etwas anderes, als zu erklären: er ist tot!

Warum muß eine Welt ohne Gott verrückt werden? Weil sie ohne Gott keinen Kontext mehr enthält, in dem Menschen wichtig sein können. Dieser große Zusammenhang, der Kontext, besteht nicht mehr.

In einem Gedicht haben die einzelnen Wörter nur Sinn im Kontext des gesamten Gedichtes. Ein aus diesem Zusammenhang herausgenommenes Wort macht keinen Sinn mehr. Es hat dann seine Bedeutung verloren. Auch ein Mensch hat ohne Gott keinen Sinn mehr. Und so wie Nietzsche hat unser Jahrhundert den Kontext verloren! Unsere Existenz scheint zufällig. Es sieht so aus, als ob es keinen Unterschied macht, ob es jeden von uns gibt oder nicht. Wir zählen nicht. Wir werden nicht gebraucht. Es ist offenbar egal, ob wir leben oder nicht.

In seinem ‚Buch für alle oder Keinen‘ - im ‚Also sprach Zarathustra‘ erscheint sein oft mißverstandenes und mißbrauchtes Bild vom Übermenschen:

> „Und Zarathustra sprach also zum Volke: Ich lehre euch den Übermenschen.
>
> Der Mensch ist etwas, was überwunden werden soll. Was habt ihr getan, ihn zu überwinden? (...) Was ist der Affe für den Menschen? Ein Gelächter oder eine schmerzliche Scham. Und ebendas soll der Mensch für den Übermenschen sein: ein Gelächter oder eine schmerzliche Scham. (...) Seht, ich lehre euch den Übermenschen! Der Übermensch ist der Sinn der Erde. Euer Wille sage: der Übermensch *sei* der Sinn der Erde! Ich beschwöre euch, meine Brüder, bleibt der Erde treu und glaubt denen nicht, welche euch von überirdischen

> Hoffnungen reden! Giftmischer sind es, ob sie es wissen oder nicht."

Nietzsche ist wirklich ein Prophet des 20. Jahrhunderts gewesen. In seiner ‚Umwertung aller Werte' („Jenseits von Gut und Böse') war er dabei, die Unwirklichkeit der Dualität zu sehen. Ja sogar seine Wahl des altiranischen Religionsstifters und Propheten ‚Zarathustra' zum Helden seines Buches ‚Für alle oder Keinen' stammt aus diesem Erreichen der Grenze des Denkbaren: „Man hat mich nicht gefragt, (...) was der Name Zarathustra bedeutet: denn was die ungeheure Einzigartigkeit jenes Persers in der Geschichte ausmacht (ist): Zarathustra hat zuerst im Kampf des Guten und des Bösen das eigentliche Rad im Getriebe der Dinge gesehen (...). Zarathustra schuf diesen verhängnisvollen Irrtum, die Moral: folglich muß er auch der erste sein, der ihn erkennt." [4]

Nietzsches Idee von der ‚ewigen Wiederkehr des Gleichen' erscheint wie ein Aufdämmern der Reinkarnation.

Verstehen ist im Leben nicht nur ein Anfang und der Trostpreis, sondern kann auch - wenn es weiter versucht wird, wo es nicht weitergehen kann - einen nicht mehr bei ‚Trost' sein lassen. Wenn ich Nietzsche lese und ihn nur mit meinem Kopf verstehen will, wird mir schwindelig.

Rudolf Steiner schrieb als 31jähriger:

> „Ich empfand es als theoretische Ehrensache, ihm (Nietzsche) überallhin zu folgen. Manchmal war mir's, als ob sich mein Gehirn von seinem Boden löste, manchmal fingen die feinsten Fasern desselben zu zappeln an; ich glaubte zu spüren, wie sie sich sträubten, die von allen Urvätern ererbten Lagen so ganz plötzlich verlassen zu müssen. Vielleicht aber ist der Urgrund der Dinge so schwer zu erreichen, daß wir gar nicht zu ihm gelangen können, wenn wir nicht unser Gehirn aufs Spiel setzen wollen." [5]

Um diese Zeit fragte jemand den jungen Steiner, wer er sein möchte, wäre er nicht Rudolf Steiner. Seine Antwort: „Friedrich Nietzsche vor dem Wahnsinn."

Karl Jaspers: „Vor Nietzsche wächst die Scheu als vor dem Unbegreiflichen, das nur dem Ursprung selbst, nicht uns, durchsichtig sein kann."

Mehr als 60 Jahre nach Nietzsches Tod hat Martin Heidegger

geschrieben: „Die Auseinandersetzung mit Nietzsche hat weder schon begonnen, noch sind die Voraussetzungen geschaffen."

Warum so viel über Nietzsche - und gleich noch mehr von ihm? Im folgenden stütze ich mich auf Ausführungen Rudolf Steiners und Bhagwan Shree Rajneesh (Vortrag vom 24. Februar 1978). Er ist in der Tat die ‚Frühgeburt einer noch unbewiesenen Zukunft' gewesen. Jetzt, 100 Jahre später, hat die von ihm vorausgesagte Zukunft begonnen, und wir können ganz konkret von Nietzsche lernen.

Vierzig Jahre nach Nietzsches Tod war es noch üblich, eine Dünndruckausgabe von Goethes Faust und von Nietzsches ‚Zarathustra' zur Konfirmation zu schenken. Und mich hat darin die Stelle ‚Von den drei Verwandlungen' aufgeregt, wo Nietzsche den Zarathustra sagen läßt:

Drei Verwandlungen nenne ich euch des Geistes:
wie der Geist zum Kamele wird,
und zum Löwen das Kamel,
und zum Kind zuletzt der Löwe.

Natürlich wollte ich ‚Löwe' werden.

Im folgenden werden die Schilderung dieser ‚drei Verwandlungen' und die Beschreibung des entscheidenden Mißverständnisses in Nietzsches Deutung der letzten, dritten Verwandlung die Antwort auf die Frage erleichtern, welcher Gott tot ist.

Für sich selber ist Nietzsche zu früh gekommen - für uns aber hat er Raum geschaffen. *Seine* Worte sind es, die er seinem tollen Menschen in den Mund gelegt hat: „Ich komme zu früh - ich bin noch nicht an der Zeit!"

Die erste Verwandlung (‚wie der Geist zum Kamel wird'):

> „Zuerst ist der Mensch ehr-fürchtig. Was auf ihm lastet, nennt er Tugend. Er erniedrigt sich, um seine Tugend zu erhöhen. ‚Was ist schwer?' so fragt der tragsame Geist, so kniet er nieder, dem Kamele gleich, und will gut beladen sein"(Zarathustra).

Im Kamel-Zustand sagt der Mensch: alle Weisheit ist bei Gott, und ich muß Gottes Wegen folgen. Ich will gehorchen, ohne nach dem Sinn der Gebote zu fragen. Gott legt mir das Schwerste auf, um meine Kraft zu prüfen, um mich zu prüfen, ob ich auch stark und geduldig bin. Nur der Geduldige ist stark. Ich werde gehorchen, ohne zu fragen. Eine höhere Macht übt Druck auf mich aus. Ich diene. „Alles dies Schwerste nimmt der tragsame Geist auf sich: dem Kamele gleich, das beladen in die Wüste eilt, also eilt er in seine Wüste“ (Nietzsche).

Die zweite Verwandlung (‘und zum Löwen das Kamel,):

> „Aber in der einsamen Wüste geschieht die zweite Verwandlung: zum Löwen wird hier der Geist, Freiheit will er sich erbeuten und Herr sein in seiner eigenen Wüste.“

Im Löwen-Zustand sagt sich der Mensch: ich merke, daß kein Gott zu mir redet. Deshalb will ich frei, mein eigener Herr sein. Ich will Gut und Böse voneinander unterscheiden. „Recht sich nehmen zu neuen Werten - das ist das furchtbarste Nehmen für einen tragsamen und ehrfürchtigen Geist. Wahrlich, ein Rauben ist es ihm und eines raubenden Tieres Sache.“

Die dritte Verwandlung (‘und zum Kind zuletzt der Löwe,):

> „Aber sagt, meine Brüder, was vermag noch das Kind, das auch der Löwe nicht vermochte?
>
> Der Geist muß wie das Kind werden, das spielt, und nicht mehr fragt, was es soll, sondern tut, was es will.
>
> Unschuld ist das Kind und Vergessen, ein Neubeginn, ein Spiel ... *Seinen* Willen will nun der Geist, *seine* Welt gewinnt sich der Weltverlorene.“

Um das entscheidende Mißverständnis in der von Nietzsche geschilderten ‚dritten Verwandlung‘ sichtbar zu machen, müssen wir uns auch die beiden Stadien vor Augen halten, welche vor und nach den drei Verwandlungen liegen. Denn wenn es drei Verwandlungen gibt, muß es ein Stadium geben, bevor die erste Verwandlung geschieht. Und nach der letzten Verwandlung muß es wiederum ein (Nach)-Stadium geben. Mit den drei Verwandlungen wären es dann fünf Stadien.

Bevor wir ‚Kamele‘ werden, sind wir Kinder, kleine Kinder. Das ist jenes Stadium, in dem wir noch keine Angst haben, ganz leicht sind und spielen. Dieser Zustand kann nicht bestehen bleiben, weil er unbewußt ist, ein Geschenk der Natur. Ein paar Monate lang leben wir alle im Paradies. Ein kleines Kind weiß nichts! Es existiert ohne Wissen einfach von Augenblick zu Augenblick, es hat keine Sorgen. Wenn es hungrig ist, weint es. Wenn es satt ist, schläft es ein. Wenn es glücklich ist, lächelt es; wenn es wütend ist, schreit es.

Aber es hat dabei keinerlei Vorstellung. Es denkt nicht. Es findet sein Lächeln nicht gut, es verurteilt sein Schreien nicht. Es geniert sich nicht, zu weinen oder zu schreien. Es fühlt sich nicht ‚brav', weil es ‚lieb' gewesen ist. Von all diesem Unsinn weiß es nichts! Es macht keine Unterschiede, denn es weiß nicht, was gut und was böse ist. Ein kleines Kind ist völlig eins mit der Wirklichkeit. Was passiert, passiert, und nichts wird abgelehnt. Das kleine Kind hat noch keine Ahnung von der Speisekarte, es *is(s)t!*

Doch dieser Zustand kann keinen Bestand haben, er wird nur unbewußt erlebt. Der Mensch nimmt diesen natürlichen, paradiesischen Zustand nicht wahr und kann ihn deshalb auch nicht festhalten. Wie sollte das auch gehen - etwas festhalten, was wir nicht wahrnehmen?

Spätestens mit dem Ich-Sagen identifizieren wir uns mit unserer Überlebens-Maschine, unserem Verstand. Und erst dann merken wir, daß wir etwas verloren haben: unsere Unschuld und Anmut des Kleinkindlichen. Sie mußte verloren gehen. Die einzige Art, etwas zu erwerben ist, es zu verlieren.

Was verlieren wir? Einen Zustand, in dem wir keine Verantwortung kannten, nichts von Pflichten, von Werten, Tugenden, vom ‚sollte' oder vom ‚müßte' wußten und keine Ahnung von richtig und falsch hatten. In diesem ersten Stadium haben wir alle in einer Art primitiver Einheit gelebt.

Das kleine Kind kennt weder Zukunft noch Vergangenheit, es lebt ganz in der Gegenwart. Aber gerade weil es vollständig und nur in der Gegenwart lebt, weil es unbewußt ist, kann sein Leben keine Ordnung haben. Das Leben eines kleinen Kindes ist chaotisch, anarchisch. Wer die Fernsehsendung „Dingsda" kennt, kann miterleben, wie chaotisch und anarchisch es in Kinderköpfen zugeht. Das macht auch den Reiz der Sendung aus. Ein Beispiel: ein Kind soll ‚Schokolade' definieren, ohne das Wort zu verwenden. Ergebnis: „Das ist was, was bei meiner Oma oben rechts im Schrank liegt, der wo am Ende vom Flur steht. Aber nicht bei der München-Oma, sondern bei der, die grad hingefallen ist."

Dieses erste chaotische Stadium, das ‚chaotische Kind', verbleibt als eine Schicht in uns allen, bis wir die vierte Verwandlung erreicht haben (Nietzsche hat sie noch nicht sehen können). Und weil wir diese Schicht mit uns herumtragen, haben Erwachsene auch so viel Spaß an dem, was Kinder in ‚Dingsda' sagen.

In diese Schicht können wir übrigens jederzeit wieder hineingeraten. In Situationen, wo Streß oder Überanstrengung zu viel für uns werden, z.B. aus Verzweiflung bei Unfällen oder in Wut, können wir völlig unlogisch, unintelligent und undiszipliniert handeln. Wenn wir dann wieder in die zweite, die zivilisierte, die sozialisierte Schicht zurückgekommen und wieder ‚Kamele' geworden sind, bereuen wir, was wir gesagt oder getan haben: „Das hätte ich nicht tun (sagen) sollen. Ich kann mir gar nicht vorstellen, daß ich das gemacht habe." Es war ein Rückfall in jene erste Schicht, in das ‚chaotische Kind'.

Das zweite Stadium, die zweite Schicht, ist das ‚Kamel'; oder (nach dem ‚chaotischen Kind') die ‚kollektive Maske'.

Während dieses Stadiums werden die ‚anderen' wichtiger als wir selber. Im Stadium des ‚chaotischen Kindes' waren wir noch völlig selbstorientiert, ganz selbstisch, ganz bei uns. Im zweiten Stadium opfern wir viele unserer eigenen Interessen, werden kollektiver, werden zum Teil der Gesellschaft, fangen an, ‚zivilisiert', ‚sozialisiert' zu werden - Familie, Schule, Lehrer, Gesellschaft, Erfahrungen, Beobachtungen. Das Kind lernt, daß es nicht allein ist, sondern Mit-Glied einer Gesellschaft, einer Kirche, eines Volkes.

Und während es im ersten Stadium keine Identität gab, wachsen wir jetzt in eine solche hinein. Auf die Frage: „Wer sind Sie?" oder „Wer bin ich?" antworten wir mit einem Hinweis, wohin wir gehören, welche Funktion wir in der Gesellschaft haben. Wenn diese Selbstkenntnis auch nicht sehr tief geht - im Sinne der Nützlichkeit ist das schon genug. Und viele Menschen bleiben an diesem Punkt stehen. Außerdem ist die Gesellschaft als Ganzes gar nicht daran interessiert, daß irgendeiner sich über diesen Zustand hinaus entwickelt. Alle unsere Schulen und Ausbildungen arbeiten daran, daß wir dem ersten Zustand entwachsen, daß wir zivilisiert werden. Doch damit enden ihre Bemühungen. Damit ist die Arbeit der Gesellschaft getan. Und: Kinder zu ‚Kamelen' zu machen, ist unumgänglich, wir würden sonst gar nicht zusammenleben können. So sind wir zu verantwortlichen Bürgern gemacht und in einem gewissen Sinn eingesperrt worden. Man hat uns genommen, was in uns gefährlich war: das Chaos, die Freiheit, die Verantwortungslosigkeit.

Dafür haben wir Werte vermittelt und im Gewissen eingespeichert bekommen, so daß wir wissen, was gut und was böse ist. „Was ist schwer? So fragt der tragsame Geist, so kniet er nieder, dem Kamele gleich, und will gut beladen sein.“

So funktioniert Gesellschaft. Der zuverlässige, angepaßte, berechenbare Erwachsene ist im zweiten Stadium. Kamele sind überall.

Im Kamel-Stadium existiert keine persönliche Verantwortung, sondern nur eine kollektive. Keiner fühlt sich für etwas persönlich verantwortlich. Das Verantwortungsgefühl kommt aus der Zugehörigkeit zum Kollektiv, zur Gesellschaft. „Das gehört sich nicht!“, „Das geht nicht!“, „Was sagen die Nachbarn?“.

Mehr als tausend Jahre vor Christus hat Moses sein Volk aus dem Zustand des ‚chaotischen Kindes‘ heraus zivilisiert. Durch Gesetz und Ordnung. Jesus hat die Juden in diesem zweiten Stadium vorgefunden. Was das mit dem Gottesbild zu tun hat, werde ich noch zeigen.

Zunächst jedoch: im Kamel-Stadium gibt es auch gute Seiten, die man kennen muß - zumal sie einem helfen, in das dritte zu kommen.

Im zweiten Stadium sind auch Ruhe, Frieden, Gehorsam und Geduld. Es herrscht ein Gemeinschaftsgefühl gegenüber den anderen. ‚Man‘ fühlt sich zugehörig, nicht allein gelassen. Insofern ist das Kamel-Stadium eine Art Patriarchat. Der Vater ist wichtig. ‚Vater Staat‘, ‚Vaterland‘, der ‚Landesvater‘, der ‚Heilige Vater‘. In diesem Stadium wird einem beigebracht, daß auch Gott ein Vater ist. Und der paßt auf, genau wie der ‚Beichtvater‘ oder ‚Vater Staat‘.

Nur erlaubt dieser Zustand keinem, er oder sie selbst zu sein. Er ist insofern repressiv. Er lehrt ‚Ja‘ sagen; ein ‚Nein‘ wird nicht akzeptiert. Und deshalb ist so ein ‚Ja‘ nicht viel wert. Das Innere von Menschen im Kamel-Stadium ist in Wirklichkeit unberührt und unentwickelt. Menschen in diesem Zustand glauben an Gott, an Himmel und Hölle. Menschen im Kamel-Stadium glauben an Strafe und Belohnung, sie *glauben*, aber sie wissen nicht. Ihr ‚Ja‘ ist erzwungen oder anerzogen. Es gibt eine Solidarität der Masse, welche sich gut anfühlt: wir sind viele - und ich gehöre dazu!

Von Nietzsche belegt jedes Wort, daß er kein Kamel war, sondern Löwe geworden ist. Zum Beispiel:

„Ich bin kein Mensch, ich bin Dynamit (...). Ich will kein Heiliger sein, lieber noch ein Hanswurst (...). Und trotzdem oder vielleicht *nicht* trotzdem - denn es gab nichts Verlogeneres bisher als das Heilige - redet aus mir die Wahrheit. - Aber meine Wahrheit ist *furchtbar*: denn man hieß bisher die *Lüge* Wahrheit.“ [6]

„Aber in der einsamsten Wüste geschieht die Verwandlung zum Löwen, Freiheit will er sich erbeuten und Herr sein in seiner eigenen Wüste.“

Das erste Stadium ist das ‚chaotische Kind‘, das zweite die ‚kollektive Maske‘ (oder das Kamel), das dritte Stadium ist bei Nietzsche der ‚Löwe‘ - oder das ‚individuelle Ego‘.

In diesem Stadium ist das Ego des Menschen ganz entwickelt. Ein Löwe ist unabhängig, ein Löwe behauptet sich, ein Löwe ist rebellisch. Löwen durchschauen die Lügen der Gesellschaft. Ein Löwe gehört keiner Kirche mehr an, ist nicht länger Teil eines Volkes, einer Familie, gehört nicht mehr ‚dazu‘. Er ist er selbst, sie ist sie selbst. Die Identität eines Löwen stammt nicht mehr aus einer Zugehörigkeit, sie wurzelt im Persönlichen, und sie ist auch kreativer. In einem Löwen entwickelt sich langsam so etwas wie eine Mitte, ein Zentrum. Das ‚chaotische Kind‘ hatte kein Zentrum; die ‚kollektive Maske‘ hatte ein Scheinzentrum. Im ‚Löwen‘, im ‚individuellen Ego‘ entsteht ein inneres Zentrum.

Das erste Stadium war eine Art Chaos - ohne Ordnung. Im zweiten wurde die Ordnung gesetzt, vorgegeben wie von einem Vater: es war eine Art Patriarchat. Das dritte Stadium ist eine Art Brüderlichkeit: „Alle Menschen werden Brüder.“

Ein Löwe respektiert die Freiheit anderer wie seine eigene. Im zweiten Stadium hieß die Grundfrage: „Wer ist die Vaterfigur?“. Im dritten wird nicht nach einem Vater gefragt - denn den gibt es nicht mehr. Gott als Vater ist hier tot. Jetzt entsteht im Menschen persönliche Verantwortung. ‚Löwen‘ wissen, was falsch und was richtig ist. Ihr Bewußtsein ist stärker geworden. ‚Löwen‘ wissen sich für jeden eigenen Schritt verantwortlich, wissen, daß man die Verantwortung nicht mehr auf andere abwälzen kann. Es gibt keinen Vater mehr, der ‚es schon richten wird‘. Man steht unterwegs allein mit Tausenden von Möglichkeiten und muß entscheiden. Und jede Wahl ist entscheidend. Das weckt auch Angst und bringt Belastungen. Die Freiheit ist da - aber auch die Spannung. Das ‚Nein‘ wird wichtig. Zweifeln wird wichtig.

Im Kamel-Stadium waren Vertrauen und Glauben die Regel. In diesem dritten, dem Stadium des Löwen, wird der Zweifel die Regel. Durch das ‚Nein' wächst das Ego. Und damit wird ein ‚Ja' bedeutsam. Das ‚Ja' eines Menschen, der immer ‚Ja' sagt, wiegt nicht viel. Das ‚Ja' von jemandem, der 99mal ‚Nein' gesagt hat, ist authentisch.

Im Leben jedes Löwen gibt es eine große Krise. Wer sie überwindet, wird kreativ. Wer aus diesem Stadium herausfällt, fällt nicht etwa in das zweite zurück, sondern stürzt in das erste! Einer, der aus dem ‚individuellen Ego' herausfällt, wird verrückt. Wer einmal wirklich ‚Nein' gesagt, wer wirklich zweifeln gelernt hat, kann nicht wieder in den Glauben zurück - das ist nicht möglich. Wer einmal Atheist war, kann mit gewöhnlichem Theismus nichts mehr anfangen. Das ist dem ‚Löwen' Nietzsche widerfahren. Wer wirklich in das dritte Stadium gelangt, kommt in den Wahnsinn, begeht Selbstmord - oder sogar in das vierte Stadium. Nietzsche hat keinen Weg über das dritte Stadium hinaus gefunden.

Terroristen sind Neinsager! Jerry Rubin zum Beispiel, der Mitbegründer der Yippies und Organisator der ersten Anti-Kriegsdemonstrationen in Berkeley, ein Mann, der die Studenten in der Universität aufgefordert hat, nach Hause zu gehen und ihre Eltern zu verbrennen (und das meinte er wörtlich) - Jerry Rubin hat wie viele andere ‚Löwen' den Weg in die Meditation gefunden. Hier stimmt der Satz: „Amerika, du hast es besser" einmal.

Bei uns in Mitteleuropa und besonders hierzulande haben das nur wenige geschafft. Wir Deutschen schienen eine besondere Beziehung zum Chaos (neben einer zum Kosmos) zu haben.

Noch ein Beispiel: Für jemanden, der Ayn Rand oder ihre Bücher gekannt hat, war es einfach nicht vorstellbar, daß sie sich das Leben nehmen könnte. Ayn Rand war die Begründerin des ‚Objektivismus', eine Frau - Amerikanerin - mit einem überaus scharfen, absolut logischen Verstand. Ihr Buch ‚Atlas Shrugged' wurde weit über fünf Millionen mal verkauft. Und doch wurde sie wahnsinnig und beging Selbstmord. Hier ein Absatz aus ihrem Buch ‚The Virtue of Selfishness' (Die Tugend der Selbstsucht) mit dem Untertitel ‚Eine neue Sicht des Egoismus':

„Der Titel dieses Buches könnte die Art Fragen auslösen, die ich ab und zu höre: ‚Warum verwenden Sie das Wort ‚Selbstsucht', um auf tugendhafte Charaktereigenschaften hinzuweisen, wo doch das Wort so viele Leute aufbringt, für die es etwas anderes bedeutet, als Sie beabsichtigen?‘ Denen, die das fragen, antworte ich: ‚Aus dem Grund, der Ihnen Angst davor macht‘.“

Warum verlor ein so klarer, logischer Kopf seinen Verstand? Weil das Leben jeden Sinn verliert, wenn der Höhepunkt der Logik erreicht wird. Weil Logik keinen Sinn vermitteln kann. Weil Logik allen Sinn eliminiert. Logik ist destruktiv, Logik ist giftig.

Was dem Leben Sinn verleiht, ist Liebe. Ein logischer Verstand verliert nach und nach alle Möglichkeiten, zu lieben. Logik vertreibt das Geheimnis und das Leben. Wir sind immer mehr, als wir je wissen können, denn dies in uns wohnende Geheimnis wird durch mehr Wissen nie berührt. Wenn ein logischer Mensch nicht verrückt ist, heißt das, daß er nicht logisch genug ist.

Ein ‚Löwe‘ ist auch Jean-Paul Sartre gewesen. Einer, dessen ‚Nein‘ authentisch war. Einer, der gesagt hat, wir dürften Gott gar nicht erlauben, zu existieren, weil seine Existenz uns zu Objekten werden ließe. ER ist allwissend und kann uns sehen - wir können ihn nicht sehen, und damit werden wir zu Objekten reduziert. Sartre war ebenso wahrhaftig wie Nietzsche in seinem ‚Nein‘. Nietzsche verfiel in diesem Chaos von Sinnlosigkeit dem Wahnsinn. Und es gibt Stimmen, die behaupten, daß Sartre nur deshalb seinen Verstand nicht verloren habe, weil er aus dem Nichts - an dem Nietzsche zerbrach - eine Philosophie zu machen wußte. Seine Philosophie hat ihm wieder Sinn vermittelt.

In dem bereits erwähnten vierten Stadium geht es um nichts weniger als um das Aufgeben des Egos. Wer sein Ego ganz entwickelt hat - das haben besonders wir Deutsche und die Israelis bereits getan - und es dann nicht aufgeben kann, für den wird es zu einer unerträglichen Last. Dann schreit und brüllt der Löwe und wird wahnsinnig: „O Zarathustra, grausamster Nimrod! Jüngst Jäger noch Gottes, das Fangnetz aller Tugend, der Pfeil des Bösen! Jetzt - von dir selbst erjagt, deine eigene Beute, in dich selber eingebohrt ...“ (Nietzsche in seinen Dionysos-Dithyramben ‚Zwischen Raubvögeln‘). Und im Anfang seines ‚Warum ich ein Schicksal bin‘:

> „Ich kenne mein Los. Es wird sich einmal an meinen Namen die Erinnerung an etwas Ungeheueres anknüpfen

> - an eine Krisis, wie es keine auf Erden gab, an die tiefste Gewissens-Kollision, an eine Entscheidung, heraufbeschworen gegen *alles*, was bis dahin geglaubt, gefordert, geheiligt worden war."

Aus dem dritten Stadium - dem ‚Löwen' (oder dem ‚individuellen Ego') kommt man also entweder in das vierte - oder man fällt in das erste, in das ‚chaotische Kind'.

In den ‚drei Verwandlungen' (Zarathustra) hatte Nietzsche gesagt: „Was muß der raubende Löwe auch noch zum Kinde werden? Unschuld ist das Kind und Vergessen, ein Neubeginn, ein Spiel, ein aus sich rollendes Rad, eine erste Bewegung, ein heiliges Ja-sagen." Aber Nietzsche ist nicht in die zweite Kindheit weitergelangt, sondern in die erste chaotische, idiotische weitergegangen.

Das vierte Stadium könnte man ‚kosmisches Kind' nennen. ‚Kosmisch' heißt zugehörig zur gesamten Existenz und nicht wie im zweiten Zustand die Zugehörigkeit zum Kollektiv, zur Gesellschaft, zu einer Zeit oder einem Land.

Zugehörigkeit zur ganzen Existenz wird Wirklichkeit, wenn wir unsere durch unser Ego entstandene Trennung wieder gehenlassen. Dieses Tor zum Weitergehen beginnt sich jetzt langsam zu öffnen. Nietzsche blieb es verschlossen. Es gibt Meinungen - ich habe schon kurz davon gesprochen - die behaupten, Nietzsche wäre erleuchtet worden, hätte er in einem Kulturkreis gelebt, wo das Wissen um dieses vierte Stadium schon Jahrtausende bestand. Hier seien Rudolf Steiners Eindrücke zitiert, als er Nietzsche kurz vor dessen Tod besuchte:

> „Da lag der Umnachtete mit der wunderschönen Stirn, Künstler- und Denkerstirne zugleich, auf einem Ruhesofa. (Steiners hellsichtigem Blick zeigt sich:) Nietzsches Seele wie schwebend über seinem Haupte, unbegrenzt schon in ihrem Geisteslichte; frei hingegeben geistigen Welten, die sie vor der Umnachtung ersehnt, aber nicht gefunden; aber gefesselt an einen Leib, der nur so lange von ihr wußte, als diese Welt noch Sehnsucht war (...). Eine Seele, die aus früheren Erdenleben reiches Lichtgold brachte, es aber nicht ganz in diesem Leben zum Leuchten bringen konnte." [7]

Dieses Tor zum Weitergehen müssen wir benutzen! Doch wer kann es uns verfügbar machen? Wer könnte den Weg durch diese Tür zeigen? Das wäre die Funktion von Religion; Religion als Erkundung des eigenen Wesens. Insofern hat Religion nicht unbedingt etwas mit ‚Kirche' zu tun. Kirche ist eine hierarchische Institution, in der das Individuelle keinen Platz mehr hat.

Religion jedoch ist gelebte Erfahrung und kann deshalb nicht nachgemacht werden. Religion findet nicht außen, sondern innen statt. Das Wort kommt vom lateinischen ‚religo' und heißt ‚zurückbinden'. Es bedeutet, Teile wieder zurückzubringen, wieder zusammen zu bringen. Damit der Teil nicht mehr Teil bleibt, sondern zum Ganzen wird. Getrennt für sich ist jeder Teil tot. Im Zusammensein wird jeder Teil das Ganze. Der gleiche Sinn steckt übrigens im Wort ‚Joga'. Es kommt vom altindischen Wort ‚Yuj' und bedeutet ‚zusammenbinden'. Auch unser Wort ‚Joch' hat die gleiche Bedeutung.

Diesen Vorgang, der zur Bildung eines Ganzen führt, kann man auch ‚Integration' nennen, (von lat. ‚Wiederherstellung'). Ein wirklich religiöser, ein integrierter Mensch braucht weder eine Vaterfigur noch eine Kirche. Ein ganzer Mensch ist sich selbst genug.

Noch einmal: was bedeutet dieses ‚zurückbinden'? Was wird wiederhergestellt? Unsere Zugehörigkeit zur Existenz! Entfremdet sind wir dadurch, daß wir meinen: *es gäbe uns*, wir wären unser Ego. Weil wir uns mit diesem in Wirklichkeit gar nicht vorhandenem Ego *identifiziert haben*. Unser Ego trennt uns vom Ganzen. Wir können entweder in der Existenz oder im Ego sein - beides zusammen ist nicht möglich.

Meister Eckhart sagte es so: „Je weniger Ego - desto mehr Raum für Gott, desto mehr ‚Gott' auch im Werk und Wirken des Menschen."

Das kleine Kind ist ohne jede Maske, chaotisch, naturhaft, fast wie ein Tier. Das ‚Kamel' trägt eine Maske, die ihm von außen aufgestülpt worden ist. Der ‚Löwe' besitzt eine eigene, innere Definition, eine Art Integration, aber sie ist noch nicht die letzte, höchste Integration. Und deshalb muß man auch sie letztlich hinter sich lassen.

Doch um sie hinter sich lassen zu können, muß sie vorher erreicht worden sein. Es gibt keinen Umweg zu uns selbst - wir müssen durch den ‚Löwen'-Zustand.

Im vierten Stadium verschwindet auch die Trennung vom Kosmos. Wir werden eins mit dem Ganzen. Das sind wir zwar auch schon vorher, schon jetzt, aber wir meinen, wir wären von allem anderen abgetrennt.

War das ‚Kamel'-Stadium eine Art Patriarchat und das ‚Löwe'-Stadium eine Art Bruderschaft, so ist das Stadium des ‚kosmischen Kindes' eine Art Matriarchat. Für den, der sich ganz hingibt, sagt Bhagwan/Osho, „wird die Existenz mütterlich". Und wie Mutterliebe nichts verlangt, so verhält sich die Existenz dem gegenüber, der sein Ego, seine Identifikation mit seinem Ego hat gehen lassen. Auf den strömt die Existenz herab, sie ernährt ihn, sie erfüllt ihn.

Meister Eckhart sagt es mit den Worten:

„Wo der Mensch in Gehorsam aus seinem Ich herausgeht und sich des Seinen entschlägt, eben da muß Gott notgedrungen wieder eingehen; denn wenn einer für sich selbst nichts will, für den muß Gott in gleicher Weise wollen wie für sich selbst."

Und Angelus Silesius:

„Je mehr du dich aus dir
kannst austun und entgießen,
je mehr muß Gott in dich
mit seiner Gottheit fließen."

Das erste Stadium, das ‚chaotische Kind', ist anarchisch. Das zweite Stadium, die ‚kollektive Maske', ist intellektuell. Das dritte Stadium, das ‚individuelle Ego', ist intelligent. Das vierte Stadium, das ‚kosmische Kind', ist emotional.

„Der nächste Weg zu Gott
ist durch der Liebe Tür,
der Weg der Wissenschaft
bringt dich gar langsam für."

Mit dem dritten Stadium kommt der Intellekt zu seiner höchsten Form, mit dem vierten beginnt die Liebe zu strömen. Das vierte Stadium besteht aus Liebe, aus dem Herzen. Jetzt ist Gott kein Vater mehr, jetzt ist Gott eher Mutter. Der Vater war formeller, institutioneller. Die Mutter ist natürlicher, biologischer, eigentlicher, innerlicher.

Das zweite Stadium, die ‚kollektive Maske', lebt im Glauben. Das dritte Stadium, das ‚individuelle Ego', lebt im Zweifel. Das vierte

Stadium, das ‚kosmische Kind', lebt im Vertrauen. Und Vertrauen ist kein Glauben mehr - niemand zwingt einen mehr zu glauben - da ist es eigene Erfahrung, eigenes Erleben. Das ist wahre Religion: wenn wir es selber *sind*; wenn es weder Wissen noch Glauben ist - sondern unsere eigene Erfahrung. Das Essen - und nicht mehr die Speisekarte!

Wiederum tritt eine Solidarität ein - nicht mehr mit der Gesellschaft, sondern mit der Existenz selber.

In diesem Stadium des ‚kosmischen Kindes' kommt die zweite Kindheit. Doch sie ist nicht wie die erste chaotisch, sondern hat Selbst-Disziplin, eine innere Ordnung. Sie ist nicht ohne Verantwortung wie das erste Stadium - aber auch nicht verantwortlich wie das zweite. Also nicht eingeordnet in die Gesellschaft, nicht Werten unterworfen, sondern es entsteht eine neue Art Bewertung, weil wir dann sehen, was richtig ist. Wir sehen das Richtige und das muß getan werden. Unseren Verstand brauchen wir nur deshalb, weil wir nicht wirklich bewußt sind. Sind wir wirklich bewußt, herrscht nicht Denken, sondern *Einsicht*. Dann *handelt* man aus der Einsicht, nicht aus dem Verstehen. Wenn wir eine Sache richtig sehen, wird das Sehen selbst unser Handeln.

Und wir handeln aus unserem Wachsein. Und dann - mit den Worten von Angelus Silesius -

> *„Der höchste Gottesdienst*
> *ist Gotte gleich zu werden,*
> *christförmig sein an Leib,*
> *am Leben und Gebärden."*

Dies ist das fünfte und letzte Stadium, wo wir sogar den Zustand des ‚kosmischen Kindes' hinter uns lassen. Denn wer noch denkt, er sei eine ‚kosmische Seele', *denkt* immer noch. Immer sind dann noch die Begriffe von Individuum und Universum vorhanden. Es lebt immer noch das Bewußtsein, man sei eins mit dem Ganzen. Die Einheit ist noch nicht ganz. In der wirklich letztlichen Einheit gibt es niemanden mehr, der weiß, daß er eins ist. Das ist der Christus-Zustand, der Buddha-Zustand.

Ein Schüler kommt zu seinem Meister und glaubt: „Jetzt bin ich eins mit dem Ganzen geworden! Was jetzt?" Da schickt ihn der Meister fort und sagt: „Jetzt werde diese Vorstellung los, daß du eins mit dem Ganzen bist. Werde diese Idee noch los - das ist das letzte Hindernis."

Ein anderer Schüler ist sich sicher: „Ich bin zum Nichts gekommen." Und der Meister sagt: „Laß auch das noch fallen!"

Dann erst hat das Werden aufgehört. Der Mensch ist endlich ein Wesen, ein Sein. Der Mensch hat sich selber überwunden und balanciert nicht mehr auf dem Seil, ‚ausgespannt zwischen zwei Ewigkeiten'. Wie prophetisch und klar sagt das Nietzsche in diesen Zeilen aus der 4. Vorrede zum Zarathustra:

> „Zarathustra aber sah das Volk und wunderte sich. Dann sprach er also: Der Mensch ist ein Seil, geknüpft zwischen Tier und Übermensch, - ein Seil über einem Abgrunde. Ein gefährliches Hinüber, ein gefährliches Auf-dem-Wege, ein gefährliches Zurückblicken, ein gefährliches Schaudern und Stehenbleiben. Was groß ist am Menschen, das ist, daß er eine Brücke und kein Zweck ist: was geliebt werden kann am Menschen, das ist, daß er ein Übergang und ein Untergang ist."

Das sind die fünf Stadien. Wir befinden uns jetzt in der Mitte - in der ‚Halbzeit der Evolution'. Zwei Stadien liegen hinter uns, zwei vor uns. Wer nicht weitergeht, wird fallen. Und niemand kommt weiter, ohne durch den dritten Zustand, durch den ‚Löwen zu gehen. Das Endziel ist nicht das erste Stadium, wie Nietzsche das gesehen hat. Das ‚So ihr nicht werdet wie die Kinder' meint das Stadium *nach* dem Durchgehen aller Stadien, also auch dem des Löwen-Zustandes. *Nach* dem Durchleben des ‚individuellen Egos'.

Leuchtet nicht ein, daß ein Löwe ein anderes Gottesbild haben muß als ein Kamel? Lichtenberg hat den herrlichen Satz geprägt: „Der Gott eines Dreiecks ist ein Dreieck."

Der ‚Löwe' Maxim Gorki forderte: „Götter sucht man nicht, man schafft sie!" Jedes Zeitalter muß sich einen neuen Gott erschaffen. Denn es ist ja nicht Gott, der stirbt, sondern es sind unsere Vorstellungen von Gott, die sterben!

Dorothee Sölle stellt klar:

> „Gott hat sich verändert. Was Mose vor dem Dornbusch geschah, ist unwiederholbar dahin; was Franziskus ertastete und erlebte, ist als ein Unmittelbares nicht mehr nachzuvollziehen; die Ängste Luthers können psychoanalytisch aufgelöst und ihrer Unbedingtheit entkleidet

> werden. Die fortschreitende Bewußtwerdung hat diese Möglichkeiten der Vergewisserung Gottes ausgeschlossen."

Vor fünftausend Jahren hat der tanzende, Flöte spielende Krischna die religiösen Bedürfnisse von Menschen erfüllt. Vor dreitausend Jahren erfüllte der Gott des Moses die Bedürfnisse der damaligen Menschen.

Zu Jesu Zeiten genügte dieser Gott nicht mehr, denn dieser Gott war tausend Jahre alt. Und heute kann der Gott von Jesus uns nicht mehr genügen. Nietzsche war der erste Mensch in neuerer Zeit, der es gelebt und erlitten hat und daher ein authentisches ‚Nein' sagen konnte. Der sagen konnte: „Riechen wir noch nichts von der göttlichen Verwesung? - auch Götter verwesen! Gott ist tot!"

Jedes Zeitalter muß wieder und wieder suchen, muß Gott auf seine Weise wiederentdecken. Denn (noch einmal): es ist ja nicht Gott, der sich verändert oder stirbt - sondern es sind unsere Vorstellungen von Gott, die sich verändern und sterben! Vielen Menschen erscheint das Leben heute so sinnlos, weil im alten Gott kein Leben mehr ist. Dieser alte Gott - unser personenhafter Vater im Himmel - ist tot. Wir sind inzwischen erwachsen geworden und brauchen einen Gott für Erwachsene, also einen Gott, der die wahren Bedürfnisse der Menschen von heute erfüllt. Und das wird mehr und mehr empfunden.

Eugen Drewermann ist überzeugt:

> „Allem Anschein nach erwartet man von der Kirche inzwischen gar nicht mehr, daß sie auf ehrliche Fragen ehrlich zu antworten verstünde; vielmehr ist in weiten Teilen der Bevölkerung der Eindruck versteinerter Ideologie und moralischer Regression offenbar so groß, die menschliche Verkrüppelung und Überfremdung in der Kirche so evident, der öffentliche Mißkredit der Kirche als Institution derart gewachsen, daß man in entscheidenden Lebensfragen offensichtlich zum Guru lieber als zum Seelsorger sich wendet."

Meiner Erfahrung nach ist auch die Zeit der Gurus bereits abgelaufen. Wir werden wacher, wir werden erwachsener. Zwar ist es schon Geschichte, aber immer noch unglaublich, daß ein scheinbar so festgefrorenes System wie das in der Sowjetunion alte Götter vom Thron zu stoßen vermochte, welche Menschen siebzig Jahre lang Speisekarten angeboten haben. Gorbatschow räumte als Parteichef ein: „Die Sowjet-Union erhebt keine Ansprüche auf den Besitz der

Wahrheit in letzter Instanz." Doch Umgestaltung (Perestroika) und Glasnost (Transparenz) haben nicht nur die Menschen im Osten nötig, sondern auch wir.

Wir stecken in einem existentiellen Vakuum. Die alten Götter sind fort - und wir haben keine neuen geschaffen. Es ist, als ob der alte Tempel in Trümmern liegt und wir noch keinen neuen erbaut haben. Ein altes Wort sagt: „Wenn die Götter die Altäre verlassen, ziehen Dämonen ein." Im Klartext: wenn sich die Vorstellung von Menschen aus dem Transzendenten zurückzieht, müssen sie sich einen Ersatz finden, den sie sich selber ausdenken müssen, denn nicht nur die Natur schreckt vor der Leere zurück, sondern auch unser Inneres. Auf solche Weise haben wir andere Götter an die Stelle der alten gesetzt: Marx, Lenin, Hitler und andere. Und ein Personenkult mit Menschen unterscheidet sich nicht wesentlich vom Personenkult mit Gott. Wir kennen aber auch unpersönliche Götter: Vernunft wurde Göttin, Geld wurde Gott, Macht wurde Gott.

Ohne Religion, ohne Gott können wir nicht leben. Wenn wahre Götter nicht verfügbar sind, müssen wir uns selbstgemachte Idole schaffen.

Die Zeit scheint gekommen, in der wir Menschen uns selbst überwinden müssen und können. Wie hat das der Prophet des 20. Jahrhundertes - Nietzsche - ausgedrückt? „Der Mensch ist das einzige Wesen, das sich überwinden kann und muß!" Das heißt also, den nächsten Schritt über den ‚Löwen-Zustand' hinaus zu vollziehen.

Sollte diese Überwindung unseres Selbst nicht gelingen, droht die Gefahr, zurückzufallen. Das ist ja schon mehrfach passiert. In unserem Land: Hitler. Anderswo Stalin, Mussolini, Mao-tse Tung. Wie konnten Menschen dieser Art so mächtig werden?

In Zeiten, wo es keine zeitgemäße Gottesvorstellung gibt, der ‚Altar leer ist', treten stets Verführer auf. Menschen, die sich autoritär geben, die ‚wissen, wo es lang geht'! Die anderen suggerieren können, wer und was sie sind, ihnen Identität verschaffen. Diese ‚Führer' haben für Zeiten, wo alte Identitäten verblassen, die Antworten - auf alles eine *eindeutige* Antwort. In Zeiten, in denen die meisten Menschen orientierungslos sind und nicht wissen, wie und wo es weitergehen soll, wird der zum ‚Führer', der genau und unbeirrt sagt, wie es weitergeht.

Immer, wenn ein Volk tief in Verwirrung gerät, erscheint so ein ‚Führer'. Und dem folgen nicht nur die Massen, die ‚Kamele', sondern weitgehend auch die Kirchen - ebenfalls ein Zeichen dafür, daß deren ‚Gott' tot ist.

Unter den ‚Mitläufern' waren auch viele intelligente Menschen. Wie konnte das passieren? Menschen, welche denken, zweifeln und zögern mehr als andere. Bei ihnen melden sich mehr ‚Wenns' und ‚Abers'. Doch solche Menschen geben sich leicht zurückhaltender, halten ihre Meinung für eine unter anderen oder sogar für unmaßgeblich. Sie wissen, daß sie eine ‚Meinung' haben und lassen zugleich andere Meinungen gelten. Das erklärt mir auch die Rolle von Philosophen, die dem ‚Führer' folgten.

In den vergangenen sechzig, siebzig, sogar achtzig Jahren haben sich nur sehr wenige Menschen wirklich individualisiert; die meisten sind ohne Orientierung geblieben und so ‚Anhänger' geworden.

Wenn ruchbar wird, daß Gott tot ist, daß auch Götter verwesen, fühlen sich Menschen führerlos, allein gelassen, un-maß-gegeben. Und da Menschen ohne Gott nicht leben können, stehen wir vor zwei Alternativen: wir werden - wieder - Opfer irgendeines ‚Ismusses'; oder aber wir benutzen die Ungewißheit, in der wir jetzt leben und die wie eine Massenneurose aussieht, als Sprungbrett zur Befreiung aus der Vergangenheit, von aller ‚Führung' und ‚Verführung'. Fangen an, ohne Führer und Gurus zu leben. Denn ich wiederhole es, auch die Zeit der Gurus scheint mir abgelaufen zu sein.

Wir stecken in einer Art Neurose, in einer tiefen Orientierungslosigkeit. Wenn ein Zugang zur Wirklichkeit blockiert wird, entsteht immer Verwirrung. Normale Menschen in einer unnormalen Situation verhalten sich stets unnormal.

Etwas total Neues müssen wir lernen! Etwas, was bisher noch nicht bekannt ist: wir müssen lernen, im ‚Hier und Jetzt' zu leben.

Es gibt keinen vorgegebenen Sinn mehr. In der Vergangenheit ist uns Sinn *gegeben* worden, vermittelt, vorgeschrieben, gepredigt worden. Jetzt gibt es keinen vorgegebenen Sinn mehr!

Nur: der Mensch kann ohne Sinn nicht leben. Und mit ‚Sinn' meine ich zugleich ‚Gott'. Wir brauchen das Gefühl, daß alles, was wir tun, einen Bezug hat und etwas zur gesamten Existenz beiträgt.

Wir wollen das Gefühl haben, daß wir - ganz gleich wie groß oder klein unser Beitrag ist - zählen, daß wir wichtig sind. Das existentielle Vakuum, das heute viele spüren, die Frage ‚Wozu das Ganze?' verursacht Schmerzen. Warum noch weiterleben? Es ist doch alles sinnlos!

In den ‚Choruses from The Rock' sagt T.S. Eliot:

> „Aber es scheint, als ob etwas geschehen wäre, was noch nie zu-vor geschehen ist: obwohl wir nicht wissen, wann oder warum, oder wie oder wo. Die Menschen haben Gott nicht für andere Götter verlassen, sondern für *keinen* Gott; und das ist noch nie geschehen ..."

Früher sind Menschen von einem Gott zum nächsten weitergegangen, schließlich von vielen zu einem - aber auch dieser Eine veränderte sich im Laufe der Zeit. Der Gott des Mose war streng, ein Gesetzgeber. Als Jesus mehr als tausend Jahre später erschien, hatten sich die Menschen weiterentwickelt. Jesus konnte daher von Liebe sprechen, nicht mehr über Gesetz und Ordnung. Die Gottesvorstellung im alten Testament ist die eines zornigen, eifersüchtigen, gewalttätigen Gottes. So waren die Menschen in der damaligen Zeit.

Wann immer Menschen Gott verlassen haben, dann für einen neuen Gott. Aber heute haben Menschen die Gottesvorstellung selbst aufgegeben. Wir haben die gesamte Vorstellung von jedwedem Sinn, alle Vorstellung, daß die Existenz lebendig, bewußt ist, total über Bord geworfen. „Die Kirche abgelehnt, der Turm eingerissen, die Glocken abgestürzt, und was bleibt uns, als mit leeren Händen, die Handflächen nach oben, dazustehen. In einem Zeitalter, das fortschreitend nach rückwärts vorankommt" (T.S. Eliot).

Was es noch nie gegeben hat: wir stehen zum ersten Mal in der Evolution des menschlichen Bewußtseins Gott gegenüber entfremdet da. Wir haben uns völlig von der Existenz getrennt. So stehen wir einsam da, ohne Licht, waren noch nie so heimatlos.

Wie ist es dazu gekommen? Wir wurden ‚erwachsen'. Und was hat noch dazu beigetragen? Wir haben uns noch nie soweit von der Natur entfernt wie in jüngster Zeit. Wir können die Nacht zum Tage machen, haben große Teile des Planeten mit Asphalt und Beton ‚zugepflastert', haben eine eigene künstliche Welt erschaffen und gleichzeitig die Natur verlassen. Wir haben unser Denken, die Göttin

Vernunft wesentlich stärker vorangetrieben als unser Fühlen. Und Gott ist eher ein Gefühl als etwas, was gedacht werden kann. Wir sind aus dem Gleichgewicht geraten.

Klaus Haefner, Professor für Angewandte Informatik an der Universität Bremen, stellt fest:

> „Früher bedeuteten Bildung und Religion das Gegengewicht. Die Schulen und Kirchen lieferten die Sinnsysteme, in denen sich die Menschen zurechtfinden konnten. An deren Stelle ist das Vakuum der Sinnleere getreten, in das jetzt die neuen Technologien einbrechen. Viele junge Leute sind deshalb so gierig auf die Computerei, weil sie darin einen Sinnersatz sehen. Das ist das eigentliche Problem.“ [8]

Auf das folgende Thema hat mich meine Arbeit mit Menschen gebracht. Was ist eigentlich mit uns los? Sie wissen vielleicht, daß nach Schätzungen bis zu 75% unserer Bevölkerung als ‚neurotisch‘ einzustufen sind. Jeder vierte Bundesbürger wird einmal im Laufe seines Lebens psychisch krank.

Eine Neurose - was ist das eigentlich? Es ist ein Zustand, den heute so gut wie jeder Erwachsene kennt, ein Zustand von Unentschiedenheit, Unschlüssigkeit und Orientierungslosigkeit. Es ist die Unfähigkeit, etwas anfangen, verändern oder beenden zu können.

Woran liegt das? Der moderne Mensch ist zum ersten Mal bewußt Mensch geworden. Bisher haben Menschen weniger als Individuen, sondern als Masse, als Kamele, als Kollektiv existiert. Jetzt wird das Individuum, der Einzelne, die Einzelne geboren; deshalb ist der moderne Mensch so Neurose-anfällig. Das menschliche Bewußtsein geht durch eine wirkliche Revolution. Und das ist ein gutes Zeichen.

Noch unseren Eltern und erst recht unseren Großeltern war es leicht, auf die Frage „Wer bin Ich?“ zu antworten. „Vater“, „Mutter“, „Christ“, „Schweizer“, „Deutscher“, „Kaufmann“, „Bauer“ ... - die Menschen wußten, wer sie waren.

Das ist heute nicht mehr so klar. Alle diese Identifizierungen tragen immer weniger; eine vorgegebene Identität haben wir heute nicht mehr. So können wir uns heute nicht mehr definieren.

Früher haben andere für das Definieren gesorgt: die Tradition, die Sitte, die Eltern, die Kirche, die ‚Väter‘. Das waren Autoritäten, und sie galten als unfehlbar. Es war überdies leicht, abhängig zu sein; man mußte nicht und wollte auch nicht darüber nachdenken. Alles wurde gegeben oder genommen. Jetzt werden wir erwachsen. Aus Kamelen werden Löwen. Jetzt müssen wir uns unsere eigene Identität erwerben - und das ist nicht so leicht.

Eingebettet in das Kollektiv war es nicht nötig, nach Antworten zu suchen. Es gab keine Fragen. Gott war da. Alles war geordnet und fraglos klar. Und wir konnten mit diesen Bildern gut leben.

Heute ist es ‚zeitgemäß', desorientiert zu sein. Daher die Neurosen.

„Der Psychoanalytiker (entdeckt) beim Studium von Neurosen, daß er ein religiöses Problem vor sich hat ...". [9]

Bhagwan/Osho sagt: „Ein Mensch, der seinen Kontakt mit Gott wirklich hat, wird nicht Patient. Patienten sind die, die ihren Kontakt mit Gott verloren haben." Und: „Therapien werden in der Welt deshalb gebraucht, weil das Gebet verschwunden ist. Therapie ist eine moderne Notwendigkeit, weil das Gebet verschwunden ist."

Neurosen gibt es nur im Übergang - früher oder später werden wir damit umgehen können. Und es liegt an jedem von uns, ob das früher sein wird! Wir werden unser eigenes Bewußtsein ohne Autoritäten ergreifen, und Menschenwürde wird sichtbar werden. Vor fünfhundert Jahren hat Pico della Mirandola, der italienische Humanist und Philosoph ‚Von der menschlichen Würde' geschrieben. In diesem Werk läßt er Gott sagen:

„Ich habe dich nicht himmlisch noch irdisch, nicht sterblich noch unsterblich geschaffen, damit du dich frei, aus eigener Macht, selbst modellierend und schaffend zu der von dir gewollten Form ausbilden kannst."

Bis auf wenige Ausnahmen (ein Zarathustra, ein Buddha, ein Christus, ein Heraklit, ein Eckhart, ein Franziskus) haben wir Menschen der Vergangenheit gelebt und sind gestorben, ohne je zu wissen, ja zu ahnen, wer wir waren. Wir sind nie unserer innersten Natur begegnet, die immer schon da war. „Alle Wesen sind von Anfang an Buddhas."

Mensch sein ist riskant. Und was ist das Risiko? Wir müssen durch eine Art Neurose. Das ist eine der wichtigsten Informationen, die es heute gibt. Wenn Menschen zu sich selbst aufwachen, kommt es zu einem Übergang, in dem alles durcheinander geht.

Im Zen wird dieser Übergang so erklärt:

Bevor man anfängt, den eigenen inneren Raum in Besitz zu nehmen, sind Berge Berge und Flüsse Flüsse. Wenn man tiefer geht, sind Berge nicht mehr Berge, und Flüsse nicht mehr Flüsse.

Für den aber, der weitergeht und den eigenen inneren Raum erreicht, werden Berge wieder Berge und Flüsse wieder Flüsse.

Wir leben in einer Zeit, in der sich alles verändert und durcheinander kommt, nicht nur die Menschen und das Wetter, sondern offensichtlich der Planet selber.

Carl Friedrich von Weizsäcker beginnt sein Buch „Wahrnehmung der Neuzeit" (Carl Hanser Verlag, München/Wien, 1983) mit dem Satz: „Was wir heute an der Neuzeit am unausweichlichsten wahrnehmen, ist - so scheint es wenigstens dem Verfasser - ihre Krise."

Auf dem Weg zu uns selbst, dem ‚Übermensch' Nietzsches, kommen wir dorthin - oder fallen!

Haben wir diesen Propheten unseres Jahrhunderts verstanden? *„Ich lehre euch den Übermenschen.* Der Mensch ist Etwas, das überwunden werden soll. Was habt ihr getan, ihn zu überwinden?" Und eine solche Erkenntnis ist nicht neu - wie könnte sie es auch sein? In einer anderen Zeitenwende, im Übergang vom Altertum zum Mittelalter, lebte in Nordafrika als Sohn eines Römers und einer Nordafrikanerin jener größte lateinische Kirchenlehrer des Altertums, Aurelius Augustinus. Er hörte in sich - denn er erlebte *die Erfahrung des Erwachens selber* - eine Stimme: „Kehre in dein Innerstes und steige über dich selbst hinaus - dorthin (...) strecke dich!"

Auch Simone de Beauvoir hat erkannt: „Das Leben befaßt sich mit der Selbsterhaltung *und* der Selbstüberwindung; wenn es sich nur selber erhält, dann ist Leben nur ‚Nicht-Sterben'."

Wohl alle Menschen, die heute neurotisch geworden sind, sind neurotisch geworden, weil es keinen Behüter mehr gibt. Aber den hat es nie gegeben! Wir haben nur an ihn geglaubt. Nur daher existierte für uns ein Behüter, weil wir an ihn geglaubt, ihn als ein Geschöpf unseres Glaubens durch unser für-wahr-Halten erschaffen haben.

Wir müssen heute lernen, allein auf uns gestellt zu leben. Die Gelegenheit ist da. Wer sie, diese Herausforderung annimmt, wird zu den Menschen gehören, die sich selber überwunden haben, zu denen, die sich verwirklicht haben.

Warum benutzen wir überhaupt das Wort ‚Gott'? Weil wir merken, daß die Existenz nicht tot ist. Weil wir durch dieses Wort die Möglichkeit haben, die Existenz anzusprechen. Wir können sie auch ‚Du' nennen. Die Existenz ist ja nicht wie ein toter Stein, sie lebt und sie antwortet. Wenn wir sie lieben, fließt Liebe zu uns. Wenn wir sie suchen, sucht auch sie uns.

> „Es ist eine sichere Wahrheit, daß es Gott also Not ist, daß er uns suche, recht als ob all seine Gottheit daran hinge. Gott mag unser so wenig entbehren, als wir seiner. Mögen wir uns von Gott kehren, so mag Gott sich doch nimmer von uns kehren."

Das sagte Meister Eckhart; und noch deutlicher:

> „Gott wartet ungeduldiger als du, daß du dich Ihm öffnest; Ihn verlangt tausendmal dringender nach dir, als dich nach Ihm. Dein Auftun und sein Eingehen geschieht in einem Augenblick."

‚Gott' - was wissen wir über die Wortbedeutung? Das Wort ‚Gott' geht zurück auf das gotische ‚guth' und bedeutet ‚angerufenes Wesen'; es ist verwandt mit dem altindischen ‚hutes' = ‚angerufen'. ‚Puruhuta' ist ‚der viel Angerufene,. ‚Purusha' heißt im Sanskrit wörtlich ‚Mensch', der ursprüngliche, ewige Mensch. Oder es kommt von der Wurzel ‚gießen' her und heißt dann soviel wie *‚gegossenes Bild'*.

Diesen zunächst rätselhaften Zusammenhang zwischen dem ‚gegossenen Bild' und dem ‚Menschen' möchte ich mit Angaben aus der Forschung Rudolf Steiners klarer machen:

> „Gegenwärtig sind wir Menschen im wesentlichen ein erkennendes Wesen, wir können die Welt um uns bis zu einem gewissen Grad begreifen, aber wir können nur wenig von dem, was wir begreifen können, auch *wollen*. Wir haben wenig *Macht* über das, was wir erkennen können."

Als Bild einer fernen Zukunft hat Rudolf Steiner beschrieben, was wir Menschen erreichen können, wenn unser Wille immer mächtiger geworden ist. Er spricht vom Ziel des Menschen, das schon im Altertum das ‚große Opfer' genannt worden ist.

„Das ‚große Opfer' besteht in der Macht des Willens, wo das Wesen, das ‚will', imstande ist, sich ganz hinzugeben. Nicht nur das Wenige hinzugeben, was der Mensch mit seinen schwachen Gefühls- und Willensmächten hingeben kann, sondern das ganze Sein hinzugeben, sich als eine bis ins Stoffliche gehende Wesenheit ausfließen zu lassen." [10]

Für das ‚große Opfer' der ‚höchsten Ausprägung des Willens in der Gottnatur', hat Rudolf Steiner die folgende Vorstellung angeboten: „Stellen Sie sich vor, Sie stehen vor einem Spiegel. Was Sie aus diesem Spiegel anschaut, ist Ihr *Bild.* Dieses Bild ist eine Illusion, die Ihnen vollständig gleicht. Stellen Sie sich weiter vor, Sie wären dadurch gestorben, daß Sie Ihr eigenes Sein, Ihr Fühlen, Ihr Denken, Ihr Wesen hinopfern, damit dieses Bild belebt wird, damit dieses Bild zu dem wird, was Sie selber sind.

Sich selbst hinzuopfern und sein Leben an das Bild abzugeben, das ist zu allen Zeiten die ‚Emanation', das ‚Ausfließen' genannt worden. Wenn Sie das tun könnten, dann würden Sie sehen, daß Sie nicht mehr da sind, weil Sie alles zur Auferweckung des Lebens und des Bewußtseins im Bild abgegeben haben."

In Meister Eckharts Worten:

„Ja, Menschen und alle Kreaturen, die fließen von Gott als gleich aus in ihrem ersten Ausfluß ... Nun sind die Dinge in Gott gleich und sind Gott selbst ... Es ist Ihm eine Lust, daß er seine Natur und sein Sein da völlig ausgießt in die Gleichheit, weil er die Gleichheit selber ist."

Für dieses ‚Hineinsterben' in das ‚gegossene Bild' sei auch dieser Vergleich von Bhagwan/Osho angeführt:

„Was passiert, wenn aus einem Samen ein Baum wird? Das Samenkorn *muß sterben* - nur dann wird es zum Baum. Gott ist in das Universum hineingestorben; er kann nicht draußen bleiben, er ist in ihm, er ist darin verloren.

Darum können wir Gott nicht finden. Wir können ihn in Bergen oder heiligen Stätten suchen - aber wir finden ihn nirgendwo, weil er hier ist, überall!

So, wie jetzt das Samenkorn im ganzen Baum ist. Das Samenkorn kann man nicht mehr finden, weil es in den Baum hineingestorben ist und Baum geworden ist. Gott ist in dieses Universum hineingestorben, in die Existenz, und ist der Kosmos geworden." [11]

Wir alle sind Samenkörner. Menschen sind Möglichkeiten. Jeder von uns kann und muß irgendwann über das bloße Menschsein hinauskommen. Wer meint, er könne so bleiben, wie er ist, ist wie jemand, der schwer krank ist und nichts unternimmt. Ob Sie es wissen oder nicht: wir sind dazu hier, um den ‚Weg des Ausgeborenseins wieder zurückzugehen'! Nach dem ‚Ausfluß aus dem Einen' kommt der ‚Rückfluß in das Eine'. Meister Eckhart sagt uns:

> „Wenn man aber die Kreatur in Gott erkennt, so heißt und ist das eine Morgenerkenntnis, und auf diese Weise schaut man die Kreaturen ohne alle Unterschiede und aller Bilder entbildet und aller Gleichheit entkleidet in dem Einen, das Gott selbst ist ...".

Im Zen-Buddhismus wird folgende Geschichte erzählt: Ein König ließ sich einen neuen, großen Palast bauen. Auf der riesigen, langen Außenmauer wollte er sich ein Bild der ‚Schneewohnung' malen lassen, des höchsten und mächtigsten Gebirgsmassivs der Erde, im Sanskrit Himalaya genannt. Lange suchte er nach dem besten Maler, bis er einen Zen-Meister fand. Der König fragte ihn, wie lange es dauern würde, bis er die ganze Wand bemalt hätte. Der Zen-Meister sagte, er würde drei Jahre brauchen. Das erschien dem König zu lang. „Warum dauert das so lange", fragte der König, und der Maler antwortete: „Ich muß erst drei Jahre in den Himalaya gehen, ehe ich ihn malen kann." Der König willigte ein. Nach drei Jahren kam der Meister aus den Bergen und malte in drei Tagen das ganze Bild. Der König war über alle Maßen erfreut, er fand das Bild noch herrlicher als den Himalaya selbst. Beglückt ging er mit dem Zen-Meister an dem langen Bild entlang und entdeckte immer wieder Neues. An einer Stelle blieb der König stehen und fragte: „Wohin geht der Weg, der dort hinter einem Hügel verschwindet?" Da antwortet der Maler: „Ich weiß nicht. Ich werde mal nachsehen!" Und er geht in das Bild auf den Weg und verschwindet hinter dem Hügel.

Lassen Sie uns wieder Rudolf Steiner folgen:

> „Wenn der Wille auf der Stufe angelangt ist, daß er das ‚große Opfer' vollbringen kann, dann schafft er ein Universum, er schöpft es, er kreiert es. Und dieses Universum ist ein Spiegelbild, das seine Aufgabe durch das Wesen des Schöpfers selbst bekommt. Wenn das Universum das Spiegelbild der Gottheit geworden ist, dann ist auch die Menschheit das Spiegelbild Gottes."

Auch hierfür ein Vergleich Rudolf Steiners:

> „Versetzen Sie sich in eine Gottheit, die welterschaffend der Mittelpunkt des Universums ist. Wenn Sie sich dort, wo Sie jetzt sind, den Mittelpunkt denken - und sich statt der Wände, statt des Bodens und der Decke in diesem Raum hier eine im Inneren spiegelnde Hohlkugel denken, dann werden Sie sich als Mittelpunkt nach allen Seiten gespiegelt sehen. Jetzt haben Sie das Bild einer Gottheit als Willensmittelpunkt, die sich nach allen Seiten spiegelt, und dieser Spiegel ist das Bild der Gottheit selber und das Universum zugleich. Denn was ist ein Universum? Es ist nichts anderes als ein Spiegel des Wesens der Gottheit.
>
> Und daß das Universum lebt und webt, kommt daher, weil die Gottheit emaniert, wenn sie das ‚große Opfer' bringt, wenn sie ihr Universum spiegelt (wie eben am Beispiel der Belebung des Spiegelbildes geschildert). Das ganze Universum ist belebt von dem universellen Willen, der sich in unendlicher Mannigfaltigkeit ausdrückt."

Doch wo finden wir Bestätigungen für die ‚fortwährende Schöpfung', für die ‚allgegenwärtige, fortwährende Schöpfung'? John Donne, der im 17. Jahrhundert ein berühmter Prediger in London war, prägte den Satz: „Gott ist so allgegenwärtig, daß Gott ein Engel in einem Engel und ein Stein in einem Stein und ein Strohhalm in einem Strohhalm ist." In den Upanishaden heißt es: „Gott schläft im Stein, Gott atmet in der Pflanze, Gott träumt im Tier, Gott erwacht im Menschen."

Lassen Sie uns nun auf das sogenannte ‚Menschheitsgebet' eingehen, das Vaterunser. Es scheint mir außerordentlich geeignet, unsere Außen- und Innenseite zu begreifen, und ich referiere hier zunächst, was Rudolf Steiner in seiner esoterischen Betrachtung ausgeführt hat. Nach Steiner hat sich der Mensch langsam aus einer Art „höchster tierischer Hülle" entwickelt. Diese höchste tierische Hülle läßt sich vierfach gliedern: 1. der physische *Körper*. 2. das, was heute oft *Biofeld* genannt wird und auch fotografiert werden kann: das Kräftefeld, das den Körper wachsen, das Wunden heilen läßt. In der Anthroposophie auch ‚Architekt des Leibes', ‚Ätherleib', ‚Bildekräfteleib' genannt. 3. Das dritte Glied ist der ‚Träger der Triebe und Leidenschaften', von Freude und Leid, von Lust und Schmerz; der ‚Empfindungsleib', ‚Astralleib', heute meist *Emotionalkörper* genannt. 4. Das vierte Glied ist das *Ego*.

Das sind also die vier Teile der unteren, ‚niederen' Menschennatur, und sie sind natürlich alle Teile der göttlichen Natur - unserer ‚Außenseite'.

Mit dieser ‚unteren Vierheit' hat sich, zu einem sehr frühen Zeitpunkt in der Entwicklung der Erde, die ‚obere Dreiheit' verbunden - unsere ‚Innenseite'.

‚Untere Vierheit' und ‚obere Dreiheit' sind übrigens Begriffe aus der pythagoräischen Schule. Das schon damals verwendete Symbol war ein Quadrat (für die untere Vierheit), auf dem wie ein Dach ein Dreieck (die obere Dreiheit) aufruht. Mit dieser oberen Dreiheit kommt ein ‚in Selbständigkeit individualisierter Tropfen der Gottheit in den Menschen'.

Diese wie ein Dreieck auf dem Viereck aufliegenden Glieder haben bei Steiner die Namen ‚Geistesselbst' oder auch ‚Manas'; ‚Lebensgeist' oder ‚Budhi' und ‚Geistesmensch' oder ‚Atma'.

Um sich vorstellen zu können, wie das Göttliche sich in den vorher ‚nur natürlichen Menschen' eingesenkt hat, hilft Rudolf Steiners folgendes Bild: Wenn man sich ein Glas Wasser vorstellt, kann niemand unterscheiden, wo im Wasser der eine Tropfen aufhört und der andere anfängt. Denkt man sich aber eine Anzahl von kleinen Schwämmchen in das Wasser eingetaucht, so saugt jedes Schwämmchen einen Teil der Wassermasse auf. Die vorher im Glas einheitliche Wassermasse ist jetzt auf viele Schwämmchen verteilt. So wohnt in jedem Menschen ‚ein in Selbständigkeit individualisierter Tropfen der Gottheit'.

Das höchste Prinzip der oberen Dreiheit, Atma, ist willensartiger Natur. Das Universum ist ein Spiegel des Wesens der Gottheit. Alles ist Gott, welcher sich ausgießt, der emaniert. Das ganze Universum ist vom *universellen Willen belebt*, der sich in unendlichen Mannigfaltigkeit ausdrückt.

Diesen Prozeß der unendlicher Mannigfaltigkeit, der unendlicher Vervielfachung, diese Wiederholung der Gottheit nennt man in aller okkulten Wissenschaft das *Reich*.

Der Wille ist Mittelpunkt, der Spiegel ist das Reich. Das sind die beiden ersten der drei oberen göttlichen Teile im Menschen. Das Reich umgibt uns in Mineralien, in Pflanzen, in Tieren und in den Menschen. Es manifestiert sich in jedem einzelnen dieser Wesen.

Noch heute bewahrt unsere Sprache davon ein Erbe, wenn vom ‚Mineralreich', vom ‚Pflanzenreich', vom ‚Tierreich' die Rede ist. Und nicht nur in unserer Sprache: im Englischen heißen diese Reiche mineral kingdom, vegetable kingdom und animal kingdom, also ‚Königreich'.

Aber auch in allen Einzelheiten lebt göttliche Natur: „Man kann in jedem Mineral, in jeder Pflanze, in jedem Tier und in jedem Menschen Gott gespiegelt sehen, einen Ausdruck, einen Abdruck des Göttlichen erblicken."

Im Begriff ‚Reich' drückt sich die unendliche Mannigfaltigkeit Gottes aus. Sie wird dadurch unterschieden, daß allen Einzelheiten jeweils ihr *Name* gegeben wird. Der Name ist dasjenige, was der Mensch dann der einzelnen Wesenheit zuordnet. Der Name ist es, wodurch sich die einzelnen Teile dieser unendlichen Mannigfaltigkeit voneinander unterscheiden. Der Name ist somit die dritte der höchsten menschlichen Prinzipien, welche aus dem Göttlichen fließen; und entspricht dem Manas oder dem Geistselbst.

Das hier Geschilderte ist eine uralte Lehre, nach der aus *Name*, *Reich* und *Wille* jener Teil besteht, welcher als ‚obere Dreiheit' und ewiger Teil Gottes in die menschliche Natur eingeflossen ist.

Fügen wir jetzt die vier ‚unteren' Teile der Menschennatur als Glieder der göttlichen *Natur* hinzu. Was sie angeht, sind wir Menschen anfällig und fehlbar. Der physische Leib braucht Nahrung (*Brot*). Im Biofeld (Ätherleib) sind bleibende Neigungen, bleibende Temperamentseigenschaften, bleibende Gewohnheiten verankert, auch Zusammenhänge mit der Zeit, in der man lebt, mit dem Volk, dem man angehört, mit der Familie. Fehler gegen diese Gemeinschaft werden als *Schuld* bezeichnet. Der Emotionskörper (Astralleib) enthält mehr das Persönliche, das Individuelle. Fehlerhafte Eigenschaften des Emotionskörpers werden *Versuchung* genannt. Solche Verfehlungen des Ichs, des Egos, sind Selbstsucht, Egoität, Egoismus. Und während der Mensch *vor* seiner Absonderung noch aus dem Allgemeinen schöpfen konnte - wie der Tropfen, der im Wasser seine Kraft noch aus der gemeinschaftlichen Wassermasse bezieht, hat er jetzt alle Antriebe aus sich selber. Das meint die Parabel vom Sündenfall, wenn sie vom Essen des Apfels spricht. Lateinisch heißt Apfel Malum, und malum bedeutet zugleich das Übel, das Böse. Am

Baum der Erkenntnis hängt das ‚Böse'. Am Baum des Denkens hängt die Dualität. Wir Menschen haben vom ‚Baum der Gegensätze' gegessen. Das Übel, das Böse ist also Verfehlung aus deinem Ich. Schuld ist eine Verfehlung, welche wir im Zusammenleben mit anderen Menschen durch das Biofeld, durch den Ätherleib im sozialen Leben begehen. Versuchung ist, was den Emotionalköper, den individuell fehlerhaften Astralleib treffen kann.

Rudolf Steiner wörtlich:

> „In dem einzelnen Menschen lebt ein göttlicher Tropfen, und der Mensch ist in seiner Entwicklung zu dem Göttlichen hin, zur Ausprägung seiner tiefsten innersten Natur.
>
> Hat er einmal diese tiefste innere Natur ausgeprägt, dann hat er durch allmähliche Entwicklung sein eigenes Wesen in dasjenige verwandelt, was im Christentum der ‚Vater' genannt wird. Das, was verborgen in der menschlichen Seele ruht, das, was als das große Ziel der Menschheit vorschwebt, das ist der Vater im Himmel. (Dann kann ein Mensch - Jesus - sagen: Ich und der Vater sind eins.)
>
> Und nun denken Sie sich einen Menschen, der in der Meditation sich ganz versenkt in diesen Sinn der Entwicklung und diesen Sinn, diese sieben Glieder der Entwicklung, in sieben Bitten in einem Gebet zusammenfassen soll. Wie wird der sagen?
>
> Um auszudrücken, was durch dieses Gebet erreicht werden soll, wird er - bevor er die sieben Bitten ausspricht, sagen: ‚Vater unser, der Du bist in dem Himmel'. Damit wird auf den tiefsten Seelengrund der menschlichen Natur hingedeutet, auf das innerste Wesen des Menschen...
>
> Die drei ersten Bitten beziehen sich auf die drei höheren Glieder der Menschennatur - auf den göttlichen Inhalt des Menschen: ‚Dein Name werde geheiligt. Dein Reich komme zu uns, Dein Wille geschehe'.
>
> Jetzt gehen wir über vom geistigen Reich zum irdischen Reich: ‚Dein Wille geschehe, wie im Himmel, also auch auf Erden.' Die vier letzten Bitten beziehen sich auf die vier niederen Glieder der Menschennatur.
>
> Was werden wir von dem physischen Leibe sagen, damit er unterhalten wird im planetarischen Leben? ‚Gib uns heute unser täglich Brot'. Was werden wir vom Äther- oder Lebensleib (Biofeld) sagen? ‚Vergib uns unsere Schuld, wie auch wir vergeben unseren Schuldigern'.

> Was werden wir in Bezug auf den Astralleib (Emotionalkörper) sagen: ‚Führe uns nicht in Versuchung'. Und was werden wir in Bezug auf das Ich sagen? ‚Erlöse uns von dem Übel'.
>
> Durch zwei Jahrtausende hindurch hat der Christ so gebetet, wie der naive Mensch eine Pflanze anschaut. In Zukunft wird er die Kraft des Gebetes erkennen aus der tiefen Urweisheit heraus, aus welcher das Gebet geflossen ist."

Soweit Rudolf Steiner.

Jesus, der in der Bergpredigt dieses Gebet gelehrt hat, fordert zuvor: „Wenn ihr betet, sollt ihr nicht plappern wie die Heiden, die meinen, sie werden erhört, wenn sie viele Worte machen. Macht es nicht wie sie; denn euer Vater weiß, was ihr braucht, noch ehe ihr ihn bittet. So sollt ihr beten: ‚Vater unser ...'."

Welcher Gott ist also tot? Gott als Person ist tot, und hat nie gelebt. Wir haben diese Vorstellung gebraucht, und wir brauchen sie nicht mehr. Wache Menschen haben schon immer gewußt, daß Gott keine Person ist. Vor über 650 Jahren schrieb Meister Eckhart: „Die meisten lehren, Gott sei ein Wesen, und zwar ein vernünftiges Wesen und erkenne alle Dinge. Ich aber sage: Gott ist weder Wesen noch Vernunft, noch erkennt er dieses und jenes! Deshalb ist Gott aller Dinge ledig; und deshalb *ist* er alle Dinge!" Nach ihm empfängt alle Kreatur ihr Sein, wie der Spiegel das Bild empfängt. Gottes Entsprechung im Menschen ist das ‚scintilla animae', das ‚Seelenfünklein', welches Meister Eckhart als ‚oberste Vernunft' und zugleich als Gottesgeburt im Menschen bezeichnet.

Alle, die Gott als Person sehen - und sei sie noch so herrlich - gehen von Anfang an in die verkehrte Richtung. Dort ist Gott niemals zu finden. Gott ist eine Gegenwart, keine Substanz, sondern eine Bedeutung. Sobald man Gott als Bedeutung verstehen kann, verändert sich das Leben. Dann argumentiert man nicht mehr über Gott, ob es ihn gibt oder nicht; dann ist niemand mehr an Theologie interessiert. Und schließlich kann Gott auch gar keine Person sein, weil er alle Personen sein muß. Ron Smothermon drückt das so aus:

> „Der Mensch hat gewaltige Teleskope, visuelle und eine Reihe anderer entwickelt. Mehrere Jahrhunderte lang ist das Universum genau beobachtet worden und niemand hat eine himmlische *Person* da draußen gesehen. Das

heißt: wenn Gott eine himmlische Person ist, lebt sie in außerordentlicher Entfernung, zu weit weg, um gesehen zu werden, oder Gott ist keine himmlische Person.

Wenn Gott eine irdische Person ist, ist sie sehr gut versteckt, und bis jetzt hat noch niemand ihr irdisches Heim lokalisiert.

Somit wissen wir also, was Gott nicht ist. Gott ist nicht eine bestimmte himmlische oder irdische Person. Entweder ist Gott alles oder es gibt keinen Gott. Wenn Gott ist, ist Gott. Wenn Gott nicht ist, ist Gott nicht. Was Sie glauben, hat keinen Einfluß auf das, was ist und nicht ist." [12]

Gott kann nicht ‚jemand' sein, weil er ‚Alle' ist. Und er kann nicht ‚irgendwo' sein, weil er ‚überall' ist. Gott kann nicht definiert werden - Personenhaftigkeit wäre eine Definition. Gott kann nicht begrenzt werden - als Person wäre er begrenzt. Um es Ihnen noch schwerer (oder leichter) zu machen: Nicht nur Gott ist keine Person - auch wir sind keine Person! In dem herrlichen Buch ‚Ich Bin' von Sri Nisargadatta heißt es: „Realisation besteht im Sehen der Tatsache, daß du keine Person bist." [13] Nur unsere Ignoranz läßt uns personenhaft erscheinen. Je tiefer wir aber zu uns kommen, desto unschärfer wird die Persönlichkeit.

Gott ist wie der Ozean, wir als Person sind wie eine Welle. Gott ist Alles. Natürlich entsteht bei diesem ‚Er ist Alles' im gleichen Augenblick ein Problem. Denn wie könnten wir dann mit ihm kommunizieren? Auch die Diskussion über sein/ihr Geschlecht würde hinfällig. Sie wissen vielleicht, daß es Bibelübersetzungen gibt, in denen Gott als weiblich, als Frau gesehen wird. Was zu ‚Erkenntnissen' wie der folgenden führen konnte: „Als Gott den Menschen geschaffen hat - hat Sie nur probiert."

Mit Gott können wir nur in einer anderen Dimension kommunizieren, in der Dimension des Bewußtseins, der Energie. Dann würde unser Beten nicht mehr so töricht sein und annehmen, Er/Sie/Es stünde auf unserer Seite. Gott steht auch auf der Seite des Gegners, weil Er/Sie/Es *alles* ist. In *ihm/ihr* treffen sich alle Gegensätze, heben sich auf und werden mit ihm eins.

Für die Ohren und Augen, welche immer noch meinen, dies alles wäre zu vermessen, einige Zitate aus der Bibel. Im ersten Brief des Johannes heißt es: „Meine Lieben, wir sind schon Gottes Kinder; es ist aber noch nicht offenbar geworden, was wir sein werden. Wir wissen aber; wenn es offenbar wird, werden wir ihm (Gott) gleich sein... ." Paulus spricht vom ‚zukünftigen Offenbarwerden der Söhne Gottes'.

„Ihr seid Götter und allesamt Söhne des Höchsten" (Christus, Johannes 10). „Ihr sollt vollkommen werden, wie Euer Vater im Himmel vollkommen ist" (Christus, Thomas-Evangelium).

Die uns gepredigte Bibel beschreibt weniger als die Hälfte des Lebens von Jesus. Dort werden nur seine ersten zwölf und die letzten drei Lebensjahre beschrieben. Es fehlen achtzehn Jahre! Von diesen können wir im ‚Wassermann-Evangelium' lesen. Daraus einige Verse: „Was ich vermag, das werden alle Menschen tun. Geht hin und überbringt der Welt die Botschaft von des Menschen großer Macht" (178/14). „Ihr wißt auch, daß mein ganzes Leben ein dramatisches Geschehen und ein Vorbild für die Menschensöhne war. Ich lebte, um des Menschen Möglichkeiten aufzuzeigen"(45). „Das, was ich tat, können alle Menschen tun, und das, was ich bin, werden alle Menschen sein"(46). „Ich, Jesus, bin ein Mensch wie ihr, geprüft durch viele überstandene Versuchungen. Ich bin der Tempel für die Christuskraft. So hört, ihr Männer Israels, schaut nicht auf Jesus - Jesus ist nicht König. Schaut auf Christus, der im Innern lebt und der sich ebenfalls in jedem Einzelnen von euch verwirklicht, wie in mir"(68/11-13).

Für Ohren (und Augen), deren Besitzer meditieren, sei noch dieser Hinweis gegeben: Es ist nicht sinnvoll, von sich selbst zu sagen: „Ich bin Gott". Das wäre zwar die Wahrheit, Gott ist auch ein Strohhalm in einem Strohhalm, aber Wahrheit läßt sich nicht sagen. Tun wir das trotzdem, ist es eine Vor-Stellung, eine Idee. Und es ist nicht richtig, sich mit einer Idee oder mit einer Vorstellung zu identifizieren. Alles Sprechen ist immer nur Fingerzeig! Es genügt, sich selber zu sagen: „Ich bin!"

> „Sowie wir innerlich wach und bewußt 'Ich bin ..., sagen, sind wir eins mit der Schöpferkraft unseres göttlichen Selbst. Wir sind dann innerlich eins. Und wo Einheit herrscht, schwinden Zweiheit und Zweifel, innerer und äußerer Zwiespalt und Zwist von selbst. Wir aktivieren dann die kreative Macht unseres Selbst, des inneren Helfers und Heilers, Führers und Meisters, den wir als Christen den ‚Christus in uns', als Buddhisten den ‚inneren Buddha' nennen.„ [14]

Wenn man Gott so kennt wie sich selber, braucht man es nicht mehr auszusprechen, dieses „Ich bin Gott". Verstehen Sie richtig: es muß einem *gesagt* werden, dann *weiß* man es, und in diesem inneren Begreifen ist man der Wahrheit näher als beim Sprechen. Gut macht das ein Freund von mir klar, Michael Barnett: „Der größte Irrtum heute, der Kardinalfehler heute, die größte Illusion heute, die verkehrteste Überzeugung ist heute: daß Gott in Dir wäre. Gott ist nicht in Dir. Das ‚Dir', das ‚Du' ist der einzige Ort, wo Gott nicht ist. Du wirst Gott nicht in Dir finden."

Noch einmal sei Nisargadatta Maharaj zitiert:

> „Du hast Dich in die Spanne einer Lebenszeit und in das Maß eines Körpers gezwängt und damit die unzähligen Konflikte von Leben und Tod erzeugt. Habe Dein Sein außerhalb dieses Körpers von Geburt und Tod - und alle Deine Probleme werden gelöst sein. Die existieren, weil Du glaubst, Du wärest zum Sterben geboren. Ent-täusche Dich und sei frei! Du bist keine Person. Solange Du meinst, eine Person zu sein, ist Er auch eine Person. Wenn Du alles bist, siehst Du Ihn als alles."

Es war meine Absicht - und ist es noch - Ihnen mit dieser ‚Speisekarte' Hunger auf die Speise zu machen. Auf den ‚Übermenschen', der wir alle sind. So will ich dieses Kapitel mit Sätzen der drei Menschen beschließen, bei denen ich meine Erfahrung am deutlichsten in Worten wiedergefunden habe. Zuerst Friedrich Nietzsche (aus seinem ‚Antichrist'):

> „Nichts ist unchristlicher als die *kirchlichen Kruditäten* von einem Gott als *Person*, von einem *‚Reich Gottes'*, welches *kommt*, von einem ‚Himmelreich' *jenseits*, von einem ‚Sohne Gottes', der *zweiten Person* der Trinität.
>
> Das ‚Himmelreich' ist ein Zustand des Herzens - nicht etwas, das ‚über der Erde' oder ‚nach dem Tode' kommt.
>
> ... das ‚Reich Gottes' ist nichts, was man erwartet; es hat kein Gestern und kein Übermorgen, es kommt nicht in ‚tausend Jahren' - es ist eine Erfahrung an einem Herzen; es ist überall das, es ist nirgends da ...
>
> Dieser ‚frohe Botschafter' (Christus) starb, wie er lebte, wie er *lehrte* - nicht, um *‚die Menschen zu erlösen'*, sondern um zu zeigen, *wie man zu leben hat.*"

Dann Bhagwan Shree Rajneesh:

> „Der Gott der Priester hat nie gelebt. Der lebendige Gott ist der der Mystiker. Ich lehre Euch den Gott der Mystiker.

> Der Gott der Mystiker kann nicht durch Glauben gefunden werden, sondern durch tiefes nach-Innen-gehen. Das hat nichts mit Theologie zu tun; es hat zu tun mit einer inneren Suche, einer Einsicht in Dein eigenes Wesen. In dem Augenblick, in dem du weißt, wer du bist, hast Du Gott gefunden. Und in diesem Finden selbst findest du Freiheit. Es ist gut, daß der Gott der Priester tot ist und weggeworfen wird, damit du deinen eigenen Gott entdecken kannst. Dein eigener Gott ist deine Freiheit, deine Wahrheit." [15]

Und zum Schluß der Mann, der nahe daran war, das Volk für die universale, kosmische Religion zu gewinnen, nahe daran, dem Einzelnen die Gegenwart Gottes in ihm bewußt zu machen, der - richtig verstanden - schon den ‚Übermenschen' lehrte: Meister Eckhart...

„Ich bin da, wo ich war, ehe ich geschaffen wurde,
da ist bloß Gott in Gott. Da sind weder Engel noch
Heilige noch Chöre im Himmel.
Manche Leute sagen von acht Himmeln und neun Chören;
das ist nicht da, wo ich bin.
Ihr sollt wissen, alles, was man so zu Worte bringt
und den Leuten mit Bildern vorlegt, das ist nichts
als ein Anreiz zu Gott.
Wisset, daß in Gott nichts ist als Gott.
Wisset, daß keine Seele in Gott kommen kann,
sie werde denn zuvor so Gott, wie sie Gott war,
ehe sie geschaffen wurde."

Und jetzt spreche ich Sie mit seinen, Meister Eckharts Worten direkt an:

> „Es darf niemand unmöglich dünken, hierzu zu kommen. (zur Einswerdung mit Gott!) Mag es auch noch so schwer scheinen - was macht mir das, da ja Gott es wirkt! Es sagen zwar manche, sie könnten's nicht. Wer meint, es noch nicht zu können, der ersehne es wenigstens. Fehlt ihm selbst dies, so sehne er sich wenigstens nach der Sehnsucht."

Quellennachweise

1 Friedrich Nietzsche; Fröhliche Wissenschaft, Drittes Buch, 125. ders.; in: Sämtliche Werke. Kritische Studienausgabe Bd.3, München (dtv) 1980

2 in: Existiert Gott? München (dtv) 1985

3 Bhagwan Shree Rajneesh/Osho; The Further Shore. Poona 1980 p.128f.

4 Friedrich Nietzsche; in: Ecce homo. Warum ich ein Schicksal bin. ders.; in: Sämtliche Werke. Bd.5 München (dtv) 1980

5 in: ‚Literarischer Merkur' 1892, zit. in: Steiner, Rudolf; Friedrich Nietzsche: Ein Kämpfer gegen seine Zeit. Dornach 1926

6 Friedrich Nietzsche; in: Ecce homo. Warum ich ein Schicksal bin. ders.; in: Sämtliche Werke. Bd.5 München (dtv) 1980

7 Rudolf Steiner; in: Mein Lebensgang. Dornach 1949 S.176

8 in: Der Spiegel; Nr. 10, 1987 S.92f.

9 Erich Fromm; Psychoanalyse und Religion. Stuttgart 1979 S.38

10 Vortrag in Berlin vom 28. Januar 1907. In: Das Vaterunser Freiburg i. Br. (Novalis) 1958

11 Bhagwan Shree Rajneesh/Osho; in: Die verbotene Wahrheit. Köln 1986 S.39

12 Ron Smothermon; Drehbuch für Meisterschaft im Leben. Bielefeld (Context) 1992 S.77

13 Context Verlag, Bielefeld 1989

14 K.O. Schmidt; Wachsein ist alles! in: ‚Esotera' Nr. 11, November 1976 S.975

15 in: Tao: The Golden Gate. Vol.I, Oregon 1985

FRAGE X

Sterben und Tod, was wissen wir?

Über unsere Möglichkeiten

Ich danke Gott, daß er mir die Gelegenheit und das Glück verschafft hat, den Tod als den Schlüssel zu unserer wahren Glückseligkeit zu erkennen.

- Wolfgang Amadeus Mozart

Es gibt viele Menschen, die im Augenblick ihres Todes nicht nur hinter ihren eigenen Möglichkeiten zurückgeblieben sind, sondern vor allem auch weit hinter dem, was schon zu Lebzeiten von anderen Menschen bewußt gemacht worden war.

- Carl Gustav Jung

Die einzige Information, die wir alle - mit voller Gewißheit - über unser Leben haben, ist die, daß wir sterben werden. Außerdem ist es kurz. Sonst ist nichts wirklich gewiß.

Kein Strom fließt gar so schnell vorbei,
Kein Pfeil fliegt so behende,
Als unsres Lebens Melodei
Zum Schweigen kommt und Ende.

- Angelus Silesius

Da wäre es doch eigentlich nur folgerichtig, wenn sich jeder Mensch darum kümmern würde, was im Tod vor sich geht. Aber das tun nur wenige. Die meisten hält die Furcht vor dem Tod davon ab; selbst wenn sie zu ahnen beginnen, daß zwischen unserem Tod und unserem Leben ein Zusammenhang besteht, wie das Angelus Silesius in diesen vier Zeilen ausdrückt:

Mensch, stirbst du nicht gern,
So willst du nicht dein Leben;
Das Leben wird dir nicht
als durch den Tod gegeben.

Der Schriftsteller, Politiker, Archäologie und Orientalist André Malraux sagt zu Recht: „Über den Tod zu reden, ist eine der vernünftigsten Arten, über das Leben zu sprechen."

Um die Dringlichkeit und die Berechtigung des Themas noch weiter zu vertiefen, lassen Sie uns den Überlegungen von Carl Gustav Jung folgen: „Die Geburt des Menschen ist bedeutungsschwanger; warum nicht der Tod? Der junge Mensch wird zwanzig und mehr Jahre auf die völlige Entfaltung seiner Einzelexistenz vorbereitet - warum sollte er sich nicht zwanzig und mehr Jahre auf sein Ende vorbereiten?" [1]

Auch der englische Kulturphilosoph und Mystiker Edward Carpenter (1844 - 1929) hat ganz ähnlich gefordert: „Für die Ausfahrt eines Schiffes auf den Ozean werden alle Vorbereitungen getroffen, und zwar während der ganzen Zeit, in der das Fahrzeug gebaut und ausgerüstet wird. Warum aber gibt niemand dem Menschen eine Anleitung, wie man sich auf den Tod vorbereitet und die Kunst des Sterbens meistert?"[2]

Mozart war einer, der sich vorbereitet hat. Vier Jahre vor seinem Tod - als 30jähriger - schrieb er: „Da der Tod der Endzweck des Lebens ist, habe ich mich seit ein paar Jahren mit diesem wahren und besten Freund des Menschen so bekannt gemacht, daß sein Bild nicht allein nichts Schreckliches mehr für mich hat, sondern recht viel Beruhigendes und Tröstendes. Ich danke Gott, daß er mir die Gelegenheit und das Glück verschafft hat, den Tod als den Schlüssel zu unserer wahren Glückseligkeit zu erkennen."[3]

Wenden wir uns zunächst der Angst zu. Angst empfinden so gut wie alle Menschen. Anfang und Ende des menschlichen Lebens haben eins gemeinsam: sie machen Angst. Geburt und Tod sind die beiden größten ‚Grenzüberschreitungen' für den Menschen. Angst befällt uns aber auch, wenn wir bei einer Geburt oder einem Tod zugegen sind. Der Drang, eine Geburt zu beschleunigen, ist oft nur Ausdruck von Angst, und das gleiche gilt für das Vergessenwollen, das Verdrängen des Todes. Das würdelose Abschieben von Sterbenden in Putzkammern oder Badezimmer von Krankenhäusern - nach dem Krieg habe ich selber noch erlebt.

Es sieht so aus, als ob wir in diesem 20. Jahrhundert die Überwindung von drei Tabus schaffen werden. Das erste Tabu war die Sexualität, es wurde ca. um die Mitte unseres Jahrhunderts zerbrochen. Das Tabu Tod löst sich seit den 70er Jahren auf. Und das letzte Tabu: wer wir Menschen eigentlich sind, beginnt sich jetzt zu lockern.

Aber zurück zur Angst und mehr über sie. Es gibt Formen der Angst, die man als pathologisch, neurotisch bezeichnen kann, also Ängste, die bestimmte Menschen haben, und auch wieder verlieren können. Dann aber gibt es eine Form der Angst, die allen Menschen gemeinsam ist. Das ist die durch unsere Abtrennung vom Ganzen, durch unsere Identifizierung mit dem ‚Ich' entstandene Angst. Einzig wir Menschen haben uns von der Existenz abgesondert und fühlen uns deshalb entfremdet, allein gelassen, in die Existenz ‚geworfen'.

In den Upanischaden, den religiösen Texten Altindiens, steht: „Wo immer es ein Anderes gibt, gibt es auch Angst." Der Schweizer Psychiater Medard Boss erklärt es so: „Die essentielle grundlegende

Ur-Angst ist allen isolierten, individuellen Formen der menschlichen Existenz eingeboren. In dieser grundlegenden Angst fürchtet sich die menschliche Existenz sowohl vor der Welt, als auch davor, ‚in der Welt zu sein'."

Naturgegeben richtet sich diese existentielle Angst besonders auf das ‚ganz Andere': den Tod! Die Ur-Angst begleitet uns immer; denn die Hauptaufgabe unseres Verstandes besteht darin, unser Überleben zu sichern, für unsere Selbsterhaltung zu sorgen. „Eine so unentwegte Verausgabung psychologischer Energie zur Bewahrung des Lebens wäre einfach nicht denkbar ohne eine ebenso konsequente und konstante Furcht vor dem Tode. Wären wir uns dieser Furcht fortwährend bewußt, könnten wir nicht als normale Menschen funktionieren."[4]

Niemand hat für mich die letztmögliche Klarheit und die beiden Hauptfunktionen unseres ‚Ich' verständlicher beschrieben als Ken Wilber: „Das separate Ich *kann überhaupt nichts tun*, um die Todesangst loszuwerden, weil das separate Ich die Todesangst *ist*."[5]

> „Mit dem Entstehen der Ichvorstellung haben sich zwei Hauptantriebe entwickelt. Der eine soll die besondere Form der eigenen, illusorischen Existenz verewigen (Eros), der andere soll alles vermeiden helfen, was die eigene Auflösung (Thanatos) bedeuten könnte. So sucht sich das Ich alle nur denkbaren Ersatzbefriedigungen, die vermeintlich sein Streben nach Einheit, Ganzheit, Unendlichkeit, Ewigkeit erfüllen (Eros). Auf der anderen Seite (Thanatos) versucht das Ich alles zu verdrängen und zu eliminieren, was auf den Tod hinweist, auf Auflösung, Transzendenz und Auslöschung.
>
> Beide Hauptantriebe entstammen der Intuition, daß das tiefste Wesen des Menschen, unser tiefstes Wesen, tatsächlich unendlich und ewig ist. Aber weil das Ich diese Antriebe verwendet, das Ich, das endlich und sterblich ist, wird die Intuition unserer Unendlichkeit und Unsterblichkeit auf der falschen Ebene benutzt.
>
> Eros - das Verlangen nach mehr Leben, alles zu besitzen, dazuzugehören - wird also von der richtigen Intuition motiviert, daß der Mensch in Wahrheit das All *ist*. Das separate Ich will das All aber individuell *besitzen*. Statt alles sein zu wollen, wünscht man nur, alles zu *haben*.
>
> Auf der anderen Seite beruht das Leugnen des Todes auf der richtigen Intuition, daß das ursprüngliche Wesen des Menschen tatsächlich zeitlos, ewig, unsterblich *ist*. Das

separate Ich wendet diese Intuition der Zeitlosigkeit aber in das Verlangen, ewig zu leben, immer weiter zu existieren, dem Tod für alle Zeiten aus dem Weg zu gehen. Statt in der Transzendenz zeitlos zu sein, verlangt man nun, *ewig zu leben*." [6]

Einen weiteren Aspekt der Todesangst hat der Mystiker und Görlitzer Schuhmachermeister Jakob Böhme (1575 - 1624) gemeint, als er schrieb:

„Wer nicht stirbt, eh' er stirbt,
der verdirbt, wenn er stirbt."

Das ist die Angst vor dem Sterben! Die Angst, Gelegenheiten verpaßt, das Leben nicht gelebt zu haben. Die Lebenszeit mit ‚nicht-erlebtem-Leben' vertan zu haben. In einem Todesnähe-Training, bei dem ich sieben Tage nur Wasser getrunken und nach zahlreichen Reinigungsriten drei Tage und Nächte allein in einer tiefen Höhle zugebracht habe, wurde ich danach unerwartet gefragt, was ich mir wünschen würde, wenn ich morgen sterben müßte. Spontan kam meine Antwort: „noch lange leben".

Ein Zen-Meister liegt auf dem Sterbebett, umstanden von seinen Schülern. Einer fragt: „Meister, du verläßt uns. Was ist deine letzte Botschaft?" Der Meister lächelt, öffnet noch einmal die Augen und flüstert: „Hört Ihr das Eichhörnchen auf dem Dach?" - schließt die Augen und stirbt. So stirbt jemand, der sein Leben im ‚erlebten Erleben' gelebt hat, der jeden Augenblick am Leben teilgenommen hat.

Fast alle haben wir Angst, zu früh zu sterben, nicht hundertprozentig gelebt, geliebt, getan, gesehen, gesagt, gehört, gerochen, gespürt, gekostet, riskiert, teilgenommen zu haben. Wie jener Zen-Meister kann nur einer sterben, der voll im Hier und Jetzt gelebt, der jeden Augenblick ohne Bedauern, ohne Gestern, ohne Vergangenheit und Morgen gelebt hat. Vor dem Tod zu lächeln ist nur möglich, wenn weder Vergangenheit noch Zukunft etwas fordern und nichts Unerledigtes Ansprüche stellt. Wenn Stille ist. Wenn jeder Augenblick erfüllt und gelebt worden ist, gibt es weder Vergangenheit noch Zukunft; denn nur das Unerledigte ruft nach Zukunft. Ohne unvollständiges Gestern gibt es keine Projektion auf Morgen. Dann ist der Augenblick alles.

Aber es geht noch weiter. Ich vermute, daß die eigentliche Angst vor dem Sterben, also der Kern unserer Angst nicht einmal in den mehr oder weniger großen Versäumnissen und Unvollständigkeiten im Leben seine Ursache hat, sondern aus der Ahnung stammt, den eigentlichen Schritt nicht vollzogen zu haben, den uns das Leben bietet, für den das Leben vielleicht sogar da ist. Den Schritt, für den das Leben eigentlich als ‚Übungsstätte' bestimmt ist.

Dieser eigentliche Schritt ist auch die ‚Zweite Geburt' genannt worden. Wenn wir geboren werden, sind wir lediglich in den Körper geboren und in den Verstand, der sich nach und nach entwickelt. Es gibt aber eine weitere Geburt, die 'Zweite,, die tief in unserem Inneren vor sich geht, in der wir uns selber Vater und Mutter werden, wenn sich das Männliche und das Weibliche in uns vereinen. Dieser Vorgang wird auch als ‚Unio mystica' bezeichnet, als mystische Vereinung, oder auch als das Erreichen des ‚Königreiches Gottes'.

Die erste Geburt ist immer nur die Gelegenheit für die zweite, wirkliche Geburt. Wohl deshalb ist die tiefste Wurzel unserer Angst vor dem Sterben diese oft unbewußte ahnungsvolle Furcht, die Lektion nicht gelernt zu haben, derentwegen wir eigentlich auf der Erde sind: Nämlich zu uns selber, zu unserer wahren Natur aufzuwachen, uns ganz ‚auszuzeugen', eben die ‚Zweite Geburt' zu vollziehen.

> „Wer unter uns Sterblichen kann sagen, daß er das reine Bild der Menschheit, das in ihm liegt, erreicht habe? Entweder irrte sich also der Schöpfer mit dem Ziel, das er uns vorsteckte, und mit der Organisation, die er zur Erreichung desselben so kunstvoll zusammengeleitet hat, oder dieser Zweck geht über unser Dasein hinaus, und die Erde ist nur ein Übungsplatz, eine Vorbereitungsstätte."

Dies sind Worte des Theologen und Dichters Johann Gottfried Herder (1744 - 1803), mit denen er zugleich auf das Wiederkommen, auf die wiederholten Leben hingewiesen hat. Und lange vor Herder, schon im zweiten vorchristlichen Jahrhundert, wußte der Verfasser der Yoga-Sutren, Patanjali: „Die Welt existiert, um Erfahrung zu liefern und auf diese Weise die Befreiung des Sehenden."

Einer der großen Lehrer, die in unserem Jahrhundert den Weg der Selbstverwirklichung zu Ende gegangen sind, ist Sri Ramana Maharshi (1879 - 1950).

> „Das Selbst ist immer da; nur die Aussicht darauf ist versperrt - durch dein Nicht-Wissen, deinen Ich-Wahn. Beseitige sie, und die Erkenntnis leuchtet auf, daß du in Wahrheit das unendlich reine Sein bist, das absolute *selbst.* Dann fallen Unwissenheit und Ungewißheit von Dir ab, und mit ihnen Kummer und Not.
>
> Da die Wirklichkeit des Selbst immer da ist, braucht sie nicht erst ‚erreicht' zu werden. Sie ist ja nichts Neues, nichts außer dir, sie ist in dir, auch jetzt und hier. Sei du selbst - und alle Zweifel und Wünsche verschwinden!"[7]

Wenn Jakob Böhme sagte, wir müßten vor dem Tod sterben, dann meinte er diese „Zweite Geburt", die auch „Großer Tod" genannt worden ist. Noch einmal Ramana Maharshi:

> „Der Schlaf ist das Zwischenglied zwischen zwei Wachzuständen. Der Tod ist das Zwischenglied zwischen zwei einander folgenden Geburten. Beide gehen vorüber ... Wer hingegen stirbt, *bevor* er ‚stirbt', ist nicht mehr über den Tod beunruhigt. Er weiß, daß er *ist* und immer sein wird. Möge darum jeder sein unsterbliches *selbst* entdecken und das sterbliche Ich entwerden lassen, dann weiß er sich schon im Körper unvergänglich, ewig und glücklich."[8]

Hier geht es also um nichts weniger als um das Aufgeben des separaten Ichs. Mit den Worten von Meister Eckhart:

> „Es ist ein gleichwertiger Austausch und ein gerechter Handel: Soweit du ausgehst aus allen Dingen, soweit, nicht weniger und nicht mehr, geht Gott ein mit all dem Seinen, dafern du in allen Dingen dich des Deinen völlig entäußerst. Damit heb' an und laß' es dich alles kosten, was du aufzubringen vermagst. Da findest du wahren Frieden und nirgends sonst.
>
> Wo der Mensch in Gehorsam aus seinem Ich hinausgeht und sich des Seinen entschlägt, ebenda muß Gott notgedrungen hinwiederum eingehen."[9]

Unsere Angst vor dem Tod und vor dem Sterben ist die Angst um das ungelebte, ungenutzte Leben. Wir sind wie Bäume, die noch keine Frucht getragen haben und den Holzfäller kommen sehen. Mit dem Tod gibt es keine Zukunft mehr, in der wir noch erreichen können, was wir nicht erreicht haben.

Die einzige Zeit, in der das Leben gelebt werden kann, ist jetzt. Das Leben kann nicht gestern und nicht morgen gelebt werden, sondern nur hier und jetzt.

Viele Jahre haben mich die herrlichen Zeilen von Ralph Waldo Emerson begleitet:

„Eine der Illusionen des Lebens ist, daß die gegenwärtige Stunde nicht die kritische, die entscheidende ist. Schreib' es in dein Herz, daß jeder Tag der beste Tag deines Lebens ist."

Kalidasa, der größte Dichter Indiens, überlieferte uns aus dem 5. Jahrhundert nach Christus sein:

„Gib acht auf diesen Tag!
Denn er ist das Leben,
Das wahre Leben des Lebens.
In seiner kurzen Dauer
Ruht alle Wahrheit
Und alle Wirklichkeit Deiner Existenz;
Die Seligkeit des Wachsens
Der Ruhm der Tat
Die Herrlichkeit der Leistung.
Denn Gestern ist nur ein Traum
Und Morgen nur eine Vision.
Aber heute gut gelebt
Macht jedes Gestern
Zu einem Traum des Glücks
Und jedes Morgen
Zu einer Vision der Hoffnung.
Darum gib acht auf diesen Tag.
Das sei Dein Gruß an jede neue Sonne."

Was heißt also dies ,vor dem Tode sterben'? Die Identifikation mit dem Ich gehen zu lassen! Das muß der (nach Freud) ,eigentlichen Angststätte in uns' natürlich total widersinnig erscheinen.

Stanislav Grof beendet sein Buch ,Die Begegnung mit dem Tod, mit dem Zitat eines Rabbis (Herschel Lymon), welcher in einer LSD-Sitzung eine ihn tief erschütternde Begegnung mit dem Tod und danach das Erlebnis seiner spirituellen Wiedergeburt gehabt hatte. Dieser Rabbi erinnerte sich an einen Satz, den Leonardo da Vinci auf seinem Sterbebett gesagt haben soll: „Ich glaubte zu leben, aber es war nur die Vorbereitung auf das Sterben." Seine Erfahrung ließ ihn diese Worte so umwandeln: „Ich glaubte zu sterben, aber es war nur die Vorbereitung auf das Leben!"

Noch einmal: Was bedeutet ‚*vor* dem Tod sterben'? Damit ist zweifellos ein Vorgang gemeint, der *vor* dem körperlichen Tod eintreten kann. Es bedeutet, so vollständig in das Erleben zu gehen, daß sich das Scheinzentrum Ich auflöst.

An dieser Stelle sollte verständlich werden, daß die Angst vor dem Tod auch mit der Angst vor dem Leben einhergeht. Menschen, die Angst vor dem Tod haben, werden auch immer Angst vor dem Leben haben; sie werden es nie wirklich leben wollen. Denn das Leben bringt den Tod. Lebensangst entsteht also durch die Angst vor dem Tod. Menschen mit Lebensangst - und das sind die meisten - leben nicht wirklich, weil in den Höhepunkten des Lebendigseins immer auch der Tod zu spüren ist. Viele Frauen haben Angst vor dem Orgasmus, sie fürchten sich vor dieser wilden Explosion von Energie. Viele Männer ‚kommen zu früh'; auch ihre Angst vor dem Orgasmus ist so stark, daß sie ‚es' schnell hinter sich bringen (wollen). Denn im tiefen Orgasmus verschwindet das Ego, tritt der Tod kurz ein. Doch das macht die Schönheit und Tiefe des Orgasmus aus!

Menschen, die in tiefer Liebe verbunden sind und die ganz still, ohne zu sprechen, zusammensitzen, sind wie vom Tod umgeben. Von da rührt die Trauer, die Liebende neben dem Glücklichsein umgibt. Immer, wenn wir ganz still werden, fühlen wir eine Art Trauer. In tiefer Meditation kann man den Tod fühlen, auch in der Liebe, im tiefen ästhetischen Erleben, in der Musik, im Gesang, in der Poesie, im Tanz - immer dann, wenn wir unser Ego schwinden lassen. „Zu lernen, in jedem Moment zu sterben, ist eine Kunst. Zu sterben vor dem Sterben heißt, die Welt der Schatten verlassen und in das Königreich des Lichts einzutreten" (Jabrane Sebnat).

Hier werden wesentliche Blindheiten des christlichen Weltbildes deutlich. Die Tatsache der Wiedergeburt wurde (im Konzil von Konstantinopel im Jahr 553) ‚abgeschafft'. Man leugnete die Tatsache der ‚Erlösung', der ‚Erleuchtung', und postulierte den ‚Erlöser' als ‚Gott, der Mensch geworden ist'. Der ‚Zeitgenosse' Nietzsche wußte schon: „Dieser frohe Botschafter starb, wie er lebte, wie er *lehrte* - nicht um die Menschen zu erlösen, sondern um zu zeigen, *wie man zu leben hat*."

Weil die Tatsache der Reinkarnation nicht mehr vertreten werden durfte, mußte Jakob Böhme statt

„Wer nicht stirbt, eh' er stirbt,
muß wiederkommen, wenn er stirbt"

das Wort ‚verdirbt' in seinen Reim stellen. Ähnlich mußte Angelus Silesius in seiner ‚Sinnlichen Beschreibung der vier letzten Dinge' 1675 reimen, und hier findet sich schon das Vokabular der Drohbotschaft: Ewige Verdammnis und Teufel.

„Wer nicht gestorben, wenn er stirbt,
Muß ewiglich verderben,
Und durch den Wurm, der nie verdirbt, (Teufel!)
Ohn, alles Ende sterben."

Es ist immer wieder schwer, sich vorzustellen, daß 2200 Jahre, bevor Angelus Silesius = Johann Scheffler (der Schlesische Bote) das dichtete, ein ‚heutiger Zeitgenosse' sagen konnte:

> „Was ist aber das heilige Ziel? Da sucht einer, selber der Geburt unterworfen, selber dem Altern, der Krankheit, dem Tode, selber dem Schmerz, dem Schmutz unterworfen, das Elend dieser Naturgesetze merkend, die geburtlose, alterslose, krankheitslose, todeslose, schmerzlose, schmutzlose unvergleichliche Sicherheit: die Wunscherlösung" (Buddha).

Wir haben Angst vor dem Leben, weil wir Angst vor dem Tod haben. Doch wir können lernen zu sterben, damit wir alle Furcht vor dem Tod verlieren. Im gleichen Augenblick, in dem die Angst vor dem Tod von uns weicht, werden wir lebensfähig - fähig, das Leben zu leben.

Wenn man das Leben liebt, wie könnte man da den Tod auslassen? Dann liebt man auch den Tod.

Wenn man eine Frau liebt, liebt man auch ihr Altwerden, das Ergrauen ihrer Haare. Eines Tages liebt man auch ihren Tod - er ist ein Teil von ihr. Das Alter naht nicht von außen, es kommt von innen. Ihr glattes Gesicht bekommt Falten - doch man liebt auch diese: Sie gehören zu ihr. Eine Frau liebt einen Mann, dessen Haare weiß geworden sind - sie liebt auch diese weißen Haare. Das Leben entfaltet sich. Aus den dunklen sind graue und weiße Haare geworden. Sie gehören dazu, man lehnt sie nicht ab, man liebt sie. Der eigene Mann wird alt, wird schwach - auch das liebt man. Schließlich ist er eines Tages nicht mehr da - und auch das liebt man.

Liebe liebt alles. Liebe kennt nichts als Liebe. Deshalb gilt auch das ‚liebe den Tod'. Wer den Tod lieben kann, kann das Leben erst recht leicht lieben. Wer sogar den Tod lieben kann, für den gibt es kein Problem. Wer hingegen Angst vor dem Leben hat, verliert eines Tages den Sinn für Schönheit, für Göttlichkeit, für Ästhetik. Wer diese Angst vor dem Leben unterdrückt, wird neurotisch. Deshalb sollten wir uns - bevor das Unterdrückte zu stark wird - ins Leben begeben. Es ist unser Leben! Unser Leben zum leben, zum lieben, zum wissen, zum sein.

> „Dieses Leben ist nicht alles - dahinter ist ein größeres Leben verborgen. Aber eben dahinter! Das kann man nicht *gegen* dieses Leben finden, doch man stößt darauf, indem man sich tief in dieses Leben einläßt.
>
> Es gleicht einem Meer voller Wellen. Gleich unter den Wellen verbirgt es sich. Wer aus Angst vor Turbulenzen oder wegen des Durcheinanders die Wellen scheut, hält sich auch vom Meer, vom Ozean, von der eigenen Tiefe fern! Für den, der hineinspringt, verschwinden die Wellen. Er erlebt die Tiefe, die absolute Stille des Ozeans." [10]

Im Mai 1978 habe ich, veranlaßt durch Erlebnisse in meinem Leben, einem Menschen gegenüber geäußert, daß ich den Tod haßte, daß ich ihn umbringen wollte. Ein für alle Mal: Dieser Lehrer war Bhagwan/Osho, ein Mensch, der ‚vor seinem Tod gestorben war'. Und da seine Antwort nicht nur für mich, sondern für jeden Menschen wichtig ist, gebe ich einen wesentlichen Teil davon weiter:

„Den Tod hassen heißt das Leben hassen. Tod und Leben sind nicht zu trennen. Sie existieren zusammen. Ihre Trennung ist lediglich eine Abstraktion des Verstandes - und völlig verkehrt. Das Leben schließt den Tod ein, der Tod schließt das Leben ein. Es sind polare Gegensätze, die sich gegenseitig bedingen.

Der Tod ist der Höhepunkt des Lebens. Wenn du den Tod haßt, wie kannst du dann das Leben lieben? Das ist ein großes Mißverständnis. Leute, die meinen, sie würden das Leben lieben, hassen immer den Tod - und durch das Hassen des Todes werden sie unfähig, das Leben zu lieben. Die Fähigkeit zu leben, total zu leben, kommt nur, wenn du bereit bist zu sterben, und ganz bereit zu sterben. Das ist stets proportional: wenn du lauwarm lebst, wirst du auf lauwarme Weise sterben. Wenn du intensiv lebst, total, gefährlich, wirst du in einem tiefen Orgasmus sterben.

Der Tod ist das Crescendo, das Leben erreicht im Tod seinen Höhepunkt. Der Orgasmus, den du aus der Liebe kennst, ist nichts - verglichen mit dem Orgasmus, den der Tod ermöglicht. Alle Freuden des Lebens sind blaß, verglichen mit der Freude, die der Tod bringt.

Was ist der Tod genau? Der Tod ist das Verschwinden einer falschen Wesenheit in dir - des Egos. Auch in der Liebe tritt ein teilweiser Tod ein, und das gleiche passiert im Tiefschlaf: das Ego verschwindet, der Verstand funktioniert nicht mehr, du fällst in die Urquelle zurück. Schlaf ist ein kleiner Tod, der kleine Bruder des Todes. Der Tod ist ein großer Schlaf. Der ganze Tumult des Lebens - siebzig, achtzig, neunzig Jahre Tumult - dazu alles Unglück des Lebens und die ganze Aufregung und die Ablenkung und die Ängste, alle verschwinden, haben keinen Bezug mehr. Du fällst zurück in die Ur-Einheit der Existenz. Du wirst Teil der Erde. Dein Körper verschwindet in die Erde, dein Atem verschwindet in die Luft, dein Feuer geht zurück zur Sonne, dein Wasser zu den Ozeanen und dein innerer Himmel vermischt sich mit dem äußeren Himmel. Das ist der Tod.

Wie kann man den Tod hassen? Das ist ein Mißverständnis. Du mußt geglaubt haben, der Tod sei der Feind. Der Tod ist nicht der Feind, der Tod ist der größte Freund. Den Tod muß man willkommen heißen, auf den Tod muß man mit einem liebenden Herzen warten. Wenn du den Tod für deinen Feind hältst, wirst du sterben - jeder muß sterben, was du darüber denkst, macht keinen Unterschied. Aber du wirst im Todeskampf sterben, weil du Widerstand leistest, weil du kämpfen wirst. Im Widerstand, im Kampf wirst du alle die Freuden zerstören, die der Tod und nur der Tod dir bringen kann. Der Tod, der eine große Ekstase sein könnte, wird nur eine Agonie sein.

Wenn Schmerzen unerträglich werden, wird man ohnmächtig. Es gibt eine Grenze der Toleranz, mehr kann man nicht ertragen. So sterben neunundneunzig von hundert im Zustand der Unbewußtheit. Sie kämpfen und ringen bis zum Ende. Und wenn es unmöglich wird, weiter zu kämpfen, haben sie alle ihre Energie aufgeboten - und fallen in eine Art Ohnmacht. Sie sterben einen unbewußten Tod.

Und einen unbewußten Tod sterben ist ein großes Unglück, weil du dich nicht an das erinnern kannst, was geschehen ist. Du wirst dich nicht daran erinnern, daß der Tod ein Tor zum Göttlichen war. Du wirst durch das Tor getragen, aber auf einer Bahre, unbewußt. Und wieder hast du eine große Gelegenheit verpaßt. Deshalb verpassen wir unsere vergangenen Leben. Wenn du bewußt stirbst, wirst du nicht vergessen, weil es dann keine Lücke geben, sondern eine Fortdauer haben wird. Du wirst dein vergangenes Leben erinnern - und sich an sein vergangenes Leben zu erinnern ist von großer Bedeutung. Wenn du dein vergangenes Leben erinnern kannst, wirst du nicht mehr die gleichen Fehler machen. Sonst bewegst du dich in einem Teufelskreis - dem gleichen Kreislauf, dem gleichen Rad, das sich wieder und wieder dreht. Du wirst wieder den gleichen Ehrgeiz hegen, wirst wieder die gleichen Dummheiten begehen, weil du meinst, du begehst sie zum ersten Mal ...

Du hast sie schon tausende von Malen begangen - aber jedesmal, wenn du gestorben bist, war da diese Lücke, weil du unbewußt warst. Du hast dich von deiner Vergangenheit getrennt. Und dann fängt das Leben wieder von vorne an.

Deshalb könnt ihr euch nicht zu Buddhas entwickeln. Entwicklung setzt ein fortgesetztes Gewahrsein der Vergangenheit voraus, damit die gleichen Fehler nicht erneut begangen werden. Langsam, langsam verschwinden die Fehler. Langsam, langsam wirst du dir des Teufelskreises bewußt. Langsam, langsam wirst du fähig, auch aus ihm herauszukommen.

Wenn du unbewußt stirbst, wirst du unbewußt geboren - denn der Tod ist die eine Seite der Tür, und die Geburt die andere Seite der gleichen Tür. Von der einen Seite sagt die Tür ‚Tod‘, von der anderen ‚Geburt‘. Sie ist der Eingang, sie ist der Ausgang - es ist die gleiche Tür.

Deshalb bist du geboren worden und erinnerst dich nicht. Du erinnerst dich nicht an diese neun Monate im Schoß, du erinnerst dich nicht an deinen Durchgang durch den Geburtskanal, du erinnerst dich nicht an die Schmerzen, durch die du gegangen bist, du erinnerst dich nicht an dein Geburtstrauma. Und dieses Geburtstrauma beeinflußt dich weiter. Und wie solltest du dich erinnern? Du hast so viel Angst vor dem Tod, du hast so viel Angst vor der Geburt, daß diese Angst dich davon abhält, ihr zu begegnen.

Du sagst: ‚Die stärkste Emotion, die ich habe, ist mein Haß auf den Tod.' Aber es ist dein Haß auf das Leben. Liebe das Leben, dann entsteht daraus auch eine natürliche Liebe zum Tod. Weil es das Leben ist, das den Tod bringt. Der Tod steht nicht gegen das Leben, der Tod ist die Blüte von allem, was das Leben wie ein Same enthält. Der Tod kommt nicht aus dem Blauen - er wächst in dir, es ist dein Blühen, du blühst.

Hasse den Tod nicht. Und ich weiß, nicht nur du bist es, der den Tod haßt, es ist fast jeder. Weil uns eine völlig verkehrte Philosophie beigebracht worden ist - uns ist erzählt worden, daß der Tod gegen das Leben sei. Das ist er nicht. Uns ist gesagt worden, daß der Tod kommt und das Leben zerstört. Das ist blanker Unsinn. Der Tod kommt und erfüllt das Leben.

Wenn dein Leben schön gewesen ist, verschönt es der Tod bis zum Äußersten. Wenn dein Leben ein Leben der Liebe gewesen ist, schenkt dir der Tod das höchste Erleben von Liebe. Wenn dein Leben ein Leben der Meditation gewesen ist, wird der Tod dich zum Samadhi-Zustand bringen, zur Erleuchtung. Der Tod verstärkt nur. Natürlich: wenn du falsch gelebt hast, verstärkt der Tod auch das. Der Tod ist ein großer Verstärker.

Wenn du lediglich in Ärger gelebt hast, dann wirst du im Tod nur die Hölle in dir sehen, nur Feuer. Hast du in Haß gelebt, wird der Tod diesen Haß verstärken. Was kann der Tod machen? Der Tod vergrößert, er reflektiert - aber der Schuldige bist du. Der Tod ist nur ein Spiegel-Phänomen.

Hasse also den Tod nicht. Sonst wirst du den Tod verpassen, und du wirst auch das Leben verpassen. Du sagst: ‚Die stärkste Emotion, die ich habe, ist mein Haß auf den Tod'.

Du verschwendest deine stärkste Emotion unnötig. Liebe das Leben. Sei nie negativ, Negatives führt nirgendwohin. Hasse die Dunkelheit nicht - liebe das Licht. Gib deine ganze Energie ins Lieben. Und es wird dich überraschen, du wirst verblüfft sein: Wenn du das Licht liebst, wirst du eines Tages plötzlich erkennen, daß die Dunkelheit nichts als eine Phase des Lichts ist, eine Ausruhphase des Lichts.

Hasset die Welt nicht, wie es euch wieder und wieder in der

Vergangenheit von euren sogenannten Heiligen erzählt worden ist. Liebt das Leben, liebt diese Welt, denn wenn eure Liebe zu ihrer ganzen Intensität kommt, werdet ihr Gott hier, jetzt entdecken. Er ist verborgen. Er ist in den Bäumen, in den Bergen, in den Flüssen - in deiner Frau, in deinen Kindern. Wenn du das Leben haßt, wenn du die Welt haßt und ihr entfliehst, entfernst du dich von Gott.

Du sagst: ‚Die stärkste Emotion, die ich habe, ist mein Haß auf den Tod. Ich will ihn umbringen, ein für alle Mal!'.

Das kannst du nicht. Niemand kann das - es ist unmöglich, das liegt nicht in der Natur der Dinge. Am Tage, da du geboren worden bist, wurde auch der Tod absolut gewiß. Jetzt gibt es kein Zurück. Der Tod kann nur aufgelöst werden, wenn du die Geburt auflöst. Du bist schon gestorben. Am Tag, an dem du geboren wurdest, bist du gestorben - weil in der Geburt schon der Tod festliegt.

Wenn du wirklich nicht sterben willst, dann mußt du etwas tun, damit du nicht mehr geboren wirst.

Das ist das ganze Trachten des östlichen Weges: wie man nicht mehr geboren wird. Es gibt Wege, nicht mehr geboren zu werden. Wenn das Verlangen verschwindet, wirst du nicht wiederkommen. Es ist das Verlangen, das dich in den Körper bringt; Verlangen ist der Klebstoff, der dich am Körper festkleben läßt. Ein Körper verschwindet, und das Verlangen erzeugt einen anderen Körper, und so weiter und weiter.

Löse das Verlangen auf, damit du keine Geburt mehr brauchst. Wenn die Geburt verschwindet, verschwindet der Tod von selbst. Dann ist ewiges Leben - keine Geburt, kein Tod.

Der Zen - Meister Ikkuyu sagt, daß dies die größte Medizin sei - die Medizin von Nicht-Geburt und Nicht-Tod. Das ist der Sinn des ganzen östlichen Weges, östlicher Erkenntnis, östlicher Einsicht. Und merke dir, du kannst mit dem Tod nicht kämpfen. Du kannst die Geburt auflösen, und damit wird der Tod aufgelöst.

Gewöhnlich aber ist es so, daß wir die Geburt lieben, das Leben lieben und deshalb den Tod hassen. Jetzt bewegst du dich auf eine Unmöglichkeit zu - du wirst dich nur verrückt machen.

Wenn du wirklich den Tod umbringen willst, akzeptiere ihn. Akzeptiere ihn total - und in diesem Akzeptieren selbst löst sich der

Tod auf. Weil du niemals wirklich stirbst, nur das Ego stirbt. Und wenn du den Tod total akzeptierst, hast du das Ego selbst aufgegeben. Dann bleibt für den Tod nichts mehr zu tun; du hast seine Arbeit selbst getan.

Was kann dir der Tod nehmen? Er wird dein Geld nehmen, deine Frau, deine Beziehungen, er wird dir deine Welt nehmen. Hänge nicht an diesen Dingen - was bleibt übrig, was dir der Tod nehmen kann? Er wird dein Ego nehmen, deine Selbst-Identität. Die Vorstellung, daß ich als getrenntes Wesen existiere: die wird der Tod wegnehmen.

Das kannst du auflösen. Darum geht es bei der Meditation: um eine bewußte freiwillige Entscheidung, daß ‚ich dieses Ego auflösen werde, nicht daran festhalten werde'. Wenn du nicht am Ego festhältst, was bleibt dann übrig? Du bist schon gestorben. Und nur die, welche schon gestorben sind, besiegen den Tod und erlangen das reiche Leben." [11]

Bevor das ‚Ich' nicht in uns verschwindet, sind wir nicht leer genug, um unsere wahre Natur, das Göttliche eintreten zu lassen. Erst unsere Abwesenheit ist die Anwesenheit Gottes.

Wir aber werden lieber ‚besser' und merken nicht, daß das, was da ‚besser' wird, unser Ego ist, das wir polieren und schmücken! Mit einer Renovierung des alten ist es nicht getan, weil die Grundmauern selber grundverkehrt stehen. Es geht nicht darum, ‚besser', moralischer zu werden oder darum, einen besseren Charakter zu bekommen. Es geht darum, zu ‚sterben', damit das Neue - und immer schon Wartende einziehen kann.

Mehr zum Leben des Lebens! Das Leben ist ja keine Sache, sondern ein Vorgang, ein Prozeß. Das Leben erreicht man nur, wenn man es lebt, indem man lebendig ist, indem man mit ihm fließt. Den Fluß des Lebens braucht man weder zu schieben noch zu bremsen.

Wer den Sinn des Lebens in einem Programm, in einem Dogma, in einer Philosophie oder in einer Theologie sucht, findet mit Sicherheit weder den Sinn, noch das Leben. Das Leben wartet ja nicht irgendwo draußen auf uns, das Leben geschieht *in* uns.

Das Leben geschieht nicht in der Zukunft. Es ist kein Ziel, das wir erreichen müssen. Leben ist Jetzt/Hier, in diesem Augenblick, im

Atmen jetzt. Alles, was jetzt abläuft, ist unser Leben. Wenn wir anderswo Sinn suchen, verpassen wir das Leben.

Und das tun wir schon seit Jahrhunderten! Uns sind Vorstellungen und Bilder wichtiger als die Wirklichkeit geworden. Wir tauschen Erleben gegen Rationalisierungen aus.

Niemand anderer kann einem den Sinn des eigenen Lebens geben. Niemand kann Ihnen den Sinn Ihres Lebens vermitteln. Es ist Ihr Leben, und auch der Sinn ist Ihrer. Wir dürfen den Sinn unseres eigenen Lebens nie woanders suchen. Weder bei anderen Menschen noch in Vorträgen oder in Büchern. Wer wissen will, was das Leben ist, darf es nicht außerhalb von sich suchen. Und sobald man weiß, was das Leben ist, weiß man auch, was der Tod ist. Er ist Teil des gleichen Vorgangs. Gewöhnlich meinen wir, der Tod käme am Ende, so wie wir gewöhnlich meinen, der Tod sei gegen das Leben, also der Feind des Lebens. Wer das meint - wer glaubt, daß der Tod der Feind des Lebens ist, beweist damit nur, daß er nicht weiß, was das Leben ist.

Leben und Tod sind die zwei Pole des gleichen Phänomens - so wie Ebbe und Flut, Tag und Nacht, Sommer und Winter. Das eine kann ohne das andere nicht sein. Sie sind nicht voneinander zu trennen, sie sind auch keine Gegensätze. Sie sind komplementär, das heißt, sie ergänzen sich gegenseitig. Erst zusammen ergeben sie das Ganze. So ist der Tod nicht das Ende des Lebens; er ist der Höhepunkt des Lebens. Der Tod ist organischer, integraler Bestandteil des Lebens und daher dem Leben gegenüber nicht feindlich, sondern freundlich. Goethe sagte: „Der Tod ist der Kunstgriff der Natur, mehr Leben zu haben.“ Das Leben existiert wegen des Todes, der Tod bildet den Hintergrund, ohne den es kein Leben gäbe. Tatsächlich ist der Tod ein Erneuerungsvorgang; er passiert in jedem Augenblick. Im Augenblick des Einatmens und im Augenblick des Ausatmens geschehen beide, Leben und Tod. Im Einatmen kommt das Leben, im Ausatmen kommt der Tod. Wer nicht richtig ausatmen kann, kann sich nicht richtig ‚gehen lassen‘. Ausatmen ist ein Teil vom Einatmen. Man kann nicht einatmen, wenn man aufhört, auszuatmen. Man kann nicht leben, wenn man aufhört, zu sterben. Dazu Goethe: „Und wenn du dies nicht hast, dies stirb und werde, bist du nur ein trüber Gast auf dieser Erde.“

Wir trennen Leben vom Tod, weil wir Angst haben. Wir meinen, das Leben sei gut und der Tod schlecht. Wir erstreben das Leben und wollen den Tod vermeiden. Irgendwie meinen wir, wir müßten uns gegen den Tod schützen. Wir hoffen, uns gegen Tod versichern zu können - ‚Lebensversicherungen'. Diese absurde Vorstellung, man könne sich gegen den Tod schützen, hat ungezählte Not im Leben zur Folge; man wird lebensunfähig. Das sind dann diejenigen, die Angst vor dem tiefen Ausatmen haben und natürlich auch nicht richtig einatmen können. Solche Menschen schleppen sich förmlich dahin, ihr Lebensfluß verlangsamt sich, so daß er oft früher aufhört, zu fließen.

Wer wirklich leben will, muß bereit sein, zu sterben. Am Schluß des Chorgesangs in Schillers ‚Wallensteins Lager' heißt es: „Und setzet Ihr nicht das Leben ein, nie wird Euch das Leben gewonnen sein!"

Sobald man voll zur Lebendigkeit kommt, wird man dort auch Gefühle von Todesnähe spüren. Woher kommt denn die Angst, sich in der Liebe ganz hinzugeben? Aus dem Gefühl, daß das eigene Ego ins Rutschen kommen, sich auflösen könnte. Im Vollbesitz des Egos kann niemand wirklich lieben. Wer sich selbst bewahren zu müssen meint - und Selbstbewahrung ist der Beruf des Egos - kann sich nicht geben, sich nicht lassen. Jedesmal, wenn wir uns lassen wollen, sagt (oder schreit) das Ego: „Aufpassen! Das wird gefährlich! Lebensgefährlich!" Wenn der Besitzer des Egos ein Poet wäre, würde er Goethe zitieren: „Werd ich zum Augenblicke sagen: Verweile doch! du bist so schön! Dann magst du mich in Fesseln schlagen, dann will ich gern zugrunde gehn!"

Der Tod des Egos ist nicht unser Tod. Egotod ist in Wirklichkeit unsere Lebensmöglichkeit! Bildhaft ausgedrückt (das Bild stammt von Bhagwan/Osho), ist das Ego nur eine tote Kruste um uns herum, eine Kruste, die wir abwerfen müssen. Wie bei einem Wanderer entsteht diese Kruste um uns herum auf natürliche Weise. Sie gleicht dem Staub, der sich auf Kleidern und Körper festsetzt. Diesen Staub sammeln wir auf dem Weg durch das Leben an, Staub der Erlebnisse des gelebten Lebens und Staub der Vergangenheit. Er wird unser Ego. Im Sinn des ‚stirb und werde' müssen wir uns sozusagen täglich waschen, genauer noch: ständig, damit diese Kruste nicht zum Gefängnis wird.

Immer, wenn das Leben einen Höhepunkt erreicht, ist da auch ein Höhepunkt des Todes. Sie gehören zusammen. Wir sterben in der Liebe, im Beten, in der Meditation. Und jedesmal warnt das Ego - häufig mit Rationalisierungen -: „Sei wieder vernünftig!", „Erst mal sachte!", „Jetzt reicht's!", „Komm mal wieder auf den Boden!", „Erst mal drüber nachdenken!", „Hole dich wieder ein!", „Das muß ich erst mal in den Griff kriegen!", „Das wird zuviel!".

Leben und Tod gehören zusammen, sie sind nicht zu trennen. Wer wenig lebendig ist, hat sozusagen auf Sparflamme geschaltet; für ihn sehen Leben und Tod wie voneinander getrennt aus. Doch je größer man seine Lebensflamme brennen läßt, desto näher rücken Leben und Tod zueinander, und auf dem Gipfel treffen sie zusammen und werden eins. Ohne Tod kann das Leben nicht total werden. Unser Ego aber denkt immer in Dualitäten, weil es so gebaut ist. Es ist, als würde unser Verstand ein Prisma vor Augen haben, das die eine Wirklichkeit entzweit. Die Existenz ist zwar unteilbar, aber mit dem Ego/ Verstand spalten wir die Wirklichkeit. Nun ist es nicht so, daß das nicht auch nützlich wäre. Selbstverständlich ist es wichtig, ein gesundes, starkes Ego zu entwickeln, bevor man es hinter sich lassen kann. Generell läßt sich sagen, daß die erste Lebenshälfte wohl dazu dient, das ‚Ich', das Ego zu stärken, damit wir lernen, mit inneren und äußeren Konflikten sowie Spannungen richtig umgehen, im ‚Lebenskampf' bestehen zu können. Die Reise nach innen sollte Thema der zweiten Lebenshälfte sein. Das Ego gleicht einer Eierschale, die uns schützt, in der wir aber nicht sterben sollten.

Das Gehenlassen der Identifizierung mit dem Ich wird gern - und Angst machend - mit dem Bild vom Absägen des Astes verglichen, auf dem man sitzt. Ist der Ast aber ab, gibt es niemanden mehr, der fällt! Und wir sind, wer wir sind, sind lebendig, sind im Körper.

Wo endet das Leben eigentlich? Es endet nirgends, denn es fängt nie an. Wir sind in der Ewigkeit. Hier waren wir seit Anbeginn - falls es einen solchen je gegeben hat. Und wir werden bis zum letzten Ende hier sein, falls es ein Ende geben wird. Tatsächlich kann es weder einen Anfang noch ein Ende geben. Wir sind das Leben - auch dann, wenn sich die Form ändert, Körper sich ändern, Seelen sich ändern. Was wir ‚Leben' nennen, ist nur eine Identifikation mit einem bestimmten Körper, mit einem bestimmten Inneren, nämlich mit dem, was wir jetzt haben. Und was wir Tod nennen, ist nichts als unser Verlassen dieser Form, dieses Körpers, dieser Vorstellung.

Wir wechseln das Haus! Aber je mehr wir uns mit einem Haus identifiziert haben, desto schmerzhafter wird der Hauswechsel, das Ausziehen aus ‚mir' sein. Wir meinen dann, wir ‚sterben', weil wir das alte Haus *waren*. Aber das geschieht nicht, wenn Sie wissen, daß Sie nur das Haus wechseln. *Sie*, der Sie wirklich *sind*, bleiben derselbe. Alle, die in sich selbst geschaut, die herausgefunden haben, wer sie wirklich sind, lernen einen ewigen, nicht endenden Prozeß kennen. Das Leben ist ein Prozeß jenseits der Zeit. Und der Tod ist ein Teil davon. Angelus Silesius: „Der Tod bewegt mich nicht; ich komme durch ihn, wo ich schon nach dem Geist mit dem Gemüte bin."

Der Tod ist eine ständige Wiederbelebung, eine Möglichkeit für das Leben, wieder aufzuerstehen, wieder und wieder. Er ist eine Hilfe für das Leben, alte Formen, heruntergewirtschaftete Gebäude und überholte, beschränkende Strukturen loszuwerden, damit wir wieder fließen und frisch sein können. „Der Tod ist der Kunstgriff der Natur, um mehr Leben zu haben."

Alles ändert sich in unserem Leben - und doch bleibt *etwas* ewig das gleiche. Sie waren Kind, was davon ist noch da? Ihr Körper hat sich verändert, Ihr Verstand hat sich verändert. Ihre Identität hat sich verändert. Was ist von Ihrer Kindheit geblieben? Nichts außer Erinnerung. Schauen Sie sich einmal Ihre Kinderfotos an. Sie werden nicht glauben, daß Sie das einmal waren, so haben Sie sich verändert. Und doch - tief innen, irgendwo, bleibt etwas als Kontinuum, wie ein Faden, egal wie unsichtbar. Alles ändert sich, aber dieser unsichtbare Faden bleibt. Dieser Faden ist jenseits von Leben und Tod. Das, was jenseits ist, benutzt das Leben und den Tod wie die beiden Räder einer Karre: als Er-gänzungen. ‚Es' lebt durch das Leben wie durch den Tod. Tod und Leben sind seine Prozesse, wie für uns das Ein- und Ausatmen. Etwas in uns ist transzendent. Und das, was transzendent ist, sind Sie, bin ich.

Wir aber sind mit der Form identifiziert, und das erzeugt das Ego. Wer das Leben versteht, begreift auch den Tod. Das Leben ist ein Vergessen des wahren Ursprungs, der Tod ist das Erinnern. Das Leben ist ein sich-Entfernen vom wahren Ursprung, der Tod ist ein nach-Hause-kommen. Der Tod ist schön für die, die ihr Leben nicht verhemmt, nicht unterdrückt und unbehindert gelebt haben, die keine Angst vor dem Leben gehabt haben, die mutig genug waren, es zu leben.

Der Tod offenbart, wie einer gelebt hat. Wenn er im Leben glücklich war, enthüllt ihm der Tod Glücklichsein. Hat er im Leben möglichst bequem gelebt, wird der Tod für ihn natürlich sehr unbequem und unangenehm sein, weil er seinen Körper verlassen muß.

Unser Körper ist nur eine Behausung auf Zeit, eine Herberge, in der wir über Nacht bleiben und die wir am Morgen wieder verlassen. Der Körper ist nicht unser bleibendes Zuhause.

Wiederum folge ich Bhagwan/Osho: Wer ein nur körperliches Leben geführt und nichts jenseits vom Körper gekannt hat, für den wird der Tod eine Qual sein. Wer über seinen Körper hinaus gelebt hat, geliebt hat, Freude an Dingen hatte, die ein bißchen anspruchsvoller waren als nur der Körper, vielleicht an Musik, Poesie, an der Natur, für den also etwas vom Nicht-physischen in sein Bewußtsein gedrungen ist - für den ist der Tod nicht so schmerzvoll. So einer kann dem Tod eher mit Gleichmut begegnen.

Für jemanden, den etwas vom Transzendenten berührt hat, der seine eigene Leerheit im Zentrum, das Zentrum des eigenen Seins betreten hat der zu sich gekommen ist, wo wir weder Körper, noch Verstand, noch Seele sind, wo sowohl die körperlichen wie die geistigen Genüsse ganz zurückgelassen worden sind, wo wir nur noch *sind*, pures Gewahrsein, Bewußtsein - für den wird der Tod eine große Enthüllung, ein großes Verstehen. Für den wird der Tod ein Zusammenkommen mit dem Ganzen, mit der Existenz selber.

Für uns Menschen gibt es drei Formen des Todes: Die eine ist die des gewöhnlichen Sterblichen, der an seinem Körper hängt, der nie mehr als den Genuß von Essen und Sexualität gekannt hat. Der (bildlich) sein Leben lang auf der Veranda , auf dem Balkon seines Hauses gewohnt hat, aber sein Haus, sein großes Haus (eigentlich ein Palast) nie betreten hat - der gemeint hat, das Leben auf dem Balkon wäre das ganze Leben. So einer wird im Augenblick des Todes versuchen, sich festzuklammern. Er wird dem Tod Widerstand leisten, er wird kämpfen. Für ihn kommt der Tod als Gegner.

Aus diesem Grund wird auch der Tod überall in der Welt als

Dunkel, als teuflisch abgebildet. Das ist die übliche Haltung von Menschen, die versäumt haben, die nicht in der Lage gewesen sind, alle Dimensionen des Lebens zu kennen. Sie haben weder die Tiefen noch die Höhen des Lebens erreicht.

Dann gibt es eine zweite Form des Todes: Dichter und Denker haben gesagt, der Tod sei nichts Schlechtes, nichts Böses, sie haben deshalb vom 'Gevatter Tod, gesprochen, von jenem Märchen, das noch heute in ganz Europa, im westlichen Asien und in beiden Amerikas erzählt wird. Da bittet ein armer Mann den Tod, den er für gerechter als Gott und den Teufel hält, Gevatter, d.h. Taufzeuge, Pate seines Sohnes zu werden. Als Patengeschenk erhält er (oder der Sohn) die Gabe, Kranke dann zu heilen, wenn der Tod am Bett zu deren Füßen, jedoch nicht, wenn er zu deren Häuptern steht. Doch einmal versucht der Heiler, den Tod zu betrügen, indem er das Krankenbett umdreht. Da führt der Tod den Heiler in eine Lichterhöhle und löscht sein Lebenslicht aus. Das ist der Tod als die große Rast, als Schlaf, als das große Ausruhen.

Und die dritte Form? Die Menschen, welche das Leben im tiefsten Kern gekannt haben, sagen, daß der Tod Gott ist. Der Tod ist nicht allein eine Rast, sondern eine Wiederauferstehung, ein neues Leben, ein neuer Anfang. Im Chassidismus wird erzählt, wie Rabbi Birnham auf dem Sterbebett liegt und seine Frau weint. Da spricht der Rabbi: „Warum weinst Du? Mein ganzes Leben hat nur dazu gedient, zu lernen, wie ich sterben kann."

Alle Religionen versuchen den Menschen beizubringen, wie man stirbt. Und fast immer versuchen sie, zu trösten. Doch der einzige Weg, jemandem beizubringen, wie man stirbt, ist, ihm beizubringen, wie man lebt. Wer weiß, was richtiges Leben ist, weiß, was richtiges Sterben ist. Das Grundlegende ist also: wie man lebt!

Lassen Sie mich für meine ‚letzten Worte' in diesem Kapitel die direkte Anrede verwenden: Euer Leben ist Euer Leben, nicht das von jemand anderem. Erlaubt niemandem und niemals, daß Euch jemand anderer beherrscht oder über Euch bestimmt. Wer sein Leben von außen bestimmen läßt, verpaßt das Leben. Das Leben ist innen in Euch, und die Beherrschung kommt von außen?!

Damit sage ich nicht, daß Ihr zu Nein-Sagern, zu Aussteigern werden sollt. Das bringt nicht genug.

Es gibt zwei Sorten von Menschen. Die einen sind gefügig, bereit sich unterzuordnen, sind unreif, kindlich, immer auf der Suche nach einer Vater-Figur, nach jemandem, der ihnen sagt, was sie tun oder was sie lassen sollen. Zu dieser Sorte gehört die Mehrzahl. Die andere Sorte lehnt die Gesellschaft ab, meint, sie wäre rebellisch. Nur rebelliert sie nicht, sondern reagiert bloß. Egal, ob man auf die Gesellschaft hört oder sie ablehnt, in beiden Fällen bleibt sie der entscheidende Faktor. Die meisten gehorchen, manche sind ungehorsam.

Der einzige Weg aber, der einen zu sich selber führt, ist der, *auf sich selber zu hören*. Selber aus seinen Fehlern zu lernen. Wer sich in Sicherheit bringen will, verliert seine Freiheit. Freiheit ist auch Unsicherheit und Ungewißheit. „Das Leben ist entweder ein wagemutiges Abenteuer oder nichts!" Helen Keller, taubblind seit ihrem zweiten Lebensjahr, wußte: Sicherheit ist billig zu haben. Man braucht sich nur anderen anzuschließen, möglichst einer großen Gruppierung oder einer verbreiteten Meinung. Aber das Leben ist zu kostbar, um uns vorschreiben zu lassen, wie es gelebt werden soll. Buddhas letzte Worte waren: Sei Dein eigenes Licht!

Das Leben ist ein Training: wie wir wieder nach Hause kommen, wie wir verschwinden. Weil Gott erst in uns erscheint, wenn wir verschwinden. Unsere Gegenwart ist Gottes Abwesenheit. Und unsere Abwesenheit ist Gottes Gegenwart.

Zum Einstimmen, vielleicht zum besseren Verkraften unserer eigenen, eigentlichen Größe hier die Stimmen dreier ‚Zeitgenossen'.

Meister Eckhart:

> „Einfältige meinen, sie könnten Gott in der Erleuchtung ansehen, als stünde Er dort und sie hier. So ist es nicht. Gott und Ich sind im Erkennen *eins*. Gottes Wesen ist sein Erkennen, und Gottes Erkennen macht, daß ich Ihn erkenne. Darum ist mein Erkennen sein Erkennen.
>
> Gott ist uns nahe - aber wir sind ihm fremd. Gott ist drinnen - aber wir sind draußen. Gott ist unsere innere Heimat - aber wir sind uns selbst Fremde. Du brauchst Gott nicht zu suchen. Er ist nicht ferner als vor der Tür deines Herzens; da steht Er und wartet und harrt, daß Er dich bereit findet, daß du Ihm auftust und Ihn einläßt.
>
> Du brauchst Ihn nicht von fern her zu rufen, sondern dich nur nach innen wenden: Gott wartet ungeduldiger als du,

daß du dich ihm öffnest; Ihn verlangt tausendmal dringender nach dir, als dich nach Ihm. Dein Auftun und sein Eingehen geschieht in einem Augenblick.

Willst du Gott ohne Vermittlung, unmittelbar kennenlernen, so mußt du geradezu Er werden und Er du - so ganz *eins*, daß dies Er und dies Du *eins* werden und sind. Das Auge, womit Gott von dir gesehen wird, ist dasselbe Auge, womit Gott dich ansieht. Dein Aug und Gottes Aug ist *ein* Aug."

Deschelal-ed-Din Rumi, etwa zur gleichen Zeit (1207 - 1273):

„Ich habe die ganze Welt auf der Suche nach Gott durchwandert und ihn nirgendwo gefunden. Als ich wieder nach Hause kam, sah ich ihn an der Tür meines Herzens stehen, und er sprach: ‚Hier warte ich auf dich seit Ewigkeiten.' Da bin ich mit ihm ins Haus gegangen."

Sri Nisargadatta Maharaj (1896 - 1981):

„Ein lebendes Wesen zu sein, ist nicht der höchste Zustand. Es gibt etwas weit Wunderbareres jenseits davon, das weder Sein noch Nicht-Sein ist, weder Leben noch Nicht-Leben. Es ist ein Zustand von reinem Gewahrsein, jenseits aller Begrenzungen von Raum und Zeit. Ist die Illusion, der Körper-Verstand zu sein, erst einmal aufgegeben, verliert der Tod seinen Schrecken und wird Teil des Lebens."

Quellennachweise

1 in: Mensch und Seele. Olten 1971 S.344

2 zit. in K.O. Schmidt; Das abendländische Totenbuch. Engelberg/ München (Drei Eichen) 1973 S.18

3 ebenda, S.108

4 Gregory Zilboorg; in: Pychologic Quarterly No. 12, 1943 p.465f.

5 in: Halbzeit der Evolution. Der Mensch auf dem Weg vom animalischen zum kosmischen Bewußtsein. München (Scherz) 1984 S.78

6 ebenda, S.178f.

7 zit. in: K.O. Schmidt; In Dir Ist Das Licht. Elgelberg/München (Drei Eichen) 1959 S.387

8 ebenda S.388

9 Meister Eckhart; Deutsche Predigten und Traktate. München (Hanser) 1963 S.57

10 Bhagwan Shree Rajneesh/Osho; The Art of Dying. Poona 1987 S.45ff.

11 Bhagwan Shree Rajneesh/Osho; Lecture held 7th May 1978. Poona 1978

FRAGE XI

Und was kommt dann?

Über Totenbücher und Nahtodforschung

Wenn mich ein Hochasiate früge, was Europa sei, so müßte ich ihm antworten: es ist der Weltteil, der gänzlich von dem unerhörten und unglaublichen Wahn besessen ist, daß die Geburt des Menschen sein absoluter Anfang und er aus dem Nichts hervorgegangen sei.

- Schopenhauer

Jetzt, wo mir der Sinn des Bardo des Lebens aufgeht:
- will ich die Gleichgültigkeit aufgeben, weil es im Leben keine Zeit zum Verschwenden gibt
- will ich unbeirrt den Pfad des Hörens, Nachsinnens und Meditierens betreten.

Weil ich einen Menschenkörper angenommen habe, will ich keine Zeit durch nutzlose Ablenkungen verschwenden.

- Wurzelvers aus dem Bardo-Thödol

Wenn alle wesentlichen Fragen, welche Menschen haben können, in der Tatsache wurzeln, daß wir sterben müssen, dann sollte uns interessieren, was Sterben und Tod ist. Es könnte ja sein, daß wir dazu wesentliche Antworten finden.

Im Gegensatz zu früheren Kulturen, bei denen das Thema ‚Tod' manchmal wichtiger war als alles andere (z.B. in Ägypten), haben wir erst in der zweiten Hälfte unseres Jahrhunderts begonnen, uns intensiver um das Ende des Lebens und was danach kommt zu interessieren. Der Tod ist heute kein Tabu mehr.

Vielleicht aber geschieht es nicht oft genug, daß wir uns solche Fragen stellen. Ich weiß, daß Sie alle so ähnlich empfinden wie ich, daß Sie nämlich zwar wissen, daß Menschen sterben werden, daß andere sterben - aber *Ich* nicht! Natürlich ist uns allen klar, daß auch wir eines Tages oder Nachts sterben werden, aber im täglichen Leben berührt uns das nicht. Wichtig und die eigene Lebens-Wirklichkeit eher treffend wird der Tod für uns dann, wenn jemand stirbt, der uns nahe gestanden hat. Dann wird unsere Einstellung zum Tod und zum Toten davon bestimmt, was wir über den Tod und das Danach wissen oder meinen.

Weil schließlich jeder von uns sterben wird - und zwar seinen ganz eigenen Tod - ist die Frage nach dem Sterben, dem Tod und dem Danach eigentlich eine Selbstverständlichkeit für jeden Menschen.

Eine alte Geschichte erzählt von einem strengen Herrscher, der fünf zum Tode verurteilten Ministern seines Landes das Leben zu schenken bereit ist, wenn sie ihm einen Satz sagen können, welcher immer stimmt. Die Fünf haben drei Tage Zeit. Tag und Nacht grübeln und suchen sie den Satz, der immer stimmt. Und schließlich - kurz vor Ablauf der Frist - haben sie ihn gefunden. Als der König kommt, reichen sie ihm einen Zettel aus ihrem Gefängnis, auf dem geschrieben steht: „Alles geht vorbei!" Da verneigt sich der König und schenkt ihnen die Freiheit.

Eine der wichtigsten Orientierungen für das Leben des Lebens überhaupt, eine Orientierung, die zum Verständnis dessen, was ich hier darlegen werden, entscheidend beitragen kann, hat der Schriftsteller, Dichter und Theologe Johann Gottfried Herder (1744 - 1803) so ausgedrückt:

„Wer unter den Sterblichen kann sagen, daß er das reine Bild der

Menschheit, das in ihm liegt, erreicht habe? Entweder irrte sich also der Schöpfer mit dem Ziel, das er uns vorsteckte, und mit der Organisation, die er zur Erreichung desselben so kunstvoll zusammengeleitet hat, oder dieser Zweck geht über unser Dasein hinaus, und die Erde ist nur ein Übungsplatz, eine Vorbereitungsstätte."

Für den Fall, daß Ihnen das neu ist, wiederhole ich die letzte Zeile noch einmal: ‚Die Erde ist nur ein Übungsplatz, eine Vorbereitungsstätte.' Übung wozu? Vorbereitung worauf? Die Erde ist unsere Übungsstätte, wo wir unsere eigene, eigentliche Natur finden können.

Bitte erinnern Sie sich besonders an dieser Stelle an die Eigenschaft ihres Verstandes, alles, was er noch nie gehört hat, zu verneinen. Und daß ihn dies in die Lage versetzt, nichts Neues lernen zu können!

In der Chronik der achtzehn in der Bibel fehlenden Lebensjahre Christi, im ‚Wassermann-Evangelium von Jesus, dem Christus' heißt es: „Ich Jesus bin ein Mensch wie ihr, geprüft durch viele überstandenen Versuchungen. Ich bin der Tempel für die Christuskraft. So hört, ihr Männer Israels, schaut nicht auf Jesus - Jesus ist nicht König. Schaut auf Christus, der im Innern lebt und der sich ebenfalls in jedem Einzelnen von euch verwirklicht, wie in mir."[1]

Im zweiten vorchristlichen Jahrhundert lehrte der Verfasser der Yoga-Sutren: „Die Welt existiert, um Erfahrung zu liefern und auf diese Weise die Befreiung des Sehenden." Wenn vom Tod gesprochen wird und von dem, was danach folgt, heißt es sofort: Woher willst Du das wissen? Das kann nur jemand, der gestorben ist und zurückkommt.

Aus Tibet stammt darauf folgende Antwort: „Es gibt nicht einen einzigen Menschen, tatsächlich kein Lebewesen, das *nicht* vom Tode wiedergekommen ist. Tatsächlich sind wir alle viele Tode gestorben, bevor wir in diese Inkarnation gekommen sind. Und was wir Geburt nennen, ist bloß die Rückseite des Todes, wie die beiden Seiten einer Medaille, oder wie eine Tür, die wir von außen ‚Eingang' nennen, und ‚Ausgang' von Innen."[2]

Ein Mediziner, der sich eingehend mit dem ‚Leben nach dem Tode' und dem ‚Leben vor dem Leben' beschäftigt hat, Raymond

Moody [3], hat im Verlauf einer fünfjährigen Untersuchung rund hundertfünfzig Menschen, die ‚klinisch tot' waren, befragt. Die Berichte dieser Menschen sind bis in Einzelheiten von frappierender Ähnlichkeit. Moody selbst mußte feststellen: „Wenn man wie ich eine große Anzahl von Menschen über ihre Erfahrungen berichten hört, ... dann bekommt man fast das Gefühl, als hätte man diese Erfahrungen selber gemacht."

Einer der bedeutendsten Psychologen unserer Zeit, Stanislav Grof, hat beobachtet: „Wir alle haben in unserem Unbewußten ‚funktionelle Matrizen' (also so etwas wie Prägeformen), die eine authentische Begegnung mit dem Tod enthalten. Diese unbewußten Strukturen können z.B. durch therapeutische Techniken aktiviert werden und führen zu einer dramatischen Erfahrung des Todes, die sich vom tatsächlichen Sterben nicht unterscheidet ... . Die Menschen wissen also nicht nur verstandesmäßig, daß sie sterben werden, sie besitzen auch ein unterbewußtes Wissen davon, was man fühlt, wenn man den Tod erfährt. Dieses geradezu jeder Lebenszelle innewohnende Gewahrsein des Sterbevorgangs scheint der wichtigste Grund zu sein für die durchgehende Verleugnung und Verdrängung der mit dem Tod zusammenhängenden Probleme." [4]

Fangen wir also mit dem an, was wir in unserer Kulturgesellschaft alle kennen: mit unserer Distanz, unserer Scheu, unserer Angst vor dem Tod. Woher kommen diese negativen Empfindungen? Wer oder was in uns hat Angst vor dem Tod?

Ist es das Leben als Gegensatz zum Tod? Das ist gar nicht möglich, denn Leben und Tod bedingen sich gegenseitig. Leben kann vor seinem integralen Bestandteil keine Angst haben. Was also hat Angst vor dem Tod? Angst hat unser Ich, unser Ego. Die Gegensätze sind nicht Leben/Tod, die Gegensätze sind Ego und Tod. Gleichzeitig aber auch: Ego und Leben! Das Ego ist nämlich gegen beides, gegen das Leben und gegen den Tod. Es ist das Ego in uns, welches Angst vor dem Leben und Angst vor dem Tod hat.

In der vollen Lebendigkeit ist man dem Tod nahe. Daher kommt wohl auch die Angst, sich in der Liebe ganz hinzugeben. Denn da könnte das Ego ins Rutschen geraten. Das Gleiche kann beim Hören der Matthäus-Passion von Bach und überhaupt ‚großer Musik' passieren, oder beim Erleben eines Sonnenaufgangs im Gebirge. Jedesmal, wenn wir uns hingeben wollen, warnt das Ego: „Vorsicht! Nimm dich zusammen!" - So, als ob sich-gehen-lassen lebensgefährlich wäre. Dabei ist der Tod des Egos nicht unser Tod. Schiller hat es in seinem ‚Wallensteins Lager' so gesagt:

„Und setzet ihr nicht das Leben ein,
Nie wird euch das Leben gewonnen sein."

Angst vor dem Tod entsteht also im Ego. Und weil wir mit dem Ego identifiziert sind, haben *wir* Angst vor dem Tod. „Das separate Ich kann überhaupt nichts tun, um die Todesangst loszuwerden, weil das separate Ich die Todesangst ist" - so hat Ken Wilber die Sache auf den Punkt gebracht. Auch Sigmund Freud wußte: „Das Ich ist die eigentliche Angststätte."

Das Einzige, was an uns stirbt, wenn wir sterben, sind das Ich und der Körper. Der Körper ist sichtbar, das Ich dagegen ist durchsichtig wie Glas und deshalb unsichtbar. Weil es sich lohnt, dieses Ich genauer zu kennen, sei hier auf Ken Wilber [5] verwiesen, der sagt, daß sich mit dem Entstehen der Ich-Vorstellung, im Ich also, zwei Hauptantriebe entwickeln. Der eine Antrieb möchte das Ich verewigen. Die eigene illusorische Existenz im Ego soll verewigt werden. Dieser Antrieb ist der Eros.

Der andere Antrieb will dagegen alles vermeiden helfen, was die eigene Auflösung des Ich bedeuten könnte. Das ist der Thanatos, der Todestrieb. Weil es aber nicht möglich ist, das Ich zu verewigen; und weil es gleichfalls nicht möglich ist, die Auflösung des Ich zu vermeiden, sucht sich das Ich alle nur denkbaren Ersatzbefriedigungen. Was bleibt dem Ich übrig, als einmal nach Unendlichkeit, nach Ewigkeit zu streben, doch zugleich versuchen zu müssen, alles zu verdrängen, was irgendwie auf den Tod hinweist? Die Quintessenz dieser beiden Hauptantriebe des Ich/Egos ist: Überleben! Beide Hauptantriebe, ewig zu bleiben und den Tod verdrängen zu wollen, wurzeln in der Ahnung, daß unser tiefstes Wesen tatsächlich überlebt, tatsächlich ewig und unendlich ist.

Weil unser Ich jedoch endlich und sterblich ist, kann es diese zwei Hauptantriebe Ewigkeitssuche und Todesverdrängung immer nur auf einer falschen Ebene benutzen.

Das Ich ist unser Scheinzentrum. Wer wir wirklich sind, ist das

Ganze, ist Atman. Für den Buddhismus ist dieses Ganze das, was *wirklich* ist. Eine total separate, isolierte und abgegrenzte Wesenheit aber gibt es nirgendwo. „Das Gewand des Universums ist nahtlos" hat der Philosoph Alfred North Whitehead formuliert.

Der Drang nach mehr Leben, alles zu besitzen, dazuzugehören - dieses Verlangen des Egos wird also von der richtigen Intuition motiviert, daß wir in Wahrheit das All *sind*. Daß der Mensch eigentlich das All *ist*.

Das separate Ich, unser Ego, will aber - obwohl es sich ja gerade getrennt vom Ganzen empfindet, das Ganze selber, für sich besitzen. Und weil unser Ich nicht alles *sein* kann - will es deshalb alles *haben*.

Andererseits beruht das Leugnen des Todes auf der ebenfalls ganz richtigen Intuition, daß unser ursprüngliches Wesen tatsächlich, zeitlos, ewig und unsterblich *ist*.

Das separate Ich verwandelt aber dieses an sich richtige Gefühl der Zeitlosigkeit - auf der falschen Ebene - in das Verlangen, ewig zu leben, immer zu existieren, dem Tod für alle Zeiten aus dem Weg zu gehen. Statt also zeitlos dort zu leben, wo es allein möglich ist, nämlich in der Transzendenz - nach dem ‚Segnen des Zeitlichen' - kann das Ich nur danach verlangen, ewig hier zu leben. Wir, die wir ‚Ich' zu uns sagen - anders gesagt: wir, identifiziert mit dem Scheinzentrum ‚Ich' - schaffen eine künstliche Grenze um uns herum, eine Art Schranke, um ein separates Ich-Empfinden gegen die Ganzheit behaupten zu können. Diese von uns künstlich hergestellte Schranke aber verstellt uns die Sicht auf unsere ursprüngliche Ganzheit - und das ist das ursprüngliche Verdrängen. Nikolaus Cusanus nannte es „Die Wand, die den Menschen davon abhält, Gott zu sehen."

Weil mir daran liegt, die wirkliche Bedeutung des Todestriebes, des Thanatos begreiflich zu machen, sollten Sie wissen: Beim Erschaffen der Schranke, beim Eingrenzen, beim Mauerbau also, wirken beide dynamische Faktoren: Eros und Thanatos.

Eros ist im Grunde der Wunsch, die Ganzheit wiederzubekommen. Sie aber mußte verloren gehen, als die Mauer zwischen dem Ich und den anderen errichtet wurde.

Wie ließe sich die Ganzheit wiederherstellen? Nur, indem das Ich aufgelöst würde, indem das Ich stürbe. Aber gerade das will das Ich nicht!

Folglich kann Eros, der die wahre Ganzheit finden möchte, nur eines tun: Er sucht sich einen symbolischen Ersatz für das verlorene Ganze. Und so wird Eros zur nie ruhenden Macht des Suchens, Ergreifens, Verlangens, Liebens, Lebens, Wollens. Und natürlich ist Eros niemals befriedigt, weil er nie das findet, was er eigentlich sucht. Wilber formuliert genial: Eros sei ‚ontologischer Hunger', Hunger nach dem Sein.

Was ist nun der Thanatos, der Todestrieb? Das ist nicht etwa die Kraft, die töten will, auch kein Selbstmordtrieb. Thanatos ist die Kraft des Ganzen, die Kraft der Wirklichkeit, illusorische Grenzen zu transzendieren. Thanatos ist der im Menschen liegende Trieb, die Mauer des Ich einzureißen.

Uns aber, die wir mit unserem Ich identifiziert sind, *erscheint* die Kraft des Thanatos als Gefahr, weil das Ich seine Mauer eben nicht aufgeben will. Deshalb halten wir Thanatos für die Bedrohung, tatsächlich zu sterben. Alles, was dem Ich als ‚anders' gegenübertritt, erscheint uns als Quelle von Thanatos, eben weil alles, was anders ist, die Grenzen des Ichs bedroht. „Wo anderes ist, entsteht Angst" heißt es in den Upanishaden.

Alles ‚andere' erzeugt Angst. Dabei ist *alles*, was anders ist, immer nur eine Projektion des eigenen tiefsten Wesens, des Ganzen, der wahren Wirklichkeit. Nur in diesem Sinn ist Thanatos ein ‚Todestrieb', weil er letzten Endes aus der eigenen Ganzheit stammt.

Wilber meint: „Wo immer es Grenzen gibt, da wirkt der Thanatos des eigenen tieferen Wesens jeden Augenblick auf ihre Beseitigung hin. Solange es eine Grenze gibt, gibt es auch Thanatos." Und er gibt dann den entscheidenden Hinweis auf die Ursache des Blutvergießens auf unserem Planeten: „Und der Mensch wird sich entweder Thanatos und der Transzendenz überlassen, oder aber er muß etwas anderes finden, um mit diesem ‚Todestrieb' umzugehen. Das heißt, er muß *Ersatzopfer* finden. Denn Thanatos entsteht von Augenblick zu Augenblick - und man muß mit ihm fertig werden ... . Der tiefste Wunsch des Menschen läuft darauf hinaus, das eigene Ich zu opfern, zu ‚töten', um wahre Transzendenz, den Atman zu finden. Da das nicht gelingt, bringt man jemanden anderen als *Ersatz* um und besänftigt auf die Weise die Furcht vor der Konfrontation mit Tod und Thanatos .... Daraus folgt eindeutig, daß echte Transzendenz das einzige Heilmittel für das mordlustige Tier ‚Mensch' ist." [6]

Was man erklären will, kann man nur aus seinem Umfeld erklären. Deshalb die folgende, kurze geschichtliche Rückschau.

Gleich zu Anfang das Auffälligste: Je weiter wir zurückblicken, desto selbstverständlicher war für Menschen die Tatsache des Sterbens und der Tod. Die innere Unsicherheit und die Scheu, die Verdrängung des Todes finden sich erst in verhältnismäßig neuerer Zeit. Und heute sieht es so aus, als ob wir das Tabu Tod überwinden würden.

Im alten Indien stand, was man die ‚Pforte des Todes' nennen kann, offen. Die Menschen der damaligen Zeit konnten sozusagen durch dies offene Tor auf das sehen, was ‚dahinter' ist und was danach kommt.

In persischer Zeit nimmt das Interesse an der Erde immer stärker zu. Ackerbau und Viehzucht lenken die Blicke der Menschen mehr auf das ‚Irdische', das ‚Diesseitige'.

In Sumer entstand vor 4000 Jahren die älteste uns bekannte Geschichte unseres Planeten: das Gilgamesh-Epos. Und wovon handelt es? Von der Suche nach Unsterblichkeit!

„Um Engidu, seinen Freund,
Weint Gilgamesh bitterlich, über die Steppe eilend:
Ich selbst werde sterben; wird es mir nicht wie Engidu gehen?
Weh ist eingezogen in mein Herz,
Todesfurcht hat mich ergriffen, deshalb eile ich über die Steppe ...
Wie kann ich es verschweigen, wie kann ich es hinausschreien?
Mein Freund, den ich liebe, ist zur Erde geworden!"

Im alten Ägypten ist das gesamte Leben auf das Jenseits gerichtet. So als ob die ganze Kultur nur eine Aufgabe habe, nämlich die Handhabung des Todes. Das ganze Land gehört mit seinen Gräbern und Totentempeln den Toten. Man mumifiziert die Gestorbenen. Es wird angenommen, daß die Leichname von etwa 200 Millionen Menschen aus dreieinhalb Jahrtausenden im Sand oder in Felsengräbern überdauert haben. Fast alles, was wir von den alten Ägyptern wissen, berichten uns ihre Gräber. Die Ewigkeit ist wichtiger als die Zeitlichkeit gewesen.

Dem Inder ging und geht es noch heute eher darum, sein persönliches Bewußtsein, sein ‚Ich' aufzulösen, um ‚Das Ganze' zu werden.

Der Ägypter wollte nicht ‚ins Ganze' sterben, sondern versprech sich durch den Anker seines eigenen, als Mumie erhaltenen Körpers der Auflösung ‚seiner selbst' zu entgehen. Wir können das als einen durch Nachdenken entstandenen Versuch werten, dem Tod zu entgehen, als einen Versuch, individuelle Unsterblichkeit zu erreichen.

Dieses Bemühen, den Tod zu überlisten, wird heute wieder aktuell. Verändert allerdings durch das voll entwickelte Ego. Es nennt sich ‚Physische Unsterblichkeit'. In einem Prospekt für einen Workshop, in dem körperliche Unsterblichkeit gelehrt wird, steht zu lesen: „Wie wir den Tod in unserem Körper überschreiten. Menschen haben schon immer ihre körperlichen, geistigen und seelischen Einschränkungen herausgefordert - und überwunden. Eine wachsende Anzahl von Menschen auf der ganzen Welt, die in ihrem Körper Unsterblichkeit spüren, wehrt sich gegen den mächtigen Glauben, daß der Tod natürlich ist. Sie haben erkannt, daß der Tod eine lange vergessene Erfindung des menschlichen Ego und nur das Resultat eines langen lebensfeindlichen Prozesses ist."

Während die Ägypter, die ja noch kein entwickeltes Ego besaßen, ihre Körper nach dem Tod mumifizierten, mumifizieren sich heute Menschen, die den Schritt aus dem Ego nicht wagen, noch während ihrer Lebenszeit. Mit anderen Worten: unsere wirkliche Unsterblichkeit wird *materialisiert*. Für mich die letzte Konsequenz, zu der das Ego fähig ist.

> „Im Grunde ist Kultur die Art und Weise, wie sich das separate Ich zum Tode verhält - jenes Ich, das dazu verdammt ist, zu sterben, dies auch weiß und sein Leben lang bewußt oder unbewußt versucht, es zu leugnen." [7]
>
> „Der Mensch will das, was alle Organismen wollen: das Fortbestehen der Erfahrung. Selbstverewigung als lebendes Wesen. Andererseits ist der Mensch sich stets bewußt, daß sein Leben einmal zu Ende geht ... In jeder Epoche hatten die Menschen den Wunsch, ihr körperliches Schicksal zu transzendieren, suchten sie nach einer Garantie für eine Form unendlichen Fortbestehens." [8]

Die Idee der physischen Unsterblichkeit mußte zwangsläufig kommen. Es fragt sich nur, wieviel Energie wir in ein Projekt stecken wollen, das zwar mit dem stärksten Eros, aber nur mit der geringsten Wahrscheinlichkeit verbunden ist.

Physische Unsterblichkeit ist denkbar, vielleicht sogar für einige Zeit denknotwendig - aber nicht lebbar. Überdies ist sie leicht zu durchschauen: sie ist die logische Weiterentwicklung, die das Ego in seinem Kampf ums Überleben ‚erfinden' muß! Und die Idee kommt aus dem Land der ‚unbegrenzten Möglichkeiten'. Einer, wenn nicht *der* ‚Vordenker der Unsterblichkeitsidee' ist Alan Harrington in seinem Buch ‚The Immortalist', Millbrane, Calif. 1977. Das erste Kapitel beginnt: „Der Tod ist eine Zumutung für die menschliche Rasse und kann nicht länger akzeptiert werden" und schließt mit dem Satz: „Die Zeit ist gekommen, daß Menschen Götter werden oder untergehen."

Wir suchen Unsterblichkeit, weil wir unsterblich sind! Sie aber im Körper zu suchen, ist der vergebliche Versuch, Unsterblichkeit auf der falschen Ebene zu erreichen. Das ist nichts als eine ‚Ersatzform für Transzendenz'.

Aus dem alten Ägypten stammt eines der bedeutendsten Totenbücher. Es trägt den Titel ‚Das Heraustreten ins Tageslicht'. Gleich anfangs taucht die Seele des Gestorbenen im Jenseits auf und ist geblendet vom ‚vollen Licht des Tages'. Dieser Tatsache, diesem Erleben von Licht unmittelbar nach dem Sterben werden wir noch oft begegnen.

Im Abschnitt mit dem Titel ‚Vom Heraustreten der Seele in das Tageslicht' heißt es:

„Ich bin das Heute.
Ich bin das Gestern.
Ich bin das Morgen.
Meine wiederholten Geburten durchschreitend
Bleibe ich kraftvoll und jung.
Ich bin dem Geheimnis verwobene göttliche Seele ..."

Und gegen Ende:

„Seht, ich fliege, dem Vogel gleich,
Und schwebend steig ich zur Erde hinunter ...
Fortschreitend folg ich den Spuren meiner vorherigen Taten;
Denn von Gestern bin ich ein Kind.“

Hier wird schon das abstrakte Karma-Gesetz sehr konkret ausgedrückt.

Nach dem Entschlüsseln des Textes sah man das Ägyptische Totenbuch als ‚Werk von Wahnsinnigen‘ an. Noch um die Jahrhundertwende hat der große Meister der Ägyptologie, Adolf Erdmann, das Buch als ‚Wahnsinn, Unsinn und Aberwitz‘ bezeichnet: „Ein Altweiber-Märchen von einer unüberwindlichen Langweile, eine Anhäufung von Narrheiten und von allerlei Unsinn...“. Mediziner meinten damals: „Die Ägypter zeigen die Symptome einer kollektiven Hysterie und einer ausgesprochenen Schizophrenie.“

Heute, rund hundert Jahre später, wissen wir mehr. Heute schreibt Eugen Drewermann:

> „Die Botschaft des Christentums hat dem Glauben der Menschheit an die Unsterblichkeit des Lebens inhaltlich keine neuen Erkenntnisse hinzugefügt; es enthält in seinen Lehren bezüglich dieser Frage durchaus nichts, was nicht in den Anschauungen vor allem der Alten Ägypter Jahrtausende früher bereits vorgebildet wäre. Ja, man muß sagen, daß die dogmatischen Formulierungen des christlichen Glaubens über das Schicksal des Menschen im Tode sich zu den ägyptischen Visionen verhalten wie die 26 Buchstaben der lateinischen Schrift zu den 800 Hieroglyphen der Ägypter.“ [9]

Der Ägypter, der im Gegensatz zum Inder nicht logisch dachte und durchaus nicht gleichgültig dem irdischen Leben gegenüber war, wurde durch seine ‚sanfte, zarte und sinnliche Natur vom Diesseits stark angezogen‘, wie das Gregoire Kolpaktchy, der Übersetzer des Ägyptischen Totenbuches ins Französische und Deutsche beschrieben hat [10]. Eros und Thanatos werden deutlich. Aus Angst vor dem Tod verließ der Ägypter, so schildert Kolpaktchy, ‚das irdische Leben wie ein sinkendes Schiff und rettete sich selbst und alles, was noch zu retten war, in das jenseitige Leben‘. Die altägyptischen Glaubenssymbole sollten den verängstigten Menschen erklären, daß es im

Grunde den Tod gar nicht gibt. „Grab“ heißt auf ägyptisch: ‚Ort, wo man aufersteht‘; „Friedhof“ das ‚prachtvolle oder machtvolle Land‘.

Als das Alte Ägypten zu Ende ging - ungefähr 700 Jahre vor Christus - war die Überlieferung zur Tradition erstarrt, und der Weg des Verstorbenen im Jenseits wurde immer gefahrvoller geschildert.

Das Zentrum der Kultur wanderte nach Griechenland. Und dort ist es, als ob die ‚Pforte des Todes‘ ganz zugeschlagen wäre. „Lieber ein Bettler auf Erden, als ein König im Reiche der Schatten“ läßt Homer den Achill sagen. Immer länger und gefahrvoller wird der Weg der Verstorbenen ins Licht, bis nur noch ganz wenige und schließlich keiner mehr dorthin findet. Was da im Laufe der Menschheitsgeschichte geschehen ist, läßt sich mit einem Satz beschreiben: Die Verwandtschaft des Menschen mit dem Göttlichen ging verloren. Gott wurde ein anderer.

Für Sterbliche kannten die Griechen keine Ewigkeit mehr und Rückkehr. Euripides läßt sogar Apoll - also einen Gott - in seiner Tragödie ‚Alkestis‘ sagen: „Und ich muß aus dem Haus, das mir lieb geworden war wie keines, vor der Befleckung des Sterbens weichen.“

In der nachfolgenden, der römischen Kultur, wird der Tod erstmals als Gerippe dargestellt, mit der Unterschrift in einem Bodenmosaik: ‚Memento mori, (gedenke des Todes). Jetzt wird nur noch der Kör-per gesehen. Die Tore zum Jenseits sind ganz geschlossen.

Im frühen Christentum öffnet sich dieses Tor noch einmal - aber nur für einen Zeitraum von dreihundert Jahren.

Es gibt noch andere Totenbücher, so z.B. das Totenbuch der Maya oder das des Islam. Bücher, Überlieferungen, die aber für unser Thema hier nichts Neues bieten. Es ist ja selbstverständlich, daß sich jede Kultur mit dem Tod befaßt.

Ein Totenbuch aber gibt es, das zu den großen Weisheitsbüchern der Welt zählt. Seine Bedeutung ist mit den bedeutendsten Werken der Weltliteratur wie der Bibel, dem Koran, den Upanischaden, dem I Ging, dem Tao-te-king und Dantes Göttlicher Komödie verglichen worden (Lama Govinda).

Das ist das Totenbuch der Tibeter. Kein Geringerer als Carl Gustav Jung schreibt in einem ausführlichen psychologischen Kommentar: (es enthalte) „eine menschlich begreifbare Philosophie und spricht zum Menschen, und nicht zu Göttern oder zu Primitiven. Seine Philosophie ist die Quintessenz buddhistischer, psychologischer Kritik und als solche - man könnte wohl sagen - von unerhörter Überlegenheit.“ [11]

Immerhin ist der ‚Bardo Thödol‘ - das ist der tibetische Titel - ihm, wie C.G. Jung selber gesagt hat, „seit dem Jahre seines Erscheinens (1927) sozusagen ein steter Begleiter gewesen, dem ich nicht nur viele Anregungen und Kenntnisse, sondern auch sehr viele wesentliche Einsichten verdanke.“ [12]

„Ich bin gewiß, daß jeder, der dieses Buch mit offenen Augen liest und es vorurteilslos auf sich wirken läßt, reichen Gewinn daraus ziehen wird.“ [13]

Das ist auch meine Absicht für meine LeserInnen. Ich habe aus drei Übersetzungen großen Gewinn gezogen, den meisten aus der ersten Originalübertragung ins Deutsche. Die anderen sind Übersetzungen von Übersetzungen, also aus dem englischen und aus dem tibetischen. Das Buch ist 1988 im Otto Wilhelm Barth Verlag, München, erschienen. Sein Titel: ‚Das Tibetische Buch der Toten‘, herausgegeben von Eva Dargyay.

Nun aber direkt zur ‚Großen Befreiung durch Hören, ein Gebet für den Zwischenzustand des Wahren Seins‘. Der tibetische Text ist unter dem Namen ‚Das Tibetische Totenbuch‘ bekannt geworden. Das entspricht aber weder dem wirklichen tibetischen Titel noch wird es seinem Inhalt gerecht. Das Wort ‚Tod‘ kommt im tibetischen Titel überhaupt nicht vor. Einer der vielen bedeutenden Kommentatoren, Chögyam Trungpa, meint in seinem Kommentar: „Man könnte das Buch auch als das ‚Tibetische Buch der Geburt‘ bezeichnen. Weil es ein ‚Buch des Raumes‘ ist, Raum, welcher Geburt und Tod enthält.“[14]

Wahrscheinlich ist der Titel ‚Totenbuch der Tibeter‘ für die erste englische Übersetzung gewählt worden, weil damals das ‚Ägyptische Totenbuch‘ schon bekannt war und natürlich Ähnlichkeiten bestehen.

Die Lehren des Bardo-Thödol werden dem bedeutenden buddhistischen Apostel Padmasambhava zugeschrieben, der in der Mitte des achten Jahrhunderts unserer Zeitrechnung den Buddhismus nach Tibet brachte. Diese Bardo-Lehren waren ursprünglich Anweisungen für Übende, welche Erleuchtung anstrebten. Es geht dabei um die Befreiung von der Illusion unseres egozentrischen Bewußtseins.

Die Natur unseres innersten Wesens ist nicht von der Natur Buddhas oder der von Christus verschieden. Der Unterschied zwischen uns und einem ‚Erwachten' besteht darin, daß der Erwachte sich seiner Natur bewußt ist, während wir uns mit unserem Ich identifizieren.

Nach außen hin beschreibt, exoterisch betrachtet, das tibetanische Totenbuch die Erfahrungen, welche ein Mensch im Augenblick des Todes macht - darauf diejenigen, welche in den folgenden 7 x 7 Tagen, also 49 Tagen, zu erwarten sind - und schließlich die Erlebnisse beim Wiederverkörpern.

Esoterisch, also ‚nach innen zu' und nur den Eingeweihten bekannt, ist das Buch eine Beschreibung des Todes und der Wiedergeburt des Egos. Deshalb konnte Lama Govinda auch in seiner Einführung feststellen: „Es ist ein Buch für die Lebenden *und* die Toten."

Was heißt ‚Bardo'? Im tibetischen bedeutet ‚Bar' = zwischen, und ‚do' = zwei; also etwa ‚Zwischenzustand'. Man könnte auch ‚Lücke', ‚Durchgang' oder einfach ‚Dazwischen' sagen. Zwischen was? Zwischen Tod und Wiedergeburt!

Bardo ist eine Bezeichnung für den Übergang von einem Augenblick zum nächsten. Bardos geschehen also nicht nur nach dem Tod, sondern immerfort. Sogar dieser Augenblick jetzt *ist* ein Bardo. Rumi sagt, daß „du in jedem Augenblick stirbst und wieder zurückkehrst" und Johannes Tauler: „Der Mensch könnte in einem Tag tausend Tode sterben, und dieser Tod ist keiner, dem nicht zugleich ein wonnigliches Leben antwortet."

Weil - wie in der Geschichte vom strengen Herrscher - „Alles vorbei geht", „Alles zuende geht", „Nichts bleibt", „Alles fließt", ebendeswegen befinden wir uns immer in einem ‚Zwischenzustand'.

Das Bardo-Thödol umfaßt das gesamte Leben eines Menschen. Dieses sind die ‚Zwischenzustände':

1. der Bardo der Geburt und des Wachbewußtseins,
2. der Bardo des Traumbewußtseins,
3. der Bardo des Versenkungsbewußtseins (Dhyâna),

4. der Bardo des Todeserlebnisses,
5. der Bardo des Erlebens der Wirklichkeit (Dharmata),
6. der Bardo des Werdens, des Wiedergeburtsbewußtseins.

Die ersten drei Bardos beschreiben das diesseitige Leben als Phase von ‚Schwebezuständen'. Die letzten drei Bardos beschreiben den 49 Tage andauernden Prozeß des Todes und der Wiedergeburt. Und diese 49 Tage wollen wir uns genauer ansehen.

Nach der Lehre Buddhas ist es ein Vorrecht, ein Privileg, als Mensch geboren zu werden, weil das die Gelegenheit bietet, sich aus dem Kreislauf der Geburten zu befreien. Das Leben ist eine Übungsstätte!

Entsprechend beginnen auch die sogenannten ‚Wurzel-Verse' (die Hauptverse) mit folgenden Worten:

„Jetzt, wo mir der Sinn des Bardo des Lebens aufgeht:
- will ich die Gleichgültigkeit aufgeben, weil es im
Leben keine Zeit zum Verschwenden gibt -
- will ich unbeirrt den Pfad des Hörens, Nachsinnens
und Meditierens betreten -
- weil ich einen Menschenkörper angenommen habe,
will ich keine Zeit durch nutzlose Ablenkungen verschwenden.“

Das ‚Hören' (‚mit dem Herzen hören'), das ‚Nachsinnen' und das Meditieren sind die drei Stadien der Schülerschaft.

Wie schon gesagt, waren das ursprünglich Anweisungen für Übende, die Erleuchtung erreichen wollten, das Absteigen vom Rad der Verkörperungen. Aus der Einsicht, daß der Vorgang des Sterbens eine große Möglichkeit bietet, die schon zu Lebzeiten praktizierten Übungen zur Vollendung zu bringen. Das Ganz-Aufwachen und das Sterben haben große Ähnlichkeit. Eine Erkenntnis, die von der heutigen Nahtod-Forschung - von der ich noch berichten werde - voll bestätigt wird.

Im Verlauf der Jahrhunderte wurde die Bardo-Lehre dann zu einem Totenritual erweitert, das auch Lesungen für den Verstorbenen beinhaltete.

Was passiert in den 7 x 7 Tagen nach dem Tod bis zur Wiedergeburt? Auf Einzelheiten, die das Buch schildert, will ich hier nur insoweit eingehen, als das es die Frage beantwortet: „Wozu dient es?" Nämlich zur Großen Befreiung!

Für jene, die bisher noch eher befangen sind, deren Verstand vielleicht noch fragt, woher die das denn wissen - will ich aus dem Klappentext vom ‚Tibetischen Buch der Toten' zitieren. Da heißt es: „(Das Buch) läßt die Vermutung zu, daß die alten Weisen Tibets in der Tat einen Blick ins Jenseits getan und damit den Schleier vom größten Geheimnis des Lebens gelüftet haben."

Darüber kann kein Zweifel bestehen. Trotzdem erklärt es sich wohl ein bißchen leichter, wenn man solche Aussagen noch relativiert. Wie auch C.G. Jung leicht relativiert, wenn er in seinem Kommentar schreibt: „(Die Aussagen) sind dermaßen eingehend, und den ‚Zustandswandlungen' des Toten angepaßt, daß jeder ernsthafte Leser sich die Frage vorlegt, ob nicht am Ende diese alten lamaistischen Weisen doch einen Blick in die vierte Dimension getan und dabei einen Schleier von großen Lebensgeheimnissen gelüftet hätten." [15]

Und: „... man könnte beinahe versucht sein, der Vision des Bardolebens einige Realität zuzubilligen." [16]

Was also passiert in den 49 Tagen vom Tod bis zur Wiedergeburt? Das Geschehen wird in den letzten drei Bardos beschrieben:

1. Das Tschikhai-Bardo befaßt sich mit den seelischen Erlebnissen im Augenblick des Todes, in dem sich ein blendend weißes Licht zeigt.

2. Das Tschönyid-Bardo beschreibt den nach dem Tod eintretenden Traumzustand mit den sog. karmischen Illusionen.

3. Das Sidpa-Bardo handelt vom Einsetzen des Geburtstriebes und der pränatalen Ereignisse.

Die größte Erlösungsmöglichkeit bietet sich gleich am Anfang, im Vorgang des Sterbens. Denn wir kommen nach Hause. Im Bardo des Augenblicks des Todes zerfällt die äußere Wirklichkeit, und das wahre Wesen der Wirklichkeit zeigt sich unmittelbar als gleißendes Licht. Dieses extrem helle Licht ist das reine Bewußtsein, unser wahres Wesen, ist das, wer wir eigentlich sind.

Wer sich zu Lebzeiten mit diesem Zustand vertraut gemacht hat, erreicht hier die endgültige Befreiung. Das Rad der Wiedergeburt kommt zum Stillstand. Der Mensch hat die Buddhaschaft, den Christus-Zustand, also die uns allen eigene Natur erreicht. Der Sinn des Menschseins ist erreicht. Jetzt sind der Vater und ich eins. Der Mensch kann den Übungsplatz verlassen.

Kabir sagt wieder und wieder: „Wenn deine Liebe ganz aufgeblüht ist, wird ein helles Licht erscheinen, plötzlich gehen rings um dich Tausende von Sonnen auf." Und das sagt nicht nur Kabir; auch Mohammed sagt das und auch Christus, und alle Mystiker auf der ganzen Welt. Sie haben gesagt, daß es zu einer Explosion von Licht kommt, wenn du deinen innersten Kern erreichst.

Das kann nicht nur ein Bild sein: verschiedene Länder, verschiedene Sprachen, verschiedene Jahrhunderte, in der ganzen Welt sagen Mystiker übereinstimmend - daß im letzten Augenblick eine Explosion von Licht geschieht, Tausende von Sonnen sind plötzlich aufgegangen. [17]

Mit diesen Worten beginnt der Text des tibetischen Totenbuches:

> „Sohn der Edlen (gemeint sind die Anhänger Buddhas) - (dann wird der Name des Sterbenden genannt), höre!
>
> Dir wird nun das reine Licht des Wahren Seins aufleuchten. Dies mußt du erkennen! Sohn der Edlen, das innewohnende Sein deines gegenwärtigen Erkennens ist eben diese bloße Leere; diese hat auch kein Sein als Ding, Merkmal oder Farbe, sondern ist bloße Leere. Dies eben ist die absolute Wirklichkeit ... Da dein Erkennen bloß in Leere besteht, laß diese Leere nicht bedeutungslos werden: Dieses noch nicht vergangene Erkennen (gemeint ist das eigene Bewußtsein) ist ebenso die absolute Wirklichkeit...
>
> Das reine Bewußtsein, das du bist und dein erkennendes Bewußtsein, das leuchtend klar ist - diese beiden sind untrennbar und sind das Wahre Sein, der Buddha. Die Vereinigung von beiden ist der Dharmakaya-Zustand vollkommener Erleuchtung, die Buddhaschaft."

C.G. Jung definiert die vollkommene Erleuchtung, die Buddhaschaft, mit den Worten:

> „Das Bewußtsein als sichtbare und faßbare Erscheinung der Seele ist der schöpferische Urgrund aller metaphysischer Aussage. Die ‚Leere' ist der Zustand vor aller

> Aussage, vor allem ‚Setzen'. Die Seele ist wahrlich nicht klein, sondern die leuchtende Gottheit selbst. Diese Aussage findet der Westen entweder sehr bedenklich, wenn nicht gar verwerflich, oder er eignet sie sich ebenso unbedenklich an ... Irgendwie stehen wir zu diesen Dingen schief." Damit meint C.G. Jung die letzte und höchste Wahrheit, die im Bardo Thödol dem Menschen mitgegeben wird, nämlich daß „die Götter Schein und Licht der eigenen Seele sind. Damit ist dem östlichen Menschen keine Sonne untergegangen wie dem Christen, welchem Gott dadurch geraubt wurde, sondern seine Seele selber ist das Licht der Gottheit, und die Gottheit ist die Seele." [18]

Ist das alles zu weit weg? Gehört das in einen anderen Kulturkreis? Ist das Spekulation? Gehört das in eine bestimmte, vielleicht nur buddhistische Weltanschauung?

Nein, es ist das, was jeder Mensch im Tod erlebt! Woher wissen wir das heute?

Das bestätigt die neueste Nahtodforschung. Der Mann, welcher die Nahtod-Forschung 1975 bekannt gemacht hat - der amerikanische Arzt Raymond Moody - berichtet:

> „Wohl das Erstaunlichste in den von mir durchgearbeiteten Berichten wiederkehrender Elemente und mit Sicherheit dasjenige, das auf den Einzelnen die tiefste Wirkung ausübt, ist die Begegnung mit einem sehr hellen Licht.
>
> Bei seinem ersten Auftreten ist es in der Regel matt, worauf es seine Helligkeit jedoch sehr rasch bis zu überirdischer Leuchtkraft steigert ..." [19]

Die Erforschung der NTE (der Nahtod-Erlebnisse) ist inzwischen zu einer eigenen Wissenschaft geworden. Nach einer Umfrage (Gallup) im Jahre 1983 kann man davon ausgehen, daß von 160 Millionen erwachsener Amerikaner und Amerikanerinnen etwa 8 Millionen bereits ein Nahtod-Erlebnis hatten. Bei rund 40% der Menschen, welche klinisch schon tot waren, aber überlebten, tritt ein Nahtod-Erlebnis ein.

Dazu zwei Schilderungen. Zunächst der Bericht eines Vierzigjährigen, der als 14jähriger im Auto bei einer plötzlichen Überschwemmung beinahe ertrunken wäre:

> „Ich wußte, daß ich entweder tot war oder sterben mußte. Aber dann passierte etwas. Es war so riesig, so mächtig, daß ich mein Leben aufgab, um rauszukriegen, was es

war. Ich wollte mich in dieses Abenteuer wagen, das anfing mit einem Abdriften in - was ich nicht anders beschreiben kann - einen langen Tunnel aus Licht. Es war aber nicht nur Licht, es war ein beschützender Durchgang aus Energie mit einer intensiven Helligkeit am Ende, die ich sehen und berühren wollte. Es waren keinerlei irdischen Geräusche zu hören. Nur Töne von heiterer Klarheit, eine fremdartige Musik, die ich noch nie gehört hatte.

Ich gab mein Leben auf. Für diese wunderbare Sache ließ ich es hinter mir. Ich wollte nicht mehr ins Leben zurückkehren. Weil ich wußte, daß das, was vor mir lag, so außerordentlich und schön war, konnte mich nichts davon abhalten, es zu erreichen.

Als ich zur Quelle des Lichts kam, konnte ich hineinsehen. Es ist mir unmöglich anzufangen, mit menschlichen Begriffen das Gefühl zu beschreiben, das ich hatte, als ich es sah. Es war eine riesige, unendliche Welt von Ruhe und Liebe und Energie und Schönheit. Verglichen damit schien das menschliche Leben unwichtig zu sein. Und doch machte es die Bedeutung des Lebens gleichzeitig mit dem Preisen des Todes als eines Mittels für ein anderes, besseres Leben klar. Es war ganz Sein, ganz Schönheit, ganz Dasein. Es war die ganze Energie des Universums für immer an einem unermeßlichen Ort.“ [20]

Und dann die Schilderung eines NTE‘s, eines 41jährigen Mannes, der zwei bis drei Minuten klinisch tot war:

„Dann habe ich etwas erlebt, was man ein Nahtod-Erlebnis nennt. Für mich war aber da nichts ‚nah‘ - es war da. Es war ein totales Eintauchen in Licht, Helle, Wärme, Frieden, Sicherheit. Ich hatte kein Erlebnis außerhalb des Körpers. Ich habe meinen Körper nicht gesehen, auch niemanden in meiner Nähe. Ich ging einfach sofort in dieses schöne helle Licht. Das ist schwer zu beschreiben; tatsächlich unmöglich zu beschreiben. Mit Worten läßt sich das nicht ausdrücken. Das ist etwas, was du wirst und du wirst dazu. Ich könnte sagen, ‚Ich war Frieden, Ich war Liebe‘. Ich war die Helligkeit, die war ein Teil von mir ... Du weißt das einfach. Du bist allwissend - und alles ist Teil von dir - es ist - es ist einfach schön. Es war die Ewigkeit. Es war so, als wäre ich immer dort und würde immer dort sein, und daß meine Existenz auf der Erde nur ein kurzer Moment wäre.“ [21]

Zurück zum Totenbuch der Tibeter. Die größte Erlösungsmöglichkeit eröffnet sich gleich am Anfang im Sterbevorgang, wenn wir unsere wahre Natur erreichen. „Aber“, so schreibt der Herausgeber der ersten englischen Übersetzung, Evanz-Wentz, „ein solch geistiges Vermögen ist so sehr selten, daß die normale geistige Verfassung des Sterbenden der erhabenen Kunst nicht gewachsen ist, sich auf dem Zustand zu halten, in dem das klare Licht scheint; und dann folgt ein schrittweiser Abstieg in immer niedrigere Zustände der Bardo-Existenz, und schließlich Wiedergeburt.“ [22]

Für die Schwierigkeiten, ohne intensive Vorbereitung während der Lebenszeit die eigene Natur zu erkennen und dort zu bleiben, haben die tibetischen Meister ein Gleichnis genannt: Es ist so schwer, wie eine Nadel vor dem Fallen zu bewahren, die quer auf einem Faden balanciert wird.

> „Wegen der Unvertrautheit mit der eigenen Natur, die ein ‚ekstatischer Zustand des Nicht-Ich‘ ist, fehlt dem Bewußtsein des durchschnittlichen Menschen die Kraft, in Funktion zu bleiben. Karmische Neigungen umwölken das Bewußtsein mit Gedanken eines Selbst, welches das Erkennen von Nirwana, vom Erlöschen des Ichwahns verhindert. Und so fährt das Rad des Lebens fort, sich zu drehen.“ [23]

Aber auch auf jeder weiteren Stufe macht das Bardo Thödol auf die Möglichkeit der Erlösung aufmerksam. Evanz-Wentz beschreibt die zunehmende Schwierigkeit, je mehr sich der Gestorbene dem Finden eines neuen Körpers nähert. Wie beim Aufprall eines Balles ist der erste Rücksprung am höchsten und jeder folgende dann etwas nieriger, bis der Ball am Boden liegen bleibt.

> „Sein (des Gestorbenen) erster geistiger Absprung unmittelbar nach dem Verlassen des irdischen Körpers ist der höchste; der nächste ist niedriger. Schließlich, wenn er keine Erlösungsmöglichkeit ergriffen hat, sucht er einen Schoß und wird wieder geboren.“ [24]

Uns Abendländern ist jahrhundertelang Wissen vorenthalten worden, das nötig ist, zu verstehen, was ‚Erlösung‘ in diesem Zusammenhang überhaupt bedeutet. Erlösung vom Menschsein? Ja, genau das! Das Erreichen unserer eigentlichen eigenen Natur. Morgenländern ist solches Wissen nie vorenthalten worden, weswegen ihnen das Erreichen ihrer eigenen Natur natürlich geblieben ist. Selbstverwirklichung, die im Osten als selbstverständlich angestrebt wird, gilt bei uns im Westen noch vielfach als unmöglich - und dadurch, daß diese Fähigkeit dem Menschen abgesprochen wird, oft als blasphemischer, ja ‚gotteslästerlicher‘ Versuch.

Dabei ist Selbstverwirklichung das Ziel von Religion! Einer Religion als Erkundung des eigenen Wesens, als Wiederverbindung mit dem Urgrund. ‚Selbstverwirklichung' und ‚Selbsterlösung' werden oft mißverstanden; als ob es um das Ego, um eine Verstärkung des Ego ginge. Dabei geht es bei der Selbstverwirklichung gerade um die Auflösung der Identität mit unserem Scheinzentrum ‚Ich' - um das, was Meister Eckhart das ‚sich des Seinen entledigen' genannt hat. Helmut Barz als Leiter des C.G. Jung Instituts in Zürich belegt das so:

> „Selbstverwirklichung ist das Gegenteil von Egozentrizität, indem sie darauf gerichtet ist, das Ego aus dem Zentrum herauszurücken. Wenn aber das Ich seiner zentralen Position enthoben ist, dann nimmt nicht nur die Nähe zum Selbst, sondern auch die Bezogenheit auf das Du des anderen Menschen zu. In der Selbstverwirklichung geschieht die Erlösung aus der Subjekt-Objekt-Spaltung und damit die Überwindung der narzistischen Selbstbespiegelung." [25]

So wird aus der Drohbotschaft orthodoxer Religionen wieder eine Frohbotschaft:

> „Ich, Jesus, bin ein Mensch wie ihr, geprüft durch viele überstandene Versuchungen. Ich bin der Tempel für die Christenkraft. So hört, ihr Männer Israels, schaut nicht auf Jesus - Jesus ist nicht König. Schaut auf Christus, der im Innern lebt und der sich ebenfalls in jedem Einzelnen von euch verwirklicht, wie in mir." [26]

Im Yoga heißt es: Das erste, was verstanden werden muß, ist, daß die Welt für uns existiert, um befreit zu werden. Um Erfahrung zu liefern und auf diese Weise die Befreiung des Sehenden.

Die Welt ist ein Trainings-Camp, eine Lernschule. Wie sagte Nietzsche: „Der Mensch ist etwas, was überwunden werden sollte", und Simone de Beauvoir: „Das Leben befaßt sich mit der Selbsterhaltung *und* der Selbstüberwindung; solange es nur sich selbst erhält, ist das Leben nur Nicht-Sterben." Schon Augustinus (354-430), der größte lateinische Kirchenlehrer des christlichen Altertums, formulierte: „Kehre in dein Innerstes und steige über dich selbst hinaus!"

Wenn es dem Sterbenden nicht gelingt, sich mit der eigenen Natur, dem strahlenden Licht zu identifizieren, fällt er für drei bis vier Tage in einen unbewußten Zustand. Hier bildet sich der sogenannte ‚Bewußtseinskörper', der von da an das Subjekt der kommenden Erfahrungen wird. Diesen ‚Körper' nennt man auch ‚Gedankenkörper der Neigungen' oder ‚Astralleib'.

Mit dieser ‚Körperlichkeit' nimmt der Gestorbene in dem nächstfolgenden, 14 Tage dauernden Bardo (dem Tschönyid-Bardo) die Formen von 42 friedvollen und 58 rasenden Gottheiten wahr. Für das Verstehen ist es wichtig zu wissen, daß dies ‚Erscheinungsformen' sind, Bilder, Visionen des *eigenen Bewußtseins*, welche Gestalt annehmen, eben in Erscheinung treten. Das Unbewußte kennt nur Bilder, es ‚denkt' nur in Bildern. Diese Erscheinungen sind *zugleich* Wirklichkeit *und* Illusion. Das ließ C.G. Jung bemerken:

> „Ein großartiges Sowohl-Als-auch ist der Hintergrund dieses seltenen Buches"[27],

und:

> „Im Tibetischen Totenbuch sind Erkenntnisse ‚vorweggenommen' - genauer gesagt: stehen schon Beobachtungen, die wir erst in diesem Jahrhundert in der Tiefenpsychologie entdeckt haben. Es werden Seelenbilder geschildert, die mit großer Genauigkeit den Ergebnissen der Psychologie und der Traumdeutung entsprechen ... Auf alle Fälle ist die Reihenfolge der Ereignisse eine nahe Parallele zur Phänomenologie des europäischen Unbewußten unter den Bedingungen eines sogenannten Initiationsprozesses, das heißt, wenn das Unbewußte analysiert wird." [28]

Doch an dieser Stelle ist auf einen wohl zeitbedingten Fehler Jungs hinzuweisen: Er versteht unter Initiation und Individuation die *Einheit des Verstandes*, also die ‚Assimilierung der Inhalte des persönlichen mit dem des kollektiven Unbewußten'. Größer kann aber der Unterschied zwischen dem im Osten angestrebten und dem, was Jung sieht, gar nicht sein. Denn im Bardo Thödol ist die Absicht des Initiations-Prozesses nichts weniger, als der Seele ihre Göttlichkeit wieder zurückzugeben, die sie durch die Geburt verloren hat.

Am Ende der Unterweisungen im 5. Bardo, im Zwischenzustand des Wahren Seins also, heißt es:

> „Man ist befreit, schon allein dadurch, daß man die Unterweisungen über den Zwischenzustand (zwischen Tod und Wiedergeburt) hört; man ist befreit schon allein, wenn man sie nur liest.
>
> Aber auch wenn man es nur einmal gehört hat und die Bedeutung nicht verstanden hat, so wird man sich im

Zwischenzustand daran erinnern, ohne auch nur ein einziges Wort zu vergessen, denn zu dieser Zeit ist der Geist viel wacher, so daß einem alles klar erscheint.

Nachdem das klare Urlicht nicht erkannt - und die Befreiung nicht erreicht worden ist, bekommt der Verstorbene eine weitere Gelegenheit durch das, was das ‚sekundäre klare Licht' genannt wird. Wenn man aber auch da nicht befreit wird, dämmert das auf, was der Tschönyid-Bardo genannt wird."

Jetzt erscheinen die karmischen Trugbilder. Dem Gestorbenen wird vorgelesen:

„O Edelgeborener, du machst drei Bardos durch; den Bardo des Augenblicks des Todes; den Bardo der Wirklichkeit und den Bardo, während du Wiedergeburt erlebst.

Von diesen dreien hast du bis gestern den Bardo des Augenblicks des Todes erlebt. Obgleich das klare Licht der Wirklichkeit Dir däm-merte, warst du unfähig, dich daran zu halten, und so mußtest du hierher wandern. Jetzt wirst du weiterhin die zwei anderen erleben, den Tschönyid-Bardo und den Sidpa-Bardo.

O Edelgeborener, was auch an Furcht und Schrecken über dich kommen mag im Tschönyid-Bardo, vergiß nicht die Worte. Ihren Sinn im Herzen schreite weiter; in ihnen liegt das wesentliche Geheimnis der Erkenntnis: ‚Ach, daß ich, wenn der Bardo der Wirk-lichkeit in mir hier dämmert - jeden Gedanken von Furcht und Schrecken oder Angst ob aller (schemenhaften Erscheinungen) beiseite gesetzt - alle Bilder, die erscheinen, als die Spiegelbilder meines eigenen Bewußtseins erkenne. Daß ich sie als von der Natur der Schemen im Bardo erkenne, daß ich in diesem höchstwichtigen Augenblick (der Gelegenheit), ein großes Ziel zu erreichen, nicht fürchte die Scharen der Friedlichen und Zornigen (Gottheiten): meine eigenen Gedankenformen,.

O Edelgeborener, als sich dein Körper und Geist trennten, mußt du einen Schimmer der Reinen Wahrheit erfahren haben, sanft, sprühend, hell, blendend, wunderbar und strahlend, ehrfurchterregend, anzusehen wie eine Fata Morgana, die über eine Landschaft im Frühling in einem ununterbrochenen Strom von Vibrationen dahinzieht. Laß dich davon nicht anfechten, nicht erschrecken, nicht ein-schüchtern. Das ist die Strahlung deiner eigenen wahren Natur. Erkenne sie.

Aus der Mitte dieser Strahlung kommt der natürliche Klang der Wirklichkeit, widerhallend wie tausend Donner, die zugleich erschallen. Das ist der natürliche Klang deines eigenen wirklichen Selbst. Laß dich davon nicht anfechten, nicht erschrecken, nicht einschüchtern.

Der Körper, den du jetzt hast, wird der ‚Gedankenkörper der Neigungen' genannt. Da du keinen materiellen Körper von Fleisch und Blut hast, können, was auch kommen mag - Klänge, Lichter oder Strahlen - dir nichts anhaben: du bist unfähig zu sterben. Es genügt vollends, daß du weißt, daß diese Schemen deine eigenen Gedankenformen sind. Erkenne dies als den Bardo.

O Edelgeborener, wenn du jetzt nicht deine eigenen Gedankenformen erkennst - was du auch an Meditationen oder frommen Übungen in der Menschenwelt verrichtet haben magst - wenn dir diese jetzige Lehre nicht begegnet ist, werden die Lichter dich erschrecken, die Klänge dir Furcht einjagen und die Strahlen dich erschrecken. So du nicht diesen allerwichtigsten Schlüssel zu den Lehren hast - und damit nicht fähig bist, die Klänge, Lichter und Strahlen zu erkennen- wirst du in den Samsára zu wandern haben - im Kreislauf der Geburten weitergehen."

Der „allerwichtigste Schlüssel" ist: sich nicht von der Gewalt und Herrlichkeit der Visionen schrecken zu lassen. Denn gleichzeitig trifft den Verstorbenen ein trübes Licht auf die Stirn. Die Anweisung dazu ist: „Habe nicht das trübe Licht gern." Immer wieder heißt es: „Du fühlst dich sehnlich zu dem trüben Licht aus der Menschen - Welt hingezogen." Dieses Hingezogenwerden entstammt dem eigenen Karma, der Wunschnatur des Verstorbenen. Die meisten Verstorbenen schrecken vor der Größe und Kraft der göttlichen Bilder zurück; sie werden von den niederen Bereichen immer stärker angezogen.

Der Verstorbene, welcher nicht in der Lage war, mit dem Einen, der eigenen Natur zu verschmelzen, wird zum Beobachter und nimmt nur die Lichter, die Klänge und die Erscheinungen als von außen kommend wahr. Im Bardo Thödol heißt es: „Deshalb kommen, wenn das Dämmern der Friedlichen und wissenshaltigen Gottheiten, die einen willkommen heißen, aufgehört hat, die achtundfünfzig flammenumschienenen, zornigen, Blut trinkenden Gottheiten zur Erscheinung, die nur die früheren Friedlichen Gottheiten im umgekehrten Aspekt sind." Jede Gottheit im tibetischen Buddhismus kann einen friedvollen und einen rasenden Aspekt haben; das sind Symbole für die friedfertigen und die aggressiven Anlagen im Bewußtsein des Menschen. Die rasenden Gottheiten sind Erscheinungsformen von

Energie, die für das Erreichen der Erleuchtung ebenso hilfreich sind wie die friedvollen. Dabei sollen die Illusionen des Menschen zerstört werden. Das Vorhandensein rasender Gottheiten hat im Westen lange Zeit zu der irrigen Ansicht geführt, im Tibetischen Buddhismus würden ‚Dämonen verehrt'. Dagegen vertritt selbst C.G. Jung in seinem ‚Psychologischen Kommentar' zum Tibetanischen Totenbuch die Meinung, daß „man die Gottheiten des Tschönyid Bardo nach Belieben durch christliche Symbole ersetzen kann."[29] Eugen Drewermann verdeutlicht es am besten: „Die Götter ... leben als mächtige Gestalten in den Tiefen der menschlichen Psyche selbst und empfangen von der jeweiligen Kultur nur die Bühne und das Drehbuch ihres Auftritts. Sie mögen dann heißen, wie sie wollen: Adonis, Osiris oder Christus, Diana, Maria oder Coatlicue, Indra, Marduk oder Herakles - in allen Formen und Gestalten bleibt gleichwohl ihr unverwechselbarer Kern enthalten."[30]

Das Totenbuch macht darauf aufmerksam, was dieses ‚Blut trinken' bedeutet. Es ist der Durst nach einem Leben im Körper. Und es will immer wieder verständlich machen, daß diese rasenden Gottheiten nichts als karmische Personifikationen der eigenen Neigungen sind.

> „Wenn du zu der Zeit, wo die 58 Blut trinkenden Gottheiten, die aus deinem eigenen Gehirn entspringen, auf dich scheinen, sie als Strahlung Deines eigenen Geistes erkennst, gehst du sogleich - im Zustand der Vereinigung - in den Körper der Blut trinkenden ein und erreichst Buddhaschaft."

Das Totenbuch macht klar, daß der Verstorbene die Macht hat, diese Erscheinungen ohne Wanken anzusehen und ihnen wie alten Bekannten zu begegnen.

Weiter heißt es:

> „O Edelgeborener, wenn du jetzt nicht erkennst und vor den Gottheiten aus Furcht fliehst, werden wieder Leiden dich überwältigen. Wenn man das nicht weiß und Furcht vor den Blut trinkenden Gottheiten hat, wird man eingeschüchtert und erschreckt und ohnmächtig. Die eigenen Gedankenformen wandeln sich in trügerische Erscheinungen und man wandert in den Samsára (den Kreislauf der Verkörperungen): so man sich aber nicht einschüchtern und erschrecken läßt, wandert man nicht in den Samsára."

Der Verstorbene muß sich - wie ein kleines Kind sich nach der Geburt an die ‚Erdenwelt' gewöhnt - an den Nachtod-Zustand gewöhnen.

Die sogenannten ‚karmischen Schemen' entstammen dem Inneren des Verstorbenen selber. Nach Evans-Wentz zweiundvierzig aus dem Herzzentrum, zehn aus dem Kehlkopfzentrum und achtundfünfzig aus seinem Hirnzentrum.

> „Wie aus einem Einweihungs-Mysterienspiel kommen die Schauspieler an jedem Tag des Bardo auf die Geistesbühne des Verstorbenen, der ihr alleiniger Zuschauer ist; und der Regisseur ist das Karma.
>
> Die höheren oder göttlichen Elemente des Bewußtseins des Verstorbenen tauchen zuerst im vollen Glanz des Klaren Urlichts auf, und dann, in immer mehr abnehmendem Glanz, werden die Visionen weniger und weniger glücklich - die Friedlichen Gottheiten des Herzzentrums und dann die des Kehlkopfzentrums werden abgelöst von den Zornigen Gottheiten des Hirnzentrums.
>
> Schließlich, wenn die rein menschlichen und roheren Neigungen, personifiziert in den grimmigsten der Zornigen Gottheiten, als schreckerregende und drohende, spukhafte Halluzinationen in das Feld der geistigen Visionen kommen, flieht der sie Wahrnehmende in Entsetzen von ihnen, seinen eigenen Gedankengebilden, in den Schutz des Mutterschoßes und macht sich damit zum Spielball von Maya und zum Sklaven der Unwissenheit."[31]

Um eine ungefähre Vorstellung vom Nachtod-Körper, dem Bardo-Körper zu bekommen - also davon, was nach dem Zerfall des physischen Körpers von uns übrig bleibt, gibt Evanz-Wentz die folgende Beschreibung:

> „Der Bardo-Körper, der gebildet ist aus Stoff in einem unsichtbaren oder äthergleichen Zustand, ist eine genaue Kopie des menschlichen Körpers, von dem er sich im Todesprozeß getrennt hat. (Das ist der sog. ‚Astralkörper' der Anthroposophie.)
>
> In diesem Bardo-Körper verblieben sind das Bewußtsein und das psychische Nervensystem. (Also die Entsprechung zum physischen Nervensystem des menschlichen Körpers.)
>
> Der Verstorbene kann auch sehen, und zwar tags und nachts. Weil ihm das Nervensystem des irdischen Körpers fehlt, kann er das Licht von Sonne, Mond und Sternen nicht sehen. Was und womit er sehen kann, ist das sog. ‚natürliche Licht der Natur' (das mittelalterliche Alche-

misten und Mystiker ‚Astral-Licht' genannt haben.) Von diesem Astral-Licht wird gesagt, daß es überall durch den ganzen Äther verbreitet ist wie ein irdisches Zwielicht, aber hell genug für die Augen des Bardo-Körpers."

Nachdem der Sterbende das Aufleuchten des Urlichts, seiner eigenen Natur, nicht erkannt hat und auch im zweiten Bardo nicht zur Einsicht und Befreiung gelangt ist, muß er nach einer neuen Verkörperung suchen. Jetzt beginnt die Wanderung zur ‚Pforte des Schoßes' - also in den Schoß einer neuen Mutter. Das Thödol, immer bemüht, eine weitere Geburt, Tod und Wiedergeburt zu verhindern, beschreibt jetzt Methoden zum ‚Schließen der Schoßespforte'.

Vielleicht ist die wichtigste Botschaft des Tibetischen Totenbuchs, daß es den Prozeß der Reinkarnation in Einzelheiten schildert und damit die Tatsache der Reinkarnation dem Verständnis näherbringt.

Im Urchristentum war die Tatsache der Reinkarnation noch Allgemeingut. „Die Juden zur Zeit Christi glaubten noch ziemlich allgemein an die Seelenwanderung" heißt es in Meyers Konversationslexikon von 1910. Flavius Josephus, ein jüdischer Geschichtsschreiber, geboren im Jahr 37 (oder 38) nach Christus und um das Jahr 100 in Rom gestorben, berichtet und schreibt über die Essener, jene jüdische Gemeinschaft, der auch Jesus angehört haben soll: „„... sie hegen nämlich den Glauben, daß der Körper zwar der Verwesung anheimfalle und vergänglich sei, die Seele dagegen in Ewigkeit fortlebe und daß sie, aus dem feinsten Äther stammend, durch einen natürlichen Zauberreiz herabgezogen und in den Körper gleich wie ein Gefängnis eingeschlossen werde."

Im Jahr 553 wurde durch das zweite Konzil von Konstantinopel die Lehre von der Reinkarnation kirchlich verboten.

Eine Orientierungshilfe können die folgenden Sätze von Thorwald Dethlefsen sein:

„Leben und Tod sind Polaritäten, die durch ihren unaufhörlichen Wechsel sich rhythmisch in die Existenz aller Daseinsformen einordnen.

Alle Erscheinungsformen gehorchen diesem Gesetz der Schwingung: die Gezeiten des Meeres, die Jahreszeiten, die Tageszeiten ... überall zeigt uns die Beobachtung das gleiche rhythmische Spiel des polaren Wechsels.

Warum sollte ausgerechnet die Polarität Leben/Tod eine

Ausnahme darstellen, warum sollte eine Gesetzmäßigkeit, die überall nachweisbar ist, ausgerechnet vor dem Phänomen Leben haltmachen? Es sei jedermann freigestellt, an etwas anderes als an die Reinkarnation zu glauben, jedoch sollte er sich darüber im klaren sein, daß eine Hypothese ohne Reinkarnation den Anstrich des Absurden trägt, da nur die Reinkarnation in Einklang mit allen Gesetzen dieses Universums steht." [32]

Die Tatsache, daß es heute immer leichter wird, über Reinkarnation und Wiedergeburt zu sprechen, daß wir sie im Westen ‚wiederentdecken', ist auch ein Zeichen für unsere Bewußtseins-Erweiterung. ‚Wiederentdeckt' wird diese Tatsache, weil sie von Welt-'Anschauungen' ‚verdeckt' war. Im Osten war und ist das Wiedergeborenwerden eine Selbstverständlichkeit. Buddha: „Wenn Drei vereint sind, bildet sich die Leibesfrucht: der Vater, die Mutter und das zur Wiedergeburt kommende Wesen."

Die paradoxe Situation kann auf die Spitze getrieben werden: Das, was wir unser ‚Ich' nennen, gibt es in Wirklichkeit nicht. Wir kommen solange wieder, bis wir das begreifen. Wer kommt da immer wieder, wenn es kein ‚Ich' gibt? An dieser Stelle biete ich vor allem das an, was ich durch Bhagwan/Osho [33] und aus dem Buddhismus erfahren habe.

Unser Ich, das Ego, ist das Zentrum eines Bündels. Wenn ein Mensch stirbt, wird dieses Bündel freigesetzt. Es enthält alle Gedanken, Wünsche, Gefühle, Zukunft, Gegenwart, Vergangenheit, Liebe, Haß, Wut, Freude, Ärger, Trauer, Glück. Was auch der Mensch getan hat oder meint getan zu haben - Träume, Hoffnungen, Frustrationen - dieses ganze Bündel vom Ich, zusammengehalten, zieht in einen neuen Schoß. Wer nicht wiedergeboren werden will, muß in diesem Leben erkennen, daß jenes Gedankenbündel kein Wesen ist, sondern lediglich eine Anhäufung einzelner, voneinander getrennter Gedanken. Solange wir noch nicht wach genug sind, erscheinen die Gedanken miteinander verbunden, so als ob sie ein Ganzes bilden würden - ein Ganzes, was dann wie ein Extra-Wesen erscheint. Die Täuschung läßt sich mit dem bekannten (scheinbar geschlossenen) Kreis vergleichen, den eine schnell im Kreis gedrehte Taschenlampe oder Fackel in der Nacht bildet. Unser Auge nimmt dann einen Lichtkreis wahr, obwohl Lampe oder Fackel immer nur an einem bestimmten Punkt des Kreises sind. Auch Gedanken bewegen sich schnell und können deshalb etwas zusammen bilden, was wie eine reale Sache aussieht.

Um zu bemerken, daß Gedanken voneinander getrennt sind, gibt es zwei Wege. Einmal muß man innerlich dermaßen geduldig werden und nicht mehr in Eile sein, daß die Gedanken langsamer werden und man sie deshalb als getrennt voneinander erkennen kann. Die andere Methode ist, wacher zu werden, aus dem gewöhnlichen Schlaf, den das sogenannte Wachsein darstellt, herauszukommen.

Westliche Wissenschaft hat die Materie immer genauer beobachtet; von Molekülen zu Atomen, zu Elektronen und weiter - und hat mit einem Mal das Nichts gefunden - keine Materie.

Östliche Wissenschaft, welche sich mit dem Menschen beschäftigte, hat sich um die Seele gekümmert, hat sie immer genauer beobachtet, vom Körper über die Emotionen und über den Verstand zum Sein. Doch auch da fand sie das Nichts.

Die Physik unserer Tage hat also das Gleiche erreicht, was die Metaphysik schon vorher erkannt hatte - das Nichts. Doch dieses Nichts scheint nicht absolut ‚nichts' zu sein. Im Gegenteil, wir beginnen zu erkennen, daß dieses ‚Nichts' ein Stadium des ‚Alles' ist. ‚Nicht-Sein' ist ein Stadium des Seins - unmanifestiert und manifestiert. Wenn eine Sache manifest wird, ist es Materie; wenn sie unmanifest wird, ist sie Raum. Wenn etwas manifest wird, ist es das Ego; wird es unmanifest, ist es ‚Nicht-Sein'.

Materie ist ein Bündel von Atomen - das Ego ist ein Bündel von Gedanken. Wenn wir tief in die Materie gehen, verschwinden die Atome. Wenn wir tief in die Gedanken gehen, verschwindet das Ego.

Wer wandert also bei der ‚Seelenwanderung'? Niemand, aber die Bewegung ist da; keiner, der bewegt, nur ein Bündel von Gedanken.

Wer beim Tod eines Menschen anwesend ist und aufmerksam bleibt - so Bhagwan/Osho - kann spüren, was da vor sich geht. Weil ein sterbender Mensch alle Gedanken losläßt. Die Gedanken verlassen ihn, weil ihnen das Haus nicht mehr sicher scheint - wie Vögel, denen ihr Nest nicht mehr sicher vorkommt. Alle Gedanken fliegen heraus. Wenn ein guter Mensch stirbt, kann man, nahe bei ihm sitzend, plötzlich Güte spüren; stirbt ein schlechter Mensch, kann man Schlechtigkeit in sich spüren. Der Sterbende schafft um sich herum die Atmosphäre. Ein Bündel von Gedanken zieht um und sucht sich einen neuen Schoß - wie ein Vogelschwarm einen neuen Baum.

Wer vor dem Tod erlebt hat, daß Gedanken etwas von uns Getrenntes sind, daß zwischen Gedanken riesige Abstände sind, sofern man während der Lebenszeit sein Ego aufgelöst hat; wenn man weiß, daß es innen nichts wie ‚mich' gibt, dann stirbt man ohne den Wunsch, wiedergeboren zu werden, denn man weiß, daß es vergeblich ist. Alle Wünsche verschwinden, wenn einer weiß, daß es kein Ego gibt. Dann wünscht man nicht mehr, sondern stirbt einfach. Die Gedanken werden freigelassen und können ohne die kittende Kraft der Wünsche kein Bündel mehr bilden.

Das Wünschen ist die kittende Kraft. Wünschen verkittet jeden Gedanken mit den anderen und macht aus ihnen ein Ganzes. Ohne das Wünschen verschwinden die Gedanken, und zwar nicht als Bündel, sondern getrennt für sich. Dieses Verschwinden ist das Nirvana, ein Sanskrit-Wort, welches ‚Vergehen' bzw. ‚das Erlöschen' bedeutet. Also das Verschwinden des ‚Ich-Wahns', der Lebensgier und damit die Loslösung aus dem Geburtenkreislauf - ein Zustand, der vom Erlösten schon in diesem Dasein erreicht werden kann.

Von Buddha stammt ein Bild für das ‚Überspringen' des Gedankenbündels (das wir im Tod gehen lassen) in einen neuen Schoß. Es sei wie das ‚Überspringen' von Feuer, welches von einem Baum zum anderen, von einem Haus zum nächsten springt. Ohne Wind - und wenn der Abstand groß genug ist - kann das Feuer nicht zum nächsten Haus überspringen. Dazu ist Wind nötig, Wind trägt die Flamme weiter. Genauso ist, was wir oft ‚Seele' nennen, nichts als eine Flamme der Lebensgier. Wenn ein Mensch stirbt, gleicht der Wunsch, ‚nicht zu sterben', dem Wind; und das Gedankenbündel wandert auf den Schwingen dieses durch den Wunsch erzeugten Windes in einen anderen Schoß. Für jemanden aber, der den Ich-Wahn schon während seiner Lebenszeit beendet hat, entsteht kein Wunschwind mehr, welcher ihn weitertragen soll. Für ihn gibt es keine Lebensgier mehr, die Gedanken verschwinden einzeln in die Existenz - und er wird nicht mehr geboren. Dann ist er eins mit der Existenz; es besteht keine Notwendigkeit, wieder und wieder von ihr getrennt zu sein und wieder und wieder zu leiden; denn unser Leiden ist das Abgetrenntsein von der Existenz, vom Ganzen.

Ist aber die Lebensgier geblieben, treibt der Wunschwind das Gedankenbündel zu einem passenden Schoß, in den es einziehen kann.

Auf dem Weg zur Wiederverkörperung, auf der Wanderung zur ‚Pforte des Schoßes' hat das sich neu verkörpernde Wesen dann Visionen von männlichen und weiblichen Wesen, die sich vereinigen. Im Thödol heißt es: „Wenn man im Begriff ist, als männliches Wesen geboren zu werden, dämmert dem Wissenden das Gefühl von sich selbst als einem männlichen Wesen, und ein Gefühl starken Hasses und Eifersucht gegenüber dem Vater und Anziehung gegenüber der Mutter wird erzeugt. Wenn man im Begriff ist, als ein weibliches Wesen geboren zu werden, dämmert der Wissenden das Gefühl starken Hasses gegen die Mutter und ein Gefühl großer Anziehung und Liebe dem Vater gegenüber wird erzeugt." C.G. Jung kommentiert: „... auch der obligatorische Ödipus fehlt nicht!"

Wie bei jedem Übergang wird - nach dem Thödol - das Wesen, das sich inkarnieren will, kurz vor der Zeugung, „gerade in dem Augenblick, wenn Spermium und Ei sich vereinigen wollen, ohnmächtig, es verfällt in Bewußtlosigkeit." Dieser Verlust des Bewußtseins, diese scheinbar ‚ohnmachtähnliche Vergeßlichkeit' (Wilber) vermag zu erklären, was wir das ‚Unbewußte' nennen. Evanz-Wentz vergleicht: „Der Übergang von einem Bardo in den anderen (ist) analog dem Prozeß der Geburt; der Wissende erwacht aus einem Ohnmachts- oder Trancezustand nach dem anderen, bis der Dritte (und letzte) Bardo endet."

Wilber [34] weist darauf hin, daß wir alles, was wir im Tod und im Zwischenzustand zwischen Tod und neuer Geburt erleben, zwar ‚vergessen', daß es aber deswegen nicht verloren ist. Alles wird lediglich ‚unbewußt'. Das Ergebnis dieser vielen Stufen des Vergessens ist dann ganz einfach das Grund-Unbewußte in uns. „Und das bedeutet, daß in jedem Menschen, und da schon im Neugeborenen, alle höheren Stufen des Seins, wir könnten sagen: ‚eingefaltet', ‚nichtentfaltet' vorhanden sind. Dorthin sind sie beim Abstieg von der Höhe der Natur des Menschen im Augenblick des Todes gekommen. Das ist der Prozeß, der Involution genannt werden kann. Evolution ist Entwicklung dieser ‚eingefalteten' Strukturen." Und: „Weil alle Tiefenstrukturen der verschiedenen Ebenen ... schon Potentiale im

Grund-Unbewußten existieren, müssen sie nicht geschaffen, sondern nur erinnert werden. Sie wurden *ein*gefaltet durch Ohnmächtigwerden und Vergessen, und nun *ent*falten sie sich durch Erwachen und Erinnern."

Und die Folgerung daraus: „Evolution ist demnach ein Wiedererinnern der Involution - ein Wiederentdecken jener höheren Seinsstufe, die während der Flucht der Seele vor Gott in die niederen Bereiche verhüllt wurden."

Für Carl Gustav Jung ist die Freudsche Theorie immerhin „der erste abendländische Versuch, gewissermaßen von unten, das heißt von der animalischen Triebsphäre aus, jenes seelische Gebiet zu erkunden, welches im tantrischen Lamaismus dem Sidpa-Bardo entspricht." In diesem dritten Bardo werden das Einsetzen des Geburtstriebes und die pränatalen Ereignisse beschrieben. Jung selber geht dann, auch rückwärts, zum zweiten (Tschönyid) Zustand, in jenen nach dem eingetretenen Tod vorhandenen Traumzustand mit den karmischen Illusionen - in die psychischen Reste vergangener Leben also.

Die Tatsache der Reinkarnation hat C.G. Jung indes nicht annehmen wollen. „Für uns gibt es hier zu viel Wenn und Aber."[35] Er wollte den Karmabegriff vorsichtig „im weitesten Sinne als psychische Vererbung" verstehen.

Selbst ein Ken Wilber, der seine durch viele Jahrhunderte indoktrinierte Leserschaft kennt, schreibt in seinem „Atman Projekt":[36]

> „Wenn Ihnen Begriffe wie ‚Reinkarnation' oder ‚Wiedergeburt' nicht akzeptabel erscheinen, so kommt Ihnen vielleicht die folgende Formulierung entgegen (obgleich sie eigentlich genau das gleiche beinhaltet): Die gesamte Entwicklungssequenz der Involution fand nicht nur vor der Geburt statt, sie wird vielmehr in jedem Augenblick aufs neue wiederholt. In diesem Augenblick und in diesem und in diesem *ist* ein Individuum Buddha, Atman, der Dharmakaya - *aber* in diesem Augenblick und in diesem Augenblick und in diesem wird das gleiche Individuum auch zum ‚Fritz Müller', zum separaten Individuum, zum isolierten Körper, der scheinbar durch andere isolierte Körper begrenzt wird."

Wie schon dargelegt, wird am Ende von jedem Abschnitt im Bardo Thödol betont, daß der Verstorbene durch das eben Gesagte die Befreiung erlangen müßte. Unmittelbar darauf aber folgt stets auch ein Zusatz, der diese Aussage gleich wieder relativiert - nämlich wenn die früheren Taten des Verstorbenen ihn daran hindern, die notwendige Einsicht zu erlangen. Denn die Taten jedes Menschen - die guten wie die schlechten - haben (nach Evanz-Wentz) nicht nur eine unmittelbare Wirkung, sondern auch eine ‚latente Potenz', welche sich später bei geeigneter Gelegenheit manifestiert. Das Gesetzt des Karma schafft irgendwann später die Umstände, die wir gern als Schicksal bezeichnen. Die Früchte des Karma (im Sanskrit wörtlich: ‚Tat') erntet der Mensch in Form von Freude oder Leid.

Jeder Mensch ist Selbstgestalter seines Schicksals. Die Begrenzungen unseres Charakters legen wir uns selbst auf. Wieviel Gerechtigkeit und Würde wird hier dem Menschen zugesprochen! Noch deutlicher spricht die Schilderung des Gerichtes unseren Sinn für Gerechtigkeit an. Im Sidpa-Bardo, also im letzten Zwischen-Zustand vor der Wiedergeburt, zieht der Verstorbene *selber* die Bilanz seiner vergangenen Taten.

Im Bardo Thödol heißt es: „Höre zu. Daß du so leidest, kommt von deinem eigenen Karma; niemand anderer ist daran schuld: es kommt durch dein eigenes Karma."

Stefan von Jankovich schreibt über das ‚Gericht' (bei ihm ‚Urteil'):

> „Was das Urteil während des Lebensfilmes betrifft, so ist es sehr bezeichnend, daß ich selber dieses Urteil fälle, nicht irgendein Gott oder astraler Richter ... Ich selber ... hatte durch mein eigenes Gewissen die Bilanz zu ziehen.
>
> Bei der Beurteilung spürte ich, daß das ganze Leben eine Probe war, voll mit Problemen, Hindernissen und Hürden. Wichtig war, wie ich diese Probleme, diese Situationen im Sinne der Harmonie löste ... Die christlichen Begriffe Himmel - Fegefeuer - Hölle sind meiner Meinung nach symbolisch gemeint; sie existieren als solche nicht. Es sind keine Orte, sondern Zustände ..." Und: „Der Lebensfilm zeigte mir, daß wir für alle unsere Gedanken und Taten die Verantwortung zu tragen haben. Auch die Gedanken, ... sind drüben Realität." [37]

Im Totenbuch heißt es, daß dem Verstorbenen jetzt der ‚Gute' und der ‚Böse' Genius und der Gott des Todes erscheinen. Es sind - das kann nicht oft genug wiederholt werden: *scheinbare Wirklichkeiten*, die *scheinbar* von außen auf den Verstorbenen einwirken. Insofern sind sie ‚wirklich'. Doch gleichzeitig sind es auch Illusionen. Denn was sind diese Erscheinungen? Es sind die Bewußtseinsinhalte des Verstorbenen. Sie zeigen sich jedoch nicht im Bewußtsein, sondern im Unbewußten auf einer bildhaften Ebene. Statt diese Inhalte also als eigene Gedanken und Gefühle wahrzunehmen, gelangen sie als Bilder ins eigene Bewußtsein. Und Bilder sehen wir ‚draußen', uns gegenüber.

Im Bardo Thödol heißt es weiter: „Jetzt wird der Gute Genius, der zugleich mit dir geboren wurde ... kommen und deine guten Taten (mit) weißen Kieselsteinen nachzählen, und der Böse Genius, der gleichzeitig mit dir geboren wurde, wird kommen und deine schlechten Taten (an) schwarzen Kieselsteinen nachzählen. Dann sagt der Totengott: ‚Ich will den Spiegel des Karma befragen.' Indem er dies sagt, sieht er in den Spiegel, worin sich jede gute und böse Tat lebhaft widerspiegelt. Lügen ist nutzlos." Wie denn auch? Der Verstorbene erfährt ja nur, was er getan und unterlassen hat. Eine Instanz, die lügen könnte - also sein ichhafter Verstand, den er im Leben hatte - existiert nicht mehr. Der ‚Spiegel', den der Totengott befragt, ist also nur das Gedächtnis des Verstorbenen.

Nunmehr wird es furios: „Darauf schlingt ... (eine der ausführenden Furien) ... des Todesgottes ein Seil um deinen Hals und zerrt dich weg: sie schneidet deinen Kopf ab, nimmt dein Herz heraus, reißt deine Eingeweide heraus, leckt dein Hirn aus, trinkt dein Blut, ißt dein Fleisch und nagt an deinen Knochen." In dieser dramatischen Vorstellung symbolisieren sich die Ängste des Verstorbenen.

Wenn das tibetische Totenbuch ein ‚Weisheitsbuch der Menschheit' genannt worden ist - hier wird es besonders deutlich. Das Buch erklärt in der Tat nicht nur die Psychologie des Lebens, sondern auch die Psychologie des Todes. Es ist nicht nur ‚weise', sondern extrem nützlich. Es bietet mehr Aufklärung über unser Wesen, als wir bis heute selbst gefunden haben.

Lesen Sie langsam Wort für Wort, begreifen Sie dies:

> „... du aber bist unfähig zu sterben. Selbst wenn dein Körper in Stücke zerhackt wird, erholt er sich wieder ... Selbst zu der Zeit, wo die Kiesel gezählt werden, laß dich nicht ängstigen, nicht erschrecken ... und fürchte nicht den Gott des Todes. Da dein Körper ein Geist-Körper ist, kann er nicht sterben, selbst wenn er geköpft und

gevierteilt wird. Dein Körper ist in Wirklichkeit von der Natur der Leere (ein Astralkörper); so brauchst du keine Angst zu haben. Die Todesgötter sind deine eigenen Halluzinationen ... Leere kann Leere nichts anhaben; Eigenschaftslosigkeit kann Eigenschaftslosigkeit nichts anhaben."

Und noch deutlicher:

„Von unseren eigenen Halluzinationen abgesehen, gibt es in Wirklichkeit außerhalb unserer selbst keine solchen Dinge wie Totengott oder Gott oder Dämon oder Stierköpfiger Totesgeist. Handle so, daß du dies erkennst. Handle jetzt so, daß du erkennst, daß du im Bardo bist ... Wenn du nicht weißt, wie man meditiert, so analysiere einfach sorgfältig die wahre Natur von dem, was dich erschreckt."

Alles in allem: Es sind nicht Andere, die die Taten des Verstorbenen abwägen - obwohl man es in Bildern so erlebt - sondern es ist einzig das eigene Gewissen des Verstorbenen! Was ist dem Christentum angetan worden, daß die Würde und Größe des Menschen, die im Urchristentum noch vorhanden waren, so vollkommen verschwinden konnten? Damals ging es um die *Erhöhung* des Menschen. Seither geht es offenbar mehr um seine *Erniedrigung*. Was singen wir in Bach-Kantaten? „Der Mensch ist Kot und Stank und Asche" - „Mein Sündenherz knirscht mir entzwei." Angesichts einer jährlichen Austrittsrate von einer viertel Million Mitglieder aus den beiden großen Kirchen unseres Landes muß jeder sich fragen und auch wissen, „was nicht mehr spielt!"

C.G. Jung war überzeugt,

„daß nicht das Christentum, sondern dessen bisherige Auffassung und Interpretation in Anbetracht der heutigen Weltumstände antiquiert sei." Noch deutlicher: „Was bisher Christentum genannt worden ist, ist ein vom Ich, vom Ego erzeugtes Mißverständnis dessen, was Jesus vorgelebt hat." [38]

Was berichten Menschen, die - wenn auch nur kurz - klinisch tot waren?

„In meinem Todeserlebnis hat mich niemand gefragt: ‚Was glaubst Du?' Niemand. Das Universum ist nicht so gebaut - Ich *weiß* das - es ist nicht fair zu sagen: Wenn du an Jesus Christus glaubst, ist für dich alles in Ordnung, und wenn du es nicht tust, ist alles nicht in Ordnung." [39]

„Es war eine sehr spirituelle Erfahrung, und seitdem bin ich sehr spirituell, aber nicht besonders religiös.“ [40]

„Ich brauche das äußere Drum und Dran der Religion nicht mehr.“[41]

„... ich meine, die östlichen Religionen haben die größte Rein-heit.“ [42]

„... obwohl ich mich lange Zeit meines Lebens etwas für östliche Religionen interessiert habe, lese ich jetzt Bücher über den Buddhismus mit großem Interesse ... was mich begeistert hat, ist die Ähnlichkeit zwischen dem, was ich da gefunden habe und dem, was ich erfahren habe, aber seine Spiritualität wird von einer Seite gesehen, die ich vorher noch nie gesehen habe. Ich meine, die wirklichkeitsgemäße Art der Spiritualität kommt aus dem Osten, viel mehr als aus dem Westen. Nicht, daß ich meine, eine wäre richtiger als die andere, aber eine macht mir jetzt mehr Sinn und das macht die andere nie, darüber bin ich mir sicher.“ [43]

„Menschen mit Nah-Tod-Erlebnissen tendieren zu einer religiösen Weltanschauung, die das traditionelle Christentum mit einschließt, aber transzendiert.“ [44]

Das Bardo-Thödol, das tibetische Totenbuch, darf als Ergebnis der Nach-Tod-Forschung bezeichnet werden. Es verkündet keine religiösen Anschauungen, die geglaubt werden sollen. Buddha war kein Theologe, sondern eher Psychologe. Deshalb konnte Erich Fromm konstatieren, daß sich „östliches religiöses Denken als passender zum westlichen rationalen Denken (erweist) als westliches religiöses Denken selber.“ Er fand das „paradox“, also widersprüchlich. Doch dieser Widerspruch erklärt sich eben aus dem unrealen religiösen Denken des Westens.

Einer der wichtigsten Nah-Tod-Forscher ist der schon genannte Kenneth Ring, Professor für Psychologie in Connecticut. In seinem Buch ‚Heading Toward Omega‘ erklärt er:

„Bisher haben wir den Tod von außen betrachtet. Wir waren Zuschauer des Todes. Bei der Nahtodforschung geht es um den Anblick des Todes von innen. Und da wird erlebt, daß die Todeserfahrung außerordentlich angenehm (exceedingly pleasant) ist. Sogar das Wort ‚angenehm‘ ist viel zu schwach; ‚ekstatisch‘ ist das Wort, das viele Überlebende wählen. Das Gefühl der höchsten Perfektion, das den Eintritt des Todes zu charakterisieren scheint, kann mit keinem Wort passend beschrieben werden.“ [45]

Natürlich betont er auch den wichtigen Unterschied zwischen der Angst vor dem Sterben und der Angst vor dem Tod:

> „Der Innenanblick des Todes übersieht nicht den Vorgang des Sterbens oder versucht, ihn zu verklären. Das Sterben ist oft schmerzhaft, sowohl für den sterbenden Menschen wie für die Nahestehenden. Und diejenigen, die NTE hatten, sagen selten, daß sie die Angst vor dem Sterben verloren hätten; nur die Angst vor dem Tod ist aufgelöst."[46]

Um wenigstens andeutungsweise erahnen zu können, wie ein NTE-Erlebnis ablaufen kann, hat Kenneth Ring uns eine mehr oder weniger vollständige Nahtod-Erfahrung in ihrer häufigsten Verlaufsform vorgestellt:[47]

„Stellen Sie sich nun also vor, Sie fahren mit hoher Geschwindigkeit in Ihrem Auto auf einer belebten Autobahn. Plötzlich sehen Sie an einem Lastwagen unmittelbar vor Ihnen die Bremslichter aufleuchten, was Sie dazu zwingt, mit voller Kraft auf die Bremse zu treten - aber es ist zu spät. Im nächsten Augenblick gibt es einen fürchterlichen Aufprall, und dann ...

Was würden Sie nun erleben, wenn Sie einer von jenen tausend Befragten wären, die schon einmal eine Nahtod-Erfahrung hatten?

Das erste, dessen Sie sich bewußt würden, wäre ein Gefühl äußersten Friedens und herrlichsten Wohlergehens. Sie verspüren keine Schmerzen, auch keine anderen irgendwie gearteten Körperempfindungen. Sie nehmen eine Art kristallklarer, reinster Ruhe um sich wahr, wie Sie sie noch nie zuvor erlebt haben. Wahrscheinlich haben Sie das deutliche Gefühl, daß Sie - was immer auch geschehen mag - in dieser alles durchdringenden Atmosphäre von Frieden absolut sicher und geborgen sind.

Als nächstes würden Sie beginnen, eine Art visuellen Gewahrseins Ihrer Umgebung zu haben. Als erstes bemerken Sie, daß Sie - Ihr reales Ich - offenbar alles von oben betrachten, während Ihr Körper ‚da unten' ist, umgeben von einem Knäuel hilfsbereiter Menschen. Sie beobachten die ganze hektische Aktivität ‚unter Ihnen' mit einem Gefühl gleichgültiger Objektivität, ja vielleicht sogar etwas amüsiert. ‚Warum machen die so viel Theater um diesen Körper?' denken Sie. ‚Ich bin doch vollkommen in Ordnung.' In der Tat, Sie haben sich noch nie in Ihrem Leben ‚besser gefühlt'. Ihre Wahrnehmung ist äußerst lebhaft und klar, Ihr Geist scheint überhell zu funktionieren, und Sie fühlen sich lebendiger als jemals zuvor. Sie beobachten das Geschehen unter Ihnen, sehen Ihr völlig demoliertes Auto, das kopfüber am Rande der Fahrbahn liegt, und bemerken in der Ferne einen Unfallwagen, der durch den gestauten Verkehr durchzukommen versucht...

Plötzlich wird Ihre Aufmerksamkeit von einer einladenden samtenen Dunkelheit angezogen, und Sie stellen fest, daß Sie selbst durch diese Dunkelheit hindurchgehen - ohne einen Körper, aber mit dem unfehlbaren Empfinden von Bewegung. Dabei wird Ihnen bewußt, daß diese Dunkelheit die Form eines Tunnels hat, das heißt, der schwarze Raum ist eine Art riesiger Zylinder. Es scheint, als ob Sie durch diesen Tunnel zu einem endgültigen, aber noch unbekannten Ziel vorangetrieben würden, mit immer größerer, ja außerordentlicher Geschwindigkeit. Bei all dem empfinden Sie überhaupt keine Angst. Sie nehmen hin, was mit Ihnen geschieht, in dem Wissen, daß alles ein gutes Ende nehmen wird.

Während Sie sich dem nähern, was das Ende des Tunnels zu sein scheint, nehmen Sie etwas wahr, das zuerst nur ein winziger Lichtpunkt ist. Dieses Licht wird aber schneller größer und heller. Es strahlt immer stärker und erreicht äußerste Intensität, doch blendet es Ihre Augen nicht im geringsten. Dieses Licht hat einen weiß-goldenen Schimmer. Sie haben noch nie zuvor in Ihrem Leben ein solches Licht gesehen - es scheint von keinem bestimmten Ort auszugehen und nimmt Ihr gesamtes Blickfeld ein. Während Sie sich diesem Licht nähern, spüren Sie mächtige Wogen durch sich hindurchfließen, Wogen von etwas, das man eigentlich nur als reine Liebe bezeichnen kann, die den innersten Kern Ihres Wesens zu durchdringen scheint. Es gibt kein Denken mehr, nur das vollständige Aufgehen in diesem Licht. Jegliches Zeitgefühl hört auf; es ist die Ewigkeit, die Vollkommenheit - Sie sind wieder daheim im Licht.

Inmitten dieser Vollkommenheit wird Ihnen aber bewußt, daß mit diesem Licht ein ganz bestimmtes Wesen verknüpft zu sein scheint, kein Wesen persönlicher Natur, sondern eher etwas wie eine Form, die Sie nicht sehen können, die aber ein Bewußtsein besitzt, mit dem das Ihre verbunden zu sein scheint. Es folgt ein telepathisches

Zwiegespräch. Dieses Wesen gibt Ihnen zu verstehen, daß Sie nun entscheiden müssen, ob Sie hier bleiben oder wieder zurückgehen wollen. Sobald Ihnen diese Botschaft gedanklich übermittelt worden ist, sehen Sie plötzlich - wie in einer Million gleichzeitiger, aber klar umrissener und scharfer Bilder - alles, was Ihnen in Ihrem Leben widerfahren ist. Sie nehmen all diese vollkommen urteilsfrei wie ein außenstehender Beobachter wahr, doch während sich dieses bunte Kaleidoskop Ihres Leben vor Ihnen entfaltet, erkennen Sie den wesentlichen Sinn Ihres Lebens - und in diesem Augenblick wissen Sie mit absoluter Klarheit, daß Sie wieder zurück müssen, daß Ihre Familie, insbesondere Ihre Kinder, Sie brauchen ... Das ist der letzte Funke transzendentalen Bewußtseins, der in Ihnen aufleuchtet.

Das nächste, was Sie wissen, ist, daß Sie fürchterliche Schmerzen haben. Sie befinden sich in einer völlig anderen und niederdrückend menschlichen Umgebung, die Sie schließlich als ein Krankenhaus erkennen. Es ist drei Tage später. Sie hängen an zahlreichen Kanülen und Infusionsschläuchen auf einer Intensivstation, sind unfähig zu sprechen, können sich aber an jedes kleine Detail dessen erinnern, was mit Ihnen geschah, als Ihr Körper am Straßenrand lag und Sie zwischen Leben und Tod schwebten.

Während Sie über Ihre Nahtod-Erfahrung nachdenken - die Sie wahrscheinlich nicht so bezeichnen würden -, wird Ihnen klar, daß Sie weder einen Traum noch eine Halluzination hatten. Es war auch nichts, was sich lediglich in Ihrer Phantasie abgespielt hat, sondern es hatte etwas zwingend Reales und absolut Objektives an sich. Es war realer als das Leben selbst. Sie haben den Wunsch, mit jemandem darüber reden zu können, doch wer würde Sie schon verstehen, selbst wenn Sie die passenden Worte fänden? Sie wissen nur, dies war die tiefstgehende Erfahrung, die Sie jemals hatten, und Ihr Leben - ebenso Ihre Auffassung vom Leben - wird nie mehr so sein wie früher.“

Mit Recht hat Elisabeth Kübler-Ross, die wohl bekannteste Sterbeforscherin, in ihrem Vorwort zu Rings Buch festgestellt, daß vor dem Erscheinen von Raymond Moodys ‚Leben nach dem Tod‘ im Jahr 1975 kaum jemand gewagt hat, über sein eigenes Nahtod-Erlebnis zu sprechen, schon gar nicht öffentlich.

Inzwischen liegen genügend Informationen vor, um zu wissen, daß in Europa NTEs die gleiche Form haben wie in den Vereinigten Staaten. Ring findet das auch „kaum überraschend, weil da überall Judeo-Christliches Erbe geteilt wird." Aber auch die NTEs, welche aus Süd-Amerika, Indien und Japan bekannt geworden sind, entsprechen dem klassischen Muster. Man hat NTEs aus Indien und aus den Vereinigten Staaten miteinander verglichen (Karlis Osis und Erlendur Haraldson, Freiburg 1987). Die Form der Visionen erwies sich als gleich, der Inhalt jedoch variierte mit den Kulturen. In den tieferen Schichten - und das ist eigentlich auch zu erwarten - zeigten sich Abweichungen in den Bezeichnungen der ‚Lichtgestalten', welche gesehen und erlebt wurden. Entsprechend dem Kulturkreis eines Menschen mit einer NTE sieht er Christus, Krischna, Shiwa. Kenneth Ring kommt zu dem Schluß:

> „Auf Grund aller Arbeiten über NTE können wir heute mit Sicherheit sagen, daß die NTE als gesichertes Phänomen in vielen Menschen auftritt, die dem klinischen Tod nahekommen. Das wissen wir ohne jeden Zweifel." [48]

Das Wichtigste an Rings Arbeit ist jedoch, daß er auch die Nachwirkungen - man könnte auch sagen, die Ergebnisse der NTE untersucht hat. Und die sind nicht nur als solche außerordentlich bedeutsam, sondern bieten auch eine plausible Erklärung für das, was in der Todesnähe eigentlich vor sich geht. Ring nennt sieben wesentliche Elemente für die Folgen, für die Ergebnisse der NTE. Das ist nichts weniger als eine neue spirituelle Orientierung. Die sieben Elemente sind:

1. Eine Tendenz, sich selber als ‚spirituell' statt als ‚religiös' zu bezeichnen.
2. Ein Gefühl, Gott innerlich nahe zu sein.
3. Eine geringere Bewertung der formalen Aspekte des religiösen Lebens und des Gottesdienstes.
4. Die Überzeugung, daß es ein Leben nach dem Tode gibt, unabhängig vom religiösen Glauben.
5. Offenheit für die Lehre der Reinkarnation (und eine generelle Zuneigung zu östlichen Religionen).
6. Der Glaube an die im Grunde wesentliche Einheit aller Religionen.

7. Der Wunsch nach einer universellen Religion, welche die gesamte Menschheit umfaßt.[49]

Hinzu kommt eine entscheidende Veränderung im Selbstbild und in den persönlichen Wertvorstellungen. Zwei Beispiele:

> „Wenn jemand die Wahrheit der Maxime ‚Gott liebt Dich' durch *Erfahrung* gefühlt hat, wie könnte er sich da nicht selber lieben?"[50]

> „Das ist wahrscheinlich die stärkste Lektion, die ich je gelernt habe, nach einem lebenslänglichen Kampf. Ich habe gelernt, mich so anzunehmen, wie ich bin. Wenn das Licht und die Gegenwart mich in all meinen Schwächen und meinen Fehlern annehmen konnte, dann muß ich in Ordnung sein."[51]

Für Menschen, die durch Nahtod-Erlebnisse gegangen sind, gilt die Gleichung: Tod = Gott = Liebe.

Als Professor Ring sieben von zehn Kapiteln seines Buches ‚Heading Toward Omega' beendet hatte, erhielt er eines Tages eine erstaunliche Nachricht. Er bekam einen langen Brief einer Frau, der nicht nur ein weiteres Nahtod-Erlebnis schilderte, sondern beinahe so etwas wie eine Inhaltsangabe seines Buches vorwegnahm, von dem die Schreiberin natürlich nichts wußte. Ihr Brief bestand aus Absätzen, die jeweils eine eigene Überschrift trugen: Liebe - vermehrte Spiritualität - besseres Selbst-Bild - keine Angst vor dem Tod mehr - Suche nach Wissen - und: Mein Lebensziel ist, anderen zu helfen. Professor Ring berichtet, daß ihn dieser Brief begeistert hat, weil hier praktisch alle Nachwirkungen von Nahtod-Erlebnissen zusammengefaßt waren. Nur etwas fehlte: Diese Frau hatte kein Nahtod-Erlebnis gehabt. Der Brief bewies jedoch, daß gleichartige Lebensveränderungen nicht von Nahtod-Erlebnissen abhängen. Die Schreiberin hatte ihr Erlebnis gehabt, als sie eine Trauerrede am Grab eines Freundes hielt. Inzwischen steht fest, daß solche Nachwirkungen auch während tiefer Meditation, beim Gebären eines Kindes, in persönlichen Krisen und in vielen Fällen sogar spontan eintreten können. Ring folgert daher:

> „Was während eines Nahtod-Erlebnisses passiert, hat von Natur aus nichts mit dem Tod oder dem Übergang in den Tod zu tun. Das ‚In-die-Nähe-des-Todes-kommen' ist nur einer der sehr zuverlässigen Auslöser, der diese Art Erfahrung in Gang setzt."

Die Kraft, die so ausgelöst werden kann, hat Gopi Krishna die Kundalini-Kraft genannt, auch die ‚evolutionäre Energie im Menschen'.

Zu ganz ähnlichen Ergebnissen einer Erfahrung, die er als ‚ultraconsciousness' bezeichnete, ist ein Jahr, bevor das Interesse an Nahtod-Phänomenen - wir können heute sagen ‚explodiert' ist - im Jahr 1974 der Amerikanische Psychiater Stanley Dean gekommen.[52] Diese Wirkungen des (wie es auch genannt wird) ‚kosmischen Bewußtseins' sind:

1. Der Beginn wird eingeleitet durch das Gewahrwerden eines blendenden Lichts, das das Gehirn durchflutet und den Verstand erfüllt. Im Osten wird es ‚Brahmischer Glanz' genannt. Walt Whitman spricht davon als unbeschreibliches Licht - „ungewöhnliches Licht, unsagbar, das Licht selbst beleuchtend - jenseits aller Zeichen, Beschreibung, Sprache." Dante schreibt, daß es in der Lage sei, „einen Menschen in einen Gott zu transhumanisieren ..."

2. Das Individuum wird in Emotionen höchster Freude gebadet, Verzückung, Triumph, Erhabenheit, ehrfürchtige Scheu und Staunen - eine Ekstase, die so überwältigend ist, daß sie beinahe eine Art superpsychischer Orgasmus ist.

3. Eine intellektuelle Illumination geschieht, die ganz unmöglich zu beschreiben ist. In einem intuitiven Blitz hat man das Gewahrsein der Bedeutung und der Richtung des Universums, eine Identifikation und ein Verschmelzen mit der Schöpfung, Unendlichkeit und Unsterblichkeit, eine Tiefe jenseits aller Tiefe offenbar werdender Bedeutung - kurz, ein Empfangen des Überselbst so allmächtig, daß die Religion das als Gott interpretiert ...

4. Das Fühlen transzendenter Liebe und Kompassion für alle Lebewesen.

5. Wie ein alter Mantel fällt die Todesangst ab; körperlicher und seelischer Schmerz verschwinden. Die mentale und körperliche Spannkraft wird verstärkt und aktiviert, eine Verjüngung und Verlängerung des Lebens ...

6. Die materiellen Dinge des Lebens werden neu eingestuft, Schönheit wird stärker anerkannt, die relative Unwichtigkeit des Reichtums und der Fülle im Vergleich mit den Schätzen des Überbewußtseins wird anerkannt.

7. Es kommt zu einer außerordentlichen Beschleunigung des Intellekts, einer Freisetzung latenten Genies. Weit entfernt, ein passiver, traumähnlicher Zustand zu sein, kann es einen Menschen mit Kräften ausstatten, die den Lauf der Geschichte beeinflussen können.

8. Das Gefühl einer Mission ist vorhanden. Die Enthüllung ist so bewegend und grundlegend, daß der Mensch sie nicht für sich behalten kann, sondern dazu gebracht wird, sie mit seinen Mitmenschen zu teilen.

9. Eine charismatische Veränderung geschieht in der Persönlichkeit - ein inneres und äußeres Leuchten, als ob der Mensch mit einer göttlich inspirierten Macht aufgeladen ist, einer magnetischen Kraft, die andere anzieht und inspiriert mit unerschütterlicher Treue und Vertrauen.

10. Es kommt zu einer plötzlichen und gradweisen Entwicklung von außergewöhnlichen Kräften so wie Hellsichtigkeit, außersinnlicher Wahrnehmung, Telepathie, Vorauswissen, psychischem Hellsehen, usw. ...

Alle diese Phänomene im menschlichen Organismus werden durch eine Energie verursacht, die im Menschen freigesetzt werden kann. Die Befreiung dieser Energie ist von ‚Meistern' schon immer durchgeführt worden. Erst seit kurzem wird sie aber von Wissenschaftlern, die an transzendenten Erfahrungen interessiert sind, studiert.

Schon im ersten nachchristlichen Jahrhundert hat der griechische Philosoph Plutarch (um 46 - 120) gewußt, daß im Augenblick des Todes die Seele das Gleiche erlebt wie diejenigen, welche in die großen Mysterien eingeweiht werden. Das bedeutet nichts weniger und nichts mehr, als daß NTEs Einweihungs-Erfahrungen Erleuchtungs-Erfahrungen sind. Und diese Erfahrungen bewirken grundlegende Veränderungen im Menschen. Das war ja stets die Aufgabe der Mysterien: durch lange geheimgehaltene Methoden Menschen zu sich selbst zu erwecken! Mit den Worten Rudolf Steiners:

> „Unter der Einweihung hat man immer verstanden, daß der Mensch schon bei Lebzeiten die unmittelbare Gemeinschaft mit der geistigen Welt erfahren kann, die er normalerweise erst nach dem Tode erfährt." [53]

Und:

> „Die Einweihung oder Initiation oder Wiedergeburt ist die Erweckung des höheren Ich im Menschen, und deshalb das größte Ereignis der menschlichen Seele.“ [54]

Das heißt also: der Mensch findet seinen Mittelpunkt in seinem wahren Zentrum, in seinem ‚Sein‘, und er hat die Identifikation mit dem Scheinzentrum ‚Ich‘ aufgegeben.

Im Tode geschieht es, daß der Körper stirbt und mit ihm das ‚Ich‘. Wer aber die Identifizierung mit seinem Ego, seinem Ich schon zu Lebzeiten aufgeben kann, hat die Arbeit des Todes schon selber geleistet.

Dazu verhelfen uns Totenbücher. Totenbücher, insbesondere das tibetische, machen die Wiederverkörperung für uns verständlich, lassen uns Tote begleiten und machen uns aufmerksam auf unsere Natur - und darauf, daß dies hier, unser Leben, die Übungsstätte ist.

Quellennachweise

1 Levi; Das Wassermann Evangelium von Jesus dem Christus. München (Hugendubel) 1980, Kapitel 68, Verse 12 und 13

2 T. Leary/R. Metzner/R. Alpert; The Psychedelic Experience. Scausus N.J. (Citadel Press) 1964 p.27

3 Raymond Moody; Leben nach dem Tod. Reinbek bei Hamburg (Rowohlt) 1977; Nachgedanken über das Leben nach dem Tod, 1978; Das Licht von Drüben, 1989; Leben vor dem Leben, 1990; alle Rowohlt-Verlag

4 Stanislav Grof/Joan Halifax; Die Begegnung mit dem Tod. Stuttgart (Klett) 1977 S.22

5 Ken Wilber; Halbzeit der Evolution. Bern/München/Wien (Scherz) 1984 S.78ff.

6 Ken Wilber; a.a.O. S.178ff.

7 Ken Wilber; a.a.O. S.31f.

8 Ernest Becker; Escape from Evil. New York 1975, zit. bei Ken Wilber; Halbzeit der Evolution. Bern/München/Wien (Scherz) 1984 S.32

9 in: Ich steige hinab in die Barke der Sonne. (Walter) 1989 Klappentext

10 O.W. Barth Verlag, München 1980

11 GA Bd. 11, S.513

12 ebenda

13 ebenda

14 Freemantle, Francesca/Chögyam Trungpa; Das Totenbuch der Tibeter. Düsseldorf/Köln (Diederichs) 1975 S.20

15 C.G. Jung; Psychologischer Kommentar zum Bardo Thödol. Gesammelte Werke Band 11, Olten/Freiburg 1982 S.525

16 ebenda S.526

17 Bhagwan Shree Rajneesh/Osho; The Path of Love. Poona 1978 p.224f.

18 GW Bd. 11, S.515

19 Raymond Moody; in: Leben nach dem Tod. Reinbek bei Hamburg (Rowohlt) 1977, S.65

20 Kenneth Ring; Heading toward Omega: New York 1984 p.54

21 ebenda S.53

22 Das Tibetanische Totenbuch. Olten/Freiburg (Walter) 1989 S.172

23 ebenda S.173

24 ebenda S.173

25 zit. aus: Jürgen Linnewedel; Meister Eckharts Mystik. Stuttgart (Quell Verlag) 1983 S.138

26 Levi; Das Wassermann-Evangelium von Jesus dem Christus. München (Hugendubel) 1980 Kap. 68, Verse 1-14

27 GW Bd. 11, S.513

28 GW Bd. 11, S.524

29 GW Bd. 11, S.524

30 Eugen Drewermann; Tiefenpsychologie und Exegese I. Olten 1984 S.309

31 a.a.O. S.300f.

32 Thorwald Dethlefsen; Schicksal als Chance. München 1989

33 besonders in: Bhagwan Shree Rajneesh/Osho; Tao: The Three Treasures. Vol.2, Poona 1976 p.110f.

34 in: Das Atman Projekt. Paderborn (Junfermann) 1990 S.285f.

35 GW Bd. 11, S.519

36 a.a.O. S.286

37 Stefan von Jankovich; Ich war klinisch tot - Der Tod - Mein schönstes Erlebnis. München/Engelberg 1984 S.74f.

38 GW Bd. X, S.308

39 Kenneth Ring; Heading toward Omega: New York 1984 S.157

40 ebenda S.149

41 ebenda S.150

42 ebenda S.161

43 ebenda S.162

44 Kenneth Ring; a.a.O. S.147

45 a.a.O. S.19

46 a.a.O. S.21

47 in: Stanislav Grof (Hrsg.); Die Chance der Menschheit. München 1988 S.251f.

48 Kenneth Ring; Heading toward Omega: New York 1984 S.49

49 a.a.O. S.146

50 a.a.O. S.103

51 a.a.O. S.103

52 zit. bei Kenneth Ring; Ring: Heading toward Omega: New York 1984 S.227f.

53 Rudolf Steiner; Welt, Erde und Mensch. 4. Vortrag, S.9

54 Rudolf Steiner; Das Johannes-Evangelium im Verhältnis zu den drei anderen Evangelien - besonders zu dem Lukas-Evangelium. 1. Vortrag, S.4-6

Nachwort

Die Gedanken und Einsichten in diesem Buch gehören, so meine ich, heute zum geistigen Rüstzeug für den Umgang mit uns selbst, mit unseren Mitmenschen und mit unserer Umwelt.

Und - sie sind ‚gewöhnungsbedürftig'. Auch ich habe Zeit gebraucht, um immer wieder Neues lernen zu können; denn dieses ‚Nein', das unser Verstand allem bisher Unbekannten entgegenhält, verstummt erst dann, wenn wir offen werden und das bis dahin Neue wenigstens für einige Zeit für ‚möglich' halten. Erst auf diese Weise erwacht auch unser Wahrheitssinn, der sich auf Dauer nichts vormachen läßt.

Im Jahr 1976 bin ich mit Skepsis und Vorsicht nach Indien zu Bhagwan Shree Rajneesh gereist, um dort vielleicht den Antichrist selbst zu treffen. Begegnet bin ich einem Menschen, der seine Natur gefunden hatte. Seine Natur, die auch unsere ist. „Gott, Guru und das Selbst sind identisch" (Ramana Maharshi).

Was mich neugierig gemacht hatte, waren die für mich damals erstaunlich klaren Aussagen über Psychologie und Psychotherapie. Und das von einem Inder, der Freud, Adler und Jung, darüber hinaus aber auch Hölderlin, Kant und Hegel kannte, um nur einige zu nennen! Ich verdanke - auch für dieses Buch - keinem meiner Lehrer mehr als ihm.

Die Wahrheit, die Bhagwan - später nannte er sich Osho - sichtbar gemacht hat, wird weiter wirken. Nützlich für alle, die sie suchen und begreifen, Gift für Fundamentalisten, die aus Unsicherheit (welche zeitgemäße Köpfe zum Suchen führt) an tradierten, toten Vorstellungen und Worten festhalten.

Wie bei jedem Menschen, der seiner Zeit weit voraus ist, kommt die Zeit seiner Anerkennung erst nach seinem Tode. Schon heute sind Bücher dieses umstrittensten und bedeutendsten Mystikers des 20. Jahrhunderts in siebenundzwanzig Sprachen übersetzt.

Lichtenberg, der große Freidenker des 18. Jahrhunderts, wußte, daß jemand, der die Fackel der Wahrheit durch eine Menge trägt, einige Bärte versengen würde. Einer aber, der die Fackel der Wahrheit weltweit verbreitet, wird sich überall dort Gegner schaffen, wo Wahrheit Angst macht.

„Ich habe viel gelitten, weil ich Dinge sagen mußte, die gegen Traditionen, Religionen, Nationen gerichtet waren. Ich habe mir so viele Feinde in der Welt gemacht, daß ihr mich sehr erfolgreich nennen könnt, sehr erfolgreich im Feindemachen, obwohl ich ein Freund sein wollte. Aber dieses ganze Geschäft, Wahrheit zu vermitteln, schafft leicht Feinde und sehr selten Freunde. Aber ich habe gern gekämpft und werde weiter Freude daran haben, ganz gleich, welche Schmerzen, welches Leid es bringt - vielleicht ist ein Mensch wie ich dazu bestimmt, gekreuzigt zu werden. Und das versuchen Politiker auf der ganzen Welt und die religiösen Führer der ganzen Welt, nur wollen sie nicht mein Blut an ihren Händen. Sie versuchen auf allen möglichen Wegen, mich zum Schweigen zu bringen.“ [1]

Der Druck auf die amerikanische Regierung, welcher zu seiner Inhaftierung und Ausweisung führte, wurde von christlichen Fundamentalisten ausgeübt, und das sind rund sechzig Millionen (!) in den USA.

„... wer schon einmal im amerikanischen Fernsehen mitverfolgen konnte, mit welch primitiv-schamloser Demagogie dort sog. Evangelisten mit wohlwollender staatlicher Billigung und Steuervergünstigung breiteste Volksmassen verdummen und gegen vermeintlich ‚Gottlose‘, ‚Unmoralische‘, Liberale usw. aggressiv emotionalisieren, dem kann angesichts eines solchen massiven Abbaus der immer noch sehr ungesicherten Errungenschaften der Aufklärung und Humanität angst und bange werden.“ [2]

Worum geht es heute? Hören Sie den fanfarengleichen Aufruf des dänischen Arztes Peder Sörensen (1542-1602), als das ausgehende Mittelalter Neuzeit war: „Geht, meine Söhne, verkauft eure Äcker, eure Gewänder und eure Ringe. Verbrennt eure Bücher, kauft euch starke Schuhe, wandert hinaus in die Berge, untersucht die Täler und Einöden, den Strand des Meeres und die tiefsten Abgründe der Erde. Merkt euch das Charakteristische an den Tieren, die Unterschiede der Pflanzen, die verschiedenen Arten der Minerale und ihre Eigentümlichkeiten und die Art und Weise des Ursprungs von allem, was existiert. Lernt vom Bauern die Erd- und die Himmelskunde, und schämt euch nicht. Und endlich: Kauft Kohlen, baut Öfen, beobachtet und experimentiert, ohne müde zu werden. Auf diese Weise und auf keine andere werdet ihr zur Kenntnis der Dinge und ihrer Eigenschaften gelangen."

Heute, kurz vor Beginn des 3. Jahrtausends, muß diese begeisternde Aufforderung zu zeitgemäßem Handeln anders lauten. Wir sind den Weg nach außen weit genug gegangen, ja wir sind auf manchen Wegen schon zu weit gegangen. Wir haben angefangen, unsere eigenen Lebensgrundlagen auf dem ‚Raumschiff Erde' zu zerstören. Mit den Worten des amerikanischen Ingenieurs, Architekten und Denkers Buckminster Fuller (1895 - 1983): „... weil wir die Bedienungsanleitung für den Umgang mit dem Raumschiff Erde nicht mitgeliefert bekommen haben."

In der Bedienungsanleitung unseres Planeten steht heute ganz obenan: „Mensch, sei du selbst!" Die Kenntnis und die Erfahrung von uns selbst ist nicht außen zu finden, sondern innen. „Beobachtet und experimentiert, meditiert, ohne müde zu werden. Auf diese Weise und auf keine andere werdet ihr zur Kenntnis, und wichtiger noch, zur Erfahrung euer selbst gelangen."

Es sieht so aus, als ob wir die Toleranzgrenze des Planeten überschritten hätten. Das Immunsystem der Erde beginnt zusammenzubrechen. Seit 1980 hat sich die Zahl schwerer Naturkatastrophen mehr als verdoppelt. Der Treibhauseffekt vermehrt sich, die Polschmelze wird stärker, das Ozonloch größer, die Stürme heftiger, das Baumsterben beschleunigt sich, die Fluten werden gefährlicher, die Vulkanausbrüche gewaltiger.

Und es sieht so aus, als ob die Erde auf die Menschenkatastrophen reagierte. Auf Gewalt und Aggressionen, auf Kriege, organisierte Kriminalität, auf Umweltverschmutzung, Bevölkerungsexplosion, auf die Hungersnöte, in denen schon gegenwärtig etwa zwanzig Millionen Menschen jährlich sterben. „Die Menschheit hat ihre Grenzen überzogen; unsere gegenwärtige Art zu handeln läßt sich nicht mehr lange durchhalten", so warnt D.H. Meadow. [3]

Es sieht ferner so aus, als ob die Turbulenzen des gegenwärtig stattfindenden Synergieprozesses das Durcheinander vor einem Evolutionssprung in eine neue Dimension wären. Wenn es so ist, daß wir uns der ‚Schallgrenze' nähern, die den Übergang in eine neue Gangart ermöglicht, dann wage ich vorauszusagen, daß sich jenseits dieser Grenze die Dualität aufgelöst haben wird.

Der Prophet Nietzsche läßt seinen Zarathustra im Kapitel ‚Von grossen Ereignissen' reden: „Die Erde, sagte er, hat eine Haut; und diese Haut hat Krankheiten. Eine dieser Krankheiten heißt zum Beispiel ‚Mensch'. "Autoaufkleber in Kalifornien sagen das kürzer: „Die Menschheit ist die Krankheit, die die Erde sich zugezogen hat."

Daß die Erde ein Lebewesen ist, kann heute eigentlich niemandem mehr verborgen bleiben. „Die Erdkugel ist ein Leib, der einem Lebewesen zugehört" erkannte schon Johannes Kepler. Zwischen Mensch und Erde bestehen merkwürdige Parallelen: „Im Blut und allen Körperflüssigkeiten des Menschen sind die Salze Natrium, Kalium, Kalzium im selben Verhältnis (allerdings in schwächerer Konzentration) gelöst wie im Meerwasser, nämlich 100:2:2. Das Wasser bedeckt 62,5%, das Land 37,5% der Erdoberfläche. Die Erdoberfläche besitzt prozentual soviel Flüssigkeit wie der erwachsene Menschenkörper (58-65%)."[4]

Die Erde ist von einem ‚Wärmemantel'umgeben. Die Atmosphäre wird nach oben hin nicht immer kälter, sondern erwärmt sich zwischen 35-46 km im Vergleich zur darunterliegenden Stratosphäre mit minus 60°C um rund 70°C, also bis auf etwa 10°C plus. Die Erde atmet aus sich selbst, also nicht durch Sonnen- oder andere kosmische Kräfte dazu angeregt.[5] Ich will hier nicht näher auf die Tatsachen eingehen, sondern auch Interesse an der Mutter Erde, der Gaia wecken, welche sich möglicherweise gegen das, was ihre Bewohner tun, wehrt.

Hier noch die Stimme eines Zeitgenossen und Vizepräsidenten des mächtigsten Landes der Erde, Al Gore: „Die Welt ist wieder einmal am Scheideweg. Aber diesmal marschieren wir bei uns selbst ein und greifen das Ökosystem an, dessen Teil wir sind. Damit zeichnet sich das Bild eines globalen Bürgerkrieges ab, in dem diejenigen, die die Konsequenzen des rücksichtslosen Angriffs unserer Zivilisation nicht wahrhaben wollen, denen gegenüberstehen, die es ablehnen, stille Partner der Zerstörung zu sein. Immer mehr Menschen, die sich ihr Gewissen erhalten haben, schließen sich dem Widerstand an, aber es ist an der Zeit, diesen Kampf zum zentralen Organisationsprinzip der Weltzivilisation zu machen."[6]

Wer es ablehnt, stiller Partner der Zerstörung zu sein, muß sich aber rüsten, ein aktiver, wirksamer Partner zu werden. „Sie (die meisten Menschen heute) haben keine Orientierung in der Geographie des inneren Raumes und der inneren Zeit, und ohne Führer werden sie wohl sehr schnell verloren sein" sagt R.D. Laing in seiner ,Phänomenologie der Erfahrung'.[7]

> „Wir sind benebelte und tolle Kreaturen, Fremde für unser wahres Selbst, für einander, für die geistige und für die materielle Welt - Verrückte selbst von einem idealen Standpunkt aus, den wir nur erkennen, aber nicht einnehmen können. Wir sind hineingeboren in eine Welt, in der uns Entfremdung erwartet." Am Ende seines Buches betont Laing: „Orientierung heißt wissen, wo der Orient ist - für den ,inneren Raum' ist der Osten Ursprung oder Quelle unserer Erfahrung."

Für den ,äußeren Raum' ist der Westen Ursprung und Quelle der gegenwärtigen Krise. Die für uns heute vielleicht wichtigste Orientierung ist: Die immer tiefere Verstrickung in das Ego und den Verstand führt zum Auslöschen alles Lebendigen, zum Auslöschen des Lebens auf der Erde.

Es ist an der Zeit, daß sich Ost und West in uns treffen!

Quellennachweise

1 Bhagwan Shree Rajneesh/Osho; Live Zen!, Köln o.J. S.82

2 Franz Buggle; Denn sie wissen nicht, was sie glauben. Oder warum man redlicherweise nicht mehr Christ sein kann. Reinbek bei Hamburg (Rowohlt) 1992 S.7f.

3 Donnella H. Meadows/Dennis L. Meadows und Jorgen Randers in: Die neuen Grenzen des Wachstums. (dva) 1992

4 O.J. Hartmann; Erde und Kosmos. Frankfurt (Vittorio Klostermann-Verlag) 1938

5 Guenther Wachsmuth; Erde und Mensch. Dornach 1965

6 Al Gore; Wege zum Gleichgewicht. Ein Marschallplan für die Erde. Frankfurt 1992 S.295

7 Ronald D Laing; Phänomenologie der Erfahrung. Frankfurt 1979 S.10

Bibliographie

Anonymus; A Course in Miracles. New York (Foundation for innner Peace) 1975

Anonymus; Motto des ‚A Course of Miracles‘. Tiburon (Foundation for inner Peace) 1978

Appleton, Sue; Was Bhagwan Shree Rajneesh poisened by Ronald Reagan‘s America? Köln (Rebel) 1988

Arnold, Wilhelm/Eysenck, Hans A./Meili, Richard (Hrsg.); Lexikon der Psychologie. 5.Aufl. Freiburg (Herder) 1988

Benner, Joseph S.; Das unpersönliche Leben. 5.Aufl. Baden-Baden (Dem Wahren-Schönen-Guten) 1987

Berne, Eric; What do you say after you say hello? New York (Bantam) 6.th printing 1973

Bhagwan Shree Rajneesh/Osho; Live Zen!, Köln o.J.

ders.; And the Flowers showered. Poona (Rajneesh Foundation) 1975

ders.; Tao: The Three Treasures. Vol.2, Poona 1976

ders.; Lecture held 7th May 1978. Poona 1978

ders.; The Revolution. Poona 1979

ders.; The Fish in the Sea is not Thirsty. Poona 1980

ders.; The Further Shore. Poona 1980

ders.; Unio Mystica. Vol.2, Poona 1981

ders.; The Goose is out. Antelope/Oregon 1982

ders.; Tao: The Golden Gate. Vol.I, Oregon 1985

ders.; Die verbotene Wahrheit. Köln 1986

ders.; The Last Testament. Colorado 1986

ders.; The Art of Dying. Poona 1987

ders.; Zarathustra. A God that can Dance. Köln 1988

ders.; Zen: The Diamond Thunderbolt, Köln 1989

Blumenberg, Hans; Lebenszeit und Weltzeit. Frankfurt (Suhrkamp) 1986

Brockhaus Enzyklopädie, 19.Aufl. Mannheim 1987

Buggle, Franz; Denn sie wissen nicht, was sie glauben. Oder warum man redlicherweise nicht mehr Christ sein kann. Reinbek bei Hamburg (Rowohlt) 1992

Caddy, Eileen; God spoke to me. Findhorn (Elixir) Third Printing 1975

dies.; The Spirit of Findhorn. Findhorn 1977

Camus, Albert; Die Absurde Freiheit. Das Frühwerk. Düsseldorf (Rauch) 1967

Carey, Ken (Pseudonym: Raphael); The Starseed Transmission. Kansas City (Uni-Sun) 1982

Carter, Mary Ellen; Das Neue Zeitalter. Genf/München (Ariston) 1990

Chardin, Teilhard de; Die Lust am Leben. Paris 1950

Da Free John; The Four Fundamental Questions. Clearlake (Dawn Horse) 1984

Das Tibetanische Totenbuch. Olten/Freiburg (Walter) 1989

Deschner, Karlheinz; Opus Diaboli. Reinbek bei Hamburg 1987

ders.; Der Anti-Katechismus. Hamburg (Rasch und Röhrig) 1991

Dethlefsen, Thorwald; Schicksal als Chance. München 1989

Dolezol, Theodor; Warum hatte die Äffin Luci Menschenfüße? in: P.M. Magazin Nr.10, 1987, S.35

ders.; Was ist der Unterschied zwischen Affen und Menschen? in: P.M. Magazin Nr.1, 1988 S.23f.

Drewermann, Eugen; Kleriker, Psychogramm eines Ideals. Olten/ Freiburg (Walter) 1989

ders.; An ihren Früchten sollt ihr sie erkennen. Olten/Freiburg (Walter) 1990

ders.: Heute muß die Reformation eine Revolte sein. Rede gehalten in Salzburg am 2. August 1992

Dschuang Dsi; Das wahre Buch vom südlichen Blütenland. Düsseldorf/Köln (Diederichs Gelbe Reihe) 1982

Dunn, Jean; Seeds of Consciousness. New York 1982

Dumoulin, Heinrich; Der Erleuchtungsweg des Zen im Buddhismus. Frankfurt 1967

Eliade, Mircea; Schamanismus und archaische Ekstasetechniken. Frankfurt (Suhrkamp) 1975

Enomiya-Lasalle, Hugo, M.L.; Zen und christliche Spiritualität. München 1987

Feild, Reshad; Das atmende Leben. Düsseldorf - Köln (Diederichs) 1981

Freemantle, Francesca/Chögyam Trungpa; Das Totenbuch der Tibeter. Düsseldorf/Köln (Diederichs) 1975

Fromm, Erich; Psychoanalyse und Religion. Stuttgart 1979

Gebser, Jean; Ursprung und Gegenwart. Bd. III, Schaffhausen (Novalis) 1978

Glas, Willibald; Der Pfarrer von Arget. Sauerlach (Verlag Pfarrer Glas) 1991

Golas, Thaddeus; Der Erleuchtung ist es egal, wie du sie erlangst. Basel (Sphinx) 1979

Gore, Al; Wege zum Gleichgewicht. Ein Marschallplan für die Erde. Frankfurt 1992

Grof, Stanislav; Geburt, Tod und Transzendenz. München (Kösel) 1985

Hahn, Gernot von; Jahre Tage Stunden. Aarau/Stuttgart (AT), 1984

Harding, Douglas; Zen und die Wiederentdeckung des Offensichtlichen. Basel (Sphinx) 1986

Hartmann, O.J.; Erde und Kosmos. Frankfurt, (Vittorio Klostermann-Verlag) 1938

Hecker, Hellmuth; Nisargadatta - Ein indischer Mystiker des 20.Jahrhunderts. Wien 1988

Herrmann, Horst; in: Der Spiegel Nr. 41 1981, S. 55f.

ders.; Die Kirche und unser Geld. Hamburg (Rasch und Röhrig) 1990

Heyer, Karl; Von der Atlantis bis Rom. Beiträge zur Geschichte des Abendlandes. Manuskriptvervielfältigung, Kreßborn 1955

Hösle, Vittorio; Philosophie der ökologischen Krise. München (Beck) 1991

Huth, Albert; 10 Gesetze der Seele. Speyer (Pilger) 1952

Jankovich, Stefan von; Ich war klinisch tot. Der Tod - Mein schönstes Erlebnis. München/Engelberg 1984

Jones, Franklin; The Knee of Listening. Los Angeles (Dawn Horse) 1973

Jung, Carl Gustav; Mensch und Seele. Olten 1971

ders.; Tiefenpsychologie und Exegese I. Olten 1984

ders.; Zwei Schriften über Analytische Psychologie. Gesammelte Werke Bd.7, 7.Aufl., Olten/Freiburg 1989

ders.; Die Archetypen und das kollektive Unbewußte. Gesammelte Werke Bd.9, 1.Halbband, 7.Aufl. Olten /Freiburg 1989

ders.; Aion. Gesammelte Werke Bd.9, 2.Halbband, 7.Aufl., Olten/ Freiburg 1989

ders.; Sein und Sinn Gesammelte Werke Band 11, Olten/Freiburg 1982

ders.; Psychologie und Alchemie. Gesammelte Werke Bd.12, 2.Aufl. Olten/Freiburg 1952

ders.; Mysterium Coniunctionis. Gesammelte Werke Bd.14/I und II Olten/Freiburg 1967

Klein, Johannes Werner; Ihr seid Götter. Pfullingen (Neske) 1983

Krishnamurti, Jiddu; Einbruch in die Freiheit. Frankfurt/Berlin (Ullstein) 1986

Küng, Hans; Existiert Gott?. München (dtv) 1985

Laing, Ronald D.; Phänomenologie der Erfahrung. Frankfurt 1979

Lazaris; Die Lazaris-Botschaft. München (Goldmann) 1990

Leonard, Georg B.; The Transformation. Los Angeles (J.P. Tarcher) 1972

Levi; Das Wassermann Evangelium von Jesus dem Christus. München (Hugendubel) 1980

Linnewedel, Jürgen; Meister Eckharts Mystik. Stuttgart 1983

Maslow, Abraham; Psychologie des Seins. München (Kindler) 1973

Meister Eckhart; Deutsche Predigten und Traktate. München (Hanser) 1963

Mindell, Arnold; Das Jahr eins. Olten/Freiburg (Walter) 1991

Molzberger, Peter; Synergetische Zusammenarbeit. München o.J.

Monod, Jacques; Zufall und Notwendigkeit. München (Piper) 1971

Moody, Raymond; Leben nach dem Tod. Reinbek bei Hamburg (Rowohlt) 1977

Nietzsche, Friedrich; Der Antichrist. Versuch einer Kritik des Christentums. in ders.; Sämtliche Werke. Kritische Studienausgabe Bd.6, München (dtv) 1980

ders.; Fröhliche Wissenschaft, Drittes Buch, 125. in: Sämtliche Werke. Kritische Studienausgabe Bd.3, München (dtv) 1980

ders.; Ecce homo. Warum ich ein Schicksal bin. in: Sämtliche Werke. Bd.5 München (dtv) 1980

Nipperdey, Thomas; Religion im Umbruch. Deutschland 1870 - 1918, München 1988

Ouspensky, P.D.; Auf der Suche nach dem Wunderbaren. Bern/ München/Wien (Scherz) 1978

ders.: Der Vierte Weg. Basel (Sphinx) 1983

Peisl, Anton/Mohler, Armin (Hrsg.); Die Zeit. Bd.6 der Schriften der Carl Friedrich von Siemens Stiftung. München (Oldenburg) 1983

Priestley, J.B.; Grenzen des Bewußtseins. München (dtv) 1987

Ram Dass; Grist for the Mill. New York (Bantam) 1977

Reiter, Udo (Hrsg.); Meditation - Wege zum Selbst. München 1976

Ring, Kenneth; Heading toward Omega: New York 1984

Rosa, Peter de; Gottes erste Diener. Die dunkle Seite des Papsttums. München (Droemer Knaur) 1989 ders.; Der Jesus-Mythos. Über die Krise des christlichen Glaubens. München (Droemer Knaur) 1991

Schmidt, K.O.; In Dir ist das Licht. München (Drei-Eichen) 1959

ders.; Bhagavad Gita. Das Hohelied der Tat. (Drei-Eichen) Engelberg/München 1968

ders.; Meister Eckharts Weg zum kosmischen Bewußtsein. München 1969

ders.; Das abendländische Totenbuch. Bd.2, Engelberg/München (Drei Eichen) 1973

ders.; Wachsein ist alles! in: Esotera Nr.11, November 1976, S.975

Schnelting, Karl (Hrsg.); Hilfe, ich träume! Botschaften aus dem Reich der Seele. München (Goldmann) 1984

Schwegler, Albert; Geschichte der Philosophie im Umriß. Stuttgart (Frommanns) 1950

Smothermon, Ron; Drehbuch für Meisterschaft im Leben. Bielefeld (Context) 1986

Sri Nasargadatta Maharaj: Ich bin. Bielefeld (Context) 1989

Steiner, Rudolf; Der Tod als Lebenswandlung. Dornach 1969. Vortrag vom 9. Oktober 1918

ders.; Kosmische und menschliche Geschichte. Band V. Zeitgenössische Betrachtungen. 2.Teil. Dornach 1966

ders.; Die Rätsel der Philosophie. Stuttgart (Freies Geistesleben) 1955

ders.; Friedrich Nietzsche: Ein Kämpfer gegen seine Zeit. Dornach 1926

ders.; Mein Lebensgang. Dornach 1949

Suzuki, Shunryu; Zen-Geist Anfänger Geist. Zürich 1975

Tolstoi, Leo; Die Drei Greise. in: Strasser, René (Hrsg.); Legenden des 19. und 20. Jahrhunderts. Zürich (Manesse) 1990

Wachsmuth, Guenther.; Erde und Mensch. Dornach 1965

Wehr, Gerhard : Rudolf Steiner. Leben, Erkenntnis, Kulturimpuls. München (Kösel) 1987

Wilber, Ken; Der Glaubende Mensch. München (Goldmann) 1983

ders.; Halbzeit der Evolution. Der Mensch auf dem Weg vom animalischen zum kosmischen Bewußtsein. München (Scherz) 1984

ders.; Wege zum Selbst. Östliche und westliche Wege zu persönlichem Wachstum. München (Kösel) 1984

ders.: Das Spektrum des Bewußtseins. Vom Gegeneinander zum Miteinander der Wissenschaften. Bern/München/Wien (Scherz) 1987

ders.; Die drei Augen der Erkenntnis. Auf dem Weg zu einem neuen Weltbild. München (Kösel) 1988

ders.; Das Atman Projekt. Paderborn (Junfermann) 1990

Wittgenstein, Ludwig; Tractatus Logico-philosophicus. Frankfurt (Suhrkamp) 1960

Zahrnt, Heinz (Hrsg.); Gespräche über Gott - Die protestantische Theologie im 20. Jahrhundert. München (Piper) 1968

Zimmer, Heinrich; Der Weg zum Selbst. Zürich (Rascher) 1944